## Zu diesem Buch

Ian Buruma hat zwei Länder bereist, die beide den Zweiten Weltkrieg zwar verloren haben, wirtschaftlich inzwischen jedoch Führungsmächte der Welt sind – Deutschland und Japan. Vor Ort beobachtete der Autor mit scharfem Blick zwei grundverschiedene Zivilisationen: ihre heiligen Orte (Auschwitz und Hiroshima), ihre Mahnmale, Museen und Gedenkstätten, wie sich der Widerstand im japanischen und deutschen Schulbuch niederschlägt und wie es in zwei normalen Städten (Passau und Hanaoka) zugeht.

Ein hervorragend recherchiertes, höchst aktuelles politisches Buch über zwei Länder, die sich unter den Augen einer mißtrauischen Weltöffentlichkeit permanent mit ihrer Vergangenheit auseinandersetzen und ebenso unablässig von der Versuchung gefährdet sind, ihre Erfolgsgeschichte als Abschluß dieser notwendigen Auseinandersetzung zu deklarieren.

## Zum Autor

Ian Buruma, 1951 in Den Haag geboren, lebt in London und arbeitet für die Zeitschriften *The Spectator, The New York Review of Books* und *The Times Literary Supplement*.

Weitere Buchveröffentlichungen: *Der Staub Gottes* (1992) und *Das Spiel des Maharadschas* (1993).

Ian Buruma

# Erbschaft der Schuld

Vergangenheitsbewältigung
in Deutschland und Japan

Deutsch von Klaus Binder
und Jeremy Gaines

rororo
Rowohlt

Veröffentlicht im Rowohlt Taschenbuch Verlag GmbH,
Reinbek bei Hamburg, August 1996
Die amerikanische Originalausgabe erschien 1994 unter dem Titel
*The Wages of Guilt. Memories of War in Germany and Japan*
im Verlag Farrar Straus Giroux, New York

*Erbschaft der Schuld*

Umschlaggestaltung Kathrin Kreitmeyer
(Foto: Ullstein Bilderdienst/Japanische Soldaten benutzen
gefangene Inder als Zielscheiben, 1945; Der Eingang des
KZ Auschwitz-Birkenau nach der
Befreiung, 1945)
Gesamtherstellung Clausen & Bosse, Leck
Printed in Germany
1890-ISBN 3 499 19670 0

*Für meinen Vater*

# Inhalt

# Einleitung

**Die Feinde** Dort, wo ich aufgewachsen bin, herrschten keinerlei Zweifel darüber, wer unsere Feinde waren. Da gab es zwar die Sowjetunion, aber die war aus der Perspektive eines holländischen Schuljungen in den fünfziger Jahren weit entfernt. Nein, die Feinde waren die Deutschen. Sie waren die Comic-Bösewichter meiner Kindheit in Den Haag. Wenn ich von »Deutschen« spreche, meine ich auch die Deutschen – nicht Nazis, sondern die Deutschen. Die Besetzung Hollands von 1940 bis 1945 und die daraus entstehende Feindschaft wurde bei uns als nationale Angelegenheit, nicht als politische Frage betrachtet. Die Deutschen hatten unser Land erobert. Sie hatten meinen Vater gezwungen, in ihren Fabriken zu arbeiten. Und sie hatten entlang unserer Küste die Bunker hinterlassen, große steinerne Kröten, geduckte Relikte der gerade erst beendeten Besatzung; sie waren dunkel und feucht und stanken nach Urin. Wir durften nicht hinein. Es wurde uns von Jungen erzählt, die dies Verbot mißachtet hatten und von rostigen deutschen Handgranaten zerrissen wurden.

Unsere Lehrer erzählten uns Geschichten, die von deutscher Niedertracht und ihren eigenen Heldentaten handelten. Jedes Mitglied der älteren Generation, so schien es, war Widerstandskämpfer gewesen. Das heißt, alle bis auf den Metzger an der Ecke der Hauptstraße, der Kollaborateur gewesen war: Bei ihm kaufte man nicht. Und die Frau im Tabakladen; sie hatte einen deutschen Liebhaber gehabt. Auch dort kaufte man nicht ein.

Jedes Jahr am 4. Mai versammelten wir uns nachmittags in der Aula, um zu hören, wie der Schuldirektor der Gefallenen gedachte. Der 4. Mai war Tag der Trauer in Holland, der 5. der

Tag der Befreiung. Am Abend des 4. Mai veranstaltete man immer einen Schweigemarsch durch die Dünen zum ehemaligen Exekutionsplatz der Deutschen. Ich verfolgte ihn schwarzweiß im Fernsehen. Man hörte nur das Geräusch der langsam scharrenden Füße, eine in der Ferne läutende Kirchenglocke und den Wind, der ins Mikrofon blies. Der 4. Mai bot Jugendlichen die Gelegenheit, die Fenster deutscher Autos einzuschlagen oder aus sicherer Entfernung deutsche Touristen zu beschimpfen.

Der Direktor, sonst ein humorvoller Mensch, bekam am 4. Mai Tränen in die Augen. Jedesmal führte er in seinem langen Ledermantel die Prozession durch die Dünen an und setzte eine eigenartig trotzige Miene auf, als müsse er erneut gegen den Feind ziehen. Einmal, als man mich beim Zeichnen von Hakenkreuzen erwischt hatte, hielt er mir eine Strafpredigt. Nie wieder dürfe ich das tun, Hakenkreuze seien böse, und ihr Anblick verletze noch immer viele Menschen. Natürlich zeichnete ich weiter Hakenkreuze, aber von nun an als geheimes Laster, das den zusätzlichen Reiz hatte, gegen ein mysteriöses Tabu der Erwachsenenwelt zu verstoßen.

Die Zerrbilder der Deutschen ließen sich in zwei Kategorien einteilen. Da war der dicke, dümmliche komische Kauz, wie ihn Gert Fröbe in seinen Hollywood-Filmen so perfekt dargestellt hat, und da war der hagere Finsterling, der Foltermeister mit Monokel, der immer sagte: »Wir haben die Mittel, dich zum Reden zu bringen.« – Conrad Veidt in *Casablanca*. Der Feind war sowohl bedrohlich als auch lächerlich. Zu viele Gert-Fröbe-Filme und Hitler-Imitationen zogen damals die deutsche Sprache selbst ins Lächerliche, so daß wir uns weigerten, sie richtig zu lernen. Die Bemühungen des Deutschlehrers, uns für die Sprache Goethes und Rilkes zu begeistern, hörten sich immer nach einer Verteidigung an. Fröbe und Hitler hatten uns die deutsche Sprache gründlich verdorben.

Als wir älter wurden, hörten wir weitere Geschichten. Unser Geschichtsverständnis wurde in der Zeit geprägt, als die Erzählungen über Liebschaften und Kollaborateure in der

Nachbarschaft von umfassenderen Berichten in den Hintergrund gedrängt wurden, von Berichten über Konzentrationslager und die Vernichtung der Juden. Meine Mutter wurde vor der Deportation und damit vor dem fast sicheren Tod nur dadurch bewahrt, daß sie das Glück hatte, in England geboren zu sein. Unsere von den Spottbildern herrührenden Vorurteile verwandelten sich in moralische Empörung. Auf gewisse Weise erleichterte uns das vieles. Es war tröstlich, zu wissen, daß uns eine Grenze von der Nation trennte, die das Böse verkörperte. *Die* waren böse, folglich mußten wir gut sein. Daß wir nach dem Krieg in einem Land aufwuchsen, das unter der deutschen Besatzung zu leiden hatte, hieß für uns, daß wir auf der Seite der Engel waren.

Wir fuhren in den Ferien nicht nach Deutschland. Wir hatten keine deutschen Bekannten. Und die deutsche Sprache kam uns kaum zu Ohren, geschweige denn über die Lippen. Wenn ich von »uns« spreche, so verallgemeinere ich natürlich, aber noch 1989, als ich meine ausgedehnten Reisen durch Deutschland begann, wurde dies von den meisten meiner holländischen Freunde als interessantes, aber doch etwas absonderliches Vorhaben aufgefaßt. Sie fühlten sich London, Paris und sogar New York näher als Berlin. Und das trotz der augenfälligen Ähnlichkeiten zwischen Holland und Deutschland im Hinblick auf Kultur und Sprache oder auf Eß- und Trinkgewohnheiten.

Die Holländer hatten nicht so sehr unter den Deutschen gelitten wie die Polen und die Russen; darin mag ein Teil des Problems gelegen haben. Immerhin waren die Holländer als der »nordischen Rasse« zugehörig eingestuft worden – wenn sie keine Juden waren. Vor dem Krieg hatten die Holländer mehr Sympathien gehegt für die nationalsozialistische Ordnung und die Idee eines »Herrenvolks«, das den Bolschewismus bekämpft, als meine Lehrer später zugeben wollten. Die deutsche Invasion war mehr als eine Kriegshandlung gewesen: das war Verrat. Sie übertraf die schlimmsten Befürchtungen einer kleinen Nation, die immer damit rechnen muß, vom größeren

Nachbarn geschluckt zu werden. Darum kehrten die Holländer den Deutschen nach dem Krieg den Rücken. Die kulturellen Ähnlichkeiten empfand man als peinlich, ja bedrohlich. Man brauchte klare Grenzen, sowohl geographisch als auch geistig: Deutschland lag jenseits der Grenze des Erträglichen.

Christopher Isherwood hat einmal beschrieben, was es bedeutete, nach dem Ersten Weltkrieg als jüngerer Bruder oder Sohn eines Mannes aufzuwachsen, der im Krieg gefallen war. Diejenigen, die zu jung gewesen waren, um zu kämpfen oder zu sterben, hätten sich gefühlt, als müßten sie noch ihre Männlichkeit unter Beweis stellen – ein Beweis, der immer wieder von neuem erbracht werden mußte, denn daß man die Schlacht verpaßt hatte, das ließ sich niemals gutmachen. Für uns, für die erste Nachkriegsgeneration, sah das nicht ganz so aus. Und dennoch warf der Krieg seinen Schatten auch auf uns, und für manche von uns wurde er zu einer fixen Idee. In unserer Vorstellung hatten auch wir eine Probe zu bestehen. Die Frage, die uns nicht losließ, war nicht, wie wir in Uniform abgeschnitten hätten, sei es beim Sprung über die Deckung, beim Sturmangriff unter feindlichem MG-Feuer oder bei Angriffen mit Senfgas; wir fragten uns, ob wir uns dem Widerstand angeschlossen hätten, ob wir unter Folter andere verraten hätten, ob wir Juden versteckt und damit selbst die Deportation riskiert hätten. Der Schatten, der auf unsere Jugend fiel, war nicht der Krieg, sondern die Besetzung.

Besetzung bedeutet immer Erniedrigung. Nicht nur, weil die Besetzten politische Souveränität und Rechte verlieren, sondern weil sie menschliche Schwächen gnadenlos bloßlegt. In solchen Zeiten gibt es nur wenig Helden, und nur ein Dummkopf würde sich zu ihnen zählen. Es fällt leichter, Verständnis zu entwickeln für die üblen kleinen Kompromisse, die Menschen eingehen, um die eigene Haut zu retten, für die Dienste, die sie heimlich den neuen Herrn in Uniform leisten, für den Umstand, daß sie wegsehen, wenn die Gestapo die Tür ihrer Nachbarn eintritt. Als ich aufwuchs, tat man alles, um diese Erniedrigung zu vergessen und sich mit den Helden zu identifizieren. Ich habe etliche Bücher gelesen über holländische Widerstandskämpfer und über die Piloten der englischen Luftwaffe mit ihren Seidenschals. Viel mehr aber interessierte mich der Ängstliche, der andere verriet, um sich selbst zu retten, der rechtzeitig wegschaute und sich für die falsche Seite eines grauenhaften moralischen Dilemmas entschied. Das dürfte zum Teil daran liegen, daß ich fürchte, daß ich jenem ängstlichen Mann ganz und gar nicht unähnlich gewesen wäre. Zum Teil hängt das aber auch mit meiner Überzeugung zusammen, daß das Scheitern für die *condition humaine* sehr viel typischer ist als alles Heldentum. Und ebendarum wollte ich mehr über die Erinnerungen unserer einstigen Feinde erfahren; sie nämlich schleppen eine Vergangenheit des Scheiterns mit sich, des allerschlimmsten Scheiterns: moralisch, politisch und schließlich auch militärisch. Womit nicht gesagt werden soll, die Nazischergen seien menschlicher gewesen als ihre Opfer; aber ebenso falsch, wenn auch zweifellos bequemer, wäre es, von der umgekehrten Annahme auszugehen.

Die anderen Feinde im Zweiten Weltkrieg, die Japaner, waren zu weit weg, als daß sie unsere Phantasie hätten besonders beschäftigen können. Niederländisch-Ostindien bedeutete mir nichts, obwohl manche meiner Freunde dort zur Welt gekommen waren. Dennoch waren auch die Japaner Comic-Bösewichter: kurzgewachsene, gelbhäutige Menschen mit Fliegerbrillen und vorstehenden Zähnen, die »Banzai« schrien, wenn sie mit ihren Zero-Jägern die mutigen amerikanischen Piloten angriffen, die in einem populären Comic von einem schneidig schönen, blonden Helden namens Buck Danny und seiner unerschütterlichen Crew angeführt wurden. (Buck Danny war eindeutig »nordischer« Abstammung.) Den Japsen, so sagte man mir, könne man nicht trauen, das Leben eines Menschen gelte ihnen nichts. Ohne jegliche Vorwarnung hätten sie Pearl Harbor überfallen. Ihren Gefangenen rissen sie die Fingernägel aus. Und weiße Frauen hätten sie gezwungen, sich vor ihrem Kaiser zu verbeugen. Einer meiner Oberstufenlehrer hatte als Zwangsarbeiter an der Birma-Eisenbahn gebaut. Meine Tante war in einem »Japsen-Lager«. Alec Guinness wurde gezwungen, in einen heißen Metallkäfig zu kriechen.

Ich verbrachte einen großen Teil der siebziger und achtziger Jahre in Japan und Südostasien, aus Gründen, die nichts mit dem Krieg zu tun hatten. Aber ich war neugierig zu erfahren, wie die Japaner den Krieg sahen, wie *sie* sich daran erinnerten, wie er sich ihnen in ihrer Vorstellung darstellte und wie sie sich selbst angesichts ihrer Vergangenheit sahen. Was ich hörte und las, war für einen Europäer oft überraschend: Man erinnerte sich kaum noch an die Behandlung der westlichen Kriegsgefangenen, und das, obwohl *Die Brücke am Kwai* in Japan mit großem Erfolg gelaufen ist. (Ich habe mich oft gefragt, mit wem sich die Japener in diesem Film identifizierten, mit dem japanischen Kommandanten oder mit Alec Guinness? »Mit keinem von beiden«, sagte ein japanischer Freund. »Wir mochten den amerikanischen Helden, William Holden.«) Bataan, die Plünderung von Manila, die Massaker in Singapur, sie wurden kaum erwähnt. Aber die Leiden der Japaner in China, in der Mandschurei, auf den Philippinen und besonders in Hiroshima und Nagasaki hatte man in lebhafter Erinnerung, desgleichen die Gefangenschaft japanischer Soldaten in Sibirien nach dem Krieg. Die Japaner haben zwei Gedenktage: den 6. August, an dem die Bombe auf Hiroshima fiel, und den 15. August, den Tag der japanischen Kapitulation.

Ich wollte über die japanischen Erinnerungen an den Krieg schreiben, und das führte mich zunächst zu einem verwandten Thema: der gegenwärtige Nationalismus in Japan. Die Schriften verschiedener Kaisertreuer, Revisionisten und Romantiker, die nach dem unverwechselbaren Wesen des Japanischen suchten, begannen mich zu faszinieren. So absurd ihre Vorstellungen auch sein mochten, ihre Schriften fanden dennoch in populären japanischen Zeitschriften und Zeitungen weite Verbreitung, und die Autoren wurden zu Talk-Shows geladen. Mir fiel auf, daß in ihrer oft verqueren und blumigen Prosa immer dieselben deutschen Namen auftauchten: Spengler, Herder, Fichte, sogar Wagner. Je mehr sich japanische Romantiker über das Wesen des Japanischen ausließen, desto häufiger fanden sich Anklänge an deutsche Metaphysiker. Das läßt sich wahrscheinlich bei allen romantischen Nationalisten beobachten, doch tritt der Einfluß der deutschen Denker des 19. Jahrhunderts in Japan besonders stark hervor. Je mehr ich mich mit dem japanischen Nationalismus beschäftigte, desto größer wurde mein Bedürfnis, mich auch der »Quelle« zuzuwenden, aus der so viele zeitgenössische japanische Ideen geschöpft wurden. Seit dem späten 19. Jahrhundert hatte Japan in Deutschland immer wieder ein Vorbild gesehen. Und das eigenartige ist, daß vieles von dem, was die Japaner am Vorkriegsdeutschland anzog – der preußische Autoritarismus, romantischer Nationalismus, pseudowissenschaftlicher Rassismus –, in Japan lebendig blieb, während all das in Deutschland längst kein Thema mehr ist. Warum? Mit dieser Frage im Kopf entschloß ich mich, meinen ursprünglichen Plan zu erweitern und nicht nur über die japanischen, sondern auch über die deutschen Erinnerungen an den Krieg zu schreiben.

Im Sommer 1991, ein Jahr nach der Vereinigung der beiden deutschen Staaten, hielt ich mich in Berlin auf, um einen Artikel für eine Zeitschrift zu schreiben. In einer Berliner Zeitung stieß ich auf die Vorankündigung eines Vortrags im jüdischen Gemeindezentrum: Die Psychoanalytikerin Margarethe Mitscherlich würde über »Erinnerungsarbeit – Zur Psychoanalyse der Unfähigkeit zu trauern« sprechen. Ich erwartete, daß die Aula allenfalls halb voll sein würde. Weit gefehlt: eine große Menge meist jüngerer Menschen, leger gekleidet, eher wie das Publikum eines Rockkonzerts, bildete eine Schlange bis zum Ende der Straße. Ich hätte nicht überrascht sein sollen. An den Krieg in Deutschland erinnerte man nicht nur im Fernsehen, in Rundfunksendungen, Gemeindehallen, Schulen und Museen, sondern man setzte sich auch aktiv bis ins letzte damit auseinander und übte sich im Erinnern. Manchmal, und besonders in Berlin, konnte man den Eindruck gewinnen, als sei das deutsche Gedächtnis eine riesige Zunge, die rastlos nach einem schmerzenden Zahn tastet.

Für manche Japaner ist das verwirrend. Ein älterer deutscher Diplomat wies mich etwas schmerzlich darauf hin, daß zu ihm ein japanischer Kollege einmal gesagt habe, die Dauerbeschäftigung Deutschlands mit den Sünden seiner Vergangenheit und seine Bereitschaft, sich bei den Opfern zu entschuldigen, habe ganz zwangsläufig zum Verlust der deutschen Identität geführt. Ein anderer, viel jüngerer Mann erzählte mir von seinem Besuch in Tokio. Mit Entsetzen habe er dort in einer Bierhalle Japaner deutsche Landserlieder singen hören. Ich will die Unterschiede keineswegs überzeichnen. Nicht jeder Japaner leidet an Gedächtnisschwund, und es gibt viele Deutsche, die lieber vergessen würden; und so mancher von ihnen würde nur zu gerne den Widerhall der alten Lieder aus einer Bierhalle hören. Dennoch wäre es unvorstellbar, daß eine japanische Mitscherlich mit einem Vortrag über die Unfähigkeit zu trauern große Besucherscharen in die Innenstadt von Tokio locken könnte. Noch kein japanischer Politiker hat sich je hingekniet, um für historische Verbrechen um Verzeihung zu bitten, wie Willy Brandt es im ehemaligen Warschauer Ghetto getan hat.

Bereits während des Kriegs blieb die Partnerschaft zwischen den beiden Achsenmächten nicht ohne Spannungen. Hitler konnte dem gelben Herrenvolk wohl nur mit ambivalenten Gefühlen begegnen, und die Japaner wollten ihrerseits »die weiße Rasse« aus Asien hinausdrängen. Und doch sahen beide Völker ihre vorgeblichen Tugenden im jeweils anderen gespiegelt: kriegerischer Geist, Rassenbewußtsein, Opferbereitschaft, Disziplin usw. Nach dem Krieg machten die Westdeutschen große Anstrengungen, um von diesem Bild loszukommen. Das läßt sich von den Japanern weniger behaupten. Darum stießen in Japan wach gebliebene nostalgische Erinnerungen an die alte Partnerschaft in Deutschland eher auf betretene Reaktionen.

Die Geschichte der ehemaligen japanischen Botschaft in Berlin ist hierfür exemplarisch. 1936 erbaut und für das Ensemble von Hitlers neuer Hauptstadt *Germania* geplant, ist die alte Botschaft ein Monument des Neoklassizismus nationalsozialistischer Prägung. Die Botschaft war eines der wenigen Gebäude aus dem grandiosen Plan von Hitler und Speer, das überhaupt realisiert wurde. Nach dem Krieg stand es zunächst leer, ein Ruinenklotz, den Autonomen überlassen, Gruppen von schwarz gekleideten jungen Menschen, die das Gebäude auf der Suche nach einem anarchistischen Lebensstil besetzt hatten. 1984 jedoch einigten sich Japans Ministerpräsident Yasuhiro Nakasone und Bundeskanzler Helmut Kohl darauf, die Botschaft als japanisch-deutsches Wissenschaftszentrum wiedererstehen zu lassen. Der japanischen Schwäche für nationalistische Rückwärtsgewandtheit wohl bewußt, wollten die Deutschen, daß mit dem Zentrum die historischen Wandlungen seit der Achsenzeit deutlich wurden. Die offizielle Eröffnung fand 1987 statt. Um sie gebührend zu feiern, hatten die Japaner ein Seminar vorgeschlagen, das die Parallelen zwischen der shintoistischen Kaiseranbetung und den deutschen Mythen vom »Volk« untersuchen sollte. Der Vorschlag war weder kritisch noch ironisch gemeint: die Idee stammte von Priestern eines Shinto-Schreins in Tokio. Die Deutschen lehnten höflich ab.

All das verweist auf große Diskrepanzen zwischen den japanischen und den deutschen Wahrnehmungen vom Krieg, wobei ich die Unterschiede zwischen der BRD und der DDR hier zunächst beiseite lasse. Meine Frage lautet also: Woran liegt es, daß das kollektive Gedächtnis der Deutschen so anders zu sein scheint als das der Japaner? Gibt es dafür kulturelle Gründe? Oder politische? Ist die Erklärung in der Nachkriegsgeschichte oder in der Geschichte des Krieges selbst zu suchen? Haben die Deutschen möglicherweise mehr Grund zu trauern? Rührt es daher, daß die Japaner eine asiatische »Kultur der Schande« haben, um die Unterscheidung von Ruth Benedict aufzugreifen, die Deutschen hingegen eine christliche »Kultur der Schuld«?

Diese Fragen aber engten meine Perspektive wieder ein. Da ich mich für solche Aspekte der Vergangenheit interessierte, die die größten Kontroversen in Deutschland und Japan auslösten, mußte ich viele historisch relevante Ereignisse unbeachtet lassen. Die Schlacht von Nomonhan zwischen der Kaiserlich-Japanischen Armee und den sowjetischen Panzerbrigaden von General Schukow war von größter militärischer Bedeutung. Dasselbe gilt für die Kämpfe um Imphal oder für die Landung in der Normandie. Aber ich erwähne sie alle nicht. Statt dessen werde ich mich im Falle Japans auf die Feldzüge in China und den Abwurf der Atombombe auf Hiroshima konzentrieren, denn diese Ereignisse haben sich mehr als andere, oft in hoch symbolischer Form, im öffentlichen Leben Japans eingenistet. Was Deutschland betrifft, gehe ich vor allem auf seinen Krieg gegen die Juden ein, weil dieser, und nicht etwa die gleichzeitigen U-Boot-Schlachten im Atlantik und auch nicht die Schlacht um Stalingrad, die empfindlichsten Narben im kollektiven Gedächtnis (West-) Deutschlands hinterlassen hat.

Als ich mit der Arbeit an diesem Buch anfing, konnte ich nicht ahnen, in welchem Maß sich die aktuellen Ereignisse zu einem dramatischen Hintergrundgeschehen für meine Darstellungen verdichten würden. Zuerst kam das Ende des kalten Krieges, dann die deutsche Vereinigung, der Golfkrieg und 1993 schließlich die erste Wahl in Japan, mit der das politische Machtmonopol der konservativen Liberal-Demokratischen Partei gebrochen wurde. Sowohl Japan als auch Deutschland sahen sich durch konstitutionelle Bestimmungen daran gehindert, am Golfkrieg militärisch teilzunehmen, was zu hitzigen Debatten führte. War auf diese Länder wieder so viel Verlaß – und durften sie sich selbst so viel zutrauen –, daß sie bei zukünftigen Konflikten beteiligt werden konnten? Ich entschloß mich deshalb, das Buch mit Erfahrungen zu eröffnen, die ich während des Golfkriegs in Deutschland und in Japan gemacht habe. Denn jene Wochen führten die Traumata und Erinnerungen an die Zeit des Zweiten Weltkriegs auf lebhaftere Weise vor Augen als alle anderen Ereignisse nach 1945; mehr sogar als der Vietnamkrieg. Weder Japan noch Deutschland wurden damals aufgefordert, sich an diesem Krieg militärisch zu beteiligen. Während ich diese Zeilen schreibe, patrouillieren gerade Flugzeuge der Bundeswehr im Luftraum über dem ehemaligen Jugoslawien, und japanische Truppen versuchen, den Frieden in Kambodscha aufrechtzuerhalten, obwohl sie immer noch kein formelles Recht zur Gewaltanwendung haben.

Es ist einer der Gemeinplätze unseres Zeitalters, daß zwei der alten Achsenmächte zwar den Krieg verloren, dafür aber den Frieden gewonnen haben. Viele Menschen fürchten die Macht Japans und Deutschlands. Europäer haben Angst vor deutscher Vorherrschaft. Einige Amerikaner haben die wirtschaftlichen Auseinandersetzungen zwischen den USA und Japan als Krieg beschrieben. Was viele Menschen anderer Länder beunruhigt, eben die wachsende Macht Deutschlands und Japans, das beunruhigt auch viele Deutsche und Japaner. Wenn diese beiden Völker seit dem Krieg noch etwas gemein haben, dann ist es ein tiefsitzendes Mißtrauen gegen sich selbst.

Ohne großen Aufwand oder besondere Feierlichkeiten wurden die beiden deutschen Staaten 1990 während der Woche der Frankfurter Buchmesse offiziell vereint. Jedes Jahr wählt die Buchmesse die Literatur eines bestimmten Landes zum Schwerpunktthema. 1990 war die Wahl auf Japan gefallen. Im Rahmen der Sonderveranstaltungen fand eine Podiumsdiskussion zwischen Günter Grass und dem japanischen Romancier Kenzaburo Oe statt. Beide Männer sind während des Kriegs aufgewachsen, beide waren in ihrer Schulzeit militaristischer Indoktrination und Propaganda ausgesetzt, und beide machten sich zum literarischen Sprachrohr des Antifaschismus, auch wenn Oe sich im Gegensatz zu Grass in der letzten Zeit wenig zu politischen Fragen geäußert hatte. Und beide sind überzeugte »Liberale«. (Ich benutze das Wort in diesem Buch im Sinn des amerikanischen »liberal«.)

Es war eine erstaunliche Veranstaltung. Grass begann mit einem Klagelied über die deutsche Vereinigung. Auschwitz, so sagte er, hätte die Wiedervereinigung unmöglich machen müssen. Ein vereintes Deutschland sei eine Gefahr für sich selber und für die ganze Welt. Oe nickte ernst und fügte hinzu, daß Japan eine ebenso große Gefahr darstelle. Die Japaner, sagte er, hätten sich mit ihren Verbrechen niemals auseinandergesetzt. Japan sei ein rassistisches Land. Ja, aber das sei Deutschland auch, beteuerte Grass, der sich nicht übertrumpfen lassen wollte, auch Deutschland sei ein rassistisches Land, ja noch viel schlimmer, man müsse bloß an den Haß gegen Polen, gegen Türken, gegen Ausländer im allgemeinen denken. Ah, sagte Oe, aber man dürfe dabei nicht die japanische Diskriminierung der Koreaner und der Ainu vergessen, nein, die Japaner seien eindeutig die Schlimmeren.

Diese Litaneien über deutsche und japanische Verfehlungen wurden eine Zeitlang fortgesetzt. Dann entstand eine Pause. Beide Männer suchten nach einem anderen Gesprächsstoff. Das Schweigen wurde unerträglich. Die Zuschauer rutschten auf ihren Sitzen hin und her, bereit zum Aufbruch. Aber dann, als angemessenen Abschluß einer Begegnung in geistiger Wahlverwandtschaft, fand man wieder festen Boden. Ich weiß nicht mehr, wer es war, Grass oder Oe, der das Thema aufgriff: Mitsubishi und Daimler-Benz hatten die Aufnahme »neuer, kooperativer Beziehungen« ihrer Unternehmen bekanntgegeben. Journalisten sprachen bereits von der Achse Daimler–Mitsubishi. Mit feierlichen Mienen bestätigten sich Grass und Oe, daß dies bloß der Anfang einer gefährlichen Freundschaft sei. Dann erhob sich Grass, und Oe verschwand fast in seiner Umarmung; er dürfte an solche Gesten kaum gewöhnt sein, aber er versuchte sie trotzdem nach besten Kräften zu erwidern.

# Erster Teil

## Krieg gegen den Westen

**Bonn** Es war mitten in der Nacht und noch einige Jahre vor dem Zweiten Weltkrieg, als Konrad Adenauer über die Elbe fuhr; auf dem Weg nach Berlin lag er dösend im Schlafwagen. Und während der Zug Richtung Osten ratterte, öffnete Adenauer ein Auge und murmelte vor sich hin: »Asien, Asien.«

Die Anekdote muß nicht wahr sein. Aber 1946, als Vorsitzender der CDU in der Britischen Zone, schrieb Adenauer einem Freund in den Vereinigten Staaten tatsächlich: »Die Gefahr ist groß. Asien steht an der Elbe. Nur ein wirtschaftlich und geistig gesundes Westeuropa unter Führung Englands und Frankreichs, ein Westeuropa, zu dem als wesentlicher Bestandteil der nicht von Rußland besetzte Teil Deutschlands gehört, kann das weitere geistige und machtmäßige Vordringen Asiens aufhalten.«

Wenn Adenauer hier von Asien spricht, meint er die Ausbreitung des Sowjetkommunismus. Das ist äußerst interessant. Für den Politiker aus der alten Römerstadt Köln im Westen Deutschlands lag die Barbarei im Osten, wohin weder die zivilisierten Römer noch das Reich Karls des Großen vorgedrungen waren. Der zivilisierte, römisch-christlich-aufgeklärte Westen war für Adenauer durch Freiheit und Demokratie charakterisiert; Asien dagegen bedeutete Orthodoxie, Tyrannei und Krieg. Das Dritte Reich war Asien. Adenauer sah seine Mission darin, sein Deutschland, also das westliche Deutschland, an den Westen zu binden, und, als handele es sich um Krebsgeschwüre, alle Spuren Asiens herauszuschneiden.

Ich kam während der zweiten Woche des Golfkriegs, in der

letzten Januarwoche 1991, nach Bonn, in die von Adenauer auserwählte Hauptstadt im Westen. Es schneite heftig. Während des Golfkriegs war Bonn ein interessanter Schauplatz, überall legte der Konflikt Erinnerungen an den letzten Weltkrieg frei. Alte Wunden brachen wieder auf; es war, als läge Deutschland noch immer in Trümmern.

Wie die meisten Menschen in der Welt hatte ich die vorangegangene Woche damit verbracht, den Krieg im Fernsehen zu verfolgen – im englischen Fernsehen. Die Stimmung dort war fast heiter: Pensionierte Luftmarschälle und Marinekommandeure im zweireihigen Blazer erschienen rund um die Uhr am Bildschirm, um anhand von Karten den Frontverlauf zu erläutern. Aus ihnen sprach Berufs- und Nationalstolz. Hinter aller Fachsimpelei und den Spekulationen der Journalisten stand das Gefühl, Großbritannien würde seine besseren Tage wiedererleben, in kleinerem Maßstab vielleicht, aber doch in erhebender Weise. Es war, als wären die Jahrzehnte der wirtschaftlichen Demütigung, des Verlusts des Empires und des allgemeinen Niedergangs nur ein böser Traum gewesen. Es war Krieg: endlich waren wieder richtige und erfahrene Männer gefragt.

Die Ausländer seien vielleicht bessere Produzenten von Autos und Computern, schrieb ein englischer Leitartikler, der für seinen provokativen Hurrapatriotismus bekannt war, aber wenn es ums Kämpfen gehe, um die Verteidigung des Westens, »unseres« Lebensstils, »unserer« Freiheit usw., dann sei auf die Briten Verlaß: Sie seien zur Stelle, Schulter an Schulter mit den Yankees. Ob man dasselbe etwa von den Deutschen sagen könne? Als die deutsche Regierung zögerte, ob sie den Krieg mit allen Mitteln unterstützen sollte oder nicht, wurden Zweifel laut an der Verläßlichkeit von Deutschland als westlichem Bündnispartner. Wieder einmal blickten die verzagten Europäer zu Großbritannien als ihrem Retter auf. In dieser Zeit der nationalen Bedrohung (und Worte wie »nationale Bedrohung«, »Heldenmut« und »Ehre« kamen gleich wieder zu Ehren) wurden Fragen des EG-Beitritts zu bloßer Kleinigkeitskrämerei: In dieser Zeit der nationalen Bedrohung marschierte Großbritannien wie eh und je vorneweg.

In diesen Tagen hatte England etwas Rührendes und zugleich Bemitleidenswertes an sich. Kaum ein Jahr, bevor Saddam Hussein den Krieg begonnen hatte, waren zum Gedenken an den Luftkrieg über England von 1941 Geschwader von Spitfire- und Hurricane-Abfangjägern und ein Lancaster-Bomber über London geflogen. Es war ein sonniger Tag, und die Flugzeuge glitzerten, als sie über dem Buckingham-Palast ihre Flügel dippten. Ich verfolgte das Schauspiel von einem Hügel in Nordlondon aus. Um mich eine Menge Menschen, junge und alte und Kinder, die alle diesen Oldtimern am Himmel zuschauten. Es ertönte kein Ruf, kein Beifall, auch kein Lachen. Es herrschte eher eine Atmosphäre heimlichen Stolzes und stiller Trauer; einer schmerzlichen Trauer, wie sie die Wehmut an sich hat.

Ganz anders die Stimmung in Bonn. Das erste, was mir auffiel, als ich mit dem Bus vom Flughafen in die Stadt fuhr, waren die Bettücher, die aus alten Wohnhäusern hingen und auf denen in Rot und Schwarz stand: »Kein Blut für Öl!«, »Wir sind zu jung, um zu sterben«, »Es gibt keinen gerechten Krieg« und »Unsere Hoffnung stirbt mit jeder Bombe«. Eine Woche zuvor hatte in Bonn eine riesige Antikriegsdemonstration stattgefunden. Noch hingen von Fenstern und an Wänden Poster mit den Worten: »Wir haben Angst!« oder »Nie wieder Krieg!« oder »Bush ist ein Kriegsverbrecher!«. Eine kaum gebändigte Hysterie lag in der Luft, als erwarte man die Apokalypse oder den Weltuntergang – den Untergang einer Welt, die in einer militärischen und ökologischen Katastrophe zugrunde gerichtet wurde.

In Bonn spiegelt die schlichte Architektur des 18. Jahrhunderts den Klassizismus der Aufklärungsepoche wider. Bonn hat nichts vom pompösen Glanz des wilhelminischen Berlin. Das bronzene Beethoven-Denkmal auf dem Münsterplatz war von schmutzigem Schnee bedeckt, in der vereisten Hand des Meisters steckte eine weiße Fahne mit dem Runenzeichen der Friedensbewegung. Vor der Statue waren mehrere Zelte aufgeschlagen, darüber hingen Transparente, und vor den Zelten standen Tafeln mit Bildern und Texten. Die Transparente trugen dieselben Aufschriften, die ich zuvor schon gesehen hatte: »Kein Blut für Öl!« usw. Auf einer der Tafeln las ich: »Denkt an diese Bilder«. Darunter waren einige Fotografien, Zeitungsausschnitte und Zeichnungen angebracht: Soldaten in den Gräben des Ersten Weltkriegs; bombardierte Städte aus dem Zweiten Weltkrieg; Soldaten der Wehrmacht, die durch die Ukraine marschierten; das nackte vietnamesische Mädchen, das einem Napalmangriff zu entfliehen versucht; israelische Truppen im Libanon; und US-Bomber beim Abflug Richtung Bagdad. »Es gibt keinen gerechten Krieg«, hieß es wiederum.

Ein bärtiger Mann um die Vierzig, der einen Anorak trug, verteilte Broschüren. Ich nahm eine, und er begann, mir seine Ansichten darzulegen: »Dieser Krieg wird aus rein materiellen Gründen geführt. Als die Iraker die Kurden mit Gas angegriffen haben, haben wir tatenlos zugesehen. Jetzt fangen wir einen Krieg an. Wir müssen sofort damit aufhören.« Er sprach nicht in barschem Ton zu mir, eher wie ein Prophet, der es gewohnt ist, mißverstanden zu werden, wie jemand, der die Wahrheit erkannt hat, für die andere aber noch blind sind.

Darauf tat ich etwas, wozu man als Ausländer in Deutschland mit unterschiedlich stark ausgeprägter Selbstgerechtigkeit häufig verleitet ist: Ich erinnerte ihn an die NS-Zeit. »Wir haben nach der Reichskristallnacht von 1938 auch nichts getan. Wäre das ein Grund gewesen, 1939 nicht in den Krieg zu ziehen?« – »Na ja«, antwortete der Bärtige, »da war ich noch nicht auf der Welt, kann die Lage von damals also nicht beurteilen. Aber ich weiß, daß die Israelis 1948 Palästinenser massakriert haben. Und Genscher, unser Außenminister, fährt nach Israel, um den Israelis Geld und Waffen zu bringen – alles nur, weil wir einen Schuldkomplex haben. Meinen Sie, das ist in Ordnung so?«

Dieser Hinweis auf einen deutschen »Schuldkomplex« kam

überraschend. Immerhin war der Mann aktiv in der Friedensbewegung tätig, er war Mitglied der Grünen, vom Alter her ein Kind der sechziger Jahre. Die Floskeln über Israel und den deutschen Schuldkomplex würde man eher in Veröffentlichungen der Rechtsradikalen erwarten, etwa in der *Deutschen National-Zeitung*, die Gerhard Frey, ein Veteran unter den Neonazis, ein Gegner von Adenauers Politik der Westbindung, in München herausgibt. Diese Zeitung verhöhnte im Januar 1991 deutsche Politiker, weil sie nach Israel geflogen waren, um den Israelis Hilfe und Trost anzubieten; und der Golfkrieg wurde als typisches Beispiel für amerikanischen Völkermord verurteilt: er sei ein »Verbrechen gegen die Menschheit«. Andere Artikel der Zeitung galten Themen wie »Der Holocaust der amerikanischen Indianer« und »Der Terrorkrieg Israels«. Dabei ist die *National-Zeitung* keineswegs pazifistisch. Die Tugenden der Wehrmacht und sogar der Waffen-SS werden glorifiziert. Den Lesern werden Kalender mit Bildern von deutschen Soldaten zu günstigen Preisen angeboten. Anzeigen werben für Videofilme vom Blitzkrieg.

Doch nicht einmal diese Anzeigen vermittelten einen derartigen Stolz, wie er die Fliegergenerale a. D. im englischen Fernsehen durchglühte. Sie hatten etwas Defensives an sich, als müßten sie zugleich etwas verbergen. Es war, als könne die Bürde der deutschen Schuld durch Artikel über israelische Terrorakte oder den amerikanischen Holocaust erleichtert, wenn nicht gar getilgt werden. Hier, und vielleicht nur hier, treffen sich die beiden politischen Extreme in Deutschland. Auf der einen Seite die *National-Zeitung*, auf der anderen ein Sprecher der Friedensbewegung in Berlin, der die Luftangriffe auf den Irak als »das größte Kriegsverbrechen seit Hitler« bezeichnete.

Überall war der Widerhall des letzten Weltkrieges zu hören, in den Extremen des politischen Spektrums jedoch am deutlichsten. Die Angst, der amerikanische Materialismus würde die Welt zugrunde richten, gehört seit langem zur politischen Rhetorik sowohl linker als auch rechter Provenienz. Im Golfkrieg schienen sich diese Befürchtungen zu bewahrheiten. Aber es traten ältere Ressentiments zutage, was bei den Rechten zu erwarten war, bei der Linken aber doch überraschte. Im November 1991 wurde in Stuttgart ein inoffizielles Tribunal inszeniert, das über die »ökologischen Kriegsverbrechen« der Amerikaner sowie ihren »Völkermord« im Irak urteilen sollte. Alfred Mechtersheimer, ein prominentes Mitglied der Friedensbewegung, erinnerte sein Publikum daran, daß in den Nürnberger Prozessen das Recht der Sieger gesprochen worden sei. Und ein sozialistischer Politiker kritisierte die sklavische Gefolgschaft der Bundesrepublik den Vereinigten Staaten gegenüber. Aber während Rechte und Linke relativ eindeutig zu einem gemeinsamen feindlichen Standpunkt gegen die Vereinigten Staaten finden konnten, war eine Stellungnahme gegenüber Israel nach wie vor alles andere als einfach. Die Amerikaner weckten Erinnerungen an Bomber, die deutsche Städte in Schutt und Asche gelegt hatten, an die Schlachten in der Normandie oder den Ardennen, an den Schwarzmarkt und an schwarze GIs, die deutsche Fräuleins mit Schokolade und Seidenstrümpfen verführt hatten. Israel würde man immer mit dem Holocaust verbinden.

Ich war einem in Bonn lebenden Israeli vorgestellt worden. Ich werde ihn Michael nennen, weil er nicht beim Namen genannt werden möchte. Michael war ein verbitterter Experte in Sachen deutscher Schuld. Ich lernte ihn in der israelischen Botschaft kennen, einer scharf bewachten Villa in einem Bonner Vorort. Wir unterhielten uns in einem Zimmer ohne Fenster, mit einem leeren Schreibtisch und Plakaten mit israelischen Landschaften an der Wand. Er war stämmig, hatte gelocktes Haar, ein Mann Anfang Dreißig, ein Nach-Achtundsechziger. Geboren war er in Rußland, war aber als Kind nach Deutschland gekommen und in der Nähe von Köln aufgewachsen. Er war der einzige Jude an seiner Schule, was eine schlimme Erfahrung für ihn war, weil er immer als Ausnahme behandelt wurde. Lehrer forderten ihn ständig auf, der Klasse über Auschwitz zu berichten. Er konnte sich Dinge leisten, für die andere Jungen bestraft worden wären.

Ich dachte an Michael, als mir einige Monate später Peter Schneiders Roman *Vati* in die Hände fiel. In ihm geht es um den Sohn eines Nationalsozialisten und Kriegsverbrechers; die Handlung beruht auf der Geschichte von Joseph Mengele, dem Lagerarzt von Auschwitz. Der Sohn beklagt sich über seine Behandlung in der Schule: »Es war diese von allen geübte Rücksicht, die mich bedrängte. Für eine ungenügende Note in Biologie entschuldigte sich der Lehrer bei mir: Ich dürfe das Ergebnis keinesfalls als eine Zensur über irgendwelche Verwandten auffassen! Wenn ich die Hausaufgaben verschlampte, nannte man mich nicht faul, man sprach von ›schwierigen Familienverhältnissen‹.«

Deutschland, so meinte Michael, sei krank: »Ich bin überzeugt davon, daß man bei einer Herzuntersuchung den Adrenalinstoß sehen könnte, den ein Deutscher, ob jung oder alt, erleidet, wenn das Wort ›Jude‹ erwähnt wird.«

Und genau das sei der Grund, warum der Golfkrieg in Deutschland soviel Panik ausgelöst habe. Weinende Menschen hätten Tag und Nacht bei der israelischen Botschaft angerufen. Manche hätten gefragt, ob sie israelische Kinder aufnehmen könnten, falls etwas Schlimmes passieren sollte, und ob sie sie nach Beendigung des Kriegs zurückbringen könnten. »Diese Deutschen mußte man beruhigen«, sagte er. Und er zuckte mit den Achseln. »Ach«, sagte er mit einem leichten Lächeln, »es ist schon schwer, Deutscher zu sein.«

Michael verachtete junge Pazifisten genauso wie die ältere Generation der Väter und Täter. Die seien nach dem Krieg plötzlich fast alle philosemitisch gewesen. Pastoren, Bürgermeister, Lehrer, Priester, alle wollten sie nun bei jeder sich bietenden Gelegenheit nach Israel fahren. Eine eigenartige Verkehrung der Rollen habe stattgefunden. Vor dem Krieg hätten die Juden als sanfte Büchermenschen und Pazifisten gegolten – oder aber als willenlose Flüchtlinge, die sich treiben ließen wie Luftmenschen. Die Deutschen standen im Gegensatz dazu als preußisch diszipliniert da. »Hart wie Krupp-Stahl« wollten sie sein. Und heute seien aus den Israelis disziplinierte, hart arbeitende Kämpfernaturen geworden. Viele der älteren Deutschen bewunderten sie dafür, wie sie Araber umgekehrt verabscheuten, weil sie sie für faul und schmutzig hielten. Und nun seien es die Deutschen, die zu Pazifisten geworden seien. »Wir Israelis lachen heute über deutsche Soldaten«, sagte Michael.

In den späten Sechzigern und besonders nach dem Sechstagekrieg von 1967 änderten sich die Einstellungen allmählich. Viele junge Deutsche lehnten nun alles ab, was sie in ihren Eltern verkörpert sahen. Sie verurteilten ihre Vergangenheit, haßten sie für ihr Schweigen und verachteten sie ebenso für ihren Philosemitismus. Die radikalen Studenten sahen sich auf der Seite der Opfer, insbesondere der Palästinenser. Sie wollten mit den Schuldigen, den Tätern nie gemeinsame Sache machen, weder in Deutschland noch in Vietnam, auch nicht in Israel. Sie wollten die Feigheit ihrer Eltern gutmachen. Sie wollten Widerstand leisten. Sie waren Idealisten. Und sie würden kämpfen, um die Welt vor der ökologischen Katastrophe zu bewahren. Sich gegen den amerikanischen Konsumterror und den israelischen Militarismus auflehnen. Michael sagte: »Sie glaubten tatsächlich, wenn man links sei, wäre man immun gegen den Antisemitismus.«

Wenn Michael also Tausende von Deutschen für den Frieden demonstrieren sieht, sieht er nicht Tausende von sanftmütigen Menschen, die aus der Geschichte gelernt haben. Was er sieht, ist vielmehr »deutsch-protestantischer Rigorismus in Reinform, aggressiv, intolerant und verhärtet.«

Im Februar 1991 druckte die *FAZ* ein Interview mit dem israelischen Schriftsteller Amos Oz zum Thema Golfkrieg. Die *FAZ* ist bekanntlich konservativ und zeigt wenig Sympathie für die Friedensbewegung, Grüne, Linke oder Alt-Achtundsechziger. Die Herausgeber befürworteten eine deutsche Beteiligung am Golfkrieg oder zumindest ein klares Engagement für die Sache der Alliierten. Die *FAZ* ist antikommunistisch, für die NATO eingestellt und liberal im Sinne des 19. Jahrhunderts, weniger im Sinn des heutigen amerikanischen Sprachgebrauchs. Joachim Fest, einer der Herausgeber, hat eine berühmte Biographie über Hitler verfaßt. Aus dem Buch wurde ein Film, der Fest zu einem wohlhabenden Mann machte. Die Hitlerzeit wird besonders in der filmischen Darstellung als eine Form des kollektiven Wahnsinns aufgefaßt, als eine mörderische *opera buffa*, als geistige Verirrung in der Geschichte einer großen Nation.

Fest war in jener Januarwoche ziemlich aufgebracht. Seiner Meinung nach hatte sich Deutschland wieder einmal als ein Gefangener seiner Geschichte erwiesen, indem es, statt politische und militärische Entschlossenheit zu zeigen, in nervösem Pazifismus verharre. Deutschland, so argumentierte Fest immer wieder, sollte wieder zu einer normalen, ihrer Verantwortung bewußten Macht werden. Damit meinte er das, was Adenauer gemeint hatte: eine normale westliche Macht. Das wurde in Fests Augen durch die instinktive schuldbewußte Duckmäuserei verhindert, die perverserweise in ein Gefühl der moralischen Überlegenheit verkehrt werde: Wir, die wir grauenhafte Sünden begangen haben, werden jetzt die Übel der Welt tilgen. Das hindere Deutschland daran, seine Pflicht als westlicher Bündnispartner zu erfüllen. Als deutscher Patriot empfand es Fest als peinlich, ja erniedrigend, daß Großbritannien, Frankreich und die Vereinigten Staaten ohne aktive deutsche Unterstützung einen Krieg führten. Als ich die Antikriegsdemonstration erwähnte, seufzte er und sagte: »Alles wegen Hitler.«

Amos Oz ist nun nicht gerade ein *FAZ*-Typ, denn mit seinem Liberalismus steht er eher links von der Mitte, aber in seinem Interview wendete er sich kritisch gegen die romantische Verklärung der Dritten Welt unter den Linken Europas und insbesondere Deutschlands. Rousseaus Verehrung des edlen Wilden habe hier ihre Spuren hinterlassen – eine fast theologische Erhöhung der zum Leiden Verdammten. »Und vielleicht«, fügte er hinzu, »sind sie [viele Anhänger der Friedensbewegung] auch von einem sehr vereinfachten und sentimentalen Bild des Christentums bestimmt, wonach Leiden das Opfer läutert.«

Die Juden wären damit also durch den Holocaust »geläutert« worden, »als wenn aus den Duschen der Gaskammern die Opfer mit einem moralischen Reinigungsmittel besprüht worden wären«. Sie müssen einfach reiner und besser sein als andere Menschen. Aber wie hat sich diese Reinheit auf die Kinder und Enkelkinder der Täter übertragen? Kann es sein, daß sie den heimlichen Wunsch hegen, ebenfalls unter den Leidenden sein zu dürfen?

Die moralische Reinheit wurde während des Golfkriegs auf eine harte Probe gestellt: durch die Nachricht, daß mit den Scud-Raketen der Irakis Giftgas auf Israel abgefeuert werden sollte, das deutsche Firmen geliefert hatten. Es kann keinen gerechten Krieg geben – und doch waren die Juden durch deutsches Gas bedroht. Kein schönes Dilemma. Es zerriß die Reihen der Friedensbewegung. Wolf Biermann, Dichter und Liedermacher, demonstrierte früher gegen die amerikanischen Raketenstützpunkte in Deutschland und steht politisch weit links von der *FAZ*. Jetzt aber schockierte er viele ehemalige Genossen, als er den Krieg öffentlich befürwortete. »Kein Krieg für Öl«, schrieb er in *Die Zeit*, »das ist nun die antiamerikanische Parole. Heilige Einfalt! Natürlich geht es auch den Amerikanern ums Öl. [...] Und ich sage mir: zum Glück! [...] Ja, ich bin froh, daß es solche zuverlässig miesen Interessen gibt. Israel stünde sonst allein.« Biermanns Vater starb in Auschwitz.

Es gibt ein deutsches Wort, das schwer in eine andere Sprache zu übersetzen ist und das die Stimmung vieler Deutscher während des Golfkriegs gut wiedergibt: Betroffenheit. Es wird von Pazifisten, Liberalen und Sozialisten so oft benutzt, wie der Begriff »normale Nation« von deutschen Konservativen zu hören ist. Betroffenheit impliziert Schuldbewußtsein, Schamgefühl oder auch Verlegenheit. Betroffen zu sein heißt, sprachlos zu sein. Aber es bedeutet auch, moralisch rein zu sein. Betroffenheit bietet eine Möglichkeit, die »Vergangenheit zu bewältigen«: der oder die Betroffene zeigt Reue, ist bereit zur Beichte und kann die Absolution erhalten; sein Gewissen wird gereinigt.

In der damaligen BRD wurde die Trauer über das Vergangene häufig angemahnt; Trauerarbeit ist als Teil dieser Prozedur der Läuterung aufzufassen. In ihrem berühmten, 1967 veröffentlichten Buch *Die Unfähigkeit zu trauern* haben Alexander und Margarethe Mitscherlich die moralische Erstarrung beklagt, die die Deutschen nach dem Krieg befallen hatte, weil sie nicht fähig waren, ihrer Vergangenheit ins Auge zu schauen. Von der Niederlage benommen, schienen sie unter einer Blockade des Gedächtnisses zu leiden. Sie wollten oder konnten ihre Arbeit nicht leisten und Reue empfinden. Sie schienen völlig vergessen zu haben, daß sie einen Führer glorifiziert hatten, der den Tod von Abermillionen bewirkt hatte. Viele Deutsche hatten die von den Nationalsozialisten inszenierte, opernhafte Selbstverherrlichung sichtlich genossen. Die These der Mitscherlichs war, daß die Deutschen, indem sie dies nach dem Zusammenbruch des Reichs bestritten, sich nicht nur vor einer Strafe oder vor Schuldkomplexen schützen wollten, sondern auch vor dem Gefühl der absoluten Ohnmacht nach ihrer Niederlage. Nur wer einen Verlust durchlitten habe, könne trauern. Und was hatten die Deutschen denn genaugenommen verloren? Die Juden, natürlich, aber das dürfte man kaum als deutschen Verlust empfunden haben. Viele Deutsche hatten ihre Wohnung, ihre Söhne, ihre absurden Ideale und ihren Führer verloren. Aber auch darum ging es den Mitscherlichs bei dem Begriff »Trauerarbeit« nicht; nach 1945 Hitler nachzutrauern war unmöglich. Dreißig Jahre später sollte Margarethe Mitscherlich feststellen, daß die damals beschriebene Unfähigkeit zu trauern für die jüngeren Generationen nicht mehr gelte. Sie hatte recht: die Juden werden in Deutschland betrauert; und in manchen extremistischen Kreisen auch der Verlust von Hitler.

Der Zustand der Betroffenheit hat etwas Religiöses an sich, verwandt mit der in Deutschland langen und vielfältigen Tradition des Pietismus, die im späten 17. Jahrhundert mit den Schriften von Philipp Jakob Spener begründet wurde. Spener wollte die Kirche reformieren und das Evangelium im täglichen Leben verwirklichen, was vor allem durch gute Taten und geistliche Übungen des Individuums bewirkt werden sollte. »Kernpunkt des Pietismus«, schreibt Gordon A. Craig in seinem Buch *Über die Deutschen*, »war die moralische Erneuerung des Individuums, die dadurch erreicht wurde, daß der Mensch durch die Seelenangst der Reue zu der überwältigenden Vorstellung von der Gnade Gottes gelangte.« Der Pietismus diente als Gegenmittel gegen die weltlichen und rationalen Ideen der französischen Aufklärung. Im 19. Jahrhundert orientierten sich das deutsche Bürgertum wie auch die preußischen Offiziere um Bismarck am Pietismus. Dies ist wohl der Geist, auf den Michael, der Israeli in Bonn, sich bezog, als er vom protestantischen Rigorismus der deutschen Pazifisten sprach.

Während des Golfkriegs zeigte sich Bonn betroffen. In der Stadt hätte eigentlich eine ganz andere Stimmung herrschen müssen: es war Karnevalszeit, Zeit für Feste, für Wein, Weib und Gesang. Aber das alles schien unpassend angesichts des Kriegs und des bevorstehenden Weltuntergangs, so daß aus Karnevalsvereinen Krisenstäbe wurden. Die rheinland-pfälzische Landesregierung bot allen Vereinen, die bereit waren, ihre Karnevalsveranstaltungen abzublasen, finanzielle Entschädigung an – eine wirkungsvolle Maßnahme. Nur in Köln fand ein inoffizieller Faschingszug statt, unter dem Motto: »Das Leben geht weiter.«

In Berlin organisierte eine Gruppe von Studenten der Musikhochschule einen Antikriegstag, denn, so ihr Sprecher: »Alle StudentInnen sind so traurig und betroffen, daß wir das Bedürfnis verspürten, uns zu versammeln und über unsere Ängste zu sprechen.« Sie errichteten einen Altar und zündeten Kerzen an. Und ein lokaler Rundfunksender übertrug ihr

Friedenslied mit dem Refrain: »Wir sind betroffen und zutiefst schockiert.«

Der Platz vor meinem Hotel war kalt und fast leer. Nur eine kleine Bierbude gab es, an der einige junge Männer standen und tranken, ein wenig herumtanzten und grölten, eben das taten, was sie unter feiern verstanden. Ich konnte durch das geschlossene Fenster des Hotelzimmers ihre bierseligen Lieder hören. Der schwere stampfende Rhythmus erinnerte mich an unzählige Kriegsfilme, in denen deutsche Fröhlichkeit den ironischen Kontrapunkt zu irgendeiner brutalen Handlung liefern soll. Man sollte es lernen, solche Assoziationen in Deutschland zu unterdrücken. Allzu leicht verfällt man in Selbstgerechtigkeit oder Zwangsvorstellungen, selbst wenn man solche Szenen nur vom Kino her kennt.

Ich schaute fern, und auch diesmal wunderte ich mich über den Unterschied zu Großbritannien. Im deutschen Fernsehen gibt es unzählige ernsthafte Diskussionsrunden, bei denen Menschen um einen Tisch herumsitzen und über die Fragen des Tages debattieren. Das Publikum sitzt an kleineren Tischen und nippt an Getränken, während die Diskussionsgäste des Abends ihre Reden schwingen. Der Ton, der angeschlagen wird, ist meist bedächtig, aber manchmal erhitzen sich die Gemüter auch. Nichts einfacher, als sich über den feierlichen Ernst dieser Sendungen lustig zu machen. Aber es gibt vieles daran zu bewundern. Es waren nicht zuletzt solche Talk-Shows, die viele Deutsche überhaupt erst zum politischen Diskutieren gebracht haben.

Während des Golfkriegs war es für einen Fernsehzuschauer schwer, sich solchen Podiumsdiskussionen zu entziehen. Es gab so viele, daß man von Sender zu Sender schalten und mehrere Gesprächsrunden gleichzeitig verfolgen konnte. Oft waren Pastoren eingeladen worden. Manche trugen Anzüge, manche Jeans. Ihre Teilnahme war durchaus passend, denn im Grunde drehte sich alles um die Frage des Gewissens. Kann man guten Gewissens einen Krieg führen? Ein deutscher Luftwaffenpilot sagte, ihm mache die Vorstellung, Menschen zu töten, schwer zu schaffen. Er wisse nicht, ob er das mit seinem Gewissen vereinbaren könne. Ein junger Arzt, der in einem Krankenhaus in der Nähe eines amerikanischen Stützpunkts arbeitete, sagte, sein Gewissen rege sich bei dem Gedanken, daß er im Golfkrieg verwundete amerikanische Piloten behandeln müsse; schließlich würde er sich dadurch doch zum Mittäter machen.

Die Runde einer typischen Talk-Show wurde gebildet von einem Mann, der gegen das NS-Regime Widerstand geleistet hatte, einem Wehrdienstpflichtigen, einer älteren Hausfrau, einer berufstätigen Mutter und einigen Oberstufenschülern. Angelika, die 27jährige Mutter, sagte, Deutschland müsse Israel helfen, wegen all dem, »was wir im Krieg gemacht haben«, aber mit dem Krieg im Golf würde man gar nichts erreichen.

»Was ist mit den Briten und Franzosen?« fragte der ehemalige Widerstandskämpfer. »Sollten wir es wirklich ihnen überlassen, die Drecksarbeit zu verrichten, während wir zu Hause bleiben?« (Die Amerikaner wurden nicht erwähnt.)

»Na ja«, sagte Angelika, »aber wir können doch nicht gegen unsere eigenen Überzeugungen handeln. Wie können wir vergessen, daß man uns beigebracht hat, nie wieder Krieg zu führen? Im Ausland haben wir uns oft geschämt, Deutsche zu sein. Die Menschen haben immer Angst vor uns gehabt, und jetzt werfen sie uns vor, nicht aggressiv genug zu sein...«

Andrea, eine 18jährige Schülerin, sagte: »Wir haben zwei Weltkriege ausgelöst. Wie können wir das vergessen? Ich bin nicht gerade stolz darauf, Deutsche zu sein.«

Aber als die ältere Hausfrau von ihren Leiden im Zweiten Weltkrieg sprach – den Bombardierungen, dem Lebensmittelmangel, den Vätern und Söhnen, die nicht mehr zurückkamen – und dann sagte, man müsse sich allen Kriegen widersetzen, entgegnete ein junger Student: »Ich sehe ja ein, daß im Krieg fürchterliche Dinge geschehen, aber fürchterliche Dinge können auch passieren, wenn wir dann nicht kämpfen, wenn wir kämpfen sollten.«

Es kamen Rufe des Unverständnisses aus dem Publikum, aber der Student erhielt Unterstützung von dem alten Widerstandskämpfer. Er verglich Saddam Hussein mit Hitler und sagte, man müsse Hussein bremsen, aus demselben Grund, aus dem man Hitler bremsen mußte: »Saddam hat schon Hunderttausende getötet. Sollen wir ihn weitermachen lassen, nur weil uns moralische Gründe verbieten zu schießen?«

Schließlich meldete sich der junge Soldat, der Jeans und ein Hemd mit Blumenmuster trug, zu Wort. Auf die Frage, wie er sich dabei vorkomme, Menschen töten zu müssen, antwortete er: »Wenn Deutschland oder die NATO angegriffen würde, müßte ich töten. Aber wenn ich mit dem Krieg nicht einverstanden wäre, würde ich mich weigern zu schießen.«

Er beharrte dabei auf den Buchstaben des nach dem Krieg verabschiedeten deutschen Grundgesetzes. Ein Wehrpflichtiger kann aus Gewissensgründen das Kämpfen verweigern. Nie wieder soll »Befehl ist Befehl« als Ausrede für Grausamkeiten dienen können. Deutsche Militäreinheiten können nur eingesetzt werden, um Deutschland oder die NATO-Territorien zu schützen. Die Rechten würden die Geltung dieser Vorschrift gern auf andere Gebiete ausdehnen; die Linke hat dies bis jetzt abgelehnt.

Aber dem Wehrpflichtigen ging es nicht um rechtliche Fragen. Er versuchte, eine moralische Frage, eine Gewissensfrage zu beantworten. Und er gab eine ehrliche Antwort, eine, die vielleicht die Gefühle junger Deutscher heutzutage besser widerspiegelt als die völlige Ablehnung des Kriegs bzw. jedes Kriegs durch viele Pazifisten. Die Achtundsechziger-Generation hatte ein allem übergeordnetes moralisches Ziel: Sie wollte in keiner Weise sein wie ihre Eltern, wollte deren schuldhaftes Schweigen brechen, die Losung des Friedens verbreiten oder einfach dafür sorgen, daß die Deutschen nicht wieder verführt werden konnten. Oskar Lafontaine, der Vorsitzende der saarländischen SPD, sagte während des Golfkriegs, die Deutschen aufzufordern, sich an militärischen Aktionen zu beteiligen, sei damit vergleichbar, »einem ehemaligen Alkoholiker Kognakbohnen anzubieten«. Man konnte den ängstlichen Aufschrei förmlich hören.

Möglicherweise hat Joachim Fest recht gehabt. Alles wegen Hitler. Aber der Golfkrieg zeigte auch, daß man den deutschen Pazifismus nicht einfach als Antiamerikanismus oder als Abkehr von Adenauers Politik der Westbindung abtun konnte. Es war ein wirkliches Dilemma: Wenigstens zwei Generationen waren dazu erzogen worden, den Krieg abzulehnen und nie wieder deutsche Soldaten an die Front zu schikken – zwei Generationen, die Deutschland am liebsten in einen Staat nach Schweizer Modell verwandelt hätten. Aber man hat sie auch gelehrt, sich für das Schicksal Israels verantwortlich zu fühlen und sich als Bürger einer westlichen Nation zu begreifen, die einen festen Platz in der Familie des westlichen Bündnisses hat. Wie nun, lautete die Frage, wie ließ sich beides vereinen? Was wäre denn, wenn sich Saddam tatsächlich als ein zweiter Hitler erweisen würde und die Deutschen es versäumten, den Juden zu helfen?

Darum waren die Ähnlichkeiten zwischen Saddam und Hitler so schmerzhaft. An diesem Punkt hat Hans Magnus Enzensberger mit scharfer Klinge zugestoßen: In seinem *Spiegel*-Essay verglich er Saddam mit Hitler. Enzensberger ist ein großartiger Dichter und Essayist. Und er kennt die Stellen genau, an denen er seine Landsleute empfindlich treffen kann; er versteht sich auf Provokationen. Sein Artikel fand bei manchen Beifall, während sich andere darüber empörten, besonders die linken Intellektuellen. Ich hörte einen Kritiker in Berlin sagen, Enzensberger sei ein Verräter. Was er denn verraten habe, fragte ich. Den Geist, lautete die Antwort. Jahrelang war Enzensberger selbst ein linker Intellektueller. Er gehört zu der Generation, die während der NS-Zeit zur Schule ging, in die Hitler-Jugend eintrat und dann am Ende des Kriegs noch zur Flugabwehr eingezogen wurde. Zusammen mit anderen Schriftstellern, wie Günter Grass und Heinrich Böll, bildete Enzensberger nach dem Krieg eine Art linken Maquis, der die Hinterlassenschaften des deutschen Autoritarismus anprangerte. Die Jagd auf die Geister des Nationalsozialismus war für viele Jahre fast eine Vollzeitbeschäftigung.

In seinem *Spiegel*-Essay behauptete Enzensberger, Saddam sei, genau wie Hitler, nicht irgendein Diktator: Er sei ein Feind der Menschheit, ein selbstzerstörerisches Monstrum, das in den Tod verliebt ist. Hätte er die Mittel dazu, wäre er imstande, die Welt zu zerstören, natürlich einschließlich des eigenen Volks, das er, wie Hitler das seine, verachte. Es stelle sich aber die Frage, wer oder was solche Ungeheuer hervorbringe. Laut Enzensberger sind es die erniedrigten Völker, die Massen andauernder Verlierer, die durch das Scheitern ihrer Ideen, durch Armut, durch ein Gefühl der Ohnmacht, des Unvermögens, ihr Leben selbst in die Hand zu nehmen, zu lange demoralisiert worden seien. Die Deutschen, schrieb Enzensberger, müßten sich in den Arabern eigentlich wiedererkennen.

Doch nichts hätte den Deutschen ferner liegen können. Denn eine solche Einsicht, fuhr Enzensberger fort, »würde jeder rassischen Deutung des Konflikts den Boden entziehen. Außerdem brächte sie verborgene Kontinuitäten ans Licht, Restbestände des Faschismus, an die niemand erinnert werden möchte. Die deutsche Industrie hat die hingebungsvollen Dienste, die sie Adolf Hitler geleistet hat, nie zu bereuen gehabt; daß sie seinem Nachfolger mit demselben Eifer zu Hilfe eilt, ist daher nur konsequent. Und wenn ein erheblicher Teil der deutschen Jugend sich eher mit den Palästinensern identifiziert als mit den Israelis, wenn sie ihren Protest lieber gegen George Bush als gegen Saddam Hussein richtet, so ist das mit Ahnungslosigkeit kaum zu erklären.«

Das ist die Stimme des Maquis der Nachkriegszeit, so spricht der Streiter gegen verborgene Kontinuitäten; plötzlich kommt er von einer ganz neuen Seite. Mag sein, daß er die Irakis ungerecht beurteilte, da sie Saddam wohl kaum mit demselben Eifer unterstützten, mit dem die Deutschen ihrem Hitler folgten. Aber Enzensberger deckte Kontinuitäten gerade bei denen auf, die sich vielleicht allzu sicher waren, mit der Vergangenheit durch Trauerarbeit und das Anzünden von Friedenskerzen gebrochen zu haben.

Die Generation von Enzensberger lernte, den Deutschen zu mißtrauen. In den vierziger und fünfziger Jahren lagen die Kontinuitäten allzu deutlich auf der Hand; die Wunden, die die Erfahrungen in der Hitler-Jugend und in den Flakbatterien hinterlassen hatten, waren noch zu frisch. Enzensbergers Maquis mißtraute der selbstzufriedenen Beflissenheit, mit der die Westdeutschen auf den materiallen Wohlstand zueilten, der sich über das Vergangene legte wie Schnee: alle Spuren verschwanden darunter, jeder Laut klang nur noch gedämpft. Enzensbergers berühmtes Gedicht *Landessprache* (1967) beginnt mit folgenden Versen:

> was habe ich hier verloren,
> in diesem land,
> dahin mich gebracht haben meine älteren
> durch arglosigkeit?
> eingeboren, doch ungetrost,
> abwesend bin ich hier,
> ansässig im gemütlichen elend
> in der netten, zufriedenen grube.

Das Mißtrauen gegen die Deutschen war während des Golfkriegs wegen der Ereignisse des Vorjahres besonders virulent. In den Nachbarländern war die deutsche Vereinigung mit Bestürzung beobachtet worden. Das war nur verständlich; sie waren besetzt gewesen, und man wußte ganz genau, wozu die Deutschen fähig waren. Aber zugleich zeigte sich das Mißtrauen der Generation von Enzensberger, oder zumindest seiner Maquisgenossen. Als Günter Grass gegen die Vereinigung protestierte, weil Großdeutschland schließlich Auschwitz hervorgebracht habe, benutzte er das Wort »Auschwitz« in einem fast religiösen Sinne, wie einen negativen Talisman, um das Böse abzuwehren. »Auschwitz« war lange Zeit das wichtigste Zauberwort gegen verborgene Kontinuitäten gewesen.

Nicht ganz so abstrakt – und abgedroschen – äußerte sich das westdeutsche Mißtrauen gegen den Osten: gegen die Ostdeutschen, deren Soldaten immer noch im Stechschritt marschierten, deren kleinbürgerlicher Stil den Muff der dreißiger Jahre atmete, deren Regierungssystem, obwohl auf dem Sokkel des Antifaschismus errichtet, so viele beunruhigende Relikte der NS-Vergangenheit bewahrt hatte – gegen die Ostdeutschen also, die irgendwo in »Asien« gelebt hatten. Michael, der Israeli, verglich die Begegnung der Wessis mit den Ossis mit der Enthüllung des Bildnisses von Dorian Gray: Die Wessis sahen ihr eigenes Bild, und es gefiel ihnen nicht, was sie da erblickten.

Als ich auf die Ossis zu sprechen kam, verdrehte ein namhafter westdeutscher Schriftsteller die Augen. Er erzählte mir, wie sehr ihn die Aussicht langweilte, die Wiederholung der Geschichte miterleben zu müssen: »Säuberung, Umerziehung, das habe ich alles schon mitgemacht. Ich mag die Menschen im Osten nicht sonderlich. Ich habe das Gefühl, sie zu kennen. Ich will nichts mit ihnen zu tun haben.« Das überraschte mich, und ich erwähnte es, als ich den Literaturkritiker Roland H. Wiegenstein in seiner schönen Wohnung in Berlin besuchte. Die Sitzmöbel waren allesamt aus Stahl und schwarzem Leder; an den Wänden hingen große abstrakte Gemälde. Wiegenstein ist modebewußt und sorgfältig gekleidet. Sein Geschmack ist demonstrativ *après guerre*. »Ich verstehe ihn gut«, sagte er, »ich bin nur ein paar Jahre älter als er. Es ist eigentlich ein Wunder, wie schnell die Deutschen in der BRD zu kultivierten Menschen wurden. Wir gehören jetzt wirklich zum Westen. Wir haben die Demokratie internalisiert. Aber die Deutschen der ehemaligen DDR, die sind immer noch in der Vormoderne. Das sind die häßlichen Deutschen, sie ähneln sehr den Westdeutschen der Nachkriegsjahre, den Menschen, mit denen ich aufgewachsen bin. Sie sind noch nicht kultiviert.«

Diese kulturelle Abneigung gegen die häßlichen Ossis in ihren schlechtsitzenden Anzügen, ihren ausgewachsenen

Baumwollsachen und Kunstlederschuhen war mehr als nur Snobismus. Die unausgesprochene Botschaft dahinter war die, daß die Wessis selber nur knapp der Gefahr entgangen waren, Kryptonazis und im Stechschritt paradierende Deutsche zu bleiben, indem sie eben etwas anderes geworden waren, moderne Europäer vielleicht. Kurz vor der Wiedervereinigung Deutschlands schrieb Patrick Süßkind, ein Schriftsteller aus der Achtundsechziger-Generation, daß ihm (und damit seinen Freunden und Mit-Wessis) die Toskana näher liege als Dresden.

Mißtrauen bestimmt den politischen Diskurs in Deutschland. Norbert Gansel, Bundestagsabgeordneter und Leiter des Arbeitskreises für Außenpolitik und Sicherheitspolitik der SPD, wurde während des Golfkriegs fünfzig. Auch er war modisch gekleidet; er trug einen pflaumenfarbenen Anzug. Er goß uns beiden eine Schale japanischen Sake ein. »Läuft runter wie Öl«, sagte er. Ich nehme an, die Ironie war beabsichtigt. Er wählte seine Worte mit Bedacht: »Meine eigene politische Überzeugung und auch meine politischen Ambitionen haben mit dem Mißtrauen zu tun, das ich all den Menschen gegenüber hege, die ich vertrete; den Menschen, deren Eltern und Großeltern Hitler und die Judenverfolgung ermöglicht haben.« Über seinem Schreibtisch hing eine Ansicht von Kiel, wo Gansel zur Welt kam. Das Bild stammte von 1945, als die Stadt in Trümmern lag. Als er merkte, daß ich das Bild anschaute, sagte er: »Aber es verdient andererseits auch jeder, der ausgebombt wird, unsere Sympathie.«

Gansel hatte sich lange Zeit mit dem Erbe der NS-Vergangenheit befaßt. Seine Magisterarbeit behandelte die SS. Und in den siebziger, achtziger Jahren versuchte er, Urteile, die von NS-Gerichtshöfen ausgesprochen wurden, nullifizieren zu lassen – bis zuletzt ohne Erfolg. Eines der Probleme war, daß die Justiz nie von alten Nationalsozialisten gesäubert worden war. Diese Kontinuität brach erst mit dem natürlichen Fortgang der Zeit ab. Die Fehler der Justiz in den fünfziger und sechziger Jahren, sagte Gansel, könnten sich heute nicht wiederholen. Eine neue politische Generation sei inzwischen herangereift. Die Enkel der Täter stellten ihre Fragen nach der Vergangenheit mit weniger Selbstgerechtigkeit als die Generation der Achtundsechziger. Die Deutschen seien allmählich realistischer geworden, fuhr er fort, weit mehr als die Japaner. Der Golfkrieg habe wie eine ernüchternde kalte Dusche gewirkt.

Es ist schwer zu beurteilen, was ernüchternder wirkte: der Golfkrieg oder die Ankunft der Ossis. Es war eine zusätzliche Bürde, daß beide Ereignisse mehr oder weniger zusammenfielen. Es gab in der SPD eine Tradition der nationalistischen Neutralitätspolitik. Viele linke Politiker dachten, das westliche Bündnis habe die Vereinigung Deutschlands verhindert. In den fünfziger Jahren waren Sozialdemokraten in dieser Beziehung nationalistischer eingestellt gewesen als die konservativen Christdemokraten. Jahrelang hatte die Linke das Adenauersche Deutschland wegen des NS-Erbes und wegen seiner Hörigkeit gegenüber den Amerikanern bekämpft. Jetzt, nach der Wiedervereinigung Deutschlands, mit all den Gespenstern von »Auschwitz« und den zusätzlichen Horden von engstirnigen Ossis, setzte sich die Meinung durch, daß Adenauer letztlich doch recht gehabt habe: Deutschland brauchte den Westen. Aber inzwischen brauchte der Westen auch Deutschland; und zwar auf eine Weise, die den Deutschen, und besonders den Sozialdemokraten, äußerst besorgniserregend erschien.

Wenn Deutschland in den Schoß seiner westlichen Alliierten aufgenommen wurde, etwa in die NATO und die EG, dann mußte das Mißtrauen gegen Deutschland doch endlich geschwunden sein. So hoffte man jedenfalls. Als Europäer konnten die Deutschen sich normal, westlich, kultiviert fühlen. Deutschland, das alte »Land in der Mitte«, der Koloß in Mitteleuropa, die Macht, die sich über die eigene Identität Sorgen machte und von ihrer Vergangenheit heimgesucht wurde, war zum westlichen Staat geworden. Dieser segensreiche Zustand wurde innerhalb eines Jahres gleich zweimal auf die Probe gestellt: zuerst durch die Wiedervereinigung, dann durch den Golfkrieg. Wie zu erwarten, hatte das die unterschiedlichsten Folgen. Eine davon war die unreflektierte Ablehnung der unkultivierten, nicht westlichen Ossis, eine andere das ängstliche Zögern, den militärischen Konflikt Schulter an Schulter mit den westlichen Alliierten auszutragen.

An meinem letzten Abend in Bonn schneite es noch immer. Ich ging zusammen mit einem jungen Politikwissenschaftler essen: Kartoffelknödel, Wurst und Bier. Mit »jung« meine ich, daß er etwas zu jung war, um noch zur Achtundsechziger-Generation zu zählen. Er war kein Pazifist. Er kritisierte die schwammige Unterstützung, die seine Regierung der alliierten Koalition anbot. Ihn schien kein kulturell bedingtes Mißtrauen seinem Land gegenüber zu beunruhigen. Er bemühte sich sogar, mir die regionalen Spezialitäten und die grauenhafte Karnevalsmusik näherzubringen, die in ein, zwei Kneipen aus der Musikbox tönte – Golfkrieg hin oder her. Die deutsche Armee, so behauptete er, sei mittlerweile eine wirkliche Armee von Bürgern geworden. Jeder sei wehrpflichtig, weshalb die Auseinandersetzungen über Gewissen und Moral ja auch solche Bedeutung hätten. Sie gingen jeden etwas an. Und da die Sicherheit Deutschlands durch das Grundgesetz mit der ihrer Nachbarn verbunden war, gehörten militärische Abenteuer mehr oder weniger der Vergangenheit an. »Sie sehen also«, sagte er, »wir Deutschen wollen wirklich nie wieder etwas auf eigene Faust unternehmen.«

Es war spät geworden. Er begleitete mich zu meinem Hotel. Es war ein altes Hotel, in dem schon viele berühmte Gäste abgestiegen waren. Den Überblick über die Geschichte des Hauses erhielt man an der Rezeption; doch der Prospekt übergeht die dreißiger und frühen vierziger Jahre. Wir kamen an Beethoven vorbei, der immer noch seine Friedensfahne hochhielt, dann an der »Mahnwache«, zu der sich junge Menschen bei Kerzenlicht versammelt hatten. Vorbei auch an den Transparenten »Kein Krieg für Öl« und »Deutsches Gas und

Geld morden Menschen in aller Welt«. Ich erzählte ihm von meinem Plan, über die deutschen und die japanischen Erinnerungen an den Krieg zu schreiben. Es schien ihn ein bißchen zu ärgern, fast zu schockieren, aber er sagte nichts. Dann, nachdem wir uns schon verabschiedet hatten, kehrte er plötzlich um und sagte: »Bitte, bitte überzeichnen Sie die Ähnlichkeiten nicht. Wir sind ganz anders als die Japaner. Wir schlafen nicht in unseren Firmen, um sie noch mächtiger zu machen. Wir sind Menschen, ganz normale Menschen.« Er sagte nicht: westliche Menschen. Aber er hätte es genausogut sagen können.

**Tokio** Von Tokio aus schien der Golfkrieg weit entfernt zu sein. Hier gab es keine Transparente, keine Plakatwände, keine Mahnwachen mit Kerzen, keine Friedensdemonstrationen. Überhaupt scheint der Gedanke an den Krieg in Japan viel ferner zu liegen als in Deutschland, wo man noch immer Ruinen und Einschußlöcher zu sehen bekommt. In Tokio gibt es kaum etwas, das an den letzten Weltkrieg erinnern könnte, weil 1945 die Stadt in einem einzigen Flammenmeer zerstört worden ist. Das Hotel, das 1936 während des gescheiterten Militärputschs besetzt wurde, hat zwar den Krieg überstanden, wurde aber im Bauboom der achtziger Jahre abgerissen. An der Stelle des Gefängnisses, in dem die größten Kriegsverbrecher Japans gehenkt wurden, erheben sich heute ein Wolkenkratzer und ein Einkaufszentrum.

In den siebziger und frühen achtziger Jahren konnte man noch blinde oder verkrüppelte Veteranen der Kaiserlichen Armee sehen. Mit ihren primitiven Prothesen, in weißen Kimonos und mit dunklen Brillen standen sie in Bahnhofshallen oder vor den Shinto-Schreinen herum, spielten auf abgegriffenen Harmonikas und hofften auf etwas Kleingeld. Die jungen, nach der neuesten amerikanischen Mode gekleideten Menschen, die vorüberkamen, würdigten sie in der Regel keines Blicks, so als gäbe es diese zerbrochenen alten Männer gar nicht, als seien sie wie Gespenster nur für ihresgleichen sichtbar. Ältere Leute steckten ihnen schon eher einmal ein paar Münzen zu, aber so verstohlen, als zahlten sie lästigen Verwandten etwas dafür, daß sie sich nicht blicken ließen. Diese geisterhaften Gestalten in ihren weißen Kimonos weckten unliebsame Erinnerungen. Und inzwischen sind auch sie endgültig verschwunden. Was in Tokio an den letzten Weltkrieg erinnert, sind ungreifbare Fragmente, wie die Fetzen von Marschmusik, die aus den Pachinko-Spielhallen dringen.

Roppongi ist einer der elegantesten Stadtteile von Tokio. Den Anflug von westlichem Flair hat es seit 1945. Wo einst ein amerikanischer Stützpunkt war, liegt jetzt ein Hauch von Luxus. Ausländische Mannequins eilen zu Modestudios, junge Männer gleiten in ihren Porsches die Hauptstraßen entlang, und elegante Damen treffen sich in italienischen Restaurants zu einem leichten Essen. Mitten in diesem Glamour-Viertel liegt ein Gebäudekomplex aus häßlichen grauen Betonklötzen. Die Gebäude wirken eigenartig ungepflegt und deplaziert. Hier ist das Verteidigungsamt untergebracht, eine Behörde, die nicht als Ministerium bezeichnet wird, auch wenn ihr (ziviler) Generaldirektor im Rang eines Ministers dem Kabinett angehört. Diese Gebäude sind einige der wenigen Erinnerungen an den letzten Krieg. Ganz früher residierte hier die Kaiserlich-Japanische Armee, nach dem Krieg war es das Hauptquartier der US-Streitkräfte.

Offiziell verfügt Japan weder über eine Armee noch über Kriegsmarine und Luftwaffe. 1946 erhielten die Japaner unter Aufsicht der amerikanischen Besatzer eine Verfassung. Mit Artikel 9 dieser Verfassung »verzichtet das japanische Volk für alle Zeiten auf Krieg als souveränes Recht der Nation«. Japan werde nie wieder »Land-, See- und Luftstreitkräfte« unterhalten. Die Selbstverteidigungskräfte sind eine etwas zweifelhafte Kompromißlösung. Realiter verfügt Japan sogar über ziemlich starke Streitkräfte, darf sie aber der Verfassung gemäß nicht einsetzen.

Mit Beginn des kalten Krieges um 1950 hatten die Amerikaner kein Interesse mehr daran, daß Japan auf Dauer ein waffenfreies Modell des Pazifismus blieb. Daher wurde eine Nationale Polizeireserve gegründet. Die Linke protestierte, aber ohne Erfolg. Dann wurde zwischen den USA und Japan ein Sicherheitsabkommen geschlossen, wiederum trotz massiver Proteste in Japan. 1953 sagte der damalige US-Vizepräsident Richard Nixon während eines Besuchs in Japan, der Artikel 9 sei ein Fehler gewesen. Einige japanische Konservative teilten seine Meinung, konnten aber die Öffentlichkeit nicht umstimmen. Der kalte Krieg wurde heißer, und die japanische Geschäftswelt erlebte goldene Zeiten, unter anderem wegen des Koreakriegs; die Linke dagegen verlor immer mehr an Boden. In einem Verfahren, das viele Japaner bis heute als zweifelhaft und verfassungswidrig betrachten, wurde 1954 das Selbstverteidigungskräftegesetz verabschiedet.

Im Hauptgebäude des Selbstverteidigungsamts, das von innen ebenso unscheinbar ist wie von außen, war ich mit Jiro Hagi, dem stellvertretenden Generaldirektor, verabredet. Sein Arbeitszimmer war spartanisch eingerichtet: ein Schreibtisch, ein Sofa, ein Schrank und einige Aktenschränke aus Stahl. An der Wand hing ein Kalender mit Pin-up-Fotos, Mädchen an einem Pazifikstrand. Hagi war ein dünner Mann in einem blauen Anzug. Ich fragte ihn nach der öffentlichen Meinung zum Golfkrieg. Wie sollte sich Japan nach Meinung der Mehrheit verhalten? Die Mehrheit der Japaner, sagte er, sei gegen die Entsendung japanischer Truppen. Einen Gesetzentwurf, der genau das vorgesehen hatte, habe man im November 1990 zurückziehen müssen. Die meisten Japaner würden die Militärs mit der alten Kaiserlichen Armee in Verbindung bringen. Allerdings gebe es hier Unterschiede zwischen den Generationen. Wer sich noch an den Zweiten Weltkrieg erinnern könne, meinte er, wende sich vehement gegen die Entsendung japanischer Soldaten, ganz gleich an welchen Kriegsschauplatz. Leute zwischen dreißig und fünfzig hätten da keine so dezidierte Meinung. Und junge Menschen seien von den Massenmedien leicht zu beeinflussen, was für beide Richtungen gelte.

Er kam auf den Artikel 9 der japanischen Verfassung zu sprechen. Und wie ich es auch in Deutschland so oft erlebt habe, brachte er das Gespräch auf die Frage des Vertrauens. Hagi sagte: »Das japanische Volk traut den Selbstverteidigungskräften nicht, denn sie können sich als Japaner selbst nicht trauen. Deswegen brauchen sie die Verfassung, die den Verteidigungsanstrengungen Schranken setzt.«

Eine interessante Aussage: Sie haben kein Vertrauen in sich als Japaner. Er wiederholte das am Ende unseres Gesprächs noch einmal. Ich erzählte Hagi, daß ich gerade aus Deutschland gekommen sei. Er lächelte und sagte etwas, was mich einigermaßen überraschte: »Ich habe die Deutschen sehr gern, aber ich glaube, sie sind ein gefährliches Volk. Ich weiß nicht, warum – vielleicht ist es ihre Rasse, vielleicht ihre Kultur oder ihre Geschichte; was auch immer. Aber wir Japaner sind genauso: Wir pendeln von einem Extrem zum anderen. Als Volk betrachtet, besitzen wir Japaner wie die Deutschen eine starke kollektive Disziplin. Wenn unsere Energien in die richtige Richtung gelenkt werden, ist das gut so, aber wenn sie mißbraucht werden, geschehen fürchterliche Dinge.« Hier hielt er kurz inne und fügte dann hinzu: »Ich denke übrigens, daß Japaner und Deutsche von Natur aus Rassisten sind.«

Das glauben sehr viele Menschen. Auch mir hatte man beigebracht, die Deutschen und die Japaner seien gefährliche Völker, denn auf irgendeine Weise durchziehe ihren Nationalcharakter ein Riß. Aber ich hätte nie gedacht, so etwas im Hauptquartier der japanischen Streitkräfte zu hören. Nach meiner Erfahrung vermeiden es die Deutschen, Vergleiche zwischen den beiden Völkern anzustellen, wie Hagi es getan hatte. Oft hörte ich Deutsche abschätzig sagen: »Typisch deutsch.« (Japaner dagegen sprechen von »typisch japanisch« eher mit einer Mischung aus Stolz und Abwehr.) Aber viele Deutsche störte es, mit den Japanern in einen Topf geworfen zu werden. (Auch darin waren die Japaner ganz anders; sie zogen oft Vergleiche zwischen den beiden Völkern.) Die Deutschen, denen ich begegnete, unterstrichen, wie anders die Japaner doch seien – so wie die Wessis die Unterschiede zwischen sich und den Ossis betonten. Mir schien auch hier der Dorian-Gray-Effekt wirksam zu sein. Manche Westdeutsche, die sich jetzt so »kultiviert«, so frei, so individualistisch, kurz: so »westlich« vorkommen, werden von den Japanern mit ihrem Gruppenzwang, ihrer Autoritätsgläubigkeit und ihrer militärischen Arbeitsdisziplin vielleicht allzusehr an das Bild erinnert, das sie bis vor kurzem von sich selbst hatten und das wohl auch nicht restlos überwunden ist.

Es gibt auch hierfür Gründe. Japan hat in den letzten zweihundert Jahren viel von Deutschland übernommen, was inzwischen nicht mehr zum liberalen Klima der Bundesrepublik paßt. Wie in Deutschland bestand auch in Japan – vertreten durch seine Intellektuellen und Politiker – das Bedürfnis, nationale Minderwertigkeitsgefühle durch einen romantischen Nationalismus zu kompensieren. Fichtes Theorien über den organischen Nationalismus wurden zur Stärkung der Selbstachtung Japans in einer Zeit übernommen, als Japan gerade, um die westlichen Mächte einzuholen, einen Prozeß der Verwestlichung durchlief. Oswald Spenglers Gedanken zum Untergang des Abendlandes waren tröstlich, da sich Japan in den zwanziger und dreißiger Jahren von den westlichen Mächten zurückgewiesen fühlte. Aber die meisten dieser Theorien werden auch heute noch in einer auf japanische Bedürfnisse zugeschnittenen Form verbreitet, im Fernsehen, an den Universitäten und in vielgelesenen Zeitschriften. Auch Phantasien über jüdische Verschwörungen zur Gewinnung der Weltherrschaft kristallisierten sich im Randbereich japanischer Volkslegenden. Und die Ideologie einer reinen Rasse, die vor dem Krieg durch weltanschauliche Importe aus Deutschland sehr viel Anklang fand, ist in Japan noch längst nicht ausgestorben.

Während der Hitlerzeit wurde Japan in Deutschland dafür

bewundert, instinktiv das erreicht zu haben, was der Nationalsozialismus anstrebte. Albrecht Fürst von Urach, ein Propagandist des Nationalsozialismus, sah im japanischen Kaiserkult eine in der Welt einzigartige »Verschmelzung von Staatsform, Staatsbewußtsein und religiösem Fanatismus«. Fanatismus war im Nazijargon ein positiv besetztes Wort. Wenn man Bücher aus der NS-Zeit liest, die von Japan handeln, hat man den Eindruck, als hätte damit im deutschen Volk eine ähnliche Kultur propagiert werden sollen, wie sie den Japanern von ihren alten Göttern überliefert worden war.

Viele Japaner sind fast besessen von der Frage, in welchem Maß das Verhalten ganzer Völker, aber auch das einzelner Menschen, durch Geschichte, Kultur und Charakter bedingt ist. Im japanischen Fernsehen gab es während des Golfkriegs nicht viele Anzeichen von Betroffenheit. Man sah auch keine pensionierten Generale Strategie und Taktik erläutern. Statt dessen redeten Experten aus dem Bereich der Publizistik und Akademiker distanziert über einen weit entfernten Krieg, der oft als kultureller oder religiöser Konflikt zwischen dem Westen und dem Nahen bzw. Mittleren Osten dargestellt wurde. Viel Aufmerksamkeit wurde der Geschichte muslimisch-christlich-jüdischer Feindseligkeiten gewidmet. Und man analysierte eingehend den amerikanischen Nationalcharakter, um eine Erklärung für das Verhalten von George Bush und General Schwarzkopf zu finden.

Die Frage nach kulturellen Prägungen tauchte auch in privaten Gesprächen auf. Ich traf mich mit einigen japanischen Freunden auf ein Bier in einer der wenigen Straßen Tokios, die seit dem Krieg unverändert geblieben waren. Sie liegt im Golden-Gai-Viertel, das früher ein billiges Bordellviertel war. Wir saßen an einer winzigen Theke, die höchstens zehn Menschen Platz bot. Ihren Namen hatte die Bar von einem französischen Avantgardefilm, und die verrauchte Luft war von der Stimme Billie Holidays erfüllt; die Bar rühmte sich ihrer intellektuellen Stammgäste. Die Mehrheitsmeinung am Tresen war, im Golfkrieg ginge es allein um amerikanische Interessen. Meine Freunde waren alle um die Vierzig, und alle hatten künstlerische Berufe. Sie betrachteten den Golfkrieg als eine Auseinandersetzung um kulturelle Identität: Die Amerikaner wollten die Araber zwingen, sich dem amerikanischen Weltbild anzupassen.

Wie es denn mit Freiheit und Demokratie sei, fragte ich, ob dies denn keine verteidigungswürdigen Werte seien? Ob man denn zulassen könne, daß ein aggressiver Staat einen anderen besetzt? Mein Argument war, wie ich wohl wußte, nicht sehr überzeugend; Kuwait war weit davon entfernt, eine Demokratie zu sein. Aber ich wollte sie aus der Reserve locken. Zur Antwort erhielt ich interessante Variationen auf die Rhetorik der Studentenbewegung.

»Die Demokratie«, sagte ein Karikaturist, »ist keine allgemeingültige Staatsform. Sie ist ein Ideal des Westens, auch wenn man dort immer behauptet, sie sei allgemeingültig. Deswegen ist dieser Krieg falsch: Der Westen will einem nichtwestlichen Staat seinen Willen aufzwingen. Die Amerikaner sind nicht nur Heuchler, sie sind dazu noch arrogant.«

Ein namhafter Filmregisseur nickte lebhaft und fügte hinzu, Japan wäre besser dran, wenn die Amerikaner dort nie gelandet wären. Er bezog sich auf die Landung des Kommodore Perry mit seinen »schwarzen Schiffen« in der Edobucht bei Tokio im Jahre 1853. »Sie haben uns unserer Kultur beraubt«, sagte er, »so daß wir kaum noch wissen, wer wir sind.«

Ich kannte ihn gut genug, um zu wissen, daß er nun mich provizieren wollte. Aber Gespräche mit japanischen Künstlern und Intellektuellen nehmen häufig diese Wendung: In fast jeder Diskussion über Japan und die übrige Welt taucht irgendwann die Frage der nationalen Identität auf. In der linksgerichteten *Asahi Shimbun* habe ich in einem Leserbrief, geschrieben von Tetsuo Nakamura, einem Arzt der Achtundsechziger-Generation, der im Mittleren Osten tätig war, folgendes gefunden: »Wenn wir von einer Neuen Weltordnung sprechen, müssen wir auch an unsere Brüder in Asien denken, deren Werte und kulturelle Vorstellungen vom Westen nicht geteilt werden. Wir müssen unsere Haltung Asien gegenüber neu bestimmen. Vor nur fünfzig Jahren haben wir Japaner, hin- und hergerissen zwischen unseren gesellschaftlichen Traditionen und der Modernisierung nach westlichem Modell, einen Krieg mit den Amerikanern durchlitten. Der Krieg ist noch nicht vorbei. Es ist Zeit, noch einmal darüber nachzudenken, welche Bedeutung dem Opfer der Abermillionen ›heiliger Seelen‹ von Hiroshima und Nagasaki zukommt.«

Das kommt in Ton und Denkweise dem panasiatischen japanischen Nationalismus der dreißiger und vierziger Jahre erstaunlich nahe. Es ist kein neuer Gedanke, daß sich Japan seit dem 19. Jahrhundert mit gewaltsamen Mitteln, zeitweise ungeschickt, aber immer in bester Absicht gegen eine westliche Dominierung Asiens zur Wehr gesetzt habe. »Verehrung des Tenno, Vertreibung der Barbaren« war die Losung um die Mitte des letzten Jahrhunderts. Sie wurde später von der japanischen Kriegspropaganda verbreitet und noch in einem berühmt gewordenen Buch verfochten, das Fusao Hayashi 1964 unter dem Titel *Ein Plädoyer für den Großen Ostasiatischen Krieg (Daitowa Senso Koterion)* veröffentlicht hat. Der antiwestliche Nationalismus von Hayashi war das Vorbild für jegliche Apologetik der Rechten nach dem Krieg. Doch Hayashi war ein ehemaliger Kommunist. Er entwarf eine ideale Welt, in der Japan nicht mehr durch die internationale Politik innerlich zerrissen wäre und in der alle Japaner gleich denken würden: »Dann wird eine einheitliche japanische Denkweise entstehen.« Unüberhörbar die Nostalgie in diesen Worten; während des Kriegs im Pazifik hatte man dem japanischen Volk erzählt: »Einhundert Millionen Herzen schlagen im gleichen Takt.«

Zur Zeit des Golfkriegs gab es diese ideale Welt noch nicht. Nach einer von *Asahi Shimbun* durchgeführten öffentlichen Umfrage waren 70 Prozent der Bevölkerung gegen die Anwendung von Gewalt gegen den Irak, 29,6 Prozent der Befragten zwischen zwanzig und dreißig Jahren allerdings befürworteten sie; und wenigstens ebenso viele gaben an, unentschieden zu sein. Nakamuras Brief in *Asahi Shimbun* war die gefühlsbetonte Variation eines Themas, das von vielen Leserbriefschreibern aufgenommen wurde. In einem typischen Brief stand: »Jetzt, und gerade jetzt, haben wir Japaner das Recht und auch die Pflicht, unsere Stimme gegen den Krieg zu erheben und der Welt von unseren eigenen Erfahrungen zu berichten. Wir müssen erzählen, wie bei uns das Leben unschuldiger Zivilisten in einem fürchterlichen Bombenhagel geopfert wurde.«

Darin lag für viele Japaner der Sinn des Artikel 9 ihrer Verfassung. Es sei schön und gut, beklagte sich jedoch schon der japanische Premierminister Kijuro Shidehara 1946 bei General MacArthur, von Japan zu verlangen, es solle die moralische Führung in der Welt übernehmen, indem es auf bewaffnete Auseinandersetzungen verzichte, in Wirklichkeit aber würde kein anderes Land diesem Beispiel folgen. MacArthur erwiderte: »Auch wenn kein Land Ihrem Beispiel folgt, wird Japan dabei nichts verlieren. Es sind diejenigen, die diesem Weg nicht folgen, die sich falsch verhalten.« Für lange Zeit haben die meisten Japaner diese Sichtweise übernommen. Erst der Golfkrieg erschütterte diesen Standpunkt.

Der Standpunkt war ehrenwert, aber ihm lag auch der Mythos vom Verrat der Nation zugrunde. Diesem zufolge war Japan zu einer in moralischer Hinsicht einzigartigen Nation des Friedens geworden, die als solche durch die Sieger verraten wurde, die einst über die japanischen Kriegsverbrechen geurteilt hatten; verraten in Vietnam, in Afghanistan, in Nicaragua; verraten durch Rüstungswettlauf und kalten Krieg. Japan war nicht nur Opfer der »unnötigen«, wenn nicht gar »rassistischen« Atomwaffenangriffe auf Hiroshima und Nagasaki geworden, sondern auch aller anderen darauffolgenden militärischen Aktionen der Supermächte, einschließlich der Entscheidung, Saddam Hussein militärisch zu begegnen. Die Männer und Frauen der Linken glaubten am leidenschaftlichsten an diesen Mythos; wie ein Priester an sein Gebetbuch, klammerten sie sich an den Artikel 9.

Mehrere Monate nachdem der Golfkrieg offiziell beendet war, verglich Kenichi Matsumoto, ein Literaturkritiker, in einem Artikel für *Tokio Shimbun* Saddams Invasion von Kuwait mit dem japanischen Angriff auf Pearl Harbor; der Artikel war in mancher Hinsicht das Pendant zu Enzensbergers Vergleich zwischen Saddam und Hitler im *Spiegel*. Daß Saddam behauptet habe, er kämpfe für die panarabischen Ideale, erinnere »auf unheimliche Weise an die japanischen Militaristen, die am Vorabend von Pearl Harbor stolz verkündeten: Asien ist unteilbar.« Wie Japan damals führe der Irak einen »heiligen Krieg« gegen den westlichen Imperialismus. Und es gebe noch mehr Parallelen: »Beide, Japan und Irak traten aus fast identischen Gründen in den Krieg ein.« Die westlichen Mächte seien beschuldigt worden, sie hätten den Krieg herausgefordert, weil sie die betreffenden Länder von Rohstoffquellen abgeschnitten und mit einem Handelsembargo belegt hätte. Für beide sei also der Krieg zur vermeintlichen Überlebensfrage geworden. »Japan«, schrieb Matsumoto, »hat für seine ungeheuren Kriegsverbrechen noch nicht gebüßt. Folglich können wir den Irakis nicht vorwerfen, unmenschliche Methoden zu benutzen und gegen internationales Recht zu verstoßen, ohne mit dem Finger auch auf uns selbst zu weisen.«

So weit, so gut. Selbstbetrachtungen dieser Art sind in der gängigen japanischen Presse eher selten. Aber dann zeigt der anklagende Finger in eine andere Richtung: »Auf der anderen Seite jedoch hat die Reaktion der amerikanischen Massenmedien auf die ersten Luftangriffe gegen den Irak die euphorische Berichterstattung in Erinnerung gerufen, mit der die Anfangserfolge im Pazifik begrüßt wurden ...« Und der Schluß: »Der Golfkonflikt zeigte mir wieder einmal die Banalität und Grausamkeit des Krieges. Ich war entsetzt, als unser Premierminister Toshiki Kaifu die multinationale Koalition seiner unerschütterlichen Unterstützung versicherte und unsere Selbstverteidigungstruppen in den Mittleren Osten schikken wollte. Die konservativen Politiker hierzulande haben offensichtlich aus Japans eigenem Rückfall in die Barbarei vor knapp fünfzig Jahren wenig gelernt.«

Somit bleibt uns die Schlußfolgerung, daß sich alle gleichermaßen barbarisch verhielten: Japan im Zweiten Weltkrieg, Saddam Hussein, George Bush und japanische Konservative im Golfkrieg. Das Ziel des Pazifismus mag ehrenwert und Skepsis mag angebracht sein angesichts der Euphorie der amerikanischen Presse, aber zugleich hatte diese Sichtweise etwas allzu Vereinfachend-Undifferenziertes. Alle Kriege sind ungerecht: Das glich ganz der Plakatwand auf dem Bonner Münsterplatz und erinnerte an den Friedensforscher, der die Bombardierung Bagdads als eines der größten Kriegsverbrechen seit 1945 betrachtete. Hier wurde zuviel historisch Verschiedenes in einen Topf geworfen.

Aber es gab einen grundlegenden Unterschied zu Deutschland: das Verhältnis zu Israel. Den Juden gegenüber fühlten sich die Japaner nicht schuldig. Es gab keine hysterischen Anrufe bei der israelischen Botschaft in Tokio; es gab auch keinen japanischen Wolf Biermann. Vielen Deutschen rief der Golfkrieg die Bilder des Holocaust ins Gedächtnis. Für die meisten Japaner hingegen war der Golfkrieg nur ein weiterer Krieg in einer weit entfernten Region, der plötzlich wie eine Naturkatastrophe hereingebrochen war. Hätte das Ziel der alliierten Bomber nicht im Irak, sondern in China oder auch in Nordkorea gelegen, hätte die japanische Kriegsschuld bestimmt eine Rolle gespielt. Doch selbst all die Japaner, die wegen der Kriegsverbrechen in China und Korea Schuldgefühle hegen, würden die japanischen Feldzüge niemals mit einem Holocaust vergleichen.

Historisch undifferenziertes Denken ermöglicht es nicht nur, Schuldgefühle zu vermeiden. Es ist dem Pazifismus immanent. Für Pazifisten ist schon der Versuch verwerflich, zwischen Kriegen zu unterscheiden und möglicherweise zu akzeptieren, daß manche Kriege zu Recht geführt werden. Was den Deutschen und den Japanern daran entgegenkommt, ist der Umstand, daß der Pazifismus ein auf den ersten Blick von hoher Gesinnung zeugendes Mittel ist, die Pein der historischen Schuld zu lindern. Und umgekehrt macht der Pazifismus, der sich in der Kollektivschuld suhlt, aus dieser Schuld eine Tugend und, gemessen an der Selbstzufriedenheit anderer Nationen, sogar zu einem Zeichen der Überlegenheit. Pazifismus kann eben auch der Grund für historische Kurzsichtigkeit sein.

Makoto Oda, Initiator der japanischen Bewegung gegen den Vietnamkrieg und Autor eines Romans über den Bombenabwurf auf Hiroshima, sagte zu mir, Japan müsse auf jeden Fall eine pazifistische Nation bleiben: »Unter allen Nationen ist es Japans Aufgabe, Kriegsgegner aus Gewissensgründen zu sein.« Als militärische Macht wäre Japan ein sehr gefährliches Land. Wie auch Deutschland. Er sei davon überzeugt, daß Deutschland schon bald wieder zu einem Land der reinen Rasse werden würde. Als ich gewisse Zweifel äußerte, antwortete er, ich als Westlicher, als Weißer, sei nicht in der Lage, diese Frage zu beurteilen.

Ich befragte ihn zum Vietnamkrieg. Er sah keinen Unterschied zwischen dem Vietnamkrieg und den japanischen Feldzügen in Asien. Er sah auch keinen Unterschied zwischen dem europäischen Kolonialismus und dem japanischen Einfall in China und Südostasien. Als ich ihn auf die Unterschiede hinwies, wie ich sie sah, antwortete er gereizt und mit erhobener Stimme: »Hören Sie, ich habe keine Zeit für historische Feinheiten. Der Kolonialismus ist schlecht, und damit hat sich's.« Sein rundes Gesicht wurde puterrot, und mit seiner großen Hand haute er auf den Tisch. Seine koreanisch-japanische Frau starrte still in ihre Teetasse. Da hatte ich ja gleich einen ordentlichen Rüffel bekommen.

Oda ist 1932 geboren. Er erinnerte sich noch an den Stolz, mit dem er nach den großen militärischen Erfolgen über die Amerikaner die Flagge mit der aufgehenden Sonne geschwenkt hatte. Mit deutlicher Bitterkeit erinnerte er sich auch an die Bombardierung seiner Heimatstadt Osaka, einen Tag bevor der japanische Kaiser im Rundfunk erklärte, daß sich der Krieg »auf eine für Japan nicht unbedingt vorteilhafte Weise« entwickelt habe, so daß es an der Zeit sei, zu kapitulieren. Er habe nicht geweint, sagte Oda. Seine Bitterkeit bezog sich auf die Art und Weise, wie die Amerikaner nach dem Krieg Japans Chancen, sich von der Vergangenheit zu befreien, zunichte gemacht hatten. Die Amerikaner seien es gewesen, die den Tenno auf seinem Thron ließen. Die Amerikaner hätten dieselben Bürokraten und Politiker in Amt und Würden gelassen, die Japan zuvor in den Krieg geführt hatten. Die Amerikaner hätten die Japaner schließlich auch so weit gebracht, ihre eigene Verfassung auszuhöhlen und eine neue Armee aufzubauen. Und es seien die Amerikaner gewesen, die die Japaner zum Komplizen des US-Imperialismus in Asien gemacht hätten.

Sein Groll war nicht unberechtigt; aber Odas ambivalente Haltung gegenüber dem Westen war mehr als bloße politische Enttäuschung. Seine Ambivalenz grenzte fast an Feindseligkeit. Das mochte auch mit seinem Alter zu tun haben. Er war noch dazu erzogen worden, die »anglo-amerikanischen Teufel« zu verachten. Und die panasiatische Propaganda war gar nicht so weit entfernt von der Dritten-Welt-Romantik. Aber trotz seiner antikolonialistischen Gedanken war Odas Identifizierung mit den Unterdrückten keineswegs eindeutig. Er identifizierte sich zugleich mit den Unterdrückern. Eines der Ziele seiner »Frieden für Vietnam«-Bewegung war gewesen, amerikanische Deserteure und Kriegsgegner zu unterstützen. In Odas Sichtweise waren die amerikanischen GIs, so wie zuvor die Soldaten der Kaiserlich-Japanischen Armee, sowohl Unterdrücker als auch Opfer; Unterdrücker, weil sie Unschuldige töteten, Opfer, weil sie gezwungen wurden, es zu tun.

Die Gefühle der Japaner dem Westen gegenüber sind, es kann gar nicht anders sein, komplex. Oberflächlich betrachtet hat Japan den westlichsten Charakter in ganz Asien. Selbst für Makoto Oda dürfte New York gefühlsmäßig näher liegen als Peking (und ich nehme fast an, auch er hätte sich in der Toskana heimischer gefühlt als in Dresden). Als im 19. Jahrhundert der Ruf nach der Vertreibung aller Barbaren laut wurde, herrschte gleichzeitig die Tendenz »Weg von Asien«. Holzschnitte aus der Zeit der japanischen Feldzüge in Asien um die Jahrhundertwende zeigen die Japaner als große hellhäutige Menschen in europäischen Uniformen, die ihre Überlegenheit über zwergenhaft kleine gelbe Männer mit Zöpfen und seidenen Mänteln demonstrieren.

Diese von mir beschriebene ambivalente Haltung kennt verschiedene Formen und ist in Gesprächen mit den unterschiedlichsten Menschen zu spüren. Shizuka Kamei, ein Politiker, ist in fast jeder Hinsicht das Gegenteil von Makoto Oda. Beide sind ungefähr gleichaltrig, beide haben eine stämmige Statur, und die Gesichtszüge verraten ihre Herkunft aus Bauernfamilien. Sonst haben sie so gut wie keine Gemeinsamkeiten. Kamei ist ein Falke in ständiger Verteidigungshaltung. Er will, daß Artikel 9 aus der Verfassung gestrichen wird. Er will, daß das Erziehungswesen patriotischer wird, damit die Bevölkerung den Stolz auf die japanischen Kriegshelden wieder lernt, usw. Er glaubt nicht, daß Japans Feldzüge in Asien ganz so schlecht waren. Dem Tenno müsse seine frühere Stellung als göttlicher Vater des Familienstaats zurückgegeben werden. Er möchte den Shintoismus als Nationalkult wiederbeleben. Und er ist der Meinung, daß die Amerikaner den Japanern nach dem Krieg ihre Identität, ihren Stolz und ihre Männlichkeit geraubt hätten.

Ich besuchte Kamei in Tokio in seinem Büro nahe dem Parlament. Seine Ausdrucksweise war wie die von Oda betont derb, womit weniger Vertraulichkeit als vielmehr eine Art von ruppiger Männlichkeit suggeriert werden sollte. Unser Gespräch wurde ein- oder zweimal durch Telefonanrufe unterbrochen. Kamei brachte kein deutlich artikuliertes Wort hervor. Es war ein einziges Grunzen und Knurren, als Zeichen der Zustimmung, der Ablehnung oder als Abschiedsformel.

Ich fragte auch ihn nach seiner Meinung zum Golfkrieg. Er grunzte und sagte: »Wir Japaner haben einen Begriff, der heißt *tatemae* und bezeichnet die offizielle Wirklichkeit, also wie die Dinge angeblich liegen. Dann haben wir das Wort *honne*, da geht es um unsere wirklichen Gefühle und darum, wie die Dinge *wirklich* liegen. Also: daß die irakische Invasion von Kuwait nicht hingenommen werden kann, das ist *tatemae*. Aber: Wir Japaner sind nicht von den Amerikanern konsultiert worden, bevor der Krieg erklärt wurde – das ist *honne*.« Sein Groll war unverkennbar. Kamei sagte das, was Oda, wenn auch vom entgegengesetzten Standpunkt, ebenfalls gesagt hatte: Die Vereinigten Staaten haben Japan in die Komplizenschaft hineingezwungen.

»Dann«, fuhr er fort, »ist da noch die Sache mit Israel. Wir Japaner sind gut unterrichtet, das dürfen Sie mir glauben. Wir kennen das wirkliche Gesicht der USA. Die Menschen hier haben Henry Kissinger im Fernsehen gesehen. Er ist Jude. Und wir kennen den jüdischen Einfluß in den Vereinigten Staaten. Das wissen wir alles. Also sagt uns *honne*, daß der Krieg im Namen Israels geführt wird.«

Das ist eine ziemlich geläufige Rhetorik in Japan. Beunruhigend, aber auch leicht mißzuverstehen. Es geht hier nicht um die Juden, sondern um die USA. In schlecht informierten japanischen Kreisen werden jüdische und amerikanische Interessen durcheinandergebracht; ein Irrtum, der nicht nur in Japan zu finden ist. »Amerika« ist wie »der ewige Jude« Chiffre für einen wurzellosen Kosmopolitismus, für eine internationale Verschwörung usw. Daß Kamei diese häufig anzutreffende paranoide Befürchtung mit so eigentümlich »völkischen« Begriffen zum Ausdruck brachte, kann mehreres bedeuten: Einige der schlimmsten europäischen Mythen waren in Japan erhalten geblieben; oder: die Geschichte des Holocaust hat dort keine Wirkung gehabt; oder auch: Japan ist in mancherlei Hinsicht äußerst provinziell. Ich denke, alle drei Erklärungen treffen zu.

»Während des 19. Jahrhunderts«, erklärte mir Kamei, »wurde Japan durch den westlichen Imperialismus bedroht. Die Grenzen im Mittleren Osten wurden von den europäischen Mächten gezogen. Die Engländer waren für Palästina verantwortlich. Das, was der Irak heute tut, unterscheidet sich nicht von dem, was die westlichen Mächte bis vor kurzem selbst getan haben. Das ist mein persönlicher Eindruck. Natürlich ist Saddam Hussein nicht im Recht. Aber man kann auch nicht sagen, die westlichen Mächte seien im Recht und die anderen Rassen im Unrecht. Das kann man wirklich nicht sagen.«

Wie Oda und wie viele andere Menschen im linken Spektrum dachte auch Kamei in Kategorien der Rassentrennung. Er benutzte das Wort *jinshu*, was wörtlich »Rasse« bedeutet. Er gebrauchte weder das geläufigere *minzoku*, das in der Sprache der japanischen Rechten dem deutschen Begriff »Volk« entspricht, noch *kokumin*, den neutralen Begriff »Staatsbürger«.

Offiziell unterstützte die japanische Regierung den Golfkrieg und steuerte neun Milliarden Dollar zur Kriegskasse bei. Die Sozialistische Partei Japans war absolut gegen den Krieg, noch viel resoluter in ihrer Ablehnung als die SPD. Aber politisches Handeln war nie einfach. Kamei erklärte die Position seiner Partei: »Die *honne* unserer Partei ist auch nicht anders als die der Sozialisten. Wir unterstützen den Krieg nur, um die Amerikaner bei Laune zu halten.«

Kamei ist kein gemäßigter Konservativer. Er gehört dem rechten Flügel seiner Partei an. Und als Rechtsaußen war er eher bereit, sich zu antiamerikanischen oder antiwestlichen Haltungen zu bekennen als seine Parteifreunde in der Regierung. Frei heraus konnte er sich über neue Bündnisse in Asien und über eine Loslösung von den Vereinigten Staaten äußern. Er konnte sagen, die Japaner fühlten sich Asien näher als dem Westen. Ich gab zu bedenken, daß die Konservativen in Deutschland darauf bestünden, Teil des Westens zu sein, daß sie das westliche Bündnis sozusagen zum Bestandteil der deutschen Identität gemacht hätten. Ich erzählte ihm von Adenauers Asienbild.

Kamei entblößte lachend eine Reihe von Goldzähnen. »Tja«, gestand er ein, »die Beziehung zwischen Japan und den Vereinigten Staaten ist schon schwierig. Im Grunde ist es eine Rassenfrage. Die Yankees sind freundliche, offene Menschen.

Aber, wissen Sie, das ist schwer. Verstehen Sie, wir *müssen* freundlich sein ...«

Wiederum wurde deutlich, daß hier eine Verwechslung vorlag, eine, die in Japan häufig ist. Kamei vermengte ein politisches mit einem kulturellen Problem, als sei beides ein und dasselbe. In Wirklichkeit hat der Grund, warum japanische Regierungsbeamte glauben, sie müßten den USA gegenüber freundlich sein, recht wenig mit Kultur zu tun und noch weniger mit Rassenfragen; das alles hängt vielmehr mit dem merkwürdig einseitigen Sicherheitsabkommen zwischen den beiden Staaten zusammen. Es ist natürlich möglich, daß es Japan mit seinen ganz anderen, nichtwestlichen Traditionen schwerer fällt als Westdeutschland seinerzeit, sich in der westlichen Welt zurechtzufinden. Wenn es tatsächlich zwischen Japan und dem Westen eine Grenze gibt, die noch schwerer zu überbrücken ist als die Elbe, dann würde dies eine andere eingefleischte Vorstellung erklären helfen: Während viele Deutsche, eingebunden in den freiheitlich-demokratischen Westen, versucht haben, mit der fürchterlichen Vergangenheit ihrer Nation offen und ehrlich umzugehen, waren die Japaner wegen ihrer anderen Herkunft dazu nicht fähig.

Die Japaner haben dem Leid, das sie anderen zugefügt haben, im Vergleich zu den Westdeutschen weniger Aufmerksamkeit geschenkt und waren eher geneigt, die Schuld anderen anzulasten. Und die freiheitlich-demokratische Staatsform, ganz gleich wie sie in der Theorie aussehen mag, war in Japan bei weitem nicht so erfolgreich wie in der Bundesrepublik. Auch dafür könnten kulturelle Unterschiede ausschlaggebend sein. Aber man kann diesen Sachverhalt auch anders, politischer betrachten. In seinem Buch *Krieg gegen das Abendland*, das 1938 in London erschienen ist, greift der ungarische Gelehrte Aurel Kolnai die antike griechische Definition des Abendlandes auf: »Für die alten Griechen bedeutete ›Abendland‹ (oder ›Europa‹) ein Gemeinwesen freier Bürger, die sich anerkannten Gesetzen folgend selbst regieren, in dem ›das Gesetz der König‹ ist, wohingegen der ›Orient‹ (oder

›Asien‹) gekennzeichnet war durch theokratische Staatswesen unter der Regentschaft von gottähnlichen Herrschern, denen die Untertanen ›wie Sklaven‹ zu folgen haben.«

Dieser Definition zufolge hätte Deutschland zur Zeit Hitlers ebenso wie Japan vor dem Krieg zum Orient bzw. zu Asien gehört. Wie der Titel von Kolnais Buch suggeriert, führte Deutschland einen Krieg gegen das Abendland, gegen den Westen. Es kann aber sein, daß Deutschland unter Adenauer den Weg zurück zum Westen gefunden hat. 1949 wurde das Grundgesetz von deutschen Juristen ausgearbeitet. 1954 wurde der damalige westliche Teil Deutschlands offiziell wieder ein souveräner Staat – obwohl die Westmächte dort immer noch Truppen stationiert hatten. Gesetze wurden verabschiedet, denen zufolge die BRD für ihre Verteidigung selbst verantwortlich sein sollte. Mit Ausnahme von Berlin gehörte die Besatzung offiziell der Vergangenheit an. In Japan dauert sie in mancher Hinsicht noch immer an.

Japans gottähnlicher Kaiser wurde von den Amerikanern aufgefordert, die Göttlichkeit seiner Person zu widerrufen. Der Liebhaber seltener Schalentiere, des englischen Frühstücks und von Mickey-Mouse-Armbanduhren ist dieser Anweisung möglicherweise erleichtert, auf jeden Fall ohne zu zögern, nachgekommen. Außerdem oktroyierten die Amerikaner den Japanern eine Verfassung, die sich wie eine direkte Übersetzung aus dem Englischen liest und den Japanern das Recht, sich selbst zu verteidigen, absprach. Die meisten Japaner waren den Krieg derart leid und mißtrauten ihren militärischen Befehlshabern so gründlich, daß sie sich dem gerne fügten. Aber als der kalte Krieg die Amerikaner dazu trieb, die Japaner zur Wiederaufrüstung und damit zum Verfassungsbruch zu zwingen, wendete sich die Lage zum Schlimmsten: die japanische Souveränität wurde dabei nicht restituiert, das Mißtrauen blieb, und das Ressentiment wuchs. Kameis Falken sind zornig auf die Amerikaner, weil sie Japan in ihren Augen kastriert haben; Odas Tauben verwünschen die Amerikaner dafür, daß sie die »Friedensverfassung« kastriert haben.

Beide Seiten hassen es, zur Mittäterschaft gezwungen zu sein, und beide fühlen sich als Opfer. Das ist ein Grund, warum es den Japanern soviel schwerer fällt als den Deutschen, ihre Kriegsvergangenheit aufzuarbeiten.

Man kann die Frage, ob es überhaupt möglich ist, aus der Vergangenheit zu lernen, nicht am Beispiel Japans beantworten. Es wäre sinnlos, eine Nation ohne formelle Souveränität danach zu fragen, ob man einem Aggressor gegenüber Appeasement-Politik betreiben sollte oder nicht. Als ich einen sozialistischen Politiker in Tokio fragte, ob der deutsch-japanische Krieg gegen den Westen hätte verhindert werden können, wenn der Westen nur schneller zu den Waffen gegriffen hätte, antwortete er: »Vielleicht. Ich weiß es nicht. Aber wir lehnen auf jeden Fall alle Lösungen durch kriegerische Mittel ab.« Als ich Oda fragte, ob ein Land das Recht habe, ein anderes bei der Verteidigung gegen einen Aggressor zu unterstützen, antwortete er mit Nein. Als ich ihn darauf hinwies, daß der Zweite Weltkrieg nach seinem Prinzip von den Achsenmächten gewonnen worden wäre, erwiderte er: »Sie denken wie ein Mensch, der in der Sichtweise der Opfer erzogen wurde. Ich wurde in der Sichtweise des Aggressors erzogen.«

Das entsprach sicher der Wahrheit; und dennoch war er es, und nicht ich, der immer noch davon überzeugt war, die Japaner und die Deutschen seien gefährliche Völker. Darin liegt die eigentliche Ironie: Begierig, Japan in den Westen einzugliedern, haben General MacArthur und seine Berater es den Japanern unmöglich gemacht, den Schritt auch innerlich zu vollziehen. Denn ein zur Komplizenschaft gezwungener, machtloser Mittäter ist eigentlich gar kein Komplize. In letzter Zeit ist Japan oft als Wirtschaftsriese und als politischer Zwerg bezeichnet worden. Aber das hat weniger mit der traditionellen japanischen Mentalität zu tun, nicht mit Isolationismus, Pazifismus oder mit der Scheu im Umgang mit Fremden usw., als vielmehr mit den besonderen politischen Gegebenheiten der Nachkriegszeit, für die die

USA mitverantwortlich sind. Um die Vielschichtigkeit der japanischen Erinnerungen an seinen Krieg in Asien zu verstehen, muß man erst die Bedingungen verstehen, die aus seiner Niederlage erwuchsen. Man muß also zum Jahr 1945 zurückkehren.

# Trümmerromantik

Schwer zu sagen, wann in der Vorstellung der Deutschen und der Japaner der Krieg tatsächlich begonnen hat. Ich kann mir kein bestimmtes Bild vorstellen, das in den Augen der Öffentlichkeit den jeweiligen Kriegsbeginn festgehalten hätte. Es gibt das berühmte Foto mit den deutschen Soldaten, die den Schlagbaum an der polnischen Grenze 1939 beiseite drücken, aber war das wirklich der Beginn? Oder hat alles bereits 1936 mit dem Einmarsch ins Rheinland angefangen, oder 1938 mit der Annexion des Sudetenlandes oder dem »Anschluß« Österreichs, oder im März 1939 mit der Besetzung der Tschechoslowakei? Der Krieg gegen die Juden hat wohl schon 1933 mit Hitlers Machtübernahme begonnen. Oder spätestens 1935 mit der Verkündung der Nürnberger Rassengesetze. Vielleicht jedoch markieren auch die Bilder von brennenden Synagogen aus der Nacht vom 9. November 1938 die erste Stufe des Holocaust. Vielleicht wollen sie solchen Unklarheiten ausweichen, wenn viele Deutsche lieber von der Hitlerzeit als von Krieg sprechen. Bei dem Wort »Krieg« denken sie an erfrierende Soldaten an der Ostfront oder an zerbombte deutsche Städte.

In Japan war die Etablierung eines Marionettenregimes in der Mandschurei 1931 ein unheilvoller Vorbote all dessen, was noch kommen sollte. Die eigentliche Invasion in China begann erst 1937 mit einem Feuergefecht in der Nähe von Peking und der Pazifikkrieg vier Jahre später mit dem Angriff auf Pearl Harbor. Nebenbei bemerkt: nur liberal gesinnte Japaner sprechen vom Zweiten Weltkrieg als dem Pazifikkrieg. Die Leute, die an der Vorstellung festhalten, Japan habe damals Krieg geführt, um Asien vom Bolschewismus und vom weißen Kolonialismus zu befreien, sprechen vom Großen Ostasiatischen Krieg (*Daitowa Senso*) und vom Ziel der Großostasiatischen Wohlstandssphäre (*Daitowa Kioeiken*). Entsprechend trennen sie die Welktkriegsjahre 1941–45 vom Krieg in China, den sie immer noch als Chinavorfall bezeichnen. Im Gegensatz dazu verbinden Liberale und Linke die beiden Kriege und nennen sie den Fünfzehnjährigen Krieg (1931–45). Fusao Hayashi, Autor des Buches *Ein Plädoyer für den Großen Ostasiatischen Krieg* und sicherlich kein Liberaler, hat behauptet, der Kampf gegen den westlichen Imperialismus habe eigentlich schon 1853 mit der Landung der drei amerikanischen Schiffe unter Kommodore Perry bei Tokio begonnen; er sprach darum von einem Hundertjährigen Krieg.

Wenn es auch schwer ist, den Beginn der Kriege genau zu bestimmen – die Bilder, die deren Ende markieren, sind deutlicher. Der Atompilz über Hiroshima, von amerikanischen Luftwaffenfotografen eindrucksvoll filmisch festgehalten, und die von Rauschen begleitete Rundfunkrede des japanischen Kaisers am 15. August, der seine heulenden Untertanen in einer fast unverständlichen Hofsprache dazu aufforderte, das »Unerträgliche zu ertragen«, beides ist in unzähligen japanischen Romanen beschrieben und in vielen Filmen gezeigt worden. Beides gehört zu den großen Klischees des Nachkriegsjapan: Chriffren für die Niederlage des Landes, für Leiden und Erniedrigung.

Das deutsche Äquivalent wäre, so nehme ich an, das Bild der sowjetischen Soldaten, die ihre Fahne auf dem Dach des ausgebrannten Reichstagsgebäudes in Berlin hissen. Ein Ostdeutscher erzählte mir einmal, daß einer der Soldaten auf dem Foto erbeutete Uhren am Arm aufgereiht trug. Eine Befreiung, fügte er welterfahren hinzu, gehe oft mit Unrecht einher, denn die Befreier seien oft keinen Deut besser als die Besiegten. Ich habe das Bild daraufhin noch einmal betrachtet, aber Armbanduhren konnte ich nicht erkennen. Vierzig Jahre sowjetischer Herrschaft müssen dem Erinnerungsvermögen des

Mannes einen Streich gespielt haben, aber sein Gefühl hat ihn wahrscheinlich nicht getrogen.

Wenn es eine Fotografie von Hitlers verkohlter Leiche gegeben hätte, wäre sie zweifelsohne zu einer der Ikonen von 1945 geworden. Aber es gibt nur ein Foto von Goebbels und seiner vergifteten Familie. Sein übergroßer Schädel, der wie ein ungeschlachter Kürbis wirkt, ist darauf gut erkennbar. Und es gibt das berühmte Bild von Hitler, der einen letzten melancholischen (oder auch nur verärgerten?) Blick durch den Ausgang seines Bunkers auf seine zerstörte Hauptstadt wirft. Die Fotografie hat eine romantische, fast opernhafte Aussagekraft: der böse Geist im Angesicht seines Untergangs.

Hitlers Untergang und die Rede des Kaisers, das ist das Ende einer Symbolfigur und das eigenartige Fortleben einer anderen. Von allen Unterschieden zwischen diesen beiden Symbolfiguren einmal abgesehen, sollten beide für immer mit Ruinen verbunden bleiben: Ruinenstädte, ruinierte Menschen, ruinierte Ideale. Die außergewöhnlichsten Dokumente von 1945 sind die Stummfilme über Hiroshima, Berlin und Tokio: Hektar um Hektar ausgebrannter, zerbombter Landschaft; Berlin eine Stadt aus gesprengten wilhelminischen Fassaden, Tokio eine Stadt aus verkohltem Holz und mit Wasser gefüllten Bombentrichtern.

Im Sommer 1945, einen Monat vor dem Abwurf der Atombomben über Hiroshima und Nagasaki, wurde Stephen Spender im Auftrag der britischen Regierung nach Deutschland geschickt, um zu erkunden, was vom deutschen Geistesleben übriggeblieben war. Er fand nur Ruinen vor. Köln beschrieb er wie folgt: »Der Ruin der Stadt spiegelt sich im geistigen Niedergang ihrer Bewohner wider, die, statt mit ihrem Leben die Wunden der Stadt zu schließen, wie Parasiten diesen toten Kadaver aussaugen, in den Trümmern nach Lebensmitteln wühlen und auf dem Schwarzmarkt in der Nähe des Doms Geschäfte tätigen – ein destruktiver, kein produktiver Handel [...]. Die Zerstörung der Stadt, ihrer Vergangenheit und ihrer Gegenwart ist wie ein stummer Vorwurf gegen die

Menschen, die weiterhin dort leben. Die Mahnreden, die den Steinen Deutschlands eingeschrieben sind, verkünden den Nihilismus.«

In einem der ersten deutschen Spielfilme nach dem Krieg, in Wolfgang Staudtes *Die Mörder sind unter uns* (1946), sehen wir die verbitterte Gestalt des Dr. Mertens durch die zerborstenen Straßen von Berlin hasten. Er ist betrunken. In seinen Augen steht der Irrsinn. Ein Mann, heimgesucht von den fürchterlichen Visionen der jüngsten Vergangenheit. Ratten tauchen in den Trümmerbergen auf und huschen ihm über die Schuhe. »Ratten«, flüstert er vor sich hin, »Ratten, überall Ratten.«

Die Deutschen sprachen vom Zusammenbruch oder von der Stunde Null: alles schien irgendwie zu einem Ende gekommen zu sein, alles mußte wieder neu beginnen. Bei den Japanern hieß es entweder *haisen*, Niederlage, oder *shusen*, Kriegsende. Die zweite Bezeichnung verhüllte das Schrecknis der Niederlage ein wenig. Statt von US-Besatzung wurde aus demselben Grund oft von der »Stationierung der US-Streitkräfte« gesprochen. Und alles, woran beide Völker, sowohl die Deutschen als auch die Japaner, hatten glauben sollen, vom Führerprinzip bis zum Kaiserkult, vom Geist der Samurai bis zum Herrenvolk, vom Lebensraum bis zu der einen Welt unter einem (japanischen) Dach, all das lag gleichermaßen in Trümmern. Das einzige, was noch in den verbrannten Überresten von Osaka geglitzert habe, sei die Spur aus silbernen Kaugummipapierchen gewesen, die die US-Soldaten hinterlassen hätten, schrieb der Romanautor Akiyuki Nosaka.

Spender führte ein Gespräch mit Konrad Adenauer, dem wiedereingesetzten Oberbürgermeister von Köln. Die Deutschen seien geistig verkümmert, sagte Adenauer: »Man muß ihre Phantasie nähren.« Keine leichte Aufgabe, zumal die deutsche Sprache vom Jargon des Massenmordes entstellt war. Wie sollte je wieder aus der Sprache der Mörder Dichtung entstehen? Wie war diese Sprache überhaupt zu reinigen von den Spuren der *Lingua Tertii Imperii*, wie sie der bekannte deutsche Philosoph Victor Klemperer nannte? »Die deutsche Sprache«, schrieb George Steiner 1958, »wird nicht mehr gelebt, sie wird nur noch gesprochen.«

Die Japaner hatten dieses Problem nicht. Die japanische Sprache selbst hatte den Zusammenbruch relativ unbeschadet überstanden, obwohl manche unter den sensibleren Angehörigen der Kriegsgeneration bestimmte Ausdrücke nicht mehr hören konnten, ohne innerlich zusammenzuzucken. Der Philosoph Takaaki Yoshimoto schrieb in den frühen sechziger Jahren: »Wenn wir kurz nach unserer Niederlage Worte wie Nation oder Rasse hörten, so fühlten wir uns, als würde an frische Wunden gerührt.« Worte wie *kokka* (die Nation, der Staat) oder *minzoku* (Rasse, Volk) haben nicht den Beiklang wie Sonderbehandlung oder Einsatzgruppe. Der Jargon des japanischen Imperialismus war zwar rassistisch und übersteigert, aber ihm haftete nicht der beißende Geruch der Todeslager an.

Für die japanische Kultur gab es jedoch ein Problem, das mit der mißlichen Lage Deutschlands, wenn nicht identisch, dann zumindest vergleichbar war. Das deutsche Problem war der Nationalsozialismus. Auch wenn manche Deutsche der Meinung waren, der Weg Deutschlands zu Hitler, jener eigen- und einzigartige Sonderweg der deutschen Geschichte, ließe sich bis zu Luther oder zumindest bis Herder oder Wagner zurückverfolgen, wurden all deren Schriften nie verboten. In Deutschland gab es eine Tradition, auf die man zurückgreifen konnte. In der sowjetischen Zone wurde die Kultur der Linken aus der Weimarer Republik wiederbelebt. In den westlichen Besatzungszonen entflohen die Schriftsteller den Ratten und Ruinen, indem sie von Goethe träumten. Sein Name mußte oft als Beweis dafür herhalten, daß Deutschland auch zum humanistischen, aufgeklärten Traditionsstrang der europäischen Kultur gehörte.

Aber in Japan, wo es, soweit es die Besatzungsautoritäten wußten, nie einen Goethe gegeben hatte und wo die traditionelle Kultur durch etliche Jahre chauvinistischer Propaganda gröblich deformiert worden war, mißtrauten die Amerikaner (und viele japanische Linke) allem, was mit »Feudalismus« zu tun hatte, der ihnen so viel von der japanischen Vormoderne zu enthalten schien. Feudalismus war der Feind der Demokratie. So wurden von amerikanischen Zensoren in dem Bemühen, den Japanern demokratisches Denken beizubringen, nicht nur Filme mit Schwertkämpfen und Samuraidramen, sondern in einem Fall sogar 98 verschiedene Kabukistücke verboten. Anthologien mit Gedichten aus dem Mittelalter wurden auf Spuren ultranationalistischer Haltungen hin geprüft. Selbst der Fujisan, seit langem Gegenstand shintoistischer Naturanbetung, durfte nicht mehr abgebildet werden. Allzuoft war Naturanbetung in eine Vergottung des japanischen Staates umgeschlagen. Also mußte 1946 eine Szene mit Bauern, die an den Hängen des Fudschijamas arbeiteten, aus einem Spielfilm herausgeschnitten werden. Es schien, als müßte Deutschland, Sonderweg hin oder her, nur vom Nationalsozialismus gereinigt werden, während die Kulturtradition Japans von Grund auf erneuert werden sollte.

Aber aus Niederlage und Ruinen entstand eine neue Schule der Literatur (und des Films). In Deutschland bezeichnete man sie als Trümmerliteratur. Die japanischen Schriftsteller, die in den Trümmern aufwuchsen, nannten sich die Generation der Ausgebrannten, *yakeato seidai*. Viele Texte der späten vierziger und der fünfziger Jahre sind von Nihilismus und Verzweiflung überschattet. Japanische Romanautoren, die in der Armee gedient hatten, schilderten das Verhalten von Menschen unter extremen Bedingungen.

Ein wiederkehrendes Thema war der Kannibalismus. In seinem Roman *Feuer im Grasland* erinnerte sich Shohei Ooka an seine Zeit auf den Philippinen, als, gegen Ende des Kriegs, hungernde japanische Soldaten, die in den Bergen um Luzon eingekesselt waren, schließlich ihre Feinde (die Einheimischen waren »schwarze«, die Amerikaner »weiße Schweine«) und später auch eigene Kameraden aufaßen. Es wurden Geschichten erzählt von Soldaten, die nach Hause zurückkehrten und ihre

Frauen bei anderen Männern fanden, und Geschichten über anständige Frauen, die Prostituierte wurden, oder über ehrbare Männer, die auf dem Schwarzmarkt handelten.

Zum beliebten und auch erlaubten Thema wurden Erniedrigung und Erbitterung infolge der Fremdherrschaft – aber erst nach Ende der Besatzungszeit. Eines der erfolgreichsten Bücher dieser Art war in Deutschland *Der Fragebogen* von Ernst von Salomon; es erschien 1951. Der Autor war eine zwielichtige Gestalt; 1922 war er in die Ermordung von Walter Rathenau verwickelt, Deutschlands jüdischem Außenminister aus der Weimarer Republik. In seinem Roman, dessen Titel auf die Fragebögen der Entnazifizierungsbehörden anspielt, beschreibt von Salomon die Amerikaner als grobschlächtig, dumm und fast ebenso brutal wie die Deutschen. »Die Dummheit«, sagt der Protagonist, »ist das Verständlichste der Welt! Was mich bedrückt, ist nicht unsere Niederlage, sondern daß die Sieger sie sinnlos machen!«

In Japan gab es viele ähnliche Werke, vielleicht sogar mehr als in Deutschland, weil die Zensurbehörden der Besatzer dort sehr emsig waren bei der Unterdrückung des Feudalismus und antiamerikanischer Gefühle. In den fünfziger Jahren gab es eine Reihe von Filmen über die Ungerechtigkeit der Prozesse gegen Kriegsverbrecher und über das Grauen der amerikanischen Brandbombenhagel. Es entstand eine ganz neue literarische Gattung, die sich mit den Auswirkungen der Bomben von Hiroshima und Nagasaki befaßte. Und das Kinopublikum befriedigte seine pornographischen Bedürfnisse angesichts der Darstellung der Schattenseiten amerikanischer Militärstützpunkte: Verbrechen, Prostitution, Vergewaltigung unschuldiger japanischer Frauen. Wenn der Atompilz und die Rundfunkrede des Tennos die Klischees der Niederlage darstellen, dann ist die Szene, in der ein amerikanischer Soldat (für gewöhnlich ein Schwarzer) in einem primitiven Reisfeld (ländliche Idylle eines unschuldigen Japan) ein japanisches Mädchen (immer jung und immer unschuldig) vergewaltigt, das Standardbild der Nachkriegsfilme zur Besatzungszeit.

Für die meisten Menschen in Deutschland und Japan waren jene ersten Nachkriegsjahre eine Zeit absoluten Elends. Aber das eigenartige an einem Großteil der Literatur jener Jahre, genauer gesagt *über* jene Jahre (vieles entstand erst später), ist der tiefe Romantizismus, ja eine gewisse Nostalgie, die sie durchdringt. Sie färbt auch die persönlichen Erinnerungen der Menschen, die die unmittelbare Nachkriegszeit bewußt erlebt haben. Juro Kara zum Beispiel, ein Theaterautor, erinnert sich daran, in den Bombentrichtern in der Nähe des Sumidaflusses in Tokio gespielt zu haben: »Nach jeder Seite konnte man den Horizont sehen. Der Himmel war so hell, daß alles unnatürlich scharf konturiert erschien. Es war großartig, in den Trümmern zu spielen. Es war wie eine Traumlandschaft.«

Der Romanautor und Essayist Sakaguchi Ango war bei Kriegsende bereits über vierzig. Er war gerade ein, zwei Jahre zu alt gewesen, um noch eingezogen zu werden. Nach dem Krieg machte er sich mit seinen Essays über die Bombardierungen und ihre Folgen einen Namen. Manche bezeichnen sein Werk als nihilistisch. Ich bin mir nicht sicher, ob das gerechtfertigt ist. Auf jeden Fall brachte er die geistige Haltung einer geschlagenen Nation, einer Nation, die in Trümmern lag, treffend zum Ausdruck. Sein Ton war der eines ernüchterten Romantikers, wenn es so etwas überhaupt geben kann. In seinem großen Aufsatz *Über die Erniedrigung* beschrieb er die Bombenangriffe auf Tokio als ein großartiges Spektakel, als eine Art tödliches Feuerwerk. Er habe den Anblick der »überirdischen Schönheit von Menschen« genossen, »die sich in ihr Schicksal ergaben«. Er fand Gefallen am Anblick junger Mädchen, die sich in der verbrannten Landschaft bewegten und inmitten der Katastrophe lächelten.

Die unmittelbare Nachkriegszeit sei dann eine Zeit absoluter Verrohung gewesen. Die lächelnden Mädchengesichter – die »Liebe zwischen den Trümmern« – seien verlorengegangen: »Die Jugendlichen, die nicht für ihren Kaiser wie Blüten verwelkt waren, sind dann zu Schwarzmarkthändlern geworden.« Diese Verrohung ist für Ango wirklicher und wichtiger als die Romantik des Krieges, die nichts anderes gewesen sei als eine von politischer Propaganda bewußt genährte Illusion – all diese Bilder von der Schönheit des Opfers, des Kaiserkults, des militärischen Heldentums, einer von den Göttern abstammenden Rasse usw. Diese Illusionen mußten zerschmettert werden, um die Japaner wieder menschlich werden zu lassen: »O Volk Japans, o Japan, ich will, daß ihr verworfen seid. Japan und die Japaner mußten erniedrigt werden! Solange das Kaiserreich besteht, solange solche historisch überlebten Institutionen mit der Idee der Nation verbunden bleiben, so lange werden sie auch weiter manipuliert werden, und wir werden in diesem Land unser Leben als Menschen nicht entfalten können.«

Für Ango und auch für andere Schriftsteller bargen die Trümmer Hoffnung. Endlich waren die Japaner ihres »Kimonos gefälschter Traditionen und Ideale« beraubt und auf die einfachsten menschlichen Bedürfnisse zurückgeworfen. Endlich konnten sie wirkliche Liebe und wirkliche Schmerzen empfinden; endlich mußten sie ehrlich sein. Inmitten der Trümmer war kein Raum mehr für Heuchelei.

Das ist für Intellektuelle kein ungewöhnlicher Gedanke: die Tugend der Armut, die Reinheit der Enteigneten. Es war ein Gedanke, der in jenen frühen Tagen durch das kurze Wiederaufleben sozialistischer Hoffnungen zusätzlich genährt wurde. Die Linken, darunter auch manche Kommunisten, waren die einzigen, die den Krieg unberührt von der imperialistischen Eskapade Japans überlebt hatten. Einige Jahre lang, in den späten Vierzigern, wurden sie von den amerikanischen Besatzungsbehörden dazu ermuntert, eine aktive Rolle in der japanischen Politik zu spielen. Linksgerichtete Parteien wurden gegründet oder wieder ins Leben gerufen, Gewerkschaften aufgebaut. Vielleicht würde endlich ein wirklich demokratisches (sprich sozialistisches) Japan aus den Kriegstrümmern erstehen, geformt durch die Solidarität eines verelendeten Volkes.

Der Schriftsteller Wolfdietrich Schnurre erinnerte sich 1963 daran, wie ähnliche Hoffnungen seiner Meinung nach die Deutschen unmittelbar nach dem Krieg auf eine höhere moralische Stufe gehoben hatten: »Da hat eine echte, eine glühende Hoffnung im zertrümmerten Deutschland geschwelt. Da hatten die Überlebenden für das lautlos beschwörende Flüstern der Toten noch ein Organ. Da strich noch der erwachende Friede über die ausgebrannten Häuser dahin. Da glaubte man noch. Da sah man Deutschland noch vereint und neutral. Da wurde die Vision eines neuen Europa noch nicht von den rivalisierenden Nationalökonomen zerfetzt. Da war die Freiheit mit Händen zu greifen. Da waren Antimilitarismus und Lebenswille noch eins.«

Das ist nun nicht gerade die Stimmung, die Stephen Spender in Deutschland entgegenschlug. Aber die Sprache ist typisch für die Nostalgie der Linken jener Jahre. Heinrich Böll war ungefähr zehn Jahre jünger als Ango. Er war wie Shohei Ooka Kriegsheimkehrer. Und wie Schnurre sah er in den Trümmern Deutschlands eine wirkliche Chance für die Rettung der Menschen. Er war aktives Mitglied der Gruppe 47, der auch Hans Magnus Enzensberger und Günter Grass angehörten. Den Mitgliedern dieser losen Gruppierung von Schriftstellern war eine linke Orientierung gemeinsam, eine Vorliebe für den kargen, berichtenden Stil von Hemingway und eine Verachtung für den romantischen Eskapismus. 1952 hat Heinrich Böll sein *Bekenntnis zur Trümmerliteratur* verfaßt, in dem er sich mit »Schwarzhändlern und den Opfern der Schwarzhändler« identifiziert, »mit Flüchtlingen und all denen, die auf andere Weise heimatlos geworden waren, vor allem natürlich mit der Generation, der wir angehörten und die sich zu einem großen Teil in einer merk- und denkwürdigen Situation befand: sie kehrte heim.«

Wie Ango glaubte auch Böll, daß ein Volk, dem alles genommen wurde, dadurch geadelt worden sei. Auch er entwarf ein romantisierendes Bild vom heimkehrenden Soldaten und ging sogar so weit, Homer als frühestes Vorbild der Trümmerliteratur anzuführen: »Der Name Homer ist in der gesamten abendländischen Bildungswelt unverdächtig: Homer ist der Stammvater europäischer Epik, aber Homer erzählt vom Trojanischen Krieg, von der Zerstörung Trojas und von der Heimkehr des Odysseus – Kriegs-, Trümmer- und Heimkehrerliteratur –, wir haben keinen Grund, uns dieser Bezeichnung zu schämen.«

Natürlich geht es hier auch um die Wahrung der eigenen Würde. Der Vergleich zwischen Odysseus und den Soldaten Hitlers war vielleicht nicht ganz passend, aber bezeichnend für das Bemühen eines deutschen Schriftstellers, wieder in die »abendländische Bildungswelt« hineinzufinden. Sicherlich waren jene ersten Jahre im nachhinein keine Zeit der Verzweiflung. Das kam für Böll und die anderen, die so dachten wie er, erst später. Böll konnte das Ende des Zusammenbruchs und den Anfang der bürgerlichen Heuchelei und der moralischen Amnesie präzise bestimmen. Das Datum ist der 20. Juni 1948, der Tag der Währungsreform; der Tag, an dem Ludwig Erhard, von den Amerikanern zum Direktor für Wirtschaft der Amerikanischen und der Britischen Besatzungszone ernannt, die Deutsche Mark in Umlauf setzte. Von da an sollte die DM das neue Symbol des westdeutschen Nationalstolzes werden. Zugleich waren davon die Ostdeutschen ausgeschlossen, die in der sowjetischen Zone lebten. Erhards Motto war »Wohlstand für alle«. Für viele, die an eine von Grund auf erneuerte Welt geglaubt hatten, in der der menschliche Geist den Egoismus und die Raffgier bezwingen würde, bedeutete die DM das Ende einer Romanze.

1960 hat Böll geschrieben: »Verbraucher. Wir sind ein Volk von Verbrauchern. Krawatten und Konformismus, Hemden und Nonkonformismus, alles hat seine Verbraucher, wichtig ist nur, daß es sich – ob Hemd oder Konformismus – als Markenartikel präsentiert.«

Die Verdrängung der Erinnerung an die Leichenberge überall in Mittel- und Osteuropa, damit sich das Dritte Reich, wie die Mitscherlichs es formulierten, in »einen Traum auflöste«, die »Unfähigkeit zu trauern«, erleichterte die Identifizierung mit den Amerikanern, mit den Siegern, mit dem Westen. Wenn Böll und den Mitscherlichs zu glauben ist, war der starke Drang, vor der Wirklichkeit zu fliehen, bereits unmittelbar nach dem Zusammenbruch spürbar. Dieser Prozeß eines willentlich herbeigeführten Vergessens gipfelte in der manischen Anstrengung des Wiederaufbaus, im Streben nach Wohlstand.

Diese Rastlosigkeit, bis zu einem gewissen Grad auch das Vergessen und auf jeden Fall die Identifizierung mit dem Westen wurden vom kalten Krieg gefördert. Westdeutschland befand sich jetzt auf der Seite der westlichen Bündnispartner. Ihr gemeinsamer Feind war das »asiatische« bzw. das sowjetische Reich. Man mußte nicht mehr so viele Fragen stellen. Wie in der Fremdenlegion: die Vergangenheit war Vergangenheit. Tatsächlich bestätigte der kalte Krieg einigen Menschen nur das, wovon sie die ganze Zeit überzeugt waren: Deutschland war immer auf der richtigen Seite gewesen; die neuen amerikanischen Freunde hätten das nur früher erkennen müssen. Der kalte Krieg war der vernichtende Schlag für all diejenigen, die ihre Hoffnungen in ein pazifistisches und sozialistisches Deutschland gesetzt hatten.

Das Ehepaar Mitscherlich unterzog in *Die Unfähigkeit zu trauern* das deutsche Volk einer tiefgreifenden Analyse – aber kann man wirklich ein ganzes Volk analysieren? Ein bißchen Vergessen, ein bißchen Identifizierung mit dem Westen und viel Energie, die in den wirtschaftlichen Wiederaufbau kanalisiert wurde – das konnte doch nicht so schlimm sein. Wir wissen, was geschah, als Deutschland drei Jahrzehnte zuvor erniedrigt und unter Druck gesetzt wurde. »Wohlstand für alle« war wahrscheinlich noch das Beste, was den Deutschen der Bundesrepublik hatte passieren können. Es nahm der Niederlage den Nährboden für Ressentiments (und künftigen Extremismus). Auch die Integration Westdeutschlands in die westliche Allianz hatte ihr Gutes. Aber der von Böll und anderen empfundene Abscheu war verständlich angesichts dieses wohlgenährten Volks (»schwammig« sagt man gewöhnlich, was auch Trägheit und Dekadenz bezeichnet), das seine mörderische Vergangenheit vergessen wollte. Es war bestimmt kein erbauliches Schauspiel.

Die Negativfigur in Staudtes Film *Die Mörder sind unter uns* namens Brückner ist Fabrikbesitzer, Familienvater und ehemaliger Wehrmachtsoffizier. Brückner befahl am 25. Dezember 1942 die Erschießung von mehr als hundert polnischen Männern, Frauen und Kindern. Dr. Mertens, der verbitterte Veteran, der in Berlin vor den Ratten flieht, wurde unfreiwillig Zeuge der Erschießung. Und in Berlin will er nun den schwammigen Brückner mit seiner Vergangenheit konfrontieren und ihn dann erschießen. Er findet den Mann in seiner Fabrik, wo er mit seinen Arbeitern Weihnachten feiert und in einer Festansprache ein Deutschland feiert, »das wir alle lieben, ein Deutschland, das nie untergehen wird, ein Deutschland, in dem die Gerechtigkeit triumphieren wird«. Dr. Mertens denkt an Weihnachten 1942 zurück, als Brückner seine Männer »Stille Nacht« anstimmen ließ, während draußen die polnischen Familien erschossen wurden. Dr. Mertens folgt Brückner nach Hause und erinnert ihn an die Menschen, deren Tod er verursacht hat.

»Aber es war Krieg«, sagt Brückner, und seine Selbstsicherheit schlägt in Panik um, »andere Bedingungen ... Jetzt ist Frieden ... Weihnachten ... friedliche Weihnachten.«

Dr. Mertens will Brückner erschießen, doch im letzten Augenblick hindert ihn seine Geliebte (Susanne) daran.

S: »Sie haben kein Recht, ihn zu richten!«

M: »Aber wir müssen ihn anklagen. Im Namen Millionen unschuldiger Menschen.«

B: »Was wollen Sie von mir? Ich bin unschuldig! Ich bin unschuldig! Ich bin unschuldig!« (Der Widerhall seiner Stimme ist zu hören, während die Gesichter seiner Opfer langsam ein- und wieder ausgeblendet werden.)

Der Film wurde zu einer Zeit gedreht, als an Ludwig Erhards Währungsreform noch nicht zu denken war. Die Brückners waren der Preis, den Deutschland für seinen neuen

Wohlstand zahlen mußte. Man brauchte sie dazu. Sie waren die Funktionäre, die in jedem System alles am Laufen halten, kleine wendige Fische, die im Westen für die christlichen Konservativen stimmten und im Osten Kommunisten wurden. Das bereitete Staudte, wie vielen anderen Deutschen auch, Unbehagen, aber er bot keine einfache Lösung an. Vielleicht war es besser so: schwammige Demokraten richten weniger Schaden an als rachsüchtige alte Nazis. (Pflichteifrige Kommunisten, die ihren eigenen Nachbarn hinterherschnüffeln, sind wieder ein anderer Fall.) Manche Kritiker, darunter Wolfdietrich Schnurre, fanden Staudtes Film viel zu vage. Schnurre schrieb 1946, der Film hätte mit einem richtigen Prozeß gegen den Kriegsverbrecher enden müssen, um eindeutig aufzuzeigen, was mit den Mördern unter uns zu geschehen habe.

Schnurres Wunsch ging auch im wirklichen Leben nicht in Erfüllung. Nur wenige Brückners wurden für ihre Verbrechen bestraft; das gilt vor allem für diejenigen, die Hitler als Ärzte, Juristen, Wissenschaftler und Bürokraten zugearbeitet hatten. Die anfänglichen Versuche der Besatzungsmächte, Deutschland zu »entnazifizieren«, versandeten Ende der vierziger Jahre, als der Beginn des kalten Krieges neue Prioritäten setzte. Zumindest eine Generation deutscher Schriftsteller und Künstler kam daher zu dem Schluß, die vergeßliche, wohlhabende, kapitalistische Bundesrepublik Deutschland sei eine verkappte Fortsetzung des Dritten Reichs. Das kam wiederum den Propagandisten der DDR gelegen; von Zeit zu Zeit veröffentlichten sie Listen ehemaliger Nationalsozialisten, die im Westen Karriere gemacht hatten. Diese Listen waren oft überraschend exakt.

In *Deutschland im Herbst*, einem berühmten halbdokumentarischen Film, den eine Gruppe deutscher Schriftsteller (darunter Böll) und Filmemacher 1977 drehte, wurde diese Kontinuität explizit dargelegt. Den Anstoß zu diesem Film gab die Ermordung von Hanns Martin Schleyer durch RAF-Terroristen; Schleyer war Vorstandsmitglied bei Mercedes-Benz und, nebenbei bemerkt, ehemaliger SS-Offizier. Das

Land, oder zumindest die Intelligenz, geriet an den Rand der Hysterie. Viele dachten, das Ende der westdeutschen Demokratie stünde bevor; jetzt käme die braune Farbe des Establishments zum Vorschein. Im Film wird eine Sequenz wiederholt gebracht: das Begräbnis von Schleyer in Stuttgart im harten Schnitt mit dem Begräbnis von General Rommel 1944. Die Hakenkreuz-Fahnen bei diesem Begräbnis erscheinen im Wechsel mit den Mercedes-Benz-Fahnen, die vor der Trauerhalle wehten, in der der Gedenkgottesdienst für Schleyer abgehalten wurde.

Auch Rainer Werner Fassbinder lieferte eine Episode zu diesem Film. Ein Jahr später drehte er *Die Ehe der Maria Braun*. Darin werden die ersten Nachkriegsjahre als eine Art Idylle im Elend dargestellt; in den Trümmern ist die menschliche Wärme noch nicht erloschen. Maria ist bereit, auf ihren Mann Hermann zu warten, der an der Ostfront vermißt wurde; dieser deutsche Soldat ist aber letztlich die einzig anständige Figur im ganzen Film. Nach 1948 klingt der Hintergrundlärm der Dampframmen auf den Baustellen deutscher Städte wie MG-Feuer; Maria macht ihren Weg nach oben und wird reich, indem sie jeden benützt und ausnutzt. Die erste Einstellung des Films ist ein Bildnis Hitlers. Der Film endet mit einer Reihe von Porträts der Nachkriegskanzler, die als Negative gezeigt werden, als seien sie Schattenbilder Hitlers.

Mit der Vereinigung Deutschlands 1990 tauchten die Visionen von einer Kontinuität wieder auf. Sogar die Sprache der Nachkriegszeit wurde wiederbelebt. Man redete wieder von einer Stunde Null und von einer Währungsreform, als jeder ehemalige Bürger des kommunistischen Einparteienstaats jede Mark der DDR in eine D-Mark umtauschen konnte. Und wieder ging durch die Reihen der Intellektuellen ein Aufschrei über verpaßte Chancen, Besitzgier und historische Amnesie. Als im Winter 1989 die Mauer endlich fiel, mokierte sich der ostdeutsche Schriftsteller Stefan Heym nicht als einziger über den »Materialismus« der Menschen, die zum ersten Mal in ihrem Leben, wenn auch anfangs nur als Außenstehende, am

Wohlstand des Westens teilhaben wollten – einem Wohlstand, den Heym als privilegierter Schriftsteller die ganze DDR-Zeit über genießen konnte. Sollten sie wirklich nichts dazugelernt haben, fragte er sich laut, gar nichts, nach 40 Jahren sozialistischer Erziehung? Günter Grass nannte die Vereinigung einen neuen »Anschluß«, und man verglich westdeutsche Unternehmer mit den Stukas, die 1939 im Sturzflug Polen angegriffen hatten. Heym fürchtete, daß sich die Parole »Ein Volk« rasch in den Ruf nach *einem* Reich und *einem* Führer verwandeln würde. Den Leuten, die ihr Leben lang Antifaschisten gewesen waren und immer geglaubt hatten, die Bundesrepublik sei die Erbin des nationalsozialistischen Deutschland, erschien die Vereinigung angeblich wie eine Wiederherstellung der Zustände von 1933. Ironischerweise erlebten viele Wessis ihre neuen Landsleute aus dem Osten als peinliche Erinnerung an dieselbe unglückliche Vergangenheit.

Das mag jedenfalls erklären, warum Antifaschisten beiderseits der ehemaligen Staatsgrenze die Vereinigung der beiden deutschen Staaten als Niederlage betrachteten. Während Günter Grass »Auschwitz« als Argument gegen die Vereinigung anführte, wiederholte Heiner Müller in unzähligen Interviews, der Kapitalismus – »die Selektion« – und die Logik des technischen und industriellen Fortschritts habe direkt zu Auschwitz und Hiroshima geführt. Die Symbole der Erinnerung mußten wohl zwangsläufig zu Werkzeugen der politischen Polemik werden. Selten hatte man das Wort Auschwitz so oft gehört wie zur Zeit der Vereinigung – teils als heilsame Erinnerung daran, daß die Deutschen sich ihrer Vergangenheit stets bewußt sein sollten, teils aber auch als Ausdruck der Wut darüber, daß die Illusion eines besseren, antifaschistischen, antikapitalistischen und idealistischen Deutschland, das aus den Trümmern von 1945 erstanden war und im Osten vierzig Jahre lang unter katastrophalen Bedingungen am Leben erhalten worden war, nun für immer zerschlagen war.

Es gibt einen japanischen Ludwig Erhard: Hayato Ikeda war ab 1949 Finanzminister und von 1960 bis 1964 Ministerpräsident. Seine Version von Erhards »Wohlstand für alle« war »Verdoppelung des Einkommens«: innerhalb von zehn Jahren sollten die Japaner doppelt so reich sein wie zuvor. Und tatsächlich hatte Japan in den sechziger Jahren Wachstumsraten von durchschnittlich 11 Prozent im Jahr. Von dem Detroiter Bankier Joseph Dodge beraten, hatte Ikeda bis dahin die inflationäre Politik der Anhänger des New Deal überwunden, die mit der »Stationierung« der Truppen von General MacArthur auf die Insel gekommen waren. Er hatte auch den japanischen Gewerkschaften einiges von ihrem beträchtlichen Machtzuwachs wegnehmen können. Und er hatte das Friedensabkommen mit den Vereinigten Staaten und fünfzig anderen Nationen mit vorbereitet, das 1951 in San Francisco unterzeichnet wurde. China, das unter dem Japanisch-Chinesischen Krieg sehr zu leiden gehabt hatte, Nordkorea und die Sowjetunion gehörten nicht zu den Mitunterzeichnern. Denn sie waren wieder die Gegner in einem Krieg, der in der japanischen Wirtschaft wahre Wunder wirkte, ähnlich wie der nächste Krieg in Asien, der Vietnamkrieg.

1960 demonstrierten einige hunderttausend Menschen in Tokio und anderen Städten gegen die Ratifizierung eines neuen Sicherheitsabkommens mit den Vereinigten Staaten. Obwohl es den amerikanischen Einfluß in Japan eigentlich einschränkte, wurde es dennoch als weiteres Beispiel amerikanischer Einmischung betrachtet. Nicht ohne Grund glaubten viele Menschen, die USA wollten in geheimer Absprache mit der konservativen japanischen Elite die Friedensverfassung aushöhlen. Ikedas Vorgänger, Premierminister Nobusuke Kishi, konnte die Gesetzesvorlage dennoch im japanischen Parlament durchdrücken. Die Angelegenheit erhitzte die Gemüter derart, daß Präsident Eisenhower sich gezwungen sah, einen Staatsbesuch in Japan zu verschieben, obwohl sich »patriotische« Gangster erboten hatten, den Weg vom Flughafen nach Tokio zu sichern.

Ich führe das alles an, um zu zeigen, daß Ikedas Versprechungen die letzte Stufe in einer Strategie waren, die später als die »Rückwärtswende« bezeichnet wurde, einer Wende weg von einem linksgerichteten pazifistischen und neutralen Japan, einem Japan, das nie wieder in einen Krieg verwickelt werden sollte und das allen Verlockungen des Imperialismus widerstehen würde – kurz: das seiner blutigen Vergangenheit ein für allemal den Rücken gekehrt hatte. Die Politik der »Verdoppelung des Einkommens« war ein bewußt eingesetzter Trick, um die öffentliche Aufmerksamkeit von den Verfassungsfragen abzulenken. Genau darum betrachteten die Linken Japans die Trümmerzeit als eine Zeit der verpaßten Chancen und des Verrats. Weit davon entfernt, die pazifistische Utopie einer Volkssolidarität in die Realität umzusetzen, wurde aus Japan ein Land, das von Materialismus, Konservatismus und selektiver Geschichtswahrnehmung geprägt war. Auch die japanische Linke hatte, und weit mehr als die deutsche, ein starkes Gefühl des *déjà vu*. Premierminister Kishi war zwar nie Architekt gewesen, sonst aber hatte seine Karriere viele Ähnlichkeiten mit der von Albert Speer: in den dreißiger Jahren war er Stellvertretender Minister für Industrie und Handel gewesen, während des Krieges wurde er Stellvertretender Rüstungsminister. Er wurde als Kriegsverbrecher der Kategorie A eingestuft und verhaftet, 1948 aber wieder auf freien Fuß gesetzt. Sein politisches Comeback war überhaupt nichts Außergewöhnliches; die amerikanische Säuberung hatte nur sehr wenige Bürokraten aus der Kriegszeit erfaßt. Statt dessen richtete sich die Säuberungswelle nach 1949 (dem Jahr, in dem China »verlorenging«) gegen die Kommunisten, von denen die Amerikaner zunächst als Befreier gefeiert worden waren.

Im Juni 1951 schrieb ein westdeutscher Diplomat nach seiner Rückkehr von Tokio folgenden Brief an einen Beamten des Bonner Wirtschaftsministeriums: »Alle Persönlichkeiten, die 1945/46 aus politischen oder sonstigen Gründen aus ihren Stellungen entfernt wurden, dürfen sich wieder frei betätigen.

Mit anderen Worten, das, was etwa dem entsprach, was in Deutschland unter der Flagge Denazifizierung gemacht worden ist, ist in Japan völlig beseitigt. Ich hege gar keinen Zweifel, daß wir in einem Jahr eine vollständig andere Personalbesetzung in der japanischen Politik vor uns haben werden. Es werden eine große Zahl unserer früheren Freunde infolge ihrer Tüchtigkeit wieder führende Stellungen einnehmen.«

Bevor es soweit kam, waren Kommunisten und alle Linken die entschiedensten Befürworter der Säuberungen: politische Gegner wurden sehr rasch als Kriegsverbrecher gebrandmarkt. Und die Kommunisten führten einen erbitterten Kampf gegen das, was sie das Kaisersystem nannten. Ihr Verhältnis zur Demokratie war jedoch nicht ganz so eindeutig. Und eine Reihe gewalttätiger Streiks trugen auch nicht gerade zur Verbesserung ihres öffentlichen Ansehens in Japan bei. Dennoch ließen die »roten Säuberungen« von 1949 und 1950 und der erneute Machtzuwachs von Männern, um deren demokratische Verdienste es nicht viel besser bestellt war, so manchen Japaner, der potentiell amerikafreundlich eingestellt gewesen wäre, zum Amerikagegner werden. Die Amerikaner sah man als Helfer der zurückgekehrten Rechten und als Verursacher der Hetze gegen die Linken an. Das ist einer der Gründe, weshalb Hiroshima als amerikanisches Kriegsverbrechen zum wirkungsvollsten aller Geschichtssymbole wurde, die sich zukünftigen Generationen ins Gedächtnis eingraben sollten.

Nach dem Sturz eines Regimes steht man immer vor dem Problem der Kontinuität. Ein sauberer Schnitt ist unmöglich, die »Stunde Null« eine Illusion. Es fällt immer schwer, kulturelle Gewohnheiten und Vorurteile abzulegen, die auf politische Propaganda, Religion usw. zurückzuführen sind, besonders wenn man als Vollstrecker eines solchen Wandels fremde Besatzer hat, die vielleicht nicht immer wissen, was sie tun. Es ist leichter, politische Institutionen zu verändern und zu hoffen, daß dies auch zur Änderung von Gewohnheiten und Vorurteilen führen werde. Das wiederum war in Deutschland einfacher zu bewerkstelligen als in Japan. Genau zwölf Jahre lang herrschte in Deutschland ein verbrecherisches Regime; eine Bande politischer Gangster hatte eine ganze Bewegung in Marsch gesetzt. War dies Regime einmal gestürzt, war die Schlacht schon halb gewonnen. In Japan gab es jedoch keine klare Trennlinie zwischen faschistischer und vorfaschistischer Vergangenheit. Japan wurde im Grunde nie wirklich zu einem faschistischen Staat. Es kam weder eine faschistische noch eine nationalsozialistische Partei an die Macht, und es gab auch keinen »Führer«. Was diesem am nächsten kam, war vielleicht die Figur des Kaisers; der mag nun alles mögliche gewesen sein, ein faschistischer Diktator aber war er bestimmt nicht. Viele der Männer, die Japan schon vor dem Krieg regiert hatten (sowohl vor dem Japanisch-Chinesischen wie dem Pazifikkrieg), blieben auch während und nach dem Krieg in ihren Positionen. Das waren alles unauffällige autokratische Bürokraten und konservative Politiker; Großmäuler wie Göring oder Goebbels gab es in Japan nicht. Man könnte behaupten, daß es im Grunde das Militär war, das Japan regierte, aber dann muß man wiederum fragen, welche Teile der Streitkräfte und welche Militärführer genau. Es gab keine eindeutige Befehlsstruktur. Während Deutschland nach dem Krieg seine NS-Chargen und -Befehlshaber verlor, verlor Japan nur seine Admirale und Generäle.

In Japan gab es auch keinen kulturellen Bruch. Es gab keine Schriftsteller oder Künstler, die aus dem Exil zurückkehrten, um das Gewissen derer, die geblieben waren, aufzurütteln. Es gab keinen japanischen Thomas Mann und keinen Alfred Döblin. Alle waren im Land geblieben. Viele ehemalige Linke widerriefen in den dreißiger Jahren ihre Ansichten offiziell in Form eines *tenko*, was wörtlich Bekehrung bedeutet, um sich nach dem Krieg dann sofort wieder dem Marxismus zuzuwenden. Es gab Schriftsteller wie Kafu Nagai, die im privaten Kreis die japanischen Verhältnisse während des Kriegs bitter beklagten und in ihren Tagebüchern über die Vulgarität des Militarismus spotteten. Aber »innere Emigration« war, wenn man von einigen Kommunisten absieht, die höchste Form des Widerstands unter den japanischen Schriftstellern.

Es gibt viele Fotografien vom Alltagsleben in den Trümmern; eine davon ist besonders eindrucksvoll. Sie wurde 1945 in Tokio von dem Fotografen Ihei Kimura aufgenommen und zeigt im Vordergrund drei Menschen, zwei Frauen und ein Mann, die sich in Richtung des Hauptportals, des *torii* des Yasukuni-Schreins verneigen. Zwischen den sich Verneigenden und dem Portal steht ein Holzschild: OFF-LIMITS TO ALL ALLIED PERSONNEL AND VEHICLES. Die Besatzungsbehörden hatten versucht, alle Aktivitäten in diesem Schrein zu unterdrücken, weil dort die Seelen der Männer und Frauen (vorwiegend Männer) verehrt wurden, die dem Kaiser ihr Leben geopfert hatten. Und neben den Seelen der Millionen von Soldaten, die ungefragt sterben mußten, wurden hier auch die Seelen solcher Männer bewahrt, die in Nanking und Manila unzählige Zivilisten massakriert, Kriegsgefangene gefoltert und Zwangsarbeiter ermordet hatten. Yasukuni war der allerheiligste Schrein des militarisierten Kaiserkults.

Vor dem Hauptschrein stehen zwei riesengroße Bronzelaternen, auf denen Abbildungen von japanischen Kriegshelden und berühmten Schlachten eingraviert sind. Es war bezeichnend für die amerikanische Besatzungspolitik, daß die Wächter des Schreins angewiesen wurden, diese Gravuren von den Laternen zu entfernen, während man gleichzeitig darauf achtete, daß das höchste Objekt ihrer Verehrung, nämlich der Kaiser selbst, in seiner Stellung unangetastet und von historischen Nachforschungen verschont blieb. Pflichtschuldig bestrichen die Shinto-Priester die Gravuren mit Beton, der sich 1957 ohne Schwierigkeiten entfernen ließ. Bereits 1948 nahm der Kaiser seine alljährlichen Besuche des Schreins wieder auf, im gleichen Jahr, in dem Nobusuke Kishi aus dem Gefängnis entlassen wurde. Und da standen sie nun, der Mann und die beiden Frauen, und beteten genau das Sinnbild dessen an, das sie und Millionen andere ins Unglück gestürzt hatte.

Freilich blieb auch in Japan kaum etwas beim alten. Problematisch war allerdings, daß fast alle Veränderungen auf Anweisung der Amerikaner erfolgt waren. Das stand dem Sieger natürlich zu, und viele Veränderungen waren durchaus vorteilhaft. Aber die systematische Unterordnung Japans bedeutete auch, daß das Land nie wirklich erwachsen wurde. Japan zeigt eine gewisse Fixierung auf die Vereinigten Staaten, eine Besessenheit geradezu, die meines Erachtens noch tiefer reicht als der deutsche Antiamerikanismus, der ja stellenweise schon tief genug sitzt. Deutschland wurde von vier Mächten besetzt, wovon zwei westeuropäisch waren. Japan wurde im Grunde nur von den Amerikanern besetzt. Westdeutschland wurde Teil der Nato und der EG, und die DDR Teil des Sowjetblocks. Die Vereinigten Staaten waren Japans einziger formeller Bündnispartner, und das auf der Basis eines Sicherheitsabkommens, gegen das viele Japaner opponiert haben. Von dieser Opposition ist allerdings nicht mehr viel übrig; ihre Stimme im linken Lager ist mehr oder weniger verstummt. Aber trotzdem gibt es in der Beziehung zu den Amerikanern immer noch viel Unerledigtes; die politische Übermacht der Amerikaner ist deutlich zu spüren.

Wenn Japaner heute überhaupt noch vom Krieg sprechen, dann meinen sie gewöhnlich den Krieg gegen die Vereinigten Staaten. Viele Japaner, die gegen den Krieg mit China tiefsitzende Vorbehalte hatten, waren von patriotischem Stolz erfüllt, als Japan 1941 die Vereinigten Staaten angriff. Und Schuldgefühle angesichts des Massakers in Nanking bedeuteten keineswegs auch solche angesichts von Pearl Harbor. Anders als die Deutschen, die immer wieder ermahnt werden, den Nationalsozialismus und den Holocaust nicht zu vergessen, denken junge Japaner an Hiroshima und Nagasaki – vielleicht auch an Nanking, aber nur dann, wenn sie von liberalen Lehrern und Journalisten dazu angehalten werden. An den Krieg in Südostasien denkt kaum noch jemand. Ältere Japaner erinnern sich jedoch an die Zeit der Besatzung, der einzigen Besatzung durch eine fremde Armee in der Geschichte ihres Landes. Doch war die amerikanische in den Augen der Japaner eine höchst seltsame Armee. Während die japanischen Streitkräfte den asiatischen Völkern fast nur Tod, Vergewaltigung und Zerstörung gebracht hatten, kamen die Amerikaner mit Musik von Glenn Miller, Kaugummi und Lektionen in Sachen Demokratie. Diese Segnungen hinterließen ein Erbe aus Dankbarkeit, Rivalität und Scham.

Liest man japanische Romane und Erzählungen, bekommt man einen Eindruck davon, wie es damals gewesen sein muß. Akiyuki Nosakas Novelle *Algen aus Amerika* ist meiner Meinung nach ein Meisterwerk aus der kurzen Epoche der japanischen Trümmerliteratur. Nosaka war ein Teenager, als der Krieg zu Ende war, und entsprechend ist sein Protagonist, ein Büroangestellter oder »Gehaltsempfänger« namens Toshio, nicht älter. Toshios Erinnerungen an 1945 sind die Kaugummipapierchen, die in der Sonne glitzern, die massigen Hintern der GIs, die in enge Gabardinehosen gezwängt waren, die Jeeps mit Antennen wie Angelruten, Lebensmittel, die verschenkt wurden, und Spritzer von DDT; er erinnert sich an das Trinkgeld, das winkte, wenn man den Soldaten ein Mädchen vermittelte, und das »Sankyu« (Thank you), das man bei jeder Gelegenheit sagte, an die Teekisten, die an Fallschirmen herabschwebten, und den Tee, den die Japaner für Seetang hielten und mit großer Verwunderung über die Eßgewohnheiten der Fremden aßen. Für einen Japaner der Generation von Toshio war der totale Sieg der Amerikaner nicht nur eine militärische Katastrophe, sondern eine Demütigung ihrer Rasse.

»Gib mir Zigarette, Schokolade, *Sankyu*. Jeder, der die Soldaten mal um etwas gebeten hat, der kann nicht mehr mit Amerikanern sprechen, ohne sich was dabei zu denken. Sie wissen schon, was ich meine: wir mit unseren Affengesichtern, und die mit ihren hohen Nasenrücken und tiefliegenden Augen. Jetzt heißt's plötzlich, die Japaner hätten interessante Gesichter und schöne Haut – das kann doch nicht ihr Ernst sein. Ich meine, ich hab schon in Bierstuben gesessen, hab den Matrosen an den Nachbartischen zugeschaut, diesen Ausländern, die so schäbig aussehen in ihren Uniformen, deren Gesichtszüge aber ganz Zivilisation sind. Vergleichen Sie sie doch mit Japanern. Sind sie nicht großartig dagegen? Schauen

Sie nur, diese starken Arme, diese männlichen Brustkästen. Spüren Sie keine Scham, sobald Sie nur neben ihnen sitzen?«

Toshios Frau ist wie viele moderne japanische Frauen weniger neurotisch, was Ausländer anbelangt. Während eines Urlaubs in Hawaii befreundet sie sich mit einem amerikanischen Pärchen und lädt die beiden nach Tokio ein. Der Mann, groß und herzlich, heißt Higgins. Es stellt sich heraus, daß Higgins schon einmal in Japan war – während der Besatzung. Er kann sogar einige Worte Japanisch. Toshio glaubt, er müsse ein Mädchen für Higgins finden.

»Warum nur fühle ich das Bedürfnis, diesen Mann glücklich zu machen? Er stammt aus dem Land, das meinen Vater tötete. Aber ich hasse ihn nicht. Im Gegenteil, ich spüre sogar eine gewisse Nostalgie. Will ich vielleicht meine Angst vor den großen Besatzungssoldaten kompensieren, wenn ich Higgins Drinks bezahle und ihm ein Mädchen anschleppe? Oder will ich mich für diese Fallschirmladungen mit Lebensmitteln revanchieren...«

Toshio hört von einer Sexshow, in der ein Mann auftreten soll, der den größten Penis Japans hat. Das muß er Higgins unbedingt zeigen. Das wird dem amerikanischen Gast zweifellos imponieren. Die Zuschauer versammeln sich in einem Hotelzimmer in Sugamo, ganz in der Nähe des Ortes, wo die führenden japanischen Kriegsverbrecher gehenkt wurden. Japans Nummer Eins ist ungefähr so alt wie Toshio. Er heißt Yotchan. Seine Partnerin ist ungefähr fünfundzwanzig und vermutlich attraktiv. Aber der Abend ist kein Erfolg. Nummer Eins hat Schwierigkeiten, wie sehr er und das Mädchen sich auch bemühen.

»Es ist, als sei Toshio selber impotent geworden. Was fällt dir ein? Bist du nun Nummer Eins, oder nicht? Zeig dem Amerikaner, was du kannst! Du bist das größte, stolzeste Glied Japans... Hier gehts um Nationalismus der Schwänze... Wenn der Kerl nicht bald einen hoch bekommt, wird unser Volk das Gesicht verlieren...«

Aber alles bleibt vergeblich. Und dann hat Toshio die Erklärung: »... er muß doch um die Dreißig sein. Dann kann es nur Higgins sein, dessen Anwesenheit ihm die Potenz raubt. Ob Yot-chan während der Besatzungszeit dieselben Erfahrungen gemacht hat wie ich ... Was rede ich bloß: er *muß* dieselben Erfahrungen gemacht haben. Es wird kleine Unterschiede gegeben haben zwischen Tokio, Kobe und Osaka, aber überall werden die Leute das ›Gib mir Kaugummi‹ im Ohr haben, werden sich erinnern an ihre Angst vor den riesigen Seesoldaten ... kein Wunder, daß er ihn nicht hochkriegt.«

Der Filmregisseur Nagisa Oshima ist ungefähr so alt wie Nosaka und die Nummer Eins der japanischen Filmszene. Er erinnert sich daran, wie gierig nach Unterhaltung die Japaner 1945 waren; es mußte nur aus dem Ausland sein, von dort, wo die Leute Geld und viel zu essen hatten und in großen Häusern wohnten und nicht in Trümmern. Sie wollten die Vereinigten Staaten sehen, wenn auch nur in flimmernden Bildern auf einer zerrissenen und schmutzigen Leinwand. Ob aber diese Filme den Japanern die Demokratie nähergebracht haben? Oshima glaubt nicht daran. Aber die Japaner hätten in diesen Filmen »Fortschritt« und »Entwicklung« als Werte kennengelernt. Japan, meint er, wollte so reich sein wie die USA, nein, reicher: »Und wenn man an das erstaunliche Tempo des Fortschritts in der Nachkriegszeit denkt, muß man wohl sagen, daß es die Gleise der Union Pacific Railroad waren, denen wir dabei folgten, und die wir eben aus den alten Western kannten.«

# Zweiter Teil

# Heilige Orte

**Auschwitz** In einem Interview mit einer bekannten deutschen Zeitschrift gab der polnische Filmregisseur Andrzej Wajda folgendes Urteil ab: »Deutschland wird weiterhin, neben vielem anderen, Auschwitz bedeuten. Das heißt: Goethe und Völkermord, Beethoven und Gaskammern, Kant und Schaftstiefel. Das alles gehört unauslöschlich zum deutschen Erbe.«

Viele deutsche Intellektuelle würden gewiß zustimmend nicken. Auschwitz ist die Vergangenheit, die einfach nicht vergehen will, der dunkle Flecken auf der nationalen Seele. Auschwitz ist nicht nur ein deutsches Problem, sondern ein Bestandteil Deutschlands. Die Vergangenheit, schrieb der deutsche Historiker Christan Meier, steckt »uns in den Knochen«. »Geschichte sich zu eigen machen heißt für ein Volk ja, sie mit den Augen der Identität zu sehen.« Und was »wir internalisiert haben, ist [...] die Katastrophe, [...] die sich in Auschwitz versammelt«.

Das alles beruht auf der Annahme, daß es so etwas wie eine nationale Seele gibt. Und diese Annahme bedeutet wiederum, daß man eine nationale Gemeinschaft als einen lebendigen Organismus versteht, der seine Geschichte gleichsam im Blut hat. Ich halte das für eine romantische Vorstellung, die sich weniger auf geschichtliche Tatsachen stützt als auf Mythen; eine religiöse Vorstellung, die weniger in Wissenschaftlichkeit als vielmehr in Monumenten, Denkmälern und historischen Orten zum Ausdruck kommt – an Orten, die zu Heiligtümern erhoben wurden. Auschwitz ist ein solcher Ort, ein heiliges Symbol für die Identität der Juden, der Polen und vielleicht auch der Deutschen. Fragt sich nur, mit was oder mit wem die Deutschen sich hier identifizieren sollen.

Wie Millionen andere – Pilger, Touristen, Identitätssuchende und einfach Neugierige – besuchte ich Auschwitz, das Museum und die Überreste des Vernichtungslagers Birkenau. Es war ein warmer Frühlingstag. In Berichten über Besuche in Auschwitz liest man fast immer von unerträglichem Wetter: schneidende Kälte, Dauerregen oder stickige Hitze. Aber ich bin an einem sehr schönen Tag dort gewesen. Die Landschaft wirkte weder besonders reizvoll noch düster.

Ich versuchte mir vorzustellen, wie es in den Holzbaracken in Birkenau zugegangen sein muß: Hunderte von Menschen in einfachen Militärställen zusammengepfercht, die Raum für höchstens vierzig boten. Ich konnte es mir nicht vorstellen. Sowenig, wie ich mir extremen Hunger vorstellen kann oder wie es sich anfühlt, wenn einem die Fingernägel herausgerissen werden. Ich wußte von all dem Leid, vorstellen konnte ich es mir nicht. Die Luft roch zu rein, das Gras draußen zu frisch, und die Holzpritschen, die zwischen den dünnen Wänden eingezwängt waren – sechs Menschen auf einer Pritsche, die gerade Platz für zwei bot –, die waren viel zu ordentlich. Es gab keine Läuse, da war kein Matsch, man hörte keine Schreie, kein Fluchen, und vor allem, es gab keine Angst. (Vielleicht ist deswegen das schlechte Wetter zum Klischee der Beschreibungen von Auschwitz geworden; denn das kann man sich wenigstens vorstellen.)

Die Vorstellung, das Aufsuchen von Relikten der Geschichte würde uns die Vergangenheit näherbringen, erweist sich immer wieder als Illusion. Meist trifft das Gegenteil zu. Das Areal des ehemaligen Ghettos von Warschau vermochte in mir mehr Bilder heraufzubeschwören als Auschwitz, denn in Warschau war nichts mehr übriggeblieben. Die Vergangenheit war ausgelöscht worden. Dort waren jetzt neue, triste Wohnblöcke und schmutzige Rasenflecken. Versteckt in einer verdreckten Ecke stand Natan Rapoports Denkmal zur Erinnerung an den Aufstand von 1943: Skulpturen aus Bronze, die aus einer Mauer aus behauenen Steinen heraustreten. (Die Quadersteine sollen an die Klagemauer in Jerusalem erinnern. Ursprünglich waren sie für einen anderen Zweck vorgesehen: Hitler wollte aus ihnen ein Denkmal zur Erinnerung an die Vernichtung der polnischen Juden errichten lassen.) Jemand hatte ein Hakenkreuz auf das Denkmal geschmiert. Jemand anders hatte ohne Erfolg versucht, es abzuwischen. Ein Mann mit einer Wodkafahne stand herum und verkaufte Pläne vom Ghetto. Kratzig ertönten israelische Volkslieder aus dem kleinen Kassettenrecorder, den er laufen ließ. In dieser Szenerie der Verwahrlosung wurde das Vorstellungsvermögen nicht durch Relikte behindert. Hier also hat es stattgefunden. Das konnte man sich vorstellen, auch wenn man sich nicht vorstellen konnte, wie es gewesen sein mochte.

Aber Auschwitz mit all den Touristen, die vor dem Eisentor mit der berühmten Inschrift »Arbeit macht frei« Erinnerungsfotos machten, war anders. Hier war die Vergangenheit zu etwas Monumentalem versteinert oder, wie Adorno es ausgedrückt hätte, zu etwas »Musealem«. Ich versuchte, wenigstens eine Andeutung dessen zu finden, was hier geschehen war. In den dunklen Baracken von Birkenau zogen die Holzbalken, auf denen die grob zusammengezimmerten Dächer ruhen, meine Aufmerksamkeit auf sich. Viele trugen deutsche Sinnsprüche, wie man sie etwa an den Wänden bayrischer Bauernhäuser oder auf alten Bierkrügen sieht, oft in Fraktur: »Es gibt einen Weg zur Freiheit. Seine Meilensteine heißen Nüchternheit und Liebe zum Vaterland« und ähnliches. Ich weiß nicht, ob diese Sprüche, die man Menschen lesen ließ, die nur dort waren, um zu sterben, als Witz gemeint waren oder nicht. Vielleicht nicht. Vielleicht war die Volkstümelei Teil dieser Gewalt- und Todeskultur. Die SS-Offiziere hörten gerne Musik (Walzer, Tangos, Operettenmelodien), während sie ihre Sklaven ermordeten. Die Straßen zu vielen deutschen Konzentrationslagern waren mit Wegweisern in traditioneller Holzschnitzerei beschildert, in der ansonsten Märchenfiguren oder Waldzwerge ausgeführt wurden; hier zeigten sie SS-Männer, die bärtige Juden prügelten.

George Steiner schrieb einmal in einem Aufsatz über Günter Grass: »Jetzt begreift man auch, daß die schiere Grobheit in den Vergnügungen – die aufgeplatzten Bratwürste, die mit Blümchen verzierten Nachtgeschirre, die Bierwärmer und die fetten Männer in kurzen Lederhosen – ein idealer Boden für das sadistisch-sentimentale Gebräu im Nationalsozialismus sein mußte.«

Stephen Spender kam 1945 zu einem etwa subtileren Schluß: »Diese Sprichwörter sind kennzeichnend für die deutsche Ernsthaftigkeit, die deutsche Frömmigkeit, deutsche Gutwilligkeit, deutsche Selbstgefälligkeit, für den Wunsch, jede Umgebung mit einigen prägnanten Versen der Bibel, der Dichter oder der Alten zu etikettieren, gleichzeitig für den Wunsch, das Denken auf den gemeinsamen Nenner der Banalität zu reduzieren; sie zeigen schlimmstenfalls den Wunsch des Teufels, aus den Evangelien zu zitieren.«

Waren also die Verbrechen von Auschwitz ein Teil der deutschen »Identität«? War der Völkermord Ergebnis eines entsetzlichen Risses in der deutschen Kultur? Liegt der Schlüssel dazu in den sentimentalen Sprichwörtern, den grausamen Kindermärchen und den stramm sitzenden Lederhosen? Hier läuft man allerdings Gefahr, die Erscheinungsformen der deutschen Greueltaten mit ihren Ursachen zu verwechseln. Natürlich ist es wahr, daß Rührseligkeit und Brutalität zusammen auftreten. Immerhin ist Sentimentalität ein Ersatz für Gefühle. Banale Predigten und ein bierseliger Sinn für Humor verliehen den deutschen Verbrechen etwas Groteskes, aber liefern sie wirklich eine Erklärung dafür?

Als ich die Sprichwörter in den Baracken in Birkenau las, fiel mir etwas Merkwürdiges auf: sie wirkten wie frisch gemalt, so, als sei das Lager gerade erst geräumt worden. Wollte man den Touristen entgegenkommen? Ein Stück Authentizität vielleicht, wie die wiederaufgebauten Hütten in Buchenwald (»absolut originalgetreu«, versicherte der Mann, der mich führte, wobei er seine Absätze auf die quietschenden Bohlen stieß)? Später hörte ich, was geschehen war: wenige Monate vor meinem Besuch war das Lager als Drehort für eine Hollywood-Filmproduktion benutzt worden. Einer der Stars, Willem Dafoe, sagte in einem Interview, er habe sich an den Ort gewöhnt: »[...] er wird zum Arbeitsplatz. Er wird zur Filmkulisse.«

Überall in Auschwitz-Birkenau lauert der Kitsch. Der Kitsch bläht das Banale auf und füllt es mit der heißen Luft der Religiosität an. Kitschige Emotionen sind immer trügerisch. Nach einem Besuch am Ort des Leidens, dessen Grauenhaftigkeit niemals in Worte gefaßt werden kann, ist man verstört; aber nicht weil man eine Ahnung davon bekommen hätte, was es bedeutete, Opfer zu sein, sondern weil Emotionen ausgelöst werden, denen man nicht trauen kann. Es ist verlockend, sich in das warme Gefühl der Identifizierung mit den Opfern zu flüchten; es ist so leicht und genauso vermessen: Wäre mir Gott nicht gnädig gewesen, hätte mir das gleiche widerfahren können, usw. Die Faszination, die Orte des Grauens ausüben, schlägt schnell in eine Art masochistischen Vergnügens um. Die Vorstellung folgt dem morbiden Wunsch, das Entsetzen zu fühlen. Und vielleicht ist dies eine Form des Kitsches, der man sich am wenigsten entziehen kann, besonders wenn man, wie es der japanische Friedensaktivist Makoto Oda ausgedrückt hatte, in der Sichtweise der Opfer erzogen wurde.

Und dennoch kann man sich nur mit Hilfe der Vorstellungskraft in die Vergangenheit zurückversetzen. Nur in der Vorstellung, und nicht mit Hilfe von Statistiken oder Dokumenten und auch nicht durch Fotografien, werden Menschen als Individuen lebendig, entstehen Geschichten anstatt Geschichte. Die unvermeidbare Lücke zwischen dem wirklichen Geschehen und seiner Darstellung mittels des Vorstellungsvermögens kann sicherlich Kitsch zur Folge haben. Aber ist die Angst vor dem Kitsch, die deutsche Künstler und Intellektuelle so häufig bekunden, ein Zeichen von Moralismus, wenn es um Auschwitz geht, oder zeugt sie nicht vielmehr von einer

Angst vor der Identifizierung mit den Unterdrückern oder mit der Kultur, von der sie getragen wurden?

Selbstverständlich kann Kitsch auch zum bewußt eingesetzten Mittel werden, wie in den Filmen von Hans-Jürgen Syberberg geschehen. »Denn im Kitsch«, so schreibt er, »im Banalen, in der Trivialität und deren Volkstümlichkeit ruhen die letzten Rudimente und Keimzellen verschwundener Traditionen unserer Mythen.« Hitler habe das begriffen und auch gewußt, wie man die latente Macht des mythischen Kitsches entfesseln kann. Syberbergs *Hitler, ein Film aus Deutschland* ist eine Art phantastische Ode auf solchen Kitsch; der Filmemacher ist der Meinung, die Ablehnung des deutschen Irrationalismus und der kitschigen Mythologie beraube Deutschland seiner Identität. »Hitler bekämpft man nicht mit Auschwitzstatistiken und der Soziologie seiner Wirtschaft, sondern mit Richard Wagner und Mozart.«

In diesem wuchernden Unsinn gelangt Syberberg zu einer wichtigen Einsicht (und führt sie vielleicht sogar exemplarisch vor): Es fällt uns noch immer schwer, in unserem Kopf den banalen Horror von Auschwitz und den kitschigen Glanz des NS-Stils auseinanderzuhalten. Syberberg bringt das Erbe von Auschwitz zum Ausdruck, wenn er im NS-Stil schwelgt, als sei die deutsche Kultur sozusagen durch die Dekonstruktion ihrer Mythologie zu retten, dadurch, daß man sie von ihrer blutigen Geschichte säubert. Im Grunde versuchte er die deutsche Identität neu zu definieren, etwa so wie es Yukio Mishima in Japan versucht hat. Aber ähnlich wie die selbstmörderischen Phantasien von Mishima lassen Syberbergs Filme einen mit dem unbehaglichen Gefühl zurück, daß er sich allzu leichtfertig mit den Idealen identifiziert, die aus den Deutschen schon einmal ein so gefährliches Volk gemacht haben.

Aber Hans-Jürgen Syberberg ist in Deutschland ein Einzelgänger. Seine Anstrengungen zur Rettung der deutschen Identität vor dem gierigen Zugriff amerikanisierter Materialisten und wurzelloser Juden finden allenfalls in der *National-Zei-*

*tung* Beifall, einem rechtsradikalen Propagandablatt. Seine gesammelten Aufsätze werden nebst Bildbänden über Stukas und Panzer empfohlen – eine merkwürdige Nachbarschaft für einen romantischen Ästheten. Aber die liberale Intelligenz betrachtet ihn mit Argwohn. Die größte Versuchung für die Kinder der Aggressoren besteht wohl weniger darin, nach Identifikationsmöglichkeiten zu suchen, als vielmehr, Distanz zu halten durch Schweigen, durch Klischeehaftigkeit, durch Ablehnung, Abstraktion, Wissenschaftlichkeit, Geschäftigkeit oder ritualisierte Gesten der Buße.

Peter Weiss besuchte Auschwitz 1964; er reiste mit einer Gruppe westdeutscher Richter und Staatsanwälte, die Daten für den Auschwitz-Prozeß in Frankfurt sammelten. Sie sollten die Zeugenaussagen vor Ort überprüfen. Männer mit Maßbändern waren damit beschäftigt, die Breite der Bahnhofsrampe oder die Entfernung zwischen der Rampe und der Waschbaracke im Frauenlager nachzumessen. Eine Zeugin hatte behauptet, sie habe die Gefangenen in den Strafzellen schreien hören können. Diese »Stehzellen« (zwei Meter hoch, Grundfläche 50 mal 50 Zentimeter, Luftloch: 5 mal 8 Zentimeter) sorgten dafür, daß die Eingesperrten langsam an Hunger und Luftmangel starben. Die Leichen wurden mit eisernen Heugabeln aus den Zellen gezogen. Manche der Opfer hatten ihre eigenen Finger aufgegessen.

Um die Plausibilität der Zeugenaussage zu überprüfen, wies ein Richter seinen Assistenten an, sich in eine Stehzelle hineinzuzwängen und Lärm zu machen. Vielleicht hatte er den Vorschlag gemacht, der Assistent könne auch etwas singen. Der junge Mann im tadellosen Anzug tat, wie ihm geheißen. Seine Stimme war deutlich zu hören: Er sang Schuberts »Sah ein Knab' ein Röslein stehn«.

Die Richter taten ihre Arbeit. Distanz gehörte zu ihrem Beruf. Sie waren nicht nach Auschwitz gekommen, um Buße zu tun oder um »Auschwitz« als Metapher zu verstehen, auch nicht als Touristen oder aus Mitleid mit den Opfern. Sie sollten das Beweismaterial prüfen und feststellen, ob man von einer der Gefangenenbaracken aus freie Sicht auf das Krematorium hatte oder ob ein angekohlter Baum als Beweis dafür ausreichte, daß im Graben daneben Leichen verbrannt worden waren (oder, wie im Protokoll stand, »angeblich« verbrannt wurden); sie waren in Auschwitz, um die Vergangenheit in Zentimentern zu erfassen.

Siebenundzwanzig Jahre später ging ich am gleichen Ort umher. Er gehörte jetzt zum Auschwitzmuseum, das im ehemaligen Stammlager untergebracht war, dessen Backsteinbauten das Rote Kreuz zu der Annahme verleitet hatten, die Bedingungen seien dort eigentlich doch nicht so schlimm. Das Museum ist in Blöcke unterteilt; jeder davon beherbergt eine Sammlung von Fotografien und Erinnerungsstücken an die NS-Herrschaft in einzelnen Ländern. So gibt es einen polnischen Block, einen ungarischen, sowjetischen, holländischen Block, usw.

Am beklemmendsten war die Ausstellung über Polen, obwohl sie mich persönlich vielleicht nicht am stärksten berührte. Das war eher bei den Fotografien der Fall, die zeigen, wie holländische Juden zusammengetrieben und deportiert wurden. Nicht weil diese Aufnahmen besonders grauenhaft waren. Ich fand nichts im holländischen Block, was den Aufnahmen aus dem brennenden Warschauer Ghetto vergleichbar gewesen wäre, mit den SS-Männern im Vordergrund, die lachend zuschauen, wie brennende Menschen in den sicheren Tod sprangen. Nein, was mich vor allem erschütterte, war eher die Normalität, die banale Vertrautheit der Szenerien, die Straßen, die Häuser, die Bahnhöfe. Auch die Menschen, die in die Wagen gepfercht wurden, wirkten vertraut. Ich bin in solchen Straßen aufgewachsen. Auch hier trübt die Identifikation das Vorstellungsvermögen. Es kam mir ganz besonders ungeheuerlich vor, daß diese gut angezogenen, gebildeten und gutbürgerlichen holländischen Juden auf solche Weise behandelt wurden.

Ich fragte mich, wie es für einen Deutschen sein müßte, diese Bilder zu betrachten. Welche Fallgruben müssen auf die

Vorstellungskraft eines Menschen lauern, der einerseits Auschwitz »internalisieren« sollte, der sich aber gar nicht so leicht mit den Opfern identifizieren konnte, weil ja der eigene Vater unter den selbstgefällig grinsenden SS-Männern im Ghetto hätte sein können! Ein deutscher Bekannter, ungefähr im gleichen Alter wie ich, sagte mir, sein Besuch in Auschwitz 1974 sei der schlimmste Tag seines Lebens gewesen. Diese Erfahrung und seine christliche Erziehung hätten ihn dazu gebracht, den Kriegsdienst zu verweigern.

Während ich im polnischen Block von einem Bild zum nächsten schritt und mich fragte, was in diesen Zimmern vor sich gegangen war, lange bevor sie in die sauberen, weißgetünchten Museumsräume der Gegenwart verwandelt worden waren, traf ich auf eine Gruppe deutscher Touristen, die meisten von ihnen zwischen fünfzig und siebzig. Die Zeit des Kriegs hatten sie als Jugendliche erlebt. Die Deutschen wurden von einer polnischen Frau um die Dreißig geführt. Die Bilder bedurften keiner Erläuterung. Aber die Frau erklärte ruhig und in flüssigem Deutsch, was die Besucher sahen: grinsende Soldaten, die zuschauten, wie ältere Rabbiner auf den Knien herumrutschen mußten; Himmler, der durch ein Guckloch späht, um sich von der Wirksamkeit der Gaskammer zu überzeugen; Kinder, die mit Gewehrkolben durch das Ghetto getrieben werden; bis auf die Knochen abgemagerte Menschenkörper, zu Haufen geschichtet. Die Touristen wirkten verstört, als sie sich schweigend von einer Ungeheuerlichkeit zur nächsten schoben. Plötzlich geriet einer von ihnen in Erregung, eine etwa sechzigjährige Frau mit einem grünen Hut, beigefarbenem Kostüm und dicken braunen Schuhen. Sie ging auf die Führerin zu und faßte sie am Arm. »Sie müssen verstehen«, sagte sie, »wir haben nichts gewußt ...« Die Polin schaute die Deutsche an und sagte ruhig, aber voller Verachtung: »Es tut mir leid, aber das kann ich Ihnen nicht glauben. Ich kann es Ihnen wirklich nicht glauben.«

»Aber Sie müssen mir glauben«, sagte die Frau, »Sie müssen es. Wir haben wirklich nichts gewußt ...«

Vielleicht hatte sie recht. Vielleicht hat sie tatsächlich nichts gewußt. Vielleicht zeigte es auch ein bestimmtes Maß an Anstand, daß sie so besorgt darum war, sich der Polin begreiflich zu machen. Und daß sie überhaupt nach Auschwitz gefahren war, zeigte sowieso schon eine gewisse Bereitschaft, sich dem Vergangenen zu stellen. Nur hätte man sich gewünscht, sie hätte lieber geschwiegen, anstatt gerade die Worte zu benutzen, die schon so viele Deutsche vor ihr gebraucht hatten.

Auschwitz ist ein Museum, aber es ist auch viel mehr als das. Die polnische Behörde, die unter dem kommunistischen Regime für die Instandhaltung der Stätte verantwortlich war, hieß »Rat für den Schutz der Denkmäler des Kampfes und des Martyriums«. Wir wissen alle, was unter »Kampf« zu verstehen ist: der heldenhafte Widerstand patriotischer Kommunisten gegen den Faschismus. Und jene, die in diesem Kampf fielen, waren die offiziellen Märtyrer im Kampf gegen den Faschismus. Auschwitz wurde am 2. Juli 1947 durch einen Erlaß der polnischen Regierung in ein Museum verwandelt: »An der Stätte des früheren NS-Konzentrationslagers soll für alle Zeiten ein Mahnmal für das Martyrium des polnischen Volkes und anderer Völker errichtet werden.«

Es gab überall in der kommunistischen Welt Denkmale des antifaschistischen Widerstands. Das Denkmal von Buchenwald bei Weimar in der ehemaligen DDR ist eines der pompösesten Beispiele: aus Stein gemeißelte heroische Gestalten durchbrechen die Ketten faschistischer Sklaverei und drängen in eine glorreiche Zukunft des Friedens und brüderlicher Solidarität. Das Rapoport-Denkmal in Warschau zeigt in etwas bescheideneren Ausmaßen eine ähnliche Konstellation von Muskeln und Ketten: Mordechai Anielewicz, der Führer des Aufstandes, ist in Bronze gegossen – ein typischer Held der Arbeiterklasse, mit nackter Brust, aufgekrempelten Ärmeln, eine Handgranate wie einen Hammer schwingend. Die Rückseite des Denkmals bietet ein anderes Bild: jüdische Opfer, unter ihnen ein Rabbiner, der eine Torarolle hochhält, marschieren widerstandslos in den Tod. Eine hebräische Inschrift auf dem Sockel widmet das Denkmal »Dem jüdischen Volk, seinen Helden und Märtyrern«.

In Auschwitz gibt es nichts Heldenhaftes. Hier geht es allein um das Martyrium. Die Gefangenenzellen in Block 11, wo viele zu Tode gefoltert wurden, sind zu Schreinen des Martyriums geworden. Kränze und Kerzen erinnern an die Märtyrer – die meisten von ihnen Kommunisten, bis die postkommunistische Regierung die Ausrichtung des Museums allmählich änderte. Ein Märtyrer glaubt an etwas, an ein Ideal, eine Nation oder an Gott. Der Tod eines Märtyrers ist fürchterlich, aber er ist von tiefem Sinn durchdrungen. Primo Levis Alptraum, in einer schweigenden Welt zu überleben, die das Zuhören verweigert, ist schlimm genug. Unerträglich aber ist die Vorstellung, daß Millionen Menschen für nichts und wieder nichts ermordet wurden. Daher die Versuchung, dem nachträglich einen Sinn zu geben, indem man die Opfer Märtyrer nennt, Kruzifixe errichtet und religiöse Rituale abhält.

Das Ritual kann sehr konkret sein oder auch eigenartig abstrakt bleiben. Ich verbrachte längere Zeit im Krematorium des Stammlagers, wo ich, wie viele andere vor mir schon, den ursprünglichen Verbrennungsofen untersuchte. 1942 wurden von der Firma J. A. Topf & Söhne entwickelte, »leistungsfähigere« Öfen installiert. Das Unternehmen hatte 1942 bei deutschen Behörden ein Patent für einen »kontinuierlich arbeitenden Leichenverbrennungsofen für Massenbetrieb« angemeldet. Nach einer erneuten Vorlage wurde das Patent für eine »Vorrichtung zur Verbrennung von Leichen, Kadavern und Teilen davon« 1953 schließlich erteilt.

Ich stand dort mit einigen Touristen; die meisten waren Amerikaner. Niemand sprach viel. Ein Pärchen flüsterte, als befänden wir uns in einer Kapelle. Die Stille wurde unterbrochen von einem eigenartigen Geräusch, das von draußen zu kommen schien und sich anhörte wie »Aschoi! Aschoi!« Der Lärm schwoll an und hörte abrupt auf. Ein großer Mann trat in das Krematorium und hielt einen Stab mit Federn hoch. Er sah asiatisch aus, er hätte aus der Mongolei stammen können. Eine Gruppe vorwiegend jüngerer Menschen folgte ihm. Unter ihnen waren auch einige Deutsche und Japaner. Eine Japanerin in Jeans-Latzhosen schlug leise ein Tamburin. Ein Banner wurde entrollt, »Wandern für den Frieden« stand darauf. Flugblätter wurden verteilt, auf denen der Weg der Friedenswanderung durch Europa eingezeichnet war. Verschiedene Greueltaten waren angeführt, für die wir Buße tun sollten: die Ausrottung der Indianer, der Vietnamkrieg, Hiroshima. Der Anführer, der große Mann mit dem Federstab, war Indianer und hieß meiner Erinnerung nach Red Hawk. Als die Gruppe sich im Krematorium zusammengefunden hatte, hob Red Hawk seinen Stab und begann mit einem tiefen Baß eine Art Gebet zu intonieren. Das Tamburin wurde geschlagen, die Federn raschelten, und die Augen der Anwesenden schlossen sich andächtig.

Direkt vor den Außenmauern des Hauptlagers, in der Nähe dieses Krematoriums, stand ein großes Kruzifix aus Holz. Es war 1989 von Karmeliterinnen errichtet worden, neben einem nüchternen Bau aus rotem Backstein, den die Nonnen zu einem Kloster umgestaltet hatten. Das Gebäude, 1914 gebaut, hieß früher »Das Theater«. Dort fanden die bunten Abende für die Wachmannschaften aus Österreich-Ungarn statt, die in der Kaserne nebenan stationiert waren. Die SS nutzte das Gebäude als Lager für die Zyklon-B-Kanister. Die Nonnen, so sagte mir jedenfalls ein frommer Katholik, wollten für alle Opfer beten, für Juden wie für Nichtjuden. Aber das habe einen Rabbiner aus New York namens Avraham Weiss derart aufgebracht, daß er mit sechs Anhängern in Auschwitz auftauchte, um dagegen zu protestieren. Sie hatten sich gestreifte Gebetstücher um die Schultern gelegt und versuchten, das Kloster zu stürmen. Polnische Arbeiter spritzten aus Schläuchen kaltes Wasser auf die Protestierenden und rissen ihnen die Kippas herunter. Dieses Bild ging um die ganze Welt. Auschwitz, der *anus mundi*, war zu einem elenden Schlachtfeld geworden, wo sich Menschen um die Symbole des Martyriums prügelten.

Rabbiner Weiss ist ein Anhänger der Gusch Emunim, einer Vereinigung religiöser Siedler in Israel, die an ihr Recht glauben, aus religiösen Gründen Land für sich zu beanspruchen. Er versteht Geschichte symbolisch und mythisch, als einen unverzichtbaren Kompaß bei der steten Suche nach nationaler Identität. Sein Geschichtsbild schließt andere aus. In seinen Augen waren die Nonnen in einen Ort eingedrungen, der als höchstes Symbol des jüdischen Leidens von einzigartiger Bedeutung ist. Das christliche Kruzifix, unter dem ein Großteil dieses Leidens nicht nur geduldet, sondern auch befördert wurde, faßte Weiss als Affront gegen die Erinnerung an den Holocaust auf.

Aber es ging gar nicht so sehr um den Konflikt zwischen nationaler (oder jüdischer) Identität und den allgemeineren Werten, denen die Nonnen sich verpflichtet fühlten. Auschwitz, sagte der Erzbischof von Brüssel, stehe auf »polnisch-christlichem Boden«. In den Augen von Józef Kardinal Glemp, dem Primas von Polen, ist jeder Pole *per definitionem* ein Christ. Nachdem Weiss die Nonnen angegriffen hatte, sah Glemp »polnische Gefühle und unsere mühsam erkämpfte polnische Souveränität« durch die Juden, die »die Massenmedien vieler Länder kontrollieren«, verletzt.

Für die Deutschen gibt es in Auschwitz keine religiösen Symbole einer eigenen Identität. Das ist denjenigen vorbehalten, die die Opfer als sich zugehörig betrachten können. Aber die Deutschen können auf ihre Weise Zugang zur geheiligten Stätte finden. Sie können zu deren Instandhaltung finanziell beitragen. Das Auschwitzmuseum ist im Zustand des allmählichen Verfalls; die Haufen Schuhe, die früher jüdischen Kindern gehörten, sind von Schimmel überzogen, das Krematorium rostet vor sich hin. Daher rief das Nachrichtenmagazin »Panorama« seine Zuschauer auf, Geld für die Erhaltung des Lagers als Mahnmal für kommende Generationen zu spenden. 110000 DM wurden gestiftet. Das mag, verglichen mit anderen Spendenaufrufen im Fernsehen, nicht viel erscheinen, aber es wird wohl einer der wenigen Fälle gewesen sein, in denen ausschließlich für die Aufrechterhaltung der Erinnerung Geld gespendet wurde. Der Leiter der Redaktion erhielt aber auch Briefe wie den folgenden, der natürlich anonym abgeschickt wurde: »Ich bin auch dafür, Auschwitz instand zu halten. Ich hätte es gern, wenn das Lager seine Arbeit wiederaufnehmen würde, um Menschen wie Sie durch ›Arbeit zu befreien‹. Wir können damit auch eine Lösung für alle die Asylanten finden. Ich persönlich würde dafür 50 Kilo Gas spenden [Zyklon B].«

In den ersten Jahrzehnten nach dem Krieg zeigten sich nur wenige Deutsche daran interessiert, die Stätten der NS-Verbrechen zu erhalten. Aber inzwischen gibt es besonders im Westen viele Deutsche, die das als heilige Pflicht betrachten. Einige der großen Lager sind heute Gedenkstätten. Wie Auschwitz sind sie Museen, Heiligtümer und Touristenattraktionen in einem.

Wenn man nach Fürstenberg, in die hübsche, heruntergekommene Kleinstadt in Brandenburg, kommt, wird man von zwei Schildern empfangen. Auf dem einen steht: »Fürstenberg grüßt seine Besucher.« Das andere weist den Weg zur Hauptattraktion der Stadt, zum ehemaligen Konzentrationslager Ravensbrück, wo zwischen 1939 und 1945 130 000 Menschen, die meisten davon Frauen und Kinder, eingekerkert waren. Die Hälfte von ihnen kam um.

Die Nationale Mahn- und Gedenkstätte Ravensbrück sei ein Denkmal – so mein Reiseführer in reinstem DDR-Stil – für »unsere toten Schwestern, die ewigen Heldinnen des antifaschistischen Kampfes, die ihr Leben gaben für die Freiheit und Unabhängigkeit ihrer Länder und eine glückliche Zukunft für alle Völker«.

1992 war der größte Teil des Lagers nicht zugänglich, weil er den Russen noch immer als Militärbasis diente. Truppen aus der ehemaligen Sowjetunion verkauften vor dem Haupteingangstor ihre Uniformen und andere Relikte aus einem vergangenen Leben an Touristen. In den ehemaligen Häusern der SS wohnten Offiziere mit ihren Familien, die einfachen Soldaten in den Baracken des alten Lagers.

An der gepflasterten Straße, die zum Lager führt, stand ein paar hundert Meter vor dem Haupttor »Sylvias Sauna und Fitneßcenter«. Gegenüber erhob sich ein halbfertiges neues Gebäude. Hier sollte ein moderner Supermarkt entstehen, der erste überhaupt in Fürstenberg. Aber Gertrud Müller, die Vorsitzende der Deutschen Lagergesellschaft Ravensbrück, hatte Protest eingelegt: »Dieser Ort des Gedenkens darf nie entweiht werden.« Ja, sie verwendete wirklich das Wort »entweihen«. Es hagelte weitere Proteste, die fast alle aus Westdeutschland kamen, und das Supermarkt-Projekt wurde aufgegeben. Die brandenburgische Landesregierung handelte schnell, um weiteren Peinlichkeiten vorzubeugen. Der Supermarkt sollte an anderer Stelle entstehen; man fand einen geeigneten Bauplatz in der Nähe eines großen Friedhofs und Krematoriums. Die Kontroverse verlief im Sande. Später erzählte einer der Friedhofswärter dem Journalisten einer deutschen Zeitschrift, dieser »geeignete Bauplatz« sei genau die Stelle gewesen, an der die SS die Leichen ihrer Gefangenen verbrennen ließ, als Ravensbrück noch nicht über eigene Öfen verfügte.

»Nach Auschwitz ein Gedicht zu schreiben ist barbarisch«, schrieb Theodor W. Adorno 1949. Das ist auf verschiedene Weise interpretiert worden. Aber ich nehme an, Adorno hat dabei an einen Dichter gedacht, der sich in »selbstgenügsamer Kontemplation« zurückgezogen hat und darum nie die Worte würde finden können, mit denen die mechanisierte, seelenlose, industrielle Brutalität von Auschwitz zu beschreiben wäre. Zudem sind Gedichte Gebilde des Wohlgefallens und der Schönheit und schon als solche ungeeignet zum Ausdruck des Massenmordes.

Man kann viele Einwände gegen Adornos Diktum erheben; er selbst hat es in späteren Jahren relativiert. Aber es scheint doch, als hätten sich deutsche Künstler, Filmemacher, Stückeschreiber, Romanautoren genauso wie die Lyriker, bis auf wenige Ausnahmen seine Worte sehr zu Herzen genommen. Es gibt kaum Romane, Bühnenstücke oder Filme, die sich direkt mit dem Holocaust beschäftigen, weder aus der DDR (aus politischen Gründen) noch aus dem Westen (wo es keine solchen Gründe gab). Ich meine nicht Dokumentationen, Geschichtsbücher, Ausstellungen oder Berichte von Augenzeugen. Daran war kein Mangel, wenigstens nicht in der ehemaligen Bundesrepublik. Ich spreche hier nur von Fiktion.

Die Ausnahmen sind in der Hinsicht von besonderem Interesse, was sie indirekt über die Werke der schweigenden oder bestenfalls hintergründigen Mainstreamliteratur verraten. Das berühmteste Gedicht über die Todeslager ist die *Todesfuge* von Paul Celan. Es ist im schwingenden Rhythmus einer Tanzmelodie verfaßt, ein Echo des grausamen Spiels des Lagerkommandanten im Gedicht, der Juden befiehlt, zu musizieren, während andere ihre eigenen Gräber ausheben müssen: »stecht tiefer die Spaten ihr einen ihr andern spielt weiter zum Tanz auf«.

Die *Todesfuge* ist zu einem klassischen Text geworden, der in deutsche Schulbücher aufgenommen wurde. Jeder gebildete Deutsche kennt den berühmten Vers: »der Tod ist ein Meister aus Deutschland«. Aber die Rezeption des Gedichts in Deutschland war zwiespältig. War das Gedicht nicht vielleicht doch etwas zu lyrisch, zu wohlklingend? Hat es die Grausamkeiten nicht eher beschönigt, anstatt sie adäquat auszudrücken? Celan war selbst hin- und hergerissen, und in den späten sechziger Jahren bat er die Herausgeber, es aus den Anthologien herauszunehmen. Aber Celans Gedicht bleibt für mich trotzdem die bewegendste Aussage zum Holocaust. Die Schönheit des Gedichts benimmt uns nicht den Sinn für das Grausame, von dem es handelt. Im Gegenteil, es bringt uns dazu, es um so heftiger zu empfinden.

Paul Celan war nicht nur wegen seiner Werke ein Außenseiter der deutschen Nachkriegsliteratur: er war auch kein Deutscher. Er ist in Rumänien als Kind jüdischer Eltern zur Welt gekommen. Von seiner Mutter lernte er Deutsch, die Sprache derer, die später ihren Tod anordnen sollten. Celan sagte einmal, die deutsche Sprache sei »durch die tausend Dunkelheiten« der tödlichen Aussage hindurchgegangen. Er reiste nach Deutschland, um Freunde zu besuchen und um Literaturpreise entgegenzunehmen. Aber die Sprache war seine einzige Verbindung zu Deutschland, Sprache und Geschichte – eine sehr zerstörerische Verbindung. 1970 beging er in Paris Selbstmord.

Peter Weiss schrieb 1965 ein Theaterstück, das auf den Zeugenaussagen des Auschwitzprozesses basierte: *Die Ermittlung*. Es ist eine Art Prosagedicht, das weitgehend dokumentarisches Material benutzt. Es beschreibt die Greueltaten sehr detailliert, ist allerdings aus der Sicht eines Marxisten geschrieben. Das spezifische Leiden der Juden löst sich auf in einer allgemeinen Darstellung des Klassenkampfes. Die Wörter »Jude« oder »jüdisch« tauchen an keiner Stelle auf (sowenig wie die »Zigeuner). Wie Peter Demetz in seinem Buch *Fette Jahre, magere Jahre* bemerkt, hatte Weiss damit Auschwitz zu einem »Ort ohne Juden« gemacht.

Weiss war Jude, wie Celan. Und wie Celan hatte er keine enge Bindung an Deutschland. Den größeren Teil seines Lebens verbrachte er im Ausland, und eine Zeitlang schrieb er nur in schwedischer Sprache. Er identifizierte sich mit den Opfern von Auschwitz nicht als Jude, zumindest nicht in seinem Werk. Und Auschwitz hat er offenbar auch nicht als spezifisch deutsches Verbrechen betrachtet. Dafür war er zu sehr Marxist: er dachte in Strukturen, an Ökonomie und Klasseninteressen, nicht an Völker oder Kulturen. Aber er interessierte sich dennoch für die deutsche Nachkriegs»identität«. Weiss sah, wie sich strukturelle und weltanschauliche Kontinuitäten aus dem Dritten Reich in der Bundesrepublik breitmachten. Er wollte mit seinem Stück in der ehemaligen Bundesrepublik eine Massenbewegung auslösen. Nur durch Jahre massiver »geistiger Arbeit« könne das deutsche Volk sich aus seiner »Psychose« befreien. Also glaubte Weiss an die Existenz einer nationalen Seele.

Eines der berühmtesten Theaterstücke über die Auslöschung der Juden schrieb Rolf Hochhuth, ein Protestant, also

Nichtjude. Das Stück *Der Stellvertreter* (1965) hat seine Schwächen; in seiner bitteren Kritik an der Mittäterschaft des Vatikans bei der Ermordung der Juden räumt er diesen nur die Rolle von Marionetten ein. Das Stück befaßt sich weniger mit historischen, kulturellen oder nationalen Fragen, sondern hauptsächlich mit theologischen: dem Kampf zwischen Gott und dem Teufel, der in den Herzen der Priester tobt. Die Szenen in Auschwitz, wo Dr. Mengele in einem schwarzseidenen Umhang die Rolle des bösen Verführers Mephistopheles spielt, sind nicht sonderlich gelungen. Dennoch war das Stück einer der wenigen mutigen Versuche, sich von Auschwitz eine Vorstellung zu machen; bei deutschen Kritikern stieß Hochhuth auf eine frostige Rezeption. Einer der wenigen, die Hochhuth damals verteidigten, war der Literaturkritiker Marcel Reich-Ranicki, der als jüdisches Kind nach Polen geflüchtet war. Um Hochhuths Stück sei es in Schriftstellerkreisen sehr still geworden, so Reich-Ranicki, denn es erinnere sie an ihre Unfähigkeit, das Thema überhaupt anzugehen.

Aber ebenso wahr ist, was Peter Demetz schreibt: »Es gibt nichts im deutschen Leben, das von Auschwitz unberührt geblieben wäre.« Zumindest galt das für die Bundesrepublik. Es gibt in der deutschen Nachrkriegsliteratur viele Hinweise auf den Holocaust, aber die meisten sind indirekt oder metaphorisch. In den fünfziger und sechziger Jahren widerstrebte es Schriftstellern wie Heinrich Böll und Siegfried Lenz sogar, die Nazis beim Namen zu nennen. Bei Böll heißen sie »Büffel«, und ihre Opfer sind die »Lämmer«; Lenz schreibt in *Deutschstunde* (1968) von »Männern in Ledermänteln« oder einfach von »Berliner Behörden«. 1964 sprach Alexander Kluge, Regisseur und Schriftsteller der ersten Nachkriegsgeneration, über seine Schwierigkeiten, den Holocaust zu beschreiben.

Sicher kann eine gut gewählte Metapher die Vorstellungskraft besser anregen als eine direkte Beschreibung. Das plötzliche Pfeifen eines Zugs auf den Abstellgleisen des Bahnhofs von Oświęcim (Auschwitz) beschwört mehr von der bedrohlichen Atmosphäre herauf als ein Museumsbesuch. Aber der

Widerwillen der deutschen Belletristik, sich mit Auschwitz auseinanderzusetzen, die fast generelle Weigerung, sich mit der Endlösung außerhalb der geheiligten Stätte, des Museums, oder des Klassenzimmers zu beschäftigen, deuten auf die Angst hin, ein Sakrileg zu begehen. Es ist, als wäre der *anus mundi* das Antlitz Gottes, als würde jeder Versuch, ein Bild vom Unvorstellbaren oder Unaussprechlichen zu entwerfen, seine Heiligkeit ins Triviale ziehen. Zeugen dürfen sprechen, im Gerichtssaal, in den Museen oder auf einem Videoband (*Shoah* von Claude Lanzmann wurde mehrmals im deutschen Fernsehen ausgestrahlt), aber die deutschen Künstler erlauben sich nicht, ihre Vorstellungskraft walten zu lassen.

Im Winter 1992 kam der Film *Hitlerjunge Salomon* in die deutschen Kinos; in anderen Ländern lief er unter dem Titel *Europa, Europa*, und in den Vereinigten Statten wurde er zum Kassenerfolg. Der Film beruht auf dem Buch eines Überlebenden.

Salomon Perel, der in Deutschland geborene Sohn eines polnischen Juden, flieht mit seiner Familie nach Polen und überlebt die NS-Zeit, indem er vortäuscht, »Volksdeutscher« zu sein. Ein Nazioffizier nimmt sich seiner an und steckt ihn in ein NS-Eliteinternat. Hier gleitet der Film in NS-Kitsch ab: groteske Uniformen und schwachsinnige Reden, Liebesszenen im Wald mit einem blonden BDM-Mädel und Hitlerjungen, die von jüdischem Blut singen, das von deutschen Messern tropft. Vieles davon entsprach allerdings den Tatsachen.

Während der Schulferien versucht Salomon seine verschwundenen Eltern zu sehen, indem er mit der Straßenbahn durch das Ghetto von Lodz fährt, wo er sie vermutet. Die Straßenbahnfenster sind weiß gestrichen, damit den deutschen Passagieren der Anblick sterbender Juden erspart bleibt, aber Salomon gelingt es, durch die Ritzen zu sehen, und mit ihm auch den Filmzuschauern. Was wir sehen, ist weder Klischee noch Kitsch, sondern der Eindruck einer rekonstruierten Hölle. Der Film endete mit einem Auftritt des wirklichen Salomon Perel in Israel, wo er heute lebt. Er singt ein hebräisches Lied. (Das wiederum *war* kitschig.)

*Hitlerjunge Salomon* war in Deutschland nicht sehr erfolgreich. Volker Schlöndorff nahm das als Zeichen eines stillschweigenden Boykotts. Und als der Film auch als offizieller deutscher Beitrag für die Oscarnominierung abgelehnt wurde, war die polnische Regisseurin des Films, Agnieszka Holland, empört. Es sei eine deutsche Produktion, sagte sie, und die Weigerung, den Film zu nominieren, sei ein weiterer Versuch der Deutschen, ihre Vergangenheit zu verleugnen. Der *Spiegel* behauptete, der Film hätte die Leute in Verlegenheit gebracht, weil er »mit einem deutschen Tabu« gebrochen habe. Die Figur des Salomon vertrage sich nicht mit dem philosemitischen Bild vom guten Juden, der stereotypen Figur aus einem Großteil der deutschen Nachkriegsliteratur.

Warum tatsächlich der Film nicht für den Oscar-Wettbewerb nominiert wurde, blieb unklar. Die deutsche Jury argumentierte, die Regisseurin sei Polin und damit sei der Film juristisch gesehen kein deutscher Film. Die linksgerichtete *Frankfurter Rundschau* nannte dieses Argument »formalistisch«: es erinnere an den »Formalismus der reinen Rasse«.

Vielleicht verfuhr die Jury zu bürokratisch; vielleicht war auch das Thema zu heikel. In Gesprächen mit Deutschen, die den Film gesehen hatten, fiel mir doch auf, wie sehr die Angst vor Kitsch in den Köpfen herumspukte. Die *Frankfurter Allgemeine Zeitung*, immer schnell bei der Sache, wenn es darum geht, die deutsche Ehre zu verteidigen, veröffentlichte einen Artikel, der besagte, *Hitlerjunge Salomon* sei einfach ein schlechter Film; ein billiges Melodram, schrieb der Kritiker, eine Travestie der Geschichten vom Unschuldigen im Ausland. Die schmalzige Musik und die geschmacklosen Kulissen seien dem Thema nicht angemessen. Aber was wäre diesem Thema schon angemessen? Es gibt immer einen Punkt, an dem der ästhetische Anspruch zur Ausrede dafür wird, das Thema überhaupt nicht darzustellen.

Doch vielleicht steckt hinter der Angst vor Geschmacklosigkeit oder vor einem Sakrileg ein tieferliegendes Problem. Sich Menschen vergangener Zeiten als Menschen aus Fleisch und Blut vorzustellen, und nicht als herumhampelnde Teufel in Seidencapes, bedeutet, sie zu vermenschlichen. Vermenschlichen heißt noch nicht unbedingt, sie zu entschuldigen oder mit ihnen zu sympathisieren; aber die Abgrenzung zwischen ihnen und uns, die durch die Abstraktion möglich wird, entfällt auf diese Weise. Unter gewissen Umständen hätten wir selbst an ihrer Stelle sein können. Das dürfte einem Künstler (oder einem Publikum), der sich selbstverständlich mit den Opfern identifizieren kann, keine Probleme bereiten. Für einen jüdischen Schriftsteller, der sich einen SS-Offizier in Auschwitz vorstellt, besteht nicht das Risiko der Vermischung. Für einen nichtjüdischen Deutschen allerdings, der Auschwitz als deutsches Verbrechen internalisieren mußte, ist das ein wirkliches Problem. Es ist eine Sache, zu tun, was viele deutsche Schriftsteller von Günter Grass im Westen bis zu Christa Wolf im Osten getan haben, nämlich die kleinen Nazifunktionäre in Provinznestern weit weg von den Zentren des Massenmordes als Menschen darzustellen. Und es ist etwas ganz anderes, herauszufinden, was man mit den Mördern gemein hat. Dazu müßte man sich die Vergangenheit aus der Perspektive der Opfer vorstellen können.

In seinem Vorwort zu *Das Brandopfer* (1954), einem der »ganz wenigen Beispiele hochwertiger Literatur, das sich mit dem Entsetzen der Vergangenheit uneingeschränkt auseinandersetzt« (George Steiner), trifft der Autor Albrecht Goes folgende wichtige Feststellung: »Was mich, den Erzähler, [...] nicht verlassen wird, solange ich lebe, ist der Schauder bei dem Gedanken, daß alle die Todesverfügungen (Heydrich, Eichmann und –) geschrieben wurden in einer Sprache, in der ich denke, spreche, schreibe und träume. Diesem Schauder entgegen habe ich erzählt: mit halblauter Stimme, doch nicht ohne Festigkeit. Die Festigkeit freilich war geliehene Festigkeit – es ist die Israel eigentümliche. Sie gründet sich auf den Bund, kraft dessen sie – die ›Kinder Israel‹, wohl auch ›Kinder Zion‹ geheißen – in der Welt stehen: ein Bund, von dem sie wissen, daß er ist, wie er ist: unkündbar.«

Erzählt wird von einer schwangeren Jüdin, die am Abend vor ihrem Abtransport gezwungen wird, den Kinderwagen ihres noch ungeborenen Kindes einer nichtjüdischen Krämerfrau zu überlassen – eine außergewöhnliche Erzählung, was die Wahl des Themas angeht (»Brandopfer« ist die wörtliche deutsche Übersetzung von Shoah oder Holocaust.) Für einen Deutschen der Generation des Autors (geb. 1908) ist die philosemitische Haltung hingegen nicht ungewöhnlich. Die Heldin, oder besser gesagt, das Opfer der Erzählung, ist nicht einfach eine deutsche Jüdin, sie ist ein »Kind der Propheten«. Es scheint, daß sich Goes, um die Geschichte des Holocaust erzählen zu können, die mythische Identität der Opfer zu eigen machen mußte.

Vielleicht noch wichtiger sind *Jacob Littners Aufzeichnungen aus einem Erdloch*, ein Roman von Wolfgang Koeppen, der 1948 unter dem Pseudonym Jacob Littner erschienen ist und erst 1992 unter Koeppens richtigem Namen wiederveröffentlicht wurde. Von Koeppen erschien außerdem in den fünfziger Jahren eine berühmte Romantrilogie über die Nazitraumata im Nachkriegsdeutschland.

Jacob Littner ist tatsächlich nicht nur eine literarische Figur. Littner, ein Jude, war Briefmarkenhändler in München. Den Krieg und die »Liquidierung« des Ghettos von Zbaraz in Polen hat er überstanden, weil er einen polnischen Antisemiten dafür bezahlen konnte, daß er ihn in einem dunklen, stinkenden Erdloch unter dem Haus des Polen leben ließ, wenn »leben« hier das rechte Wort ist. Littner hatte seine Lebensgeschichte einem Münchener Verleger erzählt, bevor er nach New York auswanderte. Der Verleger hatte sich einige Notizen gemacht, die Koeppen als Grundlage für seinen Roman dienten. Koeppen wurde von Littner selbst für seine Arbeit entschädigt; er erhielt von ihm Lebensmittelpakete aus New York. Hier hat also tatsächlich ein deutscher Nichtjude eine jüdische Identität angenommen, um die Geschichte des Holocaust zu erzählen.

Vielleicht hätte sich diese Geschichte gar nicht anders erzählen lassen, zumindest nicht in dieser Zeit kurz nach dem Krieg. Aber selbst unter jüdischem Pseudonym schreibend, konnte der Autor der Versuchung nicht widerstehen, den Roman mit abtrakt-religiösen Tönen ausklingen zu lassen. Das ganze Buch hindurch bleibt die Sprache eher nüchtern; die Beschreibungen des Horros sind sehr konkret. Aber es endet mit folgenden Sätzen: »Haß ist ein schreckliches Wort! [...] Ich hasse niemanden. Ich hasse auch die Schuldigen nicht. Ich habe unter ihrer Verfolgung gelitten; aber ich maße mir nicht an, ihr Richter zu sein. Das Nicht-richten-wollen und das Nicht-richten-können schließt aber auch dies ein: ich darf nicht vergeben, ich darf die Schuldigen nicht lossprechen. Die Taten, die geschehen sind, entziehen sich, meiner Meinung nach, jeder menschlichen Beurteilung. Nur Gott kann das Entmenschte richten [...]

Drei Jahre nach dem Krieg stand es den Deutschen nicht zu, darum zu bitten, von einer Verurteilung aus Gründen der Menschlichkeit suspendiert zu werden. Das konnten nur die Opfer tun. Aber die Deutschen aus der Generation der Nazis neigten von jeher zur Flucht in religiöse Abstraktion; ähnlich auch die Generation ihrer Kinder. Sie versuchten dabei aber nicht, ihrer neuen Identität etwas Mystisches zu geben, wie es Juden häufig tun, die zu patriotischen Zionisten wurden, sondern ihnen ging es gerade darum, nicht als Erben eines ausschließlich deutschen Verbrechens zu gelten; sie wehrten sich dagegen, Auschwitz zu »internalisieren« oder überhaupt deutsch zu sein.

Dann kam *Holocaust*. Die Tabuisierung von Auschwitzdarstellungen wurde nicht von deutschen Künstlern, sondern von einer Seifenopfer aus Hollywood durchbrochen, von einem raffiniert gemachten, publikumswirksamen Werk, das wie keins zuvor in die deutsche Vorstellungswelt eindrang. Der

Film wurde im Januar 1979 in Deutschland zum ersten Mal ausgestrahlt. 20 Millionen Zuschauer (ungefähr die Hälfte der erwachsenen Bevölkerung der damaligen Bundesrepublik verfolgten die Serie, und 58 Prozent wollten, daß die Folge wiederholt würde. Die Fernsehanstalten erhielten 12000 Briefe, Telegramme und Postkarten; 5200 Menschen riefen nach der Ausstrahlung der ersten Folge die Sendezentralen an: 72,5 Prozent äußerten sich positiv, 7,3 Prozent negativ. Ein *Spiegel*-Artikel faßte das Ereignis zusammen: »Eine amerikanische Fernsehserie von trivialer Machart schaffte, was Hunderten von Büchern, Theaterstücken, Filmen und TV-Sendungen, Tausenden von Dokumenten und allen KZ-Prozessen in drei Jahrzehnten nicht gelungen war: die Deutschen über die in ihrem Namen begangenen Verbrechen an den Juden so ins Bild zu setzen, daß Millionen erschüttert wurden.« Das gelang, so fügte *Spiegel*-Redakteur Höhne hinzu, »weil die US-Filmemacher den Mut hatten, sich von dem lähmenden Lehrsatz freizumachen, der ähnliche Versuche ihrer deutschen Kollegen zum Scheitern verurteilte: daß der Massenmord undarstellbar sei«.

*Holocaust* wurde in der DDR nie gesendet, aber wer in der Nähe der Staatsgrenze lebte, konnte die Serie im Westfernsehen verfolgen. Und das tat man, obwohl es offiziell verboten war. 1992 fragte ich eine Geschichtslehrerin aus dem ehemaligen Ostberlin, ob sie die Serie gesehen habe. Sie bejahte. Ob man bei ihr in der Schule darüber diskutiert habe? Nein, denn damit hätten Lehrer und Schüler zugegeben, gegen das Gesetz verstoßen zu haben. Also tat man lieber so, als hätte man die *Holocaust*-Folgen nicht gesehen? Ja, antwortete die Lehrerin, schließlich »gab es für unsere Kinder überhaupt kein Problem mit den Juden. Jetzt müssen wir sie darüber unterrichten, aber sie verstehen nicht einmal, warum die Juden eine Sonderstellung einnahmen und warum Hitler sie alle ermorden lassen wollte. Wissen Sie, hier kennen wir uns nicht besonders gut in der Bibel aus, weder im Alten noch im Neuen Testament.«

In der damaligen Bundesrepublik hat *Holocaust* manche Intellektuelle schockiert und verärgert. Der Verdacht war, wie üblich, die Serie sei kitschig; dazu kamen Berührungsängste mit den »Werten Hollywoods«, die oft für »Amerika« als Ganzes stehen. Die *Frankfurter Rundschau* war besorgt, die Sendung würde die Greueltaten der Vergangenheit kommerzialisieren: Auschwitz sei »ein Konsumartikel« geworden. Edgar Reitz, Regisseur von *Heimat*, einer viel anspruchsvolleren Serie, beklagte, mit *Holocaust* hätten die Amerikaner den Deutschen »ihre Geschichte aus den Händen gerissen«; Filme im Stil von *Holocaust* verhinderten, »daß wir unsere Vergangenheit erzählerisch in Besitz nehmen, aus der Welt der Urteile ausbrechen und künstlerisch verarbeiten«. Tatsache war, daß *Holocaust* nichts dergleichen getan hatte. Es lag an den deutschen Künstlern, daß sie zu Auschwitz keine Geschichten erfunden hatten.

Die Sender erhielten haßerfüllte Briefe, zumeist ohne Absender, die die *Holocaust*-Serie als einen Haufen jüdischer Lügen bezeichneten. Das Ganze sei nur ein jüdischer Trick, um Geld damit zu machen, daß sie die Deutschen in den Schmutz zogen. Franz Josef Strauß, damals Ministerpräsident in Bayern, war ebenfalls dieser Meinung; zumindest äußerte er sich dahingehend. Aber auch manche Intellektuelle des linken Spektrums betrachteten den Kommerzialismus von Hollywood als die Wurzel allen Übels. Es gibt eine Denkrichtung in Deutschland, deren Erklärung für Auschwitz von einer Ablehnung des Kommerzialismus und der »Moderne« herrührt – des Rationalismus seit der Aufklärung, der Massenproduktion, des Kapitalismus usw. Der ostdeutsche Dramatiker Heiner Müller sieht in Auschwitz »das letzte Stadium der Aufklärung«. Mehr noch, Auschwitz sei »Altar des Kapitalismus. Rationalität als einziges Kriterium reduziert den Menschen auf seinen Materialwert.« Wieder werden Formen und Inhalt miteinander verwechselt: auch wenn man die Methoden des Holocaust als industriell oder gar rationell bezeichnen könnte, läßt sich das von den Gründen dafür keineswegs sagen.

Intellektuelle wie Müller oder Syberberg oder Adorno fürchteten die Macht der Massenkultur zu Recht. Aber die Wirkung der *Holocaust*-Serie in Deutschland ist leicht zu erklären. Im Gerichtssaal, in der Kapelle oder im Museum war Auschwitz eine Abstraktion, eine Metapher, eine Ansammlung unvorstellbarer Statistiken, der Tod von Millionen Namenlosen. Schon mit dem *Tagebuch der Anne Frank* schien eine der Namenlosen aus dem Massengrab auferstanden zu sein und eine greifbare Identität angenommen zu haben. Die Familie von Dr. Josef Weiss hatte selbst in ihrer Verkörperung durch Figuren einer amerikanischen Fernsehserie eine Identität, die jeder Deutsche erkennen konnte: anständige deutsche Bildungsbürger. Sie hätten jedermanns Nachbarn sein können; tatsächlich *waren* sie Nachbarn gewesen, wenn man nur alt genug war.

*Holocaust* bewies, daß Metaphern und Anspielungen nicht genügten, um die Vergangenheit lebendig werden zu lassen. Die Familie Weiss mußte erfunden werden, um die Vergangenheit nachzuspielen. Die Form der Seifenoper hatte eine so außerordentliche Wirkung, weil sie gerade nicht mit dem brechtschen Verfremdungseffekt operierte: Emotionen werden ausgelöst, und man wird zur Identifikation gezwungen. Man hat das Gefühl, als würde man die Filmhelden persönlich kennen; genauso wie die Talk-Show eine Vertrautheit mit bekannten Persönlichkeiten herstellt. Und genau diese Art von Identifikation hat der allergrößte Teil der deutschen Nachkriegskunst und -literatur vermieden. Eine Identifikation mit den jüdischen Opfern konnte nicht überzeugend ausfallen; die Identifikation mit den Tätern, d. h. mit den eigenen Eltern oder Großeltern oder mit sich selber, wäre wiederum zu schmerzhaft gewesen.

Es ist eine interessante Frage, wie das deutsche Publikum oder auch die Masse der nichtdeutschen Zuschauer *Holocaust* rezipiert hätte, wären die Hauptfiguren nicht deutsche Bildungsbürger, sondern beispielsweise arme rumänische Roma gewesen. Ich bezweifle sehr, daß der Film in diesem Fall die gleiche Wirkung gehabt hätte. Der Identifikation sind offensichtlich Grenzen gesetzt.

»Nach *Holocaust*«, schrieb eine westdeutsche Frau an die Sendeanstalt in ihrer Nähe, »bin ich voll tiefster Verachtung für die Bestien des Dritten Reichs. Ich bin 29 Jahre alt und Mutter dreier Kinder. Wenn ich an die vielen Mütter und Kinder denke, die in die Gaskammern geschickt wurden, muß ich unentwegt weinen. (Auch heute läßt man die Juden nicht in Ruhe leben. Wir Deutschen hätten die Pflicht, uns Tag für Tag für den Frieden in Israel einzusetzen.) Ich verneige mich vor den Opfern der Nazis, und ich schäme mich, eine Deutsche zu sein.«

Nach den vielen Briefen zu urteilen, die nach der Serie veröffentlicht wurden, war diese Reaktion eher typisch. Etliche Menschen aus der Nachkriegsgeneration schämten sich, Deutsche zu sein. Das scheint die These von Christian Meier zu bestätigen, daß wir die Geschichte »in den Knochen« haben, daß wir die Sünden der Väter mit uns schleppen und die Geschichte im Blut haben. Es ist wahr, daß Deutsche für Auschwitz verantwortlich waren. Aber ist Scham eine angemessene oder sogar fruchtbare Reaktion für die nachfolgenden Generationen? Wie der Historiker Meier glaubt auch Martin Walser, der während des Kriegs noch ein Kind war, daß Auschwitz das deutsche Volk genauso zusammenhält, wie es die Sprache von Goethe tut. Ein Franzose oder ein Amerikaner, der die »Bilder von Auschwitz« sieht, »muß nicht denken: Wir Menschen! Er kann denken: Diese Deutschen! Können wir denken: Diese Nazis? Ich kann es nicht ...«

Das ist die Sprache eines Mannes, der von der Frage nach der nationalen Identität nicht loskommt. Adorno, der als deutscher Jude die deutsche Hochkultur retten wollte, auf deren Erbe die Nationalsozialisten ihre blutigen Spuren hinterlassen hatten, wehrte sich gegen die Vorstellung, Auschwitz sei ein deutsches Verbrechen. In seinen Augen war Auschwitz eine Frage der modernen Pathologie, die Krankheit des »autoritären Charakters«, der entmenschlichten SS-Schergen, jener unmenschlichen Zahnräder in einem riesigen industriellen Apparat. Sollte es zwischen diesen entgegengesetzten Meinungen keinen vermittelnden Standpunkt geben? Ich glaube doch.

Auschwitz war ohne Frage ein deutsches Verbrechen: »der Tod ist ein Meister aus Deutschland.« Aber es war ein anderes Deutschland. Die Geschichte durch die »Augen der Identität« zu betrachten (um den Ausdruck von Christian Meier aufzugreifen) bedeutet, sich der Vorstellung von Veränderung zu widersetzen. Kann man, aus der Sicht der Täter, Auschwitz internalisieren, ohne der kitschigen Gefühligkeit falschen Schuldbewußtseins oder sogar falschen Stolzes zu erliegen? Wenn man behauptet, Auschwitz sei durch irgendeine schreckliche Schwachstelle in der kollektiven deutschen Identität verursacht worden, wie umgekehrt Goethe und Brahms Hervorbringungen eines kollektiven deutschen Geistes seien, nährt man nur einen gewissen neurotischen Narzißmus: im besten Fall die ständige Sorge, daß die Deutschen ein gefährliches Volk sind, im schlimmsten Fall aber einen perversen Stolz auf eine quasi stammesbedingte Fähigkeit der Deutschen zu erhabener Musik und unsäglichen Verbrechen.

**Hiroshima** Zwischen den ehemaligen Botschaften von Japan und Italien in Berlin, die beide in den dreißiger Jahren im pompösen klassizistisch-faschistischen Stil von Hitlers Traumstadt Germania gebaut wurden, verläuft eine kurze Verbindungsstraße, die früher Graf-Spee-Straße hieß – benannt nach dem deutschen Admiral, der 1914 in einer Schlacht mit der britischen Flotte in der Nähe der Falkland-Inseln ums Leben kam. Wie so viele Straßen und Plätze in Berlin (Adolf-Hitler-Platz, Hermann-Göring-Straße usw.) wurde sie nach dem Krieg umbenannt. Heute heißt sie Hiroshima-Straße.

Diese Namensänderung, die die Italiener sehr verärgert haben soll, ging nicht auf japanische Initiative zurück. Der linksgerichtete Berliner Senat wählte den Namen als Ausdruck seines Pazifismus. Aber auch wenn die Japaner keinen Anteil daran hatten, handelte man ganz im Geiste der Nachkriegszeit in Japan. Für die Mehrheit der Japaner ist Hiroshima das höchste Symbol des Pazifikkrieges. Hiroshima: Ein fast heiliges Wort, das alles Leid des japanischen Volkes zusammenfaßt. Aber es ist mehr als nur Symbol eines nationalen Martyriums; Hiroshima ist das Symbol des Bösen schlechthin und wird oft mit Auschwitz verglichen. Es gibt in der Stadt ein Hiroshima-Auschwitz-Komitee. In mindestens einem Hiroshimaroman werden die Japaner und die Juden als die Hauptopfer des weißen Rassismus herausgestellt. In den späten achtziger Jahren plante man, in einer kleinen Stadt in der Nähe von Hiroshima eine Auschwitzgedenkstätte zu errichten.

Der Atombombenabwurf vom 6. August 1945 war, mit den Worten eines Professors der Hiroshima-Universität, »die schlimmste Sünde, die überhaupt im 20. Jahrhundert begangen wurde«. Professor Saika ist der Autor einer berühmten Inschrift auf dem Zenotaph im Friedenspark von Hiroshima, das um und über dem Steinsarg errichtet wurde, der die Namen der Bombenopfer enthält: »Laßt alle Seelen hier in Frieden ruhen, denn wir werden das Böse nicht wiederholen.«

Die Wortwahl ist bewußt vage. Aber um zu verhindern, daß Besucher des Friedensparks auf den Gedanken kommen könnten, »wir« beziehe sich einzig und allein auf die japanische Regierung während des Kriegs, wurde in den frühen achtziger Jahren eine Tafel angebracht, die den Sachverhalt auf englisch und japanisch klarstellen soll: »Das Zenotaph ruft die Menschen in aller Welt auf, für die Ruhe der Seelen der verstorbenen Opfer der Atombombe zu beten und sich dem Gelöbnis anzuschließen, das Übel des Kriegs nie mehr zu wiederholen. Es spricht aus dem ›Herzen von Hiroshima‹, das vergangenes Leid nicht vergißt und den Haß überwindet und so nach Verwirklichung des Weltfriedens strebt.«

Hiroshima (der Name wird oft in den phonetischen Zeichen geschrieben, die zur Transkription ausländischer Namen benutzt werden, um dem Ortsnamen einen internationalen, universellen Klang zu verleihen) hat die Atmosphäre eines Wallfahrtsortes. Hiroshima hat Märtyrer, aber keinen Gott. Hiroshima hat Gebete, und es gibt dort einen passenden Mythos über den Sündenfall des Menschen. Hiroshima »ist nicht mehr nur eine japanische Stadt. Sie gilt weltweit als ein Mekka des Weltfriedens.«

In der großen Halle des Hauptbahnhofs wimmelt es immer von Schulkindern in Uniformen, von Pfadfindergruppen, Rentnern, ausländischen Touristen, Würdenträgern und Menschen vom Lande, die den von ihren Reiseleitern hochgehaltenen Wimpeln folgen. Sie gehören zu den Millionen von Menschen, die alljährlich ihre Wallfahrt nach Hiroshima antreten. Alle besuchen den Friedenspark. Bevor die Bombe an dieser Stelle in der Luft explodierte, befand sich dort ein blühendes Geschäftsviertel. Heute ist hier das Zentrum des Hiroshimakultes.

In Hiroshima ist es noch schwieriger als in Auschwitz, sich vorzustellen, was damals geschehen ist; das Grauen von Hiroshima drängt sich in ein einziges Ereignis zusammen, an das heute kaum noch sichtbare Spuren erinnern. Natürlich ist die ganze moderne Innenstadt von Hiroshima in gewisser Weise ein Zeugnis des Bombenabwurfs. Die schicken Einkaufsstraßen, die öffentlichen Parkanlagen, das Baseball-Stadion, die mehrstöckigen Hotels und sogar die alte Burg, die in Beton rekonstruiert wurde – nichts davon existierte vor dem 6. August 1945. Es ist, als wäre der Tatort völlig ausgelöscht oder unter einer nagelneuen Stadt begraben worden, wie ein modernes Troja oder das ehemalige Warschauer Ghetto.

Dennoch, als Besucher, und besonders als europäischer Besucher, der immer als Ausländer erkannt und gewöhnlich für einen Amerikaner gehalten wird, hat man es schwer, die Hinterlassenschaft der Bombe zu vergessen. Nicht nur wegen der vielen Denkmale, Gedenktafeln und Mahnmale, die einfach nicht zu übersehen sind, sondern auch weil man nicht unbefangen durch den Friedenspark spazieren kann. Kein Japaner wäre so direkt, daß er einem Besucher mit der Behauptung entgegentreten würde: »Das haben Sie getan, Sie sind des Massenmordes schuldig.« Aber wenn Schulkinder, von ihren Lehrern ermuntert, auf dich zukommen und fragen, was du vom Frieden hältst, dann spürst du, daß irgendeine Geste der Buße oder zumindest ein Wort des Bedauerns erwartet wird. Du bist aufgefordert, im Namen deiner Rasse, der weißen Rasse, der viele Japaner die Schuld für den Bombenabwurf geben, Frieden zu verkünden.

Der Park mit seinen Schreinen, Denkmälern, Steinen, Glocken, Brunnen und Tempeln, die dem Gedenken an die Toten gewidmet und mit Gebeten für den Frieden versehen sind, ist ein regelrechtes Lourdes. Die Läden im Friedenspark verkaufen Schlüsselanhänger, Kugelschreiber, T-Shirts, Untersetzer, Postkarten, Bücher, Tassen, buddhistische Rosenkränze, Stäbchen usw. – und auf jedem einzelnen Stück finden sich Friedensgebete. Auf den meisten der Andenken ist das ausgebrannte Stahlskelett der ehemaligen Ausstellungshalle der Präfektur Hiroshima zur Förderung der Industrie abgebildet, die jetzt der »Atombomben-Gedächtnisdom« genannt wird. Die wirkliche Ruine sieht man jenseits des Flusses, der sich durch das eine Ende des Parks zieht – als ständige Erinnerung an das Böse, das hier vollbracht wurde. Dort werden Zeremonien abgehalten und Papierlampions als Symbole für die Seelen der Toten auf den Fluß gesetzt. Graue und weiße Friedenstauben flattern zu Hunderten in den Bäumen, die gepflanzt wurden »von Einzelpersonen und Gruppen sowohl aus Japan als auch aus dem Ausland, die an die Seelen der Opfer erinnern und für den Frieden beten wollten«, wie uns der Führer erklärte. In der Nähe des Zenotaphs gibt ein Schild den folgenden Hinweis: »Wenn Sie eine Taube berührt haben, spülen Sie bitte Ihren Mund und waschen sich die Hände, um der Seuche, die sie übertragen, vorzubeugen.«

Hinter dem Zenotaph befindet sich die von der japanischen Junoir-Handelskammer gestiftete Flamme des Friedens. Sie symbolisiert zwei Hände, die sich zum Himmel hin öffnen. Die Flamme wurde mit Fackeln entzündet, die von religiösen Gruppen und Abgesandten verschiedener japanischer Firmen getragen wurden. Daneben steht eine Figurengruppe Betender: ein Mann, eine Frau und ein Kind. Wenn man auf eine Steinplatte vor dem Sockel tritt, ertönt die Melodie von »Seelen, weinet nicht unter der Erde«.

Die Besucher des Gedächtnisparks verhalten sich wie auch sonst in Japan an geheiligten Stätten, wenn keine besonderen Zeremonien vorgeschrieben sind. Sie beten, sie werfen Münzen in den Friedensteich hinter dem steinernen Sarg, und sie fotografieren einander, um das denkwürdige Ereignis festzuhalten. Schulkinder in dunkelblauen oder schwarzen Uniformen trotten hintereinander her, lachen und gähnen und lümmeln herum. Ihre Lehrer weisen sie an, den Wortlaut der Inschrift in ihre Hefte zu übertragen. Die Atmosphäre ist gar nicht feierlich, was übrigens auch an anderen religiösen Stätten in Japan nicht der Fall ist. Die einzige düstere Note, die durch das Stimmengewirr der Schulkinder dringt, ist das Läuten der benachbarten Friedensglocke. Sie hängt in einer Betonkuppel, die meinem Reiseführer zufolge das Universum darstellen soll.

Als ich den lachenden Schulkindern zuschaute, erinnerte ich mich an eine andere Gedenkstätte, die ich einige Jahre zuvor besucht hatte. Auch damals hatte mich die Ungezwungenheit, mit der die Japaner sich an einem mit Blut befleckten Ort bewegten, überrascht. Es war auf Saipan, einer kleinen Insel im Pazifik, neben der noch kleineren Insel Tinian. Von dort startete die *Enola Gay* Richtung Hiroshima. Saipan war eine blühende japanische Kolonie gewesen, und die Landung der US-Marines dort löste 1944 so heftige Gefechte aus, daß binnen weniger Tage mindestens 25 000 Japaner und fast viertausend Amerikaner ums Leben kamen. Am grauenvollsten aber war der Massenselbstmord der Zivilbevölkerung – vorwiegend Frauen und Kinder, die sich von einer Klippe stürzten. Manche, die zögerten, wurden von japanischen Heckenschützen hinterrücks erschossen. Den Ort dieses traurigen Geschehens bezeichnet eine Tafel mit der japanischen und englischen Aufschrift »Selbstmord-Klippe«. Junge japanische Touristen, sehr viele Mädchen darunter, kicherten und fotografierten einander.

Nur wenn eine Hierarchie vorgegeben ist, werden die Menschen in Japan fast bedrückend ernst. Am Tag nach meinem Besuch in Hiroshima hatte ich in Fukuoka, der größten Stadt der Insel Kiushu, eine halbe Stunde Zeit. Vor dem Hauptbahnhof verfolgte ich eine Zeremonie zur Förderung der Verkehrssicherheit. Junge uniformierte Mädchen mit Spruchbändern, auf die »Miß Verkehrssicherheit Fukuoka 1992« geschrieben war, standen in identischen Posen da, die weiß behandschuhten Hände gefaltet, die Füße zusammengepreßt, während alte Männer in schwarzen Anzügen mit düsteren Mienen zur Befolgung der Verkehrsregeln mahnten. Eine Blaskapelle wartete in Reih und Glied, stocksteif wie preußische Grenadiere. Und die verschiedenen Würdenträger der Stadt, ausgestattet mit den Schärpen und Abzeichen ihrer Ämter, hatten sich wie Generäle bei einer Parade hinter den Vortragenden aufgereiht. Kein Lächeln, kein Flüstern. Hier kannte jeder seinen Platz, und hier, wo es nicht um die Tötung Hunderttausender im Krieg ging, sondern um die Förderung der Verkehrssicherheit in Friedenszeiten, hier herrschte Ordnung.

Was Hiroshima interessant macht – und ich denke dabei an Hiroshima als ein Mekka und nicht an die wohlhabende, aber reizlose moderne japanische Stadt –, ist die Spannung zwischen ihren allgemeinen Aspirationen und ihrem Sonderstatus als Gedenkstätte für die japanischen Kriegsopfer. Außerhalb des Parks steht in einer Ecke ein Denkmal zur Erinnerung an die Koreaner, die der Atombombe zum Opfer fielen. Viele von ihnen waren während des Kriegs als Zwangsarbeiter in Japan. Das Denkmal wurde 1970 von der Vereinigung in Japan lebender Südkoreaner gestiftet und erhebt sich auf einer großen steinernen Schildkröte, dem Kennzeichen jeder koreanischen Grabstätte. Die Schildkröte ist mit Kränzen, Blumen und Papierkranichen bedeckt, die Namen verschiedener koreanischer Organisationen tragen. Neben dem Grabstein erzählt eine Schrifttafel auf englisch und koreanisch die Geschichte der 20 000 Koreaner, deren »heilige Leben« plötzlich »aus unserer Mitte gerissen wurden«. Für sie hatte es keine Begräbnisse oder Gedenkfeiern gegeben; deshalb »schwebten ihre Seelen, daran gehindert, zum Himmel aufzusteigen, für Jahre im Zwischenreich«. Im japanischen Park wurde für sie keine Gedenkstätte errichtet, und spätere Versuche ortsansässiger Koreaner, das Denkmal in den Friedenspark zu verlegen, scheiterten. Es könne nur ein Zenotaph geben, entschieden die städtischen Behörden. Doch dieses Zenotaph erwähnt keinen einzigen Koreaner.

Anfang 1946 lud der Gouverneur der Präfektur Hiroshima eine Anzahl namhafter Bewohner der Stadt ein, Ideen für den Wiederaufbau ihrer fast völlig verschwundenen Stadt vorzutragen. Yoko Ota, eine Schriftstellerin, die den Bombenabwurf überlebt hat, war der Meinung, man müsse in der neuen Stadt Hiroshima überall Bäume pflanzen. »Ich würde gern Traum und Wirklichkeit harmonisch verknüpfen, um das Leben der Bürger zu bereichern«, sagte sie. Jemand anders fand es wichtig, für ein ausgeprägtes kulturelles Leben zu sorgen. Ein weiterer, der Abt eines Klosters, wünschte sich viele, über die ganze Stadt verstreute buddhistische Tempel. Der bemerkenswerteste Vorschlag jedoch stammte vom Vizebürgermeister von Kure, einer Hafenstadt außerhalb Hiroshimas, in der während des Kriegs viele Kriegsschiffe gebaut wurden. Er wollte, »daß die riesige verbrannte Fläche erhalten bleibt, als Gedenkfriedhof zur Förderung eines dauerhaften Weltfriedens«.

Manche Menschen bedauern, daß dieser Vorschlag nicht angenommen wurde. In den achtziger Jahren begann Masami

Uno, ein ehemaliger Gymnasiallehrer aus Osaka, mit der Veröffentlichung einer Reihe populärer Bücher, in denen er die Meinung vertritt, man müsse von den Juden lernen, besonders wie die Welt zu beherrschen sei. Mehrere hunderttausende Exemplare wurden verkauft. Einer der Bände trägt den Titel *Der Tag, an dem der Dollar zu Papier wird* und enthält ein Kapitel über Hiroshima. Man hätte es, schreibt Uno, so lassen sollen, wie es war: ein Ort der Ruinen. Auch die Juden hätten Auschwitz bewußt unverändert erhalten. Weil sie die Welt an ihr Martyrium erinnerten, so heißt es weiter, hätten die Juden ihre Rassenidentität bewahrt und seien wieder erstarkt. Die Japaner hingegen hätten sich von den Amerikanern einreden lassen, die Spuren japanischen Leidens müßten durch den sofortigen Wiederaufbau Hiroshimas verwischt werden. Die amerikanische Propaganda zu Fragen der japanischen Kriegsschuld habe den Identitätsverlust der Nachkriegsjapaner und die Schwächung ihrer Rassenpotenz zur Folge gehabt.

Das ist ein extremer Standpunkt. Nur wenige Japaner würden soweit gehen, obwohl sie das durchaus als amüsante Provokation auffassen können. Und wenn man den Antisemitismus und die Idee der Erhaltung der Ruinen von Hiroshima einmal beiseite läßt – Uno vertritt hier eine unter japanischen Nationalisten weitverbreitete Meinung. Die Rechten befürchten von jeher, daß die von der amerikanischen Propaganda den Japanern auferlegte Kriegsschuld die japanische Identität eingeschränkt hat. Auf jeden Fall hängen rechtsgerichtete Nationalisten weniger an Hiroshima als an der fixen Idee, der »Große Ostasiatische Krieg« sei weitgehend gerechtfertigt gewesen.

Die Linken haben ihre eigene Version vom japanischen Martyrium, und Hiroshima nimmt darin eine zentrale Stellung ein. Unter den Linken ist zum Beispiel die Meinung weit verbreitet, daß unzählige japanische Zivilisten entweder einem schlimmen militärischen Experiment oder dem Erstschlag des kalten Krieges oder beidem zum Opfer fielen. Der zweiten Version zufolge wurde die Atombombe abgeworfen, um die Sowjets von einer Invasion in Japan abzuschrecken. Darüber läßt sich zumindest streiten. Doch die Idee, die Bombe sei ein rassistisches Experiment gewesen, ist nicht sehr plausibel, wenn man bedenkt, daß die Bombe zum Einsatz gegen NS-Deutschland entwickelt worden war. Dennoch halten viele Japaner daran fest. Eines der abstrusesten Bücher zu diesem Thema verfaßte ein ehemaliger Mitarbeiter der UNO namens Akira Koochi; er vertritt die Auffassung, der Bombenabwurf sei eine bewußte, von weißen Rassisten geplante Form des Völkermordes gewesen. Masami Uno, der eine ähnliche Position verficht, behauptet gar, diese Rassisten seien Juden gewesen. Solche Meinungen stellen, um es nochmals zu betonen, Extreme dar. Doch sind sie, wenn man davon ausgeht, was sonst so in japanischen Zeitschriften und in den Bestsellerlisten erscheint, auch wiederum nicht allzuweit von der herrschenden Meinung entfernt.

Es gibt noch eine andere Meinung, die Linke und Liberale teilen, die nie auf den Gedanken kämen, den »Fünfzehnjährigen Krieg« zu rechtfertigen. Dieser Auffassung nach war der Atombombenabwurf eine Art Gottesgericht über den japanischen Militarismus. Und nachdem die Japaner durch diese nie dagewesene Form des Leidens ihr Lehrgeld gezahlt hätten, nachdem sie gleichsam durch die Hölle und das Fegefeuer gegangen seien, hätten sie nun das Recht, wenn nicht sogar die heilige Pflicht, über andere und besonders über die Vereinigten Staaten zu Gericht zu sitzen, sobald diese in irgendeiner Form wider den »Geist von Hiroshima« zu handeln schienen. Das ist der Kern dessen, was als »Friedenserziehung« bezeichnet wird und von der linksgerichteten Lehrergewerkschaft Japans stark gefördert, von der konservativen Regierung dagegen mit Argwohn verfolgt wurde. Von Anfang an waren mit der Friedenserziehung pazifistische, antiamerikanische Inhalte verbunden und deutliche Sympathien für die kommunistischen Staaten, besonders für die Volksrepublik China.

»Der Weltfrieden beginnt in Hiroshima« stand als Motto auf den schwarzumrandeten Fahnen und Bannern der Überlebenden des Atombombenabwurfes, die sich am ersten Jahrestag des Abwurfs an einem Shinto-Schrein zum Gebet versammelten. »Die Welt wird noch immer von der ›Philosophie der Macht‹ beherrscht«, sagte der Bürgermeister von Hiroshima am 6. August 1987. »Wir müssen die Welt zum Geist von Hiroshima bekehren.« Das bedeutet, daß jeder militärische Einsatz der Vereinigten Staaten, der mit logistischer und finanzieller Unterstützung ihres japanischen Verbündeten erfolgt, ob in Korea, Vietnam oder im Persischen Golf, sofort als Verrat an den Bombenopfern, als ein Stoß ins »Herz von Hiroshima« gesehen wird.

Zumindest in einem Punkt berühren sich in Japan Linkspazifismus und der romantische Nationalismus, den man gewöhnlich mit dem rechten Spektrum in Verbindung bringt: Beiden gemeinsam ist die Verbitterung darüber, von den Amerikanern dessen beraubt worden zu sein, was man als kollektives Gedächtnis bezeichnen könnte. Die romantischen Nationalisten denken, die US-Besatzungsmacht habe nach dem Krieg geheiligte Traditionen bewußt zerstört, beispielsweise den Kaiserkult, ohne den die Japaner angeblich keine nationale Identität mehr hätten. Die romantischen Pazifisten dagegen glauben, die Vereinigten Staaten hätten versucht, die Erinnerung an Hiroshima auszulöschen, um die eigene Schuld zu verbergen und zugunsten des kalten Kriegs den japanischen Militarismus wieder anfachen zu können.

Akira Kurosawa hat einen ziemlich rührseligen Film gedreht, der von den geistigen Wunden handelt, die der Bombenabwurf auf Nagasaki hinterlassen hat: *Rhapsodie im August* ist ein Klagelied nicht nur über die Bombardierung, sondern auch darüber, wie Erinnerung Teil der Geschichte wird und mit ihr rasch vergeht. In einem Interview mit Gabriel García Márquez, das in der Berliner *Tageszeitung* veröffentlicht wurde, wurde Kurosawa von Márquez gefragt, was diese historische Amnesie »für die Zukunft Japans und die Identität der Japaner« bedeute. Kurosawa antwortete, die Japaner sprächen nur ungern offen über den Bombenabwurf. »Besonders unsere Politiker schweigen sich darüber aus, vielleicht aus Angst vor den Amerikanern.« Erst wenn die Vereinigten Staaten sich bei dem japanischen Volk dafür entschuldigten, sagte Kurosawa, »wird das Drama beendet sein«.

Es ist wahr, daß die amerikanischen Behörden während der Besatzungszeit die Japaner davon abbringen wollten, über die Atombombenabwürfe nachzugrübeln. Sie wollten nicht, daß die Japaner sich als Opfer fühlten. In den ersten Nachkriegsjahren durften nur wissenschaftliche Texte über die Atombombe veröffentlicht werden. Noch 1949 wurde ein von der Stadt Hiroshima angeregtes Filmprojekt, das den Titel *Nie wieder Hiroshima* tragen sollte, von den Besatzungsbehörden verboten, weil ihnen die Szenen von »Zerstörung und menschlichem Elend, die aus dem Bombenabwurf resultierten« mißfielen, 1950, nur ein Jahr vor Beendung der Besatzung, mußte der Titel eines Gemäldes von Iri und Toshi Maruki geändert werden: nicht *Atombombe*, sondern *6. August 1945* sollte es fortan heißen.

Aber Kurosawa hat dennoch unrecht. Wenige Ereignisse des Zweiten Weltkriegs wurden so eingehend und so häufig beschrieben, analysiert, beklagt, nachgestellt, rekonstruiert, dargestellt und ausgestellt wie der Bombenangriff auf Hiroshima; für Nagasaki trifft das schon viel weniger zu. Das Problem für Nagasaki war nicht nur die Tatsache, daß Hiroshima zuerst bombardiert wurde, sondern daß es dort viel mehr militärische Ziele gab als in Hiroshima. Die Mitsubishi-Werke in Nagasaki stellten den größten Teil der japanischen Waffen her. Und da war noch etwas, was nur selten erwähnt wird: die Bombe auf Nagasaki explodierte genau über einem Gebiet, in dem Ausgestoßene und Christen wohnten. Außerdem blieben im Gegensatz zu Hiroshima große Teile der Stadt vom Schlimmsten verschont, so daß eine ins einzelne gehende Debatte über die Bombardierung Nagasakis schwierig werden kann und lieber vermieden wird. Unmittelbar nach Kriegsende entstanden die ersten Romane über Hiroshima, auch wenn sie nicht gleich veröffentlicht wurden. 1983 wurde ein Kompendium der japanischen Literatur zur Atombombe veröffentlicht; es umfaßt fünfzehn Bände.

Ich nehme an, daß die Zensur der Besatzungsmacht ein Grund dafür war, daß nach dem Ende der Besatzung so viele antiamerikanische Bücher und Filme über die Bombe erschienen. Endlich konnte man das Kind beim Namen nennen. Ein anderer Grund war die politische Herkunft der Filmemacher und Schriftsteller. Manche von ihnen waren schon zuvor begeisterte Nationalisten gewesen, die dem Westen und besonders den Vereinigten Staaten gegenüber voller Mißtrauen waren. Andere wiederum waren vor dem Krieg Marxisten gewesen und vom Militär gezwungen worden, ihre Überzeugung aufzugeben und dem Kaisertum Treue zu schwören. Aber selbst wenn sie nach dem Krieg zu ihren einstigen Überzeugungen zurückkehrten, bedeutete dies nicht notwendigerweise einen großen Bruch mit ihren bisherigen Ansichten. Der Feind blieb derselbe: die gierigen, materialistischen, individualistischen, imperialistischen, rassistischen Vereinigten Staaten.

So kam es dann zu Filmen wie *Hiroshima*. 1953 von Hideo Sekigawa gedreht, endet dieser Film mit einer Szene, in der amerikanische Touristen als Souvenirs die Knochen der Opfer kaufen. Noch gehässiger war ein Comic, der 1969 mit dem Titel *Im Strom des schwarzen Flusses* erschien. Er handelt von einer schönen jungen Frau, die den Bombenabwurf überlebt hat, aber an den Folgen der Strahlen dahinsiecht. Bevor sie stirbt, will sie sich an den »weißen Schweinen« rächen. »Vom Gestank der widerlichen Ausländer getränkt«, wird sie zur *pansuke*, einer Hure für die GIs, der verächtlichsten aller Prostituierten. Sie will allen »Kriegshetzern, die in Japan noch immer Militärbasen unterhalten, ein Souvenir mitgeben«. Sie wird sie mit Syphilis infizieren. Das soll ihnen eine Lehre sein! »Warum wurde all diesen Kriegsverbrechern nicht der Prozeß gemacht?« fragt sie einen mitfühlenden Polizisten, der sie von der Straße holt. »Denk immer daran, wie die Atombombe deine Mutter gequält hat«, sagt sie zu ihrem unschuldig dreinschauenden Sohn. Diese Geschichte erschien in *Manga Punch*, einem Comicheft mit Millionenauflage.

Und dennoch, trotz solcher Schmähschriften beruht der Mythos von Hiroshima und der damit verbundene pazifistische Kult nicht so sehr auf dem Bild von den bösen Amerikanern als vielmehr auf der Vorstellung von unschuldigen Märtyrern und auf apokalyptischen Visionen. Gerade eben führte man noch ein normales Leben – Kinder lachten, junge Mädchen trällerten Lieder vor sich hin, Hausfrauen putzten, tüchtige Männer arbeiteten –, und im nächsten Augenblick war alles zu Asche verbrannt. Der Vergleich zwischen Hiroshima und Auschwitz basiert auf der Vorstellung, daß Hiroshima wie der Holocaust gar nicht Teil des Krieges war, nicht das geringste mit ihm zu tun hatte – Hiroshima war etwas, »das am Ende der Welt passiert ...«. Das sind die Worte von Yoko Ota, einer Schriftstellerin, die in *Stadt der Leichen* über ihre Erfahrungen als Überlebende von Hiroshima geschrieben hat. »Wir wurden von einer Macht plattgewalzt – eine willkürliche und gewalttätige Macht –, die nicht der Krieg war.« Es sei ein unerhörtes »kosmisches Phänomen« gewesen. Yoko Ota gehörte, nebenbei gesagt, zu den vielen Japanern, die den Überfall auf Pearl Harbor freudig begrüßten. Sie hatte damals eine »erneuernde Flamme gespürt«.

All die quasireligiösen Elemente des Hiroshimamythos der Linken sind in Makoto Odas Roman *Die Bombe* versammelt. Die Bombe explodiert auf Seite 168, genau in dem Augenblick, als eine liebenswürdige junge japanische Frau einem malaiischen Studenten, der im Krankenhaus liegt, einen Blumenstrauß überreichen will; eine Geste der Unschuld und der Schönheit. Dann »folgte ein schauerliches Gebrüll, als würde der Himmel einstürzen«. Ein japanischer Soldat, der sich in der europäischen Geschichte gut auskennt, erinnert seine Gefährten an das Wüten der Götter in der *Ilias*.

Jeder weiße Amerikaner in Odas Roman spuckt rassistische Töne: »›Alle Wissenschaftler sind Juden‹, sagte Will. Diese Worte schienen Kens Abneigung gegen Juden nur zu steigern, denn er schimpfte wild darauflos. Die schlimmsten Menschen in der Welt seien die Japaner, und an zweiter Stelle kämen die Juden.« Der Leser muß daraus schließen, daß der Bombenabwurf auf Hiroshima eine rassistische Tat gewesen sei. Aber auch die Japaner verhalten sich in Odas Erzählung rassistisch, nämlich Koreanern und anderen Asiaten gegenüber. Die einzigen wirklich aufrichtigen und weisen Menschen in der Geschichte sind die Mitglieder eines Indianerstammes. Deren Stammestradition verbietet es ihnen, zur Waffe zu greifen. Ihre Ältesten sitzen in der Wüste und können die drohende Apokalypse voraussehen. Ob es sich wirklich um das Ende der Welt handele, will George, einer der Stammesbrüder, wisen. »Das Ende, Bruder‹ antwortete Ron mit Überzeugung. ›Sieht die Welt nicht so rot aus wie die Sonne – oder wie ein Feuerball, der hundertmal heller ist? Die Menschen werden bei lebendigem Leib verbrannt, sie werden zu verkohlten Leichen.‹«

Das sind die Bilder, die buddhistische Schriften von der Hölle zeichnen: bluttriefende Gestalten, von hellroten Flammen umgeben. Tamiki Hara hat wie Yoko Ota den Angriff auf Hiroshima überlebt. Er schrieb eine Erzählung mit dem Titel *Blumen des Sommers*. Seiner Vision des Weltuntergangs wird eine Landschaftsbeschreibung vorangestellt, die genauso bedeutungs- oder unheilschwanger ist wie Bilder eines Hollywood-Epos oder eines Leni-Riefenstahl-Films: »Gegen den dunkel werdenden Himmel hob sich noch leuchtender das Grün der Berge ab; klar konturiert erschienen die Inseln in der Inlandsee. Die Wellen, ruhige blaue Wellen, schienen jeden Augenblick losbrechen zu wollen, als würden sie vom wildesten aller Stürme gepeitscht.« Eine Apokalypse fast Wagnerschen Ausmaßes bricht nun herein, die sich zum »fürchterlich düsteren fahl-grünen Licht der mittelalterlichen Höllengemälde von Buddhisten« steigert. 1951 warf sich Hara möglicherweise aus Verzweiflung über den Koreakrieg vor einen Zug.

In den fünfziger Jahren malten die Künstler Iri und Toshi Maruki eine moderne Version einer Höllenschrift mit dem Titel *Die Atombombe – Hiroshima* (nicht identisch mit *6. August 1945*). Im Museum für Moderne Kunst in Hiroshima habe ich mir das Gemälde angeschaut. Es besteht wie ein japanischer Wandschirm aus vier Paneelen und zeigt nicht nur traditionelle Elemente japanischer Malerei, sondern auch Bilder für den Sündenfall des Menschen, die ebensogut christlichen Ursprungs sein könnten. Aus der oberen Ecke des Gemäldes und von Blitzschlägen umzuckt, die wohl den Zorn Gottes darstellen sollen, stürzen tote, von grauenhaften Narben und Brandwunden entstellte Körper in die Tiefe. Tollwütige Hunde schleppten tote Kinder in blutigen Mäulern. Verkohlte Leichen sind mit Seilen zusammengebunden. Krähen hacken an verstümmelten menschlichen Kadavern herum. Eine Masse gesichtsloser Menschen marschiert voran, als seien sie unterwegs zum Fegefeuer.

An der weißen Wand neben dem Maruki-Gemälde hängt eine Tafel: »Hiroshima und die moderne Kunst: ›Das Herz von Hiroshima‹, das Thema der ganzen Menschheit«. Ich betrachtete andere Ausstellungsstücke. Hier hatte die Malerei von Anselm Kiefer ihre Wirkung hinterlassen. Aber während Kiefer die Scherben deutscher Geschichte und Kultur in den Nachkriegstrümmern seines Landes durchmusterte, waren seine Bewunderer im Hiroshima-Museum einzig und allein mit dem Geist von Hiroshima beschäftigt. Es gab dort zum Beispiel Takako Arakis Buch aus Keramik, *Atomic Bomb Bible* genannt, das den bleiernen Bänden von Kiefer ähnelt. Der von Feuer zerstörte Text war hebräisch. Es gab auch einen Wandschirm mit bemalten Seidenpaneelen, die nichts mehr gemein hatten mit Kiefers Malerei. Unter dem Titel *6-8-1945* zeigt das Werk von Yasuo Ueno Menschen im Todeskampf, gemalt in goldgesprenkeltem Rot.

In keinem dieser Werke gab es etwas, das wenigstens in Andeutungen über den 6. August 1945 hinausgewiesen hätte. Nur Hiroshima, herausgelöst aus allem. Einer der Beiträge des Katalogs ging darauf ein. Sumio Kuwabara, ein Kunstprofessor, zitierte Yasuo Kazuki, dessen erschütternde Gemälde von japanischen Kriegsgefangenen in Sibirien im Museum in Hiroshima allerdings nicht gezeigt wurden. Kazukis Werke über den Krieg sind die einzigen japanischen Kunstwerke, die an Tiefe denen von Kiefer nicht nachstehen. Kazuki war selbst als Kriegsgefangener in Sibirien, aber er badet sich nicht in Selbstmitleid. Seine dunklen, fast abstrakten Gemälde – zum Beispiel Handabdrücke, die aussehen wie Blutflecken an der Wand einer Folterzelle – bieten eine Vision von Grausamkeit und Leiden, die die Einzelereignisse transzendiert. Kazuki erinnert sich, auf seinem Weg in ein sibirisches Lager eine blutüberströmte Leiche gesehen zu haben. Es war der Körper eines japanischen Soldaten, dessen brutales Verhalten eine chinesische Menschenmenge dazu gebracht hatte, ihn zu lynchen.

Kazuki verglich diese »rote Leiche« mit den »schwarzen Leichen« der Bombenopfer. Deren Geschichte, sagte er, »ist in den letzten zwanzig Jahren unzählige Male wieder und wieder erzählt worden. Hiroshima und Auschwitz sind zu Symbolen für den Zweiten Weltkrieg geworden; das Sterben dieser völlig Unschuldigen symbolisiert die allgemeine Grausamkeit des Kriegs. Die schwarzen Leichen führten dazu, daß die Japaner sich als die Hauptopfer des Krieges ansahen. Sie riefen einstimmig: ›Nie wieder Hiroshima!‹ Fast schien es, als hätte es gar keinen Krieg gegeben – nur den Bombenabwurf. Einen tieferen Einblick in die wirkliche Natur des Kriegs und die einzige tragfähige Grundlage für die Antikriegsbewegung gewinnt man nicht aus dem Anblick der schwarzen Leichen, sondern aus dem der roten.«

Das ist wahr. Und dennoch glaube ich nicht, daß die religiösen Metaphern und Höllenvisionen von Hiroshima (und der Bombenabwurf auf die Stadt war in der Tat die Hölle) allein auf das Selbstmitleid der Japaner zurückzuführen sind. Buddhistische Höllenschriften hatten eine Funktion, die viele Christen (und besonders die Pietisten unter ihnen) bestimmt nachvollziehen können. Man glaubte, die Betrachtung des Bösen führe zur Erlösung. Die Hölle wird überwunden, indem man sie immer im Auge behält. Wem dies gelingt, der erreicht eine höhere moralische Ebene, von der aus man unter anderem auch die Lehre des universellen Friedens predigen kann. Also handelt es sich um eine Vorstellung, die die meisten Religionen mit einer universellen Ausrichtung gemein haben, im Osten wie im Westen.

Es ist sicherlich leichter, auf eine Hölle zu schauen, die man nicht selbst geschaffen hat. Japaner können sich mit den Opfern von Hiroshima identifizieren, aber es ist unmöglich für Deutsche, sich als Opfer von Auschwitz zu fühlen. Japanische Sünden gehen in den Sünden der Menschheit auf. Das ermöglicht es den Japanern, zwei Wege gleichzeitig zu beschreiten, den nationalen Weg als in der Geschichte einzig dastehende Opfer der Atombombe und einen universelleren Weg als Apostel des Geistes von Hiroshima. Durch diesen Weg definieren die japanischen Pazifisten, die in der Friedenserziehung arbeiten, die japanische Identität. Aber ich frage immer noch, ob diese Haltung so anders ist als die der vielen Deutschen, die Auschwitz »internalisieren« wollen bzw. durch die »Augen der Identität« sehen. In beiden Fällen beruht die Nationalität weniger auf Staatsbürgerschaft denn auf der eigenen Geschichte und Moral und einem religiösen Geist.

Die quasireligiöse Sicht der Geschichte hat ihre Grenzen, weil man vergangene Ereignisse dann gar nicht mehr anders als in nichtweltlichen Begriffen behandeln kann. Visionen des absolut Bösen sind einmalig, sie sind menschlichen Erklärungen oder dem menschlichen Verstand nicht mehr zugänglich. Jede Erklärung wäre vermessen oder amoralisch. Wenn das für Auschwitz gilt, dann gilt es um so mehr für Hiroshima. Auschwitz läßt sich nicht legitimieren (es sei denn, man glaubte an die mörderische Ideologie Hitlers); bei Hiroshima liegt der Fall nicht ganz so eindeutig. Die Atombombe *könnte*

Menschen gerettet haben, denn sie hat den Krieg *möglicherweise* verkürzt. Solche Überlegungen sind jedoch mit dem Geist von Hiroshima nicht zu vereinbaren.

Im Juli 1992 fand in Hiroshima eine UNO-Abrüstungskonferenz statt. Sie war das Ergebnis jahrelanger japanischer Kampagnen, die alljährliche Konferenz in »der ersten Stadt der Welt, auf die eine Atombombe abgeworfen wurde«, zu veranstalten. Alles ging soweit gut, bis ein Professor aus Harvard die Behauptung aufstellte, der Bombenabwurf auf Hiroshima habe immerhin »den Zweiten Weltkrieg beendet und einer Million Japanern das Leben gerettet«. Außerdem habe die Grausamkeit des Ereignisses seither dazu beigetragen, Atomkriege abzuwenden; womit, so der Professor, Hiroshima und Nagasaki Abermillionen weiterer Menschenleben gerettet hätten. Die Japaner waren empört. In Leitartikeln wetterten sie gegen den Professor, dem offenbar jedes Verständnis für die Sicht der Opfer mangele. *Asahi Shimbun* empfand »wieder einmal Abscheu« und merkte an, »wenn die Vereinigten Staaten sich nicht von solchen Ansichten befreien«, würden sie von seiten der Länder, die nicht über Kernwaffen verfügten, auf viel Widerstand stoßen.

Aber man müsse, fuhr *Asahi* fort, die Konferenz dennoch als Erfolg werten, denn die Teilnehmer – viele von ihnen hatten Hiroshima zum ersten Mal besucht –, »zeigten sich alle von den Exponaten und Relikten im Friedensmuseum erschüttert«. Alle hätten sie »das ›Gebet von Hiroshima‹ mitgesprochen«. Nur ein englischer Journalist, nämlich Alan Booth in der englischen Ausgabe der *Asahi*, wies darauf hin, daß der Zweck von Konferenzen nicht in Gebeten, Zeremonien und Uniformität der Meinungen liege.

In Hiroshima wird die Sichtweise der Opfer mit Eifer verteidigt. Man besteht auf der Unschuld der Opfer. Aber in der Geschichte der Kriege, die Japan im Ausland führte, spielte die Stadt Hiroshima alles andere als eine unschuldige Rolle. Als die Japaner 1894 in den Krieg gegen China zogen, wurden die

Truppen in Hiroshima eingeschifft, und der Meiji-Kaiser verlegte dorthin sein Hauptquartier. Die Stadt florierte. Noch mehr profitierte sie davon, daß Japan elf Jahre später gegen Rußland in den Krieg trat und Hiroshima wiederum zum Zentrum der militärischen Operationen wurde. Wie es der *Hiroshima Peace Reader* bewundernswert knapp darstellt: »Die Bevölkerung und der Reichtum Hiroshimas wuchsen rasch, denn Hiroshima war unangefochten in seiner Position als Militärbasis; während der Ära der Meiji- und der Taisho-Kaiser war es der Ausgangsort verschiedener Kriegszüge und militärischer Unternehmen.« Zur Zeit des Bombenabwurfs war Hiroshima Stützpunkt des Zweiten Hauptquartiers der Kaiserlichen Armee (das Erste befand sich in Tokio). In der Stadt wimmelte es von Soldaten.

Eines der wenigen literarischen Meisterwerke, die der Atombombenangriff inspiriert hat, der Roman *Schwarzer Regen* von Masuji Ibuse, spart diesen Hintergrund von Militarismus und politischer Unterdrückung nicht aus. Das Buch beginnt mit einer Szene auf einer Brücke in der Nähe des Epizentrums der Bombe. Augenblicke vor der Zündung werden Gymnasiasten gezwungen, eine militärische Haßtirade anzuhören und ein patriotisches Lied zu singen. Und kurz vor Ende des Buchs, nachdem der Abwurf wiederholt in all seinen Schrecknissen beschrieben worden ist, gibt der Gouverneur der Präfektur Hiroshima die Anweisung, durchzuhalten: »Bürger von Hiroshima – die Verluste sind zwar groß, aber wir befinden uns im Krieg!«

Die Bürger von Hiroshima waren tatsächlich Opfer, aber vor allem Opfer ihrer eigenen militärischen Machthaber. Doch als 1987 eine lokale Gruppe von Friedensaktivisten der Stadtverwaltung ein Gesuch überreichte, im Friedensmuseum auch die Geschichte der japanischen Aggression zu dokumentieren, wurde diese Bitte abgelehnt. Das Gesuch, eine »Aggressorenecke« einzurichten, hatten Gymnasiasten aus Osaka angeregt, die die Leitung des Museums mit ihrer Frage nach der japanischen Verantwortung für den Krieg in Verlegenheit gebracht hatten. Wie Millionen anderer (60000 Jugendliche im Jahr) wurden ihnen die schauerlichen Relikte der Explosion gezeigt: die Flaschen, die von der Hitze völlig verformt sind, die Fotografien vom Atompilz, die Fetzen von Kleidungsstücken, der eigenartige Schatten, den die Strahlung auf einer Treppe hinterlassen hat, und die lebensgroße Nachbildung von grauenhaft entstellten Menschen, die durch die Trümmer stolpern; ihre Haut tropft wie flüssiges Wachs von ihren Körpern.

Vermutlich von ihren Lehrern ermutigt, wollten die Gymnasiasten aus Osaka mehr als solche Effekthascherei. Sie wollten wissen, was dem Grauen vorausgegangen war. Sie verlangten, daß man von offizieller Seite endlich eingestehen solle, daß viele der koreanischen Bombenopfer Zwangsarbeiter gewesen waren. (Es gibt in Osaka wie in Kioto und Hiroshima immer noch einen hohen koreanischen Bevölkerungsanteil.) Beide Gesuche wurden abgelehnt. Daher gründeten Leute aus der Umgebung – viele von ihnen Christen, Atomgegner und Aktivisten aus der Szene der diskriminierten Minderheiten – eine Gruppe, die sich den Namen *Peace Link* gab. Die Aktivitäten stießen sofort auf den Widerstand rechtsnationalistischer Organisationen. Die Patriotische Partei Japans versammelte ihre Mitglieder um den Friedenspark; aus Lautsprechern auf Lkws ertönten scheppernd patriotische Lieder. Allem Anschein nach konnten sich die Patrioten durchsetzen. Aber jedenfalls war die Stadtverwaltung Hiroshimas, wie ein Friedensaktivist berichtet, gegen die Idee einer »Aggressorenecke«.

Die besondere Ironie dieser Affäre liegt darin, daß die Friedensaktivisten den Atombombenabwurf als Verbrechen betrachteten, während zumindest einer ihrer rechten Gegner genau dies nicht tat. Kazuyoshi Maeda, Anführer der *Yukoku Ishinkai* (Gesellschaft für Patriotismus und die Nationale Restauration), war der Meinung, der Bombenabwurf habe Japan vor der völligen Zerstörung bewahrt. Aber er bestand darauf, daß Japan nicht allein für den Krieg verantwortlich gemacht werden dürfe. Der Krieg, sagte er, sei einfach Teil »des Flusses der Geschichte« gewesen.

Ich fragte Yoshitaka Kawamoto, den Direktor des Friedensmuseums, nach den Gründen für die Ablehnung der »Aggressorenecke«. Kawamoto, ein höflicher Bürokrat in blauem Sergeanzug, lächelte höflich und sagte: »Wir können so etwas hier nicht zeigen. Die Aggressoren saßen doch in Tokio. Unser ausschließliches Ziel ist es, zu zeigen, was am 6. August 1945 geschehen ist.«

In unserem Gespräch wechselte Kawamoto ständig die Ebenen, vom Allgemeinen (»die Menschheit«, »der Weltfrieden«) zum Besonderen, Nationalen und wieder zurück. Ich begann zu ahnen, daß er ausländischen Besuchern den japanischen Nationalcharakter schon häufiger hatte erklären müssen. Die Japaner lachen, wenn sie traurig sind, sagte er; die Japaner können miteinander kommunizieren, ohne zu sprechen; die Japaner denken nur aus subjektiver Sicht. Und sie hätten ein Gespür für die wesenhafte Traurigkeit der Dinge (*mono no aware*). Und so weiter und so fort. Ich fragte ihn, ob das auch für die jungen Japaner gelte.

»Die jungen Leute beherrschen die Kunst des geduldigen Ausharrens nicht mehr«, sagte er. »Und sie verstehen nicht, wie das Leben damals für uns war. Wissen Sie, die kommen hierher und erzählen mir, die Japaner hätten doch ebenfalls Kriegsverbrechen begangen, aber sie wissen gar nicht, wovon sie reden. Sie wiederholen einfach das, was ihre linksgerichteten Lehrer ihnen sagen.«

Es sei wichtig, fuhr er fort, die Vergangenheit auf einer Ebene zu erklären, die jüngere Menschen verstehen können. Junge Menschen würden nicht mehr lesen, also müsse man sie mit visueller Information füttern. – Ja, aber sollte man sie nicht auch über die ganze Geschichte des Kriegs aufklären, und nicht nur über die Atombombe? – Aber selbstverständlich, sagte er, selbstverständlich. Doch dafür sei das Museum nicht gedacht. – Wofür dann?

Er lächelte in dem Gefühl, jetzt auf sicheres Terrain zu

gelangen. »Sehen Sie, das Museum sollte ursprünglich gar kein Museum sein. Es wurde von den Überlebenden als Stätte des Gebets für die Opfer und für den Weltfrieden eingerichtet. Die Menschheit muß eine bessere Welt aufbauen. Deswegen muß Hiroshima sich durchsetzen. Wir müssen uns auf unsere eigentlichen Wurzeln besinnen. Wir müssen an die Solidarität der Menschen und an den Weltfrieden denken. Sonst verstrikken wir uns nur in Streitereien über die Geschichte.«

Der Geist von Hiroshima hat tatsächlich mit der Geschichte des Kriegs, ja mit Geschichte überhaupt, so gut wie nichts zu tun. Deswegen wird von offizieller Seite allein der Vergleich mit Auschwitz geduldet. Alles andere ist zu kontrovers, zu sehr in den »Fluß der Geschichte« eingebettet. In den späten achtziger Jahren schlug der Bürgermeister von Kure vor, in einer kleinen Stadt zwischen Hiroshima und Kure ein Auschwitzdenkmal zu errichten. Der Bürgermeister von Hiroshima fand die Idee überzeugend. Die Bürgerinitiativen für den Frieden hatten auch keine Einwände, bestanden aber darauf, daß auch ein Denkmal zur Erinnerung an das Massaker von Nanking in einem solchen Projekt Raum finden müßte. Der Plan wurde stillschweigend fallengelassen.

Es gibt dennoch einen Ort, nicht weit von Hiroshima entfernt (nur anderthalb Stunden mit dem Zug und weitere vierzig Minuten mit der Fähre), der daran erinnert, daß die japanische Geschichte auch ihre Kehrseite hatte, die allerdings mit dem Geschehen des 6. August 1945 zusammenhängt. Okunojima ist eine winzige Insel in der Inlandsee. Das erste, was einem auffällt, wenn man die Fähre verläßt, sind die Kaninchen. Sie springen auf den sauberen Wegen und gepflegten Rasenflächen überall herum, wie Flocken weißer Watte in der Landschaft. Sie sind so zahm, daß man sie streicheln kann. Und es gibt auf der Insel fast nichts anderes zu sehen, abgesehen von einem großen Hotel, das einem großen Krankenhaus ähnelt, einigen Überresten von Gebäuden aus dem späten 19. und dem frühen 20. Jahrhundert und einer alten Geschützstellung, die über das Binnenmeer Richtung Festland schaut. Und dann ist da noch ein kleines Betongebäude in der Nähe des Anlegestegs: das Museum für Giftgas von Okunojima.

Die zahmen Tiere sind die Nachkommen von Versuchskaninchen, an denen Senfgas und andere tödliche Substanzen aus der größten Fabrik für Giftgas im Kaiserreich erprobt wurden. Während des Kriegs arbeiteten mehr als 5000 Menschen dort, darunter viele Frauen und Kinder. Ungefähr 1600 starben an den Folgen des ständigen Umgangs mit Blausäure, Lewisit und anderen chemischen Kampfstoffen. Viele trugen lebenslange Schäden davon. Offizielle chinesische Quellen behaupten, mehr als 80000 Chinesen seien den Giftgasen zum Opfer gefallen, die auf der Insel hergestellt wurden. Die japanische Armee wollte den Ort geheimhalten, so daß die Insel auf japanischen Karten schlicht und einfach nicht verzeichnet war.

Auch nach dem Krieg erfuhr die japanische Öffentlichkeit wenig darüber. Als die Amerikaner 1945 landeten, beschlagnahmten sie die Dokumente, verklappten große Mengen Gas im Meer und brannten die Fabrik nieder. Das heutige Hotel steht an der Stelle des ehemaligen Hauptgebäudes. Die Reste des Kraftwerks und einige der Lagerhallen sind noch zu sehen. Erst in den achtziger Jahren, als Yoshiaki Yoshimi, ein junger japanischer Geschichtsprofessor, in amerikanischen Archiven auf einen entsprechenden Bericht stieß, wurde öffentlich bekannt, daß die Japaner 15000 Tonnen chemischer Waffen auf oder in der Nähe der Insel gelagert hatten und daß ein Container mit zweihundert Kilogramm Senfgas unter den Trümmern von Hiroshima vergraben wurde.

Arbeiter, die ihre Zeit in der Fabrik überlebt hatten – viele von ihnen litten unter chronischen Erkankungen der Lunge –, bemühten sich in den fünfziger Jahren um eine offizielle Anerkennung der Ursache ihrer Leiden. Die Regierung lehnte ab. Wäre sie zu Entschädigungszahlungen bereit gewesen, hätte sie damit offiziell zugegeben, daß die japanische Armee in ein illegales Unternehmen verwickelt gewesen war. Wenn in japanischen Schulbüchern die chemische Kriegführung auch nur angedeutet wurde, ließ das Erziehungsministerium die Passagen so schnell wie möglich streichen.

Aber die Giftgasfabrik geriet nicht völlig in Vergessenheit. 1975 erhielten die Überlebenden, die Gesundheitsschäden durch Gas nachweisen konnten, endlich eine Entschädigung. 1985 wurde den Arbeitern, die während des Kriegs auf der Insel gestorben waren, ein kleines Denkmal errichtet. Und 1988 konnte dank der Anstrengungen der Überlebenden ein kleines Museum gebaut werden, um – mit den Worten des dortigen Führers – »die historische Wahrheit an zukünftige Generationen weiterzugeben«.

Hatsuichi Murakami, der Kustos des Ein-Zimmer-Museums, ist ein kurzer, drahtiger Mann. Er sieht zäh aus, abgehärtet, wie ein ehemaliger Profiboxer. 1940 trat Murakami im Alter von vierzehn Jahren seine erste Stelle in der Fabrik an, als Hausmeister. Die Bezahlung war gut, und er war vom »Geist der Selbstaufopferung« durchdrungen, weil er Japan zum Sieg verhelfen wollte. Es war auch eine Möglichkeit für Armeemitglieder, ihre Beförderung zu sichern. Murakami zeigte mir die düsteren Ausstellungsstücke: ein Holzpferd, das eine Gasmaske trägt; Bilder von den Opfern von Giftgasangriffen, die Haut zerfressen von eiternden Narben und Geschwüren; alte Gaskanister; Zeichnungen von Schulmädchen, die sich auf dem Fabrikhof in der Kunst des Schwertkampfs üben; Gruppenfotos von Armeeoffizieren, die in die Sonne lächeln.

Murakamis Erklärung war sachlich; weder Vortrag noch Moralpredigt. Es lag ihm auch nicht daran, mir den japanischen Nationalcharakter zu erklären. Er imponierte mir in seiner Ehrlichkeit. Er erzählte mir, daß er sich an das Ganze nicht so detailliert erinnern könnte, wenn man ihm nicht die Dokumente, die die Amerikaner zurückgegeben hatten, gezeigt hätte. Ich fragte ihn, was der Zweck des Museums sei. Er sagte: »Bevor sie ›Nie wieder Krieg‹ schreien, will ich, daß die Menschen sehen, wie der Krieg wirklich aussah. Die Vergangenheit nur aus der Perspektive von Opfern zu sehen bedeutet, Haß zu schüren.«

Was er vom Friedensmuseum im Hiroshima halte. »Im Museum von Hiroshima ist es leicht, sich als Opfer zu fühlen«, sagte er. »Aber wir müssen begreifen, daß auch wir Aggressoren waren. wir wurden dazu erzogen, für unser Land zu kämpfen. Wir haben Giftgas für unser Land hergestellt. Wir lebten, um Krieg zu führen. Wir alle hatten nur ein Ziel: den Krieg gewinnen.« Murakami wirkte immer mehr wie ein Boxer, seine Augen wurden schmal, und er schlug mit der einen Faust in die Innenfläche der anderen Hand. »Schauen Sie«, sagte er, »wenn man mit einem anderen Mann kämpft, ihn schlägt und ihn tritt, wird er zurückschlagen und zurücktreten, oder? Einer wird gewinnen. Wie wird man sich daran erinnern? Werden wir uns daran erinnern, daß wir getreten wurden, oder daran, daß wir als erste zustießen? Wenn wir uns dieser Frage nicht stellen, wird es keinen Frieden geben.«

Ich dachte an die Worte Murakamis, als ich am nächsten Tag wieder in Hiroshima herumspazierte. Ich fühlte mich wieder peinlich berührt, als Kinder mich fragten, was ich vom Frieden dächte. Daß die Japaner Giftgas unter Hiroshima gebunkert hatten, verminderte das Grauen der Atombombe nicht. Aber es stellte den Friedenspark mit all seinen Heiligtümern in eine präzisere historische Perspektive. Es nahm das Geschehene aus den Händen Gottes und legte es wieder in die fehlbaren Hände von Menschen.

**Nanking** Die Plünderung, das Massaker von Nanking ereignete sich, nachdem die Kaiserlich-Japanische Armee die belagerte Stadt Mitte Dezember 1937 stürmen konnte, weniger als sechs Monate nach Beginn der eigentlichen japanischen Invasion in China. Nanking war als Hauptstadt der nationalchinesischen Regierung die größte Beute während der versuchten Eroberung Chinas. Der Fall der Stadt wurde in Japan mit fetten Schlagzeigen verkündet und landesweit gefeiert. Sechs Wochen lang ließen japanische Armeeoffiziere ihre Männer Amok laufen. Es gibt keine genauen Zahlen, aber mehrere zehn-, wenn nicht gar hunderttausend chinesische Soldaten und Zivilisten (die Chinesen sprechen von 300000 Menschen) kamen dabei um. Viele von ihnen waren Flüchtlinge aus anderen Städten, und Tausende von Mädchen und Frauen, im Alter von neun bis fünfundsiebzig Jahren, wurden vergewaltigt, verstümmelt und oft auch ermordet.

Aber die Zahlen vermitteln keinen Eindruck von der Grausamkeit des Geschehens in Nanking und in vielen anderen Dörfern, Klein- und Großstädten in China. Und sie erklären auch nicht, warum man es geschehen ließ. War es bewußte Politik? Sollten die Chinesen durch Terror in die Knie gezwungen werden? Die Mittäterschaft der Offiziere deutet darauf hin, daß eine solche Erklärung nicht aus der Luft gegriffen ist. Aber es kann auch eine Art Belohnung für die japanischen Truppen gewesen sein, weil sie im Winterfrost und ohne anständige Bezahlung oder ausreichende Ernährung durch China marschiert waren. Oder war einfach eine Armee von Bauern außer Kontrolle geraten? Oder handelte es sich nur um die unweigerlichen Folgen jedes Kriegs, wie viele Japaner behaupten?

Ich erhielt in Japan eine Broschüre mit dem Titel *Die Greueltaten von Nanking*. Die Broschüre war auf japanisch geschrieben, dennoch hieß es im Originaltitel »atrocities« – das englische Wort für Greueltaten, als »aturoshitees« phonetisch ins Japanische übertragen, als gäbe es kein japanisches Wort dafür. In Wirklichkeit gibt es genügend japanische Ausdrücke für Grausamkeit, Gewalt, Mord oder Massaker. Das Wort »atrocity«, »Greueltat«, bringt aber mehr zum Ausdruck als die unweigerlich mit dem Krieg verbundene Grausamkeit. Eine Greueltat ist eine bewußte Tat verbrecherischer Brutalität, eine Tat, die gegen Gesetze verstößt und gegen alle Begriffe von Menschlichkeit. Nicht, daß die Japaner keinen derartigen Sittenkodex oder keinen Moralbegriff hätten. Aber »Greueltat« ist wie der Begriff der »Menschenrechte« Teil einer modernen Terminologie, die aus dem Westen stammt, von wo auch Begriffe wie »Feminismus« und »Kriegsverbrechen« nach Japan kamen. Für die rechten Nationalisten hat das Wort »Greueltat« einen linken, etwas subversiven und fast antijapanischen Beigeschmack.

Die Broschüre wurde von einer Gruppe von Gymnasiallehrern herausgebracht, die Nanking besucht hatten, um mehr über das Massaker in Erfahrung zu bringen. Sie enthält Zeugendarstellungen, Karten der Hauptexekutionsplätze und einige Fotografien, die im Gedenkmuseum von Nanking gezeigt werden. Obwohl sie eifrige Fotografen waren, hinterließen die Japaner nicht sehr viele fotografische Zeugnisse ihrer Greueltaten. Die Zensur war rigoros. Aber es sind dennoch genügend Fotos und sogar (hauptsächlich von Missionaren aus dem Westen gedrehtes) Filmmaterial erhalten geblieben, um einen Eindruck von dem Massaker zu geben. Es gibt Fotografien, manche von Japanern, manche von chinesischen oder ausländischen Zeugen aufgenommen, die zeigen, wie Chinesen bei Bajonettübungen zu lebendigen Zielscheiben gemacht werden; wie Menschen vor offenen Gräben mit Maschinengewehren niedergeschossen werden; wie entsetzte Frauen nackt in Reisfeldern kauern und versuchen, mit den Händen ihre Scham zu bedecken; wie japanische Soldaten mit ihren langen Schwertern Menschen den Kopf abschlagen; Bilder von Leichenbergen am Ufer des Jangtse und von toten Frauen, denen Bambusstöcke in die Vagina gestoßen wurden.

Einiges von solchem Material aus Wochenschaufilmen hat Bernardo Bertolucci in seinem Film *Der letzte Kaiser* (1988) montiert. Als der Film in japanischen Kinos gezeigt werden sollte, beschloß der Verantwortliche des japanischen Filmverleihs Shochiku Fuji, diese Szenen herauszuschneiden, ohne den Regisseur davon in Kenntnis zu setzen. Als Bertolucci davon erfuhr, behaupteten die Japaner, der englische Produzent habe um diese Schnitte gebeten; wahrscheinlich, so meinten sie weiter, weil er dachte, die Szenen seien »zu grausam für den japanischen Geschmack«. Bertolucci und sein englischer Produzent tobten, die herausgeschnittenen Szenen wurde wieder eingefügt, und Shochiku Fuji entschuldigte sich für das »große Mißverständnis«.

Es gibt keine Anhaltspunkte dafür, daß die Verleihfirma von der Regierung oder von anderer Seite gedrängt wurde, die Szenen herauszuschneiden. Die plausibelste Erklärung wäre noch, daß die Firma negative Publicity vermeiden wollte. Rechtsradikale Gruppierungen können sehr einschüchternd auftreten. Für Japaner sind Kontroversen immer peinlich, manchmal sogar gefährlich; darum verlangt es schon gewissen Mut, an Themen zu rühren, mit denen man unerwünschte Aufmerksamkeit auf sich lenken könnte.

Das Massaker von Nanking ist ein solches Thema. Es ist zum Hauptsymbol für die japanische Barbarei während des Krieges in Asien geworden. Im Verlauf des internationalen Militärtribunals für den Fernen Osten in Tokio bekam Nanking den gleichen Klang, den Auschwitz in Nürnberg hatte. Und da es ein Symbol ist, ist das Massaker von Nanking genauso wie Auschwitz und Hiroshima anfällig für Mythenbildung und Manipulation.

In japanischen Schulen wird die Kontroverse um Nanking einfach totgeschwiegen. In einem typischen Lehrbuch für Gymnasiasten steht: »Im Dezember [1937] besetzten japanische Truppen Nanking.« Eine Fußnote bietet nähere Erläuterung: »Damals sollen Berichten zufolge japanische Soldaten viele Chinesen, darunter auch Zivilisten, getötet haben, und Japan wurde Zielscheibe internationaler Kritik.« Das ist alles. Doch selbst diese wenigen Zeilen gingen manchen konservativen Bürokraten und Politikern zu weit; sie wollten die Passage ganz gestrichen sehen.

Es ist also kein Wunder, daß die Mittelschüler schockiert waren, als ihr Lehrer Masataka Mori, einer der Herausgeber von *Die Greueltaten von Nanking*, ihnen ein Dokumentarvideo über das Massaker vorführte. Nachdem sie den Film gesehen hatten, bat er die Schüler, ihre Gedanken niederzuschreiben. Sie schrieben fast alle das gleiche. Das Folgende stammt von einem 13jährigen Mädchen namens Ritsuko: »Ich habe immer den Krieg mit Hiroshima und Nagasaki in Verbindung gebracht. Aber die Atombomben kamen erst nach 1940. Davor hat Japan Sachen gemacht, die viel schlimmer waren. Als ich das Video sah, erschien mir das fast unwirklich. Zuvor konnte ich Japan immer nur als Verlierer des Kriegs ansehen, aber wir Japaner müssen wissen, was vor 1940 passierte. Was mich am meisten erschütterte, als ich das Video sah, war die Szene mit japanischen Soldaten, die lachten, als sie der Ermordung von Chinesen zuschauten. Wie konnten sie so etwas tun? Ich verstehe die Gefühle der Japaner von damals nicht [...].«

Zum ersten Mal wurde den Schülern zu Bewußtsein gebracht, daß auch die Japaner Aggressoren gewesen waren. Die Schockwirkung war beabsichtigt. Mori ist wie die meisten in der Friedenserziehung tätigen Lehrer ein Linker. Obwohl er unter den Mitgliedern der einst mächtigen Lehrergewerkschaft Japans mit vielen Sympathisanten rechnen kann, sind nur wenige so engagiert wie er. Er erzählte mir, die meisten seiner Kollegen seien eigentlich nicht gegen seine Arbeit, sondern eher gleichgültig gewesen; sie wollten einer Auseinandersetzung aus dem Weg gehen. Sein Videofilm sowie seine Broschüren über Japan zur Zeit des Zweiten Weltkriegs wurden privat über ein kleines Netz gleichgesinnter Lehrer verteilt – als Alternative zu den offiziellen, ausweichenden oder verkürzten Geschichtsdarstellungen, die in den vom Erziehungsministerium genehmigten Lehrwerken erscheinen.

Moris Broschüren spiegeln eine politische Sicht wider, die notwendigerweise vereinfachend verfährt. Die Japaner seien »Aggressoren« gewesen, seien in China »eingefallen« und hätten sich »kriminell und grausam« verhalten. Die Chinesen erscheinen entweder als »mutige Widerstand Leistende« oder als »unschuldige Opfer«. In einer der Broschüren berichtet Mori von einem Besuch in Nanking, wo er sich dessen »schmerzlich bewußt wurde, wie notwendig es ist, die Geschichte aus der Sicht des Aggressors zu überdenken«. Das also wird von den Schülern verlangt: sie sollen ihr Verständnis von Japan als Opfer vertauschen mit dem Blickwinkel des Aggressors.

Yasuko, ein Vierzehnjähriger, schrieb 1991 folgendes: »Wir hören oft, wie die Nazis ihre Opfer auf grausame Weise ermordeten, aber die Japaner waren auch ziemlich schlimm. Was bedeutet das unheimliche Lächeln auf den Gesichtern der Japaner, die den Chinesen den Kopf abhacken? Wie konnten sie lachen, während sie Menschen töteten? Ich hatte das Gefühl, daß ich nicht mehr hinschauen konnte, als ich die abgeschnittenen Köpfe auf den Pfählen sah [...].«

In dem Video geht es nicht in erster Linie um Geschichte. Die Schuld für den Krieg und die damit verbundenen Greueltaten wird eindeutig dem militanten Rassenchauvinismus des »Tennosystems« gegeben. Was Moris Schüler am meisten erschütterte, war das unheimliche Lachen der Soldaten. Die ausweichenden offiziellen Auskünfte zur Vergangenheit werden durch den Eindruck des Bösen in Frage gestellt, das von »den Japanern damals«, also von den Vätern und Großvätern der Schüler, lächelnd verübt wurde. Dadurch, daß sie »die Hölle von Nanking« betrachten, die Geschichte mit dem Blick der Identifikation sehen (und zwar der Identifikation mit den Aggressoren), werden sie in die Lage versetzt, so ihr Lehrer, »die Geschichte von morgen zu machen und den Völkern Asiens die Hand zu reichen«.

Es handelt sich, wie gesagt, um eine politisch begründete Haltung; aber auch Moris Haltung stellt die Unterscheidung zwischen einer christlichen »Kultur der Schuld« und einer konfuzianischen »Kultur der Schande« in Frage, die Ruth Benedict in ihrem Buch *The Chrysanthemum and the Sword* getroffen hat. Sie schrieb das Buch während des Krieges; es sollte dem amerikanischen Nachrichtendienst helfen, die Japaner besser zu verstehen. Ihrer Meinung nach ist »eine Gesellschaft, die absolute ethische Normen ausgeprägt hat und sich darauf verläßt, daß die Menschen ein Gewissen entwikkeln, *per definitionem* eine Kultur der Schuld [...]«. Aber in »einer Kultur, in der Schande eine der wichtigsten Sanktionen ist, sind die Menschen gekränkt, wenn sie mit Taten konfrontiert werden, deren Urheber sich in unseren Augen schuldig fühlen sollten«. Diese Kränkung kann aber nicht, wie das Gefühl der Schuld, »durch Beichte oder Sühne gelindert werden«. Auch wer »seine Verfehlung einem Beichtvater gegenüber öffentlich macht, erfährt keine Linderung. Solange sein schlechtes Benehmen ›nicht in die Außenwelt dringt‹, hat er keinen Grund, sich Sorgen zu machen; eine Beichte scheint ihm mögliche Gefahren erst heraufzubeschwören.«

Das ist eine sehr mechanistische Auffassung vom menschlichen Verhalten, wie sie für eine Sozialanthropologin nicht untypisch ist. Sie ist nicht ganz falsch, bietet aber bestenfalls eine begrenzte Erklärung. Es gibt einfach zu viele Ausnahmen, allzu viele Deutsche, die nicht den leisesten Wunsch nach Reue verspüren, und viele Japaner wie Mori, deren Anstrengungen, die »Sünden« ihres Landes öffentlich bekannt zu machen, unverkennbar als Gesten der Sühne gedacht sind. Deswegen reisen sie nach China und Südostasien, um sich bei den ehemaligen Opfern zu entschuldigen. Davon abgesehen, läßt sich zwischen Schuld und Schande nicht so einfach unterscheiden, wie Ruth Benedict dies tut. Ist der überbetonte Philosemitismus mancher Deutscher eine Frage persönlicher Schuld oder nationaler Schande? Unterscheidet er sich in irgendeiner Weise von dem überschwenglichen Verhalten älterer japanischer Touristen in China, die jeden Chinesen so begrüßen, als sei er ein lange vermißter Freund? Und hat das Ehepaar Mitscherlich in *Die Unfähigkeit zu trauern* nicht behauptet, »die Verleugnungsarbeit erstreckte sich gleichermaßen auf die Anlässe für Schuld, Trauer und Scham«? Wenn die Deutschen überhaupt Erinnerungen zuließen, schrieben die Mitscherlichs in den fünfziger Jahren, »dann als Aufrechnung der eigenen gegen die Schuld der anderen. Manche Greuel seien unvermeidbar gewesen, weil die Greuel der Gegner das Gesetz des Handelns vorgeschrieben haben«. Genau das haben viele Japaner behauptet, und sie tun es bis heute. Und aus genau demselben Grund besteht Mori darauf, seine Schüler dazu zu bringen, die Vergangenheit aus der Sicht der Aggressoren zu betrachten.

Die Kinder waren offensichtlich schockiert. Das mit extremer Gewalt verbundene Element des Spielerischen ist immer wieder besonders erschütternd. SS-Aufseher liebten es, die alltägliche Folterung von KZ-Insassen »Sport« zu nennen. Als »Sport« galt es, alte kranke Männer mörderischen körperlichen Anstrengungen auszusetzen. Es war »Sport«, Rabbiner auf dem Rücken anderer Rabbiner reiten zu lassen, während man sie zu Tode prügelte. Das Geschäft des Tötens braucht diese spielerische Ebene, wenn das Opfer zugleich erniedrigt und vernichtet werden soll. Neue Formen von Folter und Mord zu erfinden war auch ein Sport. Es ist wohl kein Zufall, daß es auch bei einer der berühmt-berüchtigten Episoden aus der Zeit des Nankingmassakers um eine Art »sportlichen« Wettkampf ging. Es ist nicht der schlimmste Bericht über Greueltaten, aber diese Geschichte um Omnipotenzgebaren und falsch verstandenes Heldentum hat all jene mythischen Elemente, die die Phantasie entzünden. Sie wurden mehr als vierzig Jahre nach den tatsächlichen Ereignissen zum Gegenstand einer erbittert geführten »Debatte« in Japan.

Zwei junge japanische Offiziere, Leutnant N. und Leutnant M., entschlossen sich auf dem Vormarsch nach Nanking, ihre Künste als Schwertkämpfer zu messen: Sieger sollte sein, wer zuerst einhundert Chinesen den Kopf abgeschlagen hätte. Also hieben sie sich ihren Weg durch die Reihen chinesischer Soldaten und köpften sie nach Art wahrer Samurai. Leutnant M. brachte es auf einhundertundsechs, Leutnant N. auf einhundertundfünf.

Die Geschichte führte zu einer flapsigen Schlagzeile in einer wichtigen Tokioter Zeitung: »Wer wird den Sieg davontragen? Zwei Leutnants melden achtzig.« Im Museum von Nanking gibt es ein Zeitungsfoto, das die beiden Kameraden zeigt, von jugendlichem Temperament strotzend. Im Bericht brüstet sich Leutnant N. damit, daß das Schwert seiner Ahnen noch immer keine Scharte habe, obwohl er schon sechsundfünfzig Männern den Hals durchgeschnitten habe. Der nächste Bericht stand unter der Schlagzeile »Rasche Fortschritte der Werfer!« Zu dieser Zeit waren gefährliche Amerikanismen wie Ausdrücke aus dem Baseballspiel von der japanischen Zensurbehörde noch nicht verboten.

Später, nach seiner Rückkehr nach Japan, begann Leutnant N. seine Geschichte zu revidieren. Bei einem Vortrag in seiner alten Oberschule sagte er, in Wirklichkeit habe er nur vier oder fünf der Männer im Verlauf von Kampfhandlungen geköpft; und was die anderen betrifft: »Nachdem wir die Stadt besetzt hatten, stand ich vor einem Graben und befahl den chinesischen Gefangenen vorzutreten. Blöd, wie chinesische Soldaten nun mal sind, trotteten sie zum Graben herüber, und ich haute ihnen einem nach dem anderen den Kopf ab.« Auch diese Version mag reine Prahlerei sein; ein japanischer Veteran, der in Nanking dabei war, hat mir erzählt, daß solche Geschichten oft erfunden oder zumindest von japanischen Reportern aufgeblasen wurden, da sie Anweisung hatten, die Heimatfront mit Meldungen von Heldentaten zu unterhalten.

Die Geschichte von den hundert Köpfen geriet in Japan bald in Vergessenheit. Aber in China gehört sie zu den Mythen um den Krieg. Katsuichi Honda, ein berühmter Reporter des *Asahi Shimbun*, bekam die Episode in Nanking zu hören. Er erzählte sie im Rahmen einer Artikelserie nach, die unter dem Titel *Eine Reise nach China* 1981 auch in Buchform erschien. Es war dieses Buch, das Masataka Mori dazu bewegt hatte, sich stärker für den Japanisch-Chinesischen Krieg zu interessieren. Für Aufregung sorgte es besonders in rechtsnationalistischen Kreisen. Shichihei Yamamoto, der sich mit Büchern einen Namen gemacht hatte, in denen er die Japaner mit den Juden gleichgesetzt hatte, schrieb eine Reihe von Artikeln, mit denen er Hondas Reiseberichte angriff.

Mitstreiter fand er unter den Intellektuellen, die sich immer zu Wort melden, wenn es darum geht, das Ansehen der Nation zu verteidigen; so entstand die *Nankin Ronso*, die Nankingdebatte. 1984 erschien das erste gegen Honda gerichtete

Buch: *Die Erfindung des »Nanking-Massakers«* von Masaaki Tanaka.

Die nationalistischen Intellektuellen werden von ihren Kritikern *goyo gakusha* genannt. Das ist schwer zu übersetzen, meint etwa »amtliche Wissenschaftler«, Gelehrte, die im Sinne der Regierung arbeiten. Diese Männer, und es handelt sich fast ausschließlich um Männer, dürften in akademischen Kreisen nicht sonderlich angesehen sein, am wenigsten bei den Historikern, unter denen noch viele streng marxistisch denken. Einen um so größeren Einfluß üben sie jedoch auf die öffentliche Meinung aus, sei es als Fernsehkommentatoren, als Vortragsredner oder als Mitarbeiter von populären Zeitschriften. Fast keiner unter ihnen hat einen akademischen Abschluß als Historiker; Tanaka zum Beispiel ist ein pensionierter Journalist.

Tatsächlich wird die Debatte über die japanische Kriegführung fast ausschließlich außerhalb der japanischen Universitäten geführt, von Journalisten, Amateurhistorikern, politischen Leitartiklern, Bürgerrechtsaktivisten usw. Das bedeutet, daß so abwegige Theorien wie die von Masaaki Tanaka vertretenen nie ernsthaft von Fachhistorikern angefochten werden. Ein Grund dafür ist, daß es in Japan überhaupt sehr wenige Historiker für Neurere und Neueste Geschichte gibt. Bis zum Ende des Kriegs wäre es gefährlich subversiv, wenn nicht gar blasphemisch gewesen, wenn ein Wissenschaftler sich mit Zeitgeschichte kritisch auseinandergesetzt hätte. Das Tennosystem war heilig. Ein anderer Grund ist, daß die Neueste Geschichte nicht als tauglicher Gegenstand akademischer Beschäftigung gilt. Alles ist zu flüchtig, zu politisch, zu kontrovers. Bis 1955 gab es an der Universität Tokio keinen Lehrstuhl für Neueste Geschichte. In der Wissenschaft endete die Geschichte irgendwann in der Mitte des 19. Jahrhunderts. Und selbst heute noch betrachten führende Historiker die Zeitgeschichte als eine Sache, die man am besten den Journalisten überläßt.

Die Argumente derer, die das Nankingmassaker leugnen,

sind eher schlichter Natur. So haben Tanaka und andere darauf hingewiesen, daß ein einzelner Mensch allein aus physischen Gründen gar nicht in der Lage sei, einhundert Männer mit einer Klinge zu köpfen. Und aus ebendiesem Grund sei es auch unmöglich, daß japanische Truppen binnen weniger Wochen mehr als hunderttausend Menschen hätten umbringen sollen. Ferner habe, so Tanaka, keine der japanischen Zeitungen damals über ein Massaker berichtet; wieso es also bei dem Tokioter Tribunal über Kriegsverbrechen plötzlich zur Sprache gekommen sei? Gewiß seien einige Unschuldige ins Kreuzfeuer geraten und dabei gestorben, aber diese Tode seien zufällig passiert. Gewiß seien einige japanische Soldaten zu weit gegangen, doch entspreche dies der »Psychologie des Kriegs«. In jedem Fall, und darauf laufen all diese Argumentationen hinaus, sei Hiroshima, da der Abwurf kaltblütig geplant worden sei, ein viel schwerwiegenderes Verbrechen gewesen. »Im Gegensatz zu Europa oder China«, schreibt Tanaka, »findet man in der ganzen Geschichte Japans kein einziges Beispiel für planmäßigen, systematischen Mord.« Denn die Japaner hätten »ein ganz anderes Wertgefühl« als die Chinesen und die westlichen Menschen.

Das ausgeprägtere Wertgefühl der Japaner wollen wir vorerst beiseite lassen um Tanakas Hinweis auf den systematischen Mord unsere Aufmerksamkeit zuzuwenden. Weil Nanking als Symbol für japanische Greueltaten von manchen als ein von den Japanern verübter Holocaust betrachtet wird, kommt es auf genaue Differenzierung an. Darauf, daß es in Nanking keine systematischen Ermordungen gab, haben auch linke Gegner der »amtlichen Wissenschaftler« hingewiesen. Der Historiker Saburo Ienaga zum Beispiel schrieb über das Nankingmassaker, dessen Ausmaße und Grausamkeit er keineswegs abstreitet, daß es »möglicherweise eine Reaktion auf den heftigen chinesischen Widerstand nach den Kämpfen um Shanghai darstellte«. Ienaga hat die besten Referenzen: er ist ein erbitterter Kritiker orthodox konservativer Ansichten, was seiner akademischen Karriere nicht unbedingt förderlich war. Aber selbst er hält an einem Argument fest, auf das alle Apologetiker des Massakers zurückgreifen: »Auf dem Schlachtfeld werden Männer den extremsten existentiellen Bedingungen ausgesetzt: es geht um Leben oder Tod. Extreme Verhaltensweisen, wie unzulässig sie nach ethischen Maßstäben gleichwohl sind, mögen in solchen Situationen dennoch unvermeidbar sein. Greueltaten, die weit entfernt von den Bedrohungen des Schlachtfelds und den Zwängen des Kampfes nach einem rationalen Plan ausgeübt werden, sind allerdings Taten schlimmster Barbarei. Die Gaskammern, die unser ›Alliierter‹ Deutschland in Auschwitz einrichtete, und der Atombombenabwurf unseres Feindes, der Vereinigten Staaten, sind klassische Beispiele solcher bewußt verübten Greueltaten.«

Manche Marxisten, und nicht nur japanische, gehen noch weiter. Heiner Müller zum Beispiel behauptete – im Zusammenhang mit seiner Bemerkung, Auschwitz sei »das letzte Stadium der Aufklärung« –, die Atombombe stelle »den naturwissenschaftlichen Ersatz für das Jüngste Gericht« dar. Die Antwort darauf müsse, so Müller weiter, darin bestehen, daß man die Kriegführung vermenschliche, also wissenschaftliche Tötung durch Kämpfe Mann gegen Mann ersetze, denn »Krieg ist Kontakt, Krieg ist Dialog, Krieg ist Freizeit«.

Er hätte auch sagen können: Krieg ist Sport. Das hieße aber auch, daß der Wettkampf um die hundert Köpfe als Metapher für das Nankingmassaker menschlicher oder zumindest eine menschlichere Greueltat wäre als Gaskammern und Atombomben. Vielleicht. Immerhin ließe sich sagen, daß die Ermordungen in Nanking mit den unmittelbaren Kampfhandlungen doch so nahe verbunden waren, daß sie als Teil des Kriegsgeschehens gelten könnten. Nanking war weder eine übernatürliche Apokalypse noch Teil des Versuchs, ein ganzes Volk auszulöschen. Trotzdem bleibt die Frage, ob die Vergewaltigung und Ermordung von vielen tausend Frauen sowie das sechs Wochen anhaltende Massaker an Tausenden, vielleicht Hunderttausenden von Menschen, die nicht am Kampf beteiligt waren, wirklich noch als »extreme Verhaltensweisen« in der Hitze des Gefechtes bezeichnet werden können. Die Frage ist um so berechtigter, wenn dieser extreme Gewaltausbruch in einer Weltanschauung Rechtfertigung findet, die den Aggressoren sagt, daß die Tötung einer minderwertigen Rasse dem Willen ihres Gottkaisers entspricht.

Genau dies würden die Nationalisten des rechten Flügels zuletzt zugeben. Und genau dies möchten linke Lehrer, Aktivisten und Wissenschaftler betonen. Moris Videofilm setzt ein mit einem Bild der kaiserlichen Chrysanthemen und dem Geräusch marschierender Soldatenstiefel. Das Nankingmassaker ist für die Linke und auch für viele Liberale das Hauptsympol eines japanischen Militarismus, der gestützt wird von Kaiserkult und Reichsidee. Darum wurde es zu einem Grundpfeiler des Nachkriegspazifismus. Der Artikel 9 der Verfassung gilt als notwendig, damit sich ein solches Massaker niemals wiederholt. Die nationalistische Rechte vertritt den entgegengesetzten Standpunkt. Um Japans wahre Identität wiederherzustellen, will sie dem Kaiser wieder die Rolle als religiöses Staatsoberhaupt zugestanden wissen und den Artikel 9 revidiert sehen: so allein könne Japan wieder zu einer legitimen Militärmacht werden. Wer so denkt, will das Nankingmassaker wie auch alle anderen Beispiele extremer japanischer Aggressivität entweder nicht wahrhaben oder muß es relativieren bzw. ganz abstreiten.

Mittlerweile haben sich die Fronten so verhärtet, daß das ganze Politisieren um das Symbol einer vernünftigen Klärung des historischen Geschehens von 1937 im Wege steht. Je mehr die eine Seite auf der Schuld der Japaner beharrt, desto stärker neigt die andere dazu, alles rundweg zu leugnen. Die Rhetorik der Nankingdebatte ist besonders auf seiten der Revisionisten sowohl irrational als auch unhistorisch. In seinem Buch *Die Erfindung des »Nanking-Massakers«* wirft Masaaki Tanaka Katsuichi Honda und seiner liberalen Zeitung vor, »die feindliche Propaganda« verbreitet zu haben. Shoichi Watanabe, ein anderer prominenter Revisionist, schrieb ein Vorwort für das

Buch von Tanaka; auch er ist nicht Historiker, sondern Professor für englische Literatur. Watanabe wirft Honda vor, die »Geschichtsauffassung des Tokioter Prozesses« gestützt zu haben, der die Schuld »nicht nur den japanischen Offizieren und den Soldaten von damals, sondern allen Japanern, sogar unseren ungeborenen Kindern« aufgebürdet habe.

Obwohl sie vielleicht keine hochrangigen Intellektuellen sein mögen, kann man die Revisionisten des Nankinmassakers nicht einfach als harmlose Spinner abtun, denn im Gegensatz zu den Holocaust-Revisionisten sind sie nicht nur am extremistischen Rand des politischen Spektrums zu finden. Sie haben ein breites Publikum und werden von einflußreichen rechten Politikern unterstützt. Shintaro Ishihara, ein populärer und redegewandter Politiker und ehemaliger Minister im japanischen Kabinett, verfaßte gemeinsam mit Shoichi Watanabe das Buch *Immer noch ein Japan, das nein sagen kann*; darin wird behauptet, in Nanking sei überhaupt nichts Außergewöhnliches vorgefallen. Als Ishihara in einem *Playboy*-Interview nach seiner Meinung zum Nankingmassaker gefragt wurde, sagte er: »Man behauptet, die Japaner hätten dort einen Holocaust veranstaltet, aber das ist nicht wahr. Das ist eine Geschichte, die die Chinesen erfunden haben. Das hat das Bild von Japan befleckt, aber es ist eine Lüge.«

Natürlich sorgte das bei den liberalen Linken für Aufregung, und wie immer versuchte eine Minderheit von Aktivisten, eine große Sache daraus zu machen. Eine »Gesellschaft der Bürger Kiotos, die die Ishihara-Aussage nicht tolerieren« wurde gegründet. Diese Gruppe veröffentlichte ein Pamphlet, das auch Ishiharas Erwiderung auf die Kritik der Gruppe wiedergab. Er versuchte, seinen Kritikern entgegenzukommen. Daß Taiwaner und Koreaner, die zur Zwangsarbeit nach Japan gebracht und dort von den Atombomben getötet worden waren, unschuldige Opfer gewesen seien, entspreche der Wahrheit. Aber er sehe keine Notwendigkeit, seine Meinung zu Nanking zu revidieren. Die Japaner müßten die Geschichte durch ihre eigenen Augen sehen, denn »wenn wir uns auf

Informationen von Fremden und fremden Ländern verlassen, die Geschichte für Propagandazwecke einsetzen, laufen wir Gefahr, unsere eigene Geschichte nicht mehr zu verstehen.« Eine weitere Variante der Geschichtsbetrachtung mit dem Blick der Identifikation.

Shintaro Ishiharas Bemerkungen waren einer der Gründe, warum ich im Sommer 1991 in einem stickigen Hotelzimmer in Nanking saß. Das Hotel steht an einer vielbefahrenen, von Bäumen gesäumten Straße in einem Stadtteil, in dem sich früher die Botschaften der westlichen Länder und Krankenhäuser befanden. 1937 hieß das Viertel Sicherheitszone; wirklich sicher war es aber nie. Immer wieder tauchten japanische Soldaten auf und trieben die chinesischen Männer zusammen, um versteckte Soldaten ausfindig zu machen. Wer Schwielen an den Händen hatte, wurde freigelassen; solche Männer mußten Bauern oder Arbeiter sein. Die anderen aber betrachtete man als Soldaten, und sie wurden weggebracht – zur Exekution. Ihre Leichen wurden in den Fluß geworfen.

Wir waren eine buntgemischte Gruppe, die sich im Hotel versammelt hatte, um an einer Konferenz über das Massaker teilzunehmen. Die Hauptorganisatoren waren zwei Amerikaner chinesischer Abstammung, der eine ein Geschäftsmann, der andere ein Zahnarzt, der sich in New York niedergelassen hatte. Der Zahnarzt war ein Nachkriegskind; der Geschäftsmann hatte 1937 als Kind erlebt. Wie sie erklärten, hatte ihr Engagement für die Aufklärung des Massakers patriotische Gründe. Unter den anderen Teilnehmern waren Chinesen aus verschiedenen Regionen der Volksrepublik; unter ihnen ein Schullehrer, ein Rechtsanwalt, mehrere Universitätsprofessoren und eigenartigerweise auch ein Polizist in Zivil. Ein älterer Amerikaner nahm teil, dessen Vater während des Japanisch-Chinesischen Kriegs als Zeitungskorrespondent in China gewesen war. Er trug ein großes Stück Pappe mit sich herum, auf dem er alte Zeitungsbilder von den japanischen Greueltaten aufgeklebt hatte. Zu sehen bekam man diesen Schatz nur, wenn man dessen seiner Meinung nach würdig war; dabei blickte er ständig über seine Schulter. Schließlich waren da noch verschiedene japanische Gruppen, Männer und Frauen, unter ihnen viele Schullehrer; einer von ihnen war Masataka Mori.

Es hätte eigentlich eine größere Konferenz werden sollen, mit weit mehr Teilnehmern und in Räumen der Universität von Nanking. Aber die chinesische Regierung hatte zumindest laut Aussage der beiden Veranstalter, im letzten Augenblick die Genehmigung verweigert. Den Grund dafür vermutete man in einem überraschenden Besuch des japanischen Premierministers in Peking. Da die Chinesen um günstige Bankkredite gebeten hatten, wäre eine Konferenz über japanische Kriegsverbrechen nicht opportun gewesen. Gegen eine informelle Versammlung von Enthusiasten schien es keine Bedenken zu geben; ein kleiner Stachel im japanischen Gewissen konnte vielleicht nicht schaden.

Wir tranken Tee und warteten auf das Eintreffen von einigen Überlebenden des Massakers, die über ihre persönlichen Erfahrungen berichten wollten. Die Japaner fotografierten sich und uns. Die meisten von ihnen waren um die Vierzig. Manche Männer trugen ihr Haar etwas länger; die meisten Frauen trugen Jeans. Keiner von ihnen sprach Englisch oder Chinesisch. Der chinesisch-amerikanische Zahnarzt agierte als Dolmetscher, denn er hatte in Japan studiert.

Mit einiger Verzögerung erschienen die Überlebenden: eine Frau und drei Männer. Sie hatten die sonnengebräunte, lederartige Haut von Menschen, die zeit ihres Lebens im Freien gearbeitet haben. Sie trugen einfache blaue Kleidung, die Männer zudem Maomützen. Einer von ihnen lächelte die meiste Zeit und entblößte einen fast zahnlosen Mund. Er berichtete als erster. Die Japaner hätten sich damals ein Vergnügen daraus gemacht, eine Handgranate in den Fluß zu werfen und ihn dazu zu zwingen, die toten Fische einzusammeln. Dann »trockneten« sie ihn, indem sie ihm Fackeln an die Haut hielten. Später sei er mit Schüssen eines Maschinengewehrs in den

Fluß getrieben worden, habe aber entkommen können. Es sei die Pflicht der japanischen Regierung, ihm eine Entschädigung zu zahlen.

Dann war die Frau an der Reihe. Sie rollte ein Hosenbein hoch, um eine lange, braune Narbe zu enthüllen. Manche der Japaner traten näher an sie heran, um sie zu fotografieren. Damals sei sie zwei Jahre alt gewesen, und die Japaner hätten sie mit ihren Bajonetten aufgeschlitzt. Mehr könne sie nicht sagen, die Erinnerungen seien zu schmerzhaft; sie wolle nur noch betonen, daß die japanische Regierung sie entschädigen müsse.

Als nächster sprach ein kleiner, zäh aussehender Mann; 1937 war er siebzehn Jahre alt gewesen. Er sei aus seinem Haus gezerrt und mit mehreren anderen in ein Sägewerk gebracht worden, dort habe er sich ausziehen und hinknien müssen. Einer nach dem anderen sei mit einer Axt erschlagen worden. Irgendwie sei er davongekommen, mit einer schweren Verletzung am Hals. Er sei zu seinem Haus gegangen, aber das sei niedergebrannt worden. Er zeigte uns seine Narbe und sagte, die Japaner sollten ihm Entschädigung zahlen.

Mori begann, Fragen zu stellen. Er wollte weitere Einzelheiten hören. Wann genau habe das alles stattgefunden? Zu welcher Uhrzeit? An welchem Ort? Eine Karte wurde ausgebreitet. Wie das Wetter damals gewesen sei. Manchen mochten seine Fragen impertinent erschienen sein oder allzu beharrlich, aber ich bewunderte ihn für seine Hartnäckigkeit. Ihm waren die Tatsachen wichtiger als eine Zurschaustellung von Emotionen.

Der vierte Überlebende berichtete uns davon, wie er mit ungefähr fünftausend anderen Männern zum Fluß gebracht worden war. Seine Stimme klang müde, als hätte er diese Geschichte schon zu oft erzählen müssen. Seine Augen starrten ins Leere. Aber sein Bericht war erschütternd. Japanische Offiziere zu Pferd hätten die Männer gezwungen, sich in einer Reihe aufzustellen. Er erinnere sich noch an die langen Schwerter, die an ihren Seiten baumelten. Dann habe das

Schießen begonnen. Die Kugeln kamen von einem Maschinengewehr am Flußufer. Er habe seinen jüngeren Bruder an die Hand genommen, ihr Vater habe hinter ihnen gestanden. Sowohl sein Vater als auch sein Bruder seien gestorben, die anderen Männer auch. Die Japaner hätten sich vergewissert, daß alle tot waren, indem sie in alles, was sich noch rührte, mit Bajonetten hineingestochen hätten. Er habe nur überlebt, indem er vorgetäuscht habe, tot zu sein. Drei Stunden lang habe er absolut bewegungslos zwischen den blutigen Leichen gelegen. Als dann die Japaner Benzin über ihn und die anderen Leichen gegossen hatten, habe er davonkriechen können, kurz bevor alles in Flammen aufging.

Es folgte ein Augenblick des Schweigens. Eine der japanischen Frauen trocknete ihre Augen mit einem rosafarbenen Taschentuch. Ein japanischer Lehrer – sein Namensschild wies ihn aus als Vertreter des »Forums zum Nachdenken über die Kriegsopfer im Asiatisch-Pazifischen Raum und zur Einprägung dieser Ereignisse in unser Gedächtnis« – erhob sich und hielt eine Rede auf japanisch, die ins Chinesische übersetzt wurde. »Wir wollen zeigen«, sagte er, »daß die Vergangenheit nicht nur dem Militarismus zur Last gelegt werden kann. Auch wir Heutigen tragen dafür Verantwortung. Deswegen haben wir uns entschlossen, Nanking jedes Jahr am 15. August zu besuchen, denn wir sind der Meinung, daß wir nur über den Frieden reden können, wenn wir uns von den Seelen der Opfer dazu inspirieren lassen. Indem wir Ihnen zuhören, haben wir das Gefühl, daß sich eine Freundschaft zwischen den Chinesen und den Japanern aufbauen läßt. Wenn wir Ihren Berichten zuhören, können wir für den Weltfrieden arbeiten.«

Ein Arzt aus Nanking schloß die Augen und sang ein Lied; er klatschte den Rhythmus mit. Die Zeugen lächelten, andere Chinesen sangen mit. Es war ein altes Lied, das an den »Vorfall vom 19. September« des Jahres 1931 erinnert – damals begannen die Japaner mit der Annexion der Mandschurei. Es folgten weitere, sehr emotionsgeladene Reden. Ein chinesischer Rechtsanwalt griff den »japanischen Militarismus« an und unterstrich seine Friedensliebe. Der Politiker Shintaro Ishihara habe das chinesische Volk beleidigt, und zwar besonders die Einwohner von Nanking: »Wir wollen die Unterstützung aller friedliebenden Menschen, um der Wiederbelebung des japanischen Militarismus zu widerstehen.«

Der schäbige Raum war heiß und überfüllt. Rauchschwaden hingen in der Luft. Mir wurde leicht übel beim Anblick der Narben, die die Überlebenden unbedingt vorzeigen wollten. Und obwohl auch ich der Meinung war, daß die japanische Regierung verpflichtet ist, sich der Vergangenheit zu stellen, und daß sie sich im Hinblick auf Wiedergutmachungen bislang sehr kleinlich verhalten hat, ärgerte mich die in Selbstgerechtigkeit erstarrte Sprache – was sollte das Gerede über das Wiedererwachen des japanischen Militarismus in einem Land, dessen Führungselite gerade die Armee gegen das eigene Volk eingesetzt hatte? Nach dem Ton der Konferenz zu urteilen, mußte Militarismus ein chronisches, vielleicht sogar angeborenes Leiden der Japaner sein.

Ich fragte einen der Überlebenden, wann er denn damit begonnen habe, öffentlich über seine Kriegserfahrungen zu sprechen. 1982, antwortete er. Warum erst damals? Er erwähnte den japanischen Schulbuch-Skandal. Damals war die Nachricht nach China gelangt, daß das japanische Erziehungsministerium Änderungen in Schulbüchern durchgesetzt hatte, um die japanische Verantwortung für den Angriffskrieg zu leugnen, und auf Grund dieser Nachricht bestimmte die chinesische Regierung Überlebende von Nanking, die öffentlich von ihren Erfahrungen sprechen sollten. Zuvor war das Interesse der Behörden gering gewesen. Das hatte einen Grund, den die Überlebenden nicht erwähnten: Nanking war die Hauptstadt der Nationalchinesen unter Chiang Kai-shek gewesen und paßte insofern nicht in den Kontext des kommunistischen Kampfs gegen den japanischen Faschismus. »Vielleicht«, sagte der Mann, »gab es einen politischen Grund. Aber das ändert nichts an unseren Gefühlen.«

Die Schulbuch-Affäre, soweit sie 1982 von der japanischen Presse gemeldet wurde, drehte sich zum einen darum, daß das Wort »Invasion« (in China) in »Vormarsch« (nach China) verändert worden war, zum anderen um die Streichung aller Hinweise auf das Nankingmassaker. Die Zeitungsmeldung von 1982 war aber falsch. Denn entsprechende Änderungen waren schon einige Jahre zuvor durchgeführt worden, was damals in Japan eine heftige Kontroverse ausgelöst hatte; 1982 war die Meldung gegenstandslos. *Sankei*, eine konservative Zeitung, bat ihre Leser um Entschuldigung für den Irrtum. *Asahi* entschuldigte sich nicht. Der chinesischen Regierung kam diese Affäre gelegen. Deng Xiaoping wurde in dieser Zeit von der Armee und seinen Rivalen in der Kommunistischen Partei vorgeworfen, sich gegenüber den Vereinigten Staaten und Taiwan zu nachgiebig zu verhalten. Und eine japanische Handelsdelegation hatte, kurz bevor der japanische Premierminister nach Peking fahren sollte, Taipeh besucht. Also lag es in Dengs Interesse, die Japaner in Verlegenheit zu bringen und den Finger auf die Wunde zu legen.

Mit der Schulbuch-Affäre bot sich die Gelegenheit, das Nankingmassaker zu thematisieren. Die chinesische Regierung beschloß, der Ereignisse durch die Errichtung eines Museums zu gedenken. Was dabei herauskam, ist ein trauriges, schlecht unterhaltenes Gebäude in einer armen Gegend am Stadtrand von Nanking. Die Dörfer ringsum dürften sich seit der Zeit der Japaner kaum verändert haben: niedrige Häuser aus Ziegelsteinen und Lehm, enge Gassen, Kinder, die im Schmutz der Straße spielen, Leute, die mit Fahrrädern zum Markt fahren; von den Lenkstangen baumeln, am Hals aufgehängt, kreischende Hühner. Auch hier sollen Massaker stattgefunden haben. Man erzählte mir, überall in der staubigen Erde könne man Menschenknochen finden.

Das Museum ist ein Betongebäude, das von einem großen Steingarten umgeben ist. Die Steine, in verschiedenen Formen und Größen, tragen Inschriften mit den Namen der Stätten des Massakers und der Zahl der jeweils Ermordeten; über dem

Haupteingang zum Museum eine große Inschrift in chinesischer und englischer Sprache: »Opfer: 300000«. Das Gebäude betritt man durch einen langen Flur; an beiden Seiten verläuft über die ganze Länge ein durch Glas geschützter Sandkasten. Knochen und Schädel, angeblich die Relikte chinesischer Opfer, liegen auf dem Sand. Staubige Spinnweben hängen von der feuchten Decke herab. Eine Tafel im Hauptsaal erklärt, daß das Museum errichtet wurde, um »den Sieg des chinesischen Volkes im antijapanischen Krieg zu feiern«. Sein Zweck sei, »das Volk zu erziehen und dazu zu ermutigen, daß es seine Anstrengungen verdoppelt, um China zu stärken, Chinas Außenpolitik des Friedens und der Unabhängigkeit zu unterstützen und sowohl die Freundschaft zwischen dem japanischen und dem chinesischen Volk wie auch den Kampf für den Weltfrieden zu fördern«.

Die offiziellen Dokumente der japanischen Armee, hauptsächlich Depeschen von befehlshabenden Offizieren vor Ort, sind die interessantesten Ausstellungsstücke. Ihre Sprache verrät mehr als die fleckigen Fotografien von den Greueltaten. Wenn es um die Ermordung von größeren Menschengruppen geht, werden vor allem die Ausdrücke »Aufräumen« (*katazukeru*) und »Behandlung« (*shori*) im Sinn von »Sonderbehandlung« benutzt. Mir wurde ein Videofilm mit Dokumentaufnahmen gezeigt, die ich schon gesehen hatte: Leichen, die in Gräben geworfen werden, Frauen mit aufgeschlitzten Bäuchen und lachende Exekutionskommandos. Mit der Sentenz »Nanking hat Furchtbares erlitten und viel zum weltweiten Kampf gegen den Faschismus beigetragen« endet der Film.

Als ich aus dem Museum herauskam, sah ich einen der jungen japanischen Lehrer. Er hatte das Gewand eines buddhistischen Priesters angelegt, ließ seinen Rosenkranz durch die Finger gleiten und betete für die Toten. Einer der anderen Lehrer fotografierte ihn. Eine junge Frau aus derselben Gruppe drückte mir eine Broschüre in die Hand. Ein interessantes Dokument: es enthielt Berichte von Gruppenmitgliedern, die Nanking zuvor schon besucht hatten. Auch hier wollten die zum Ausdruck gebrachten Gefühle ganz und gar nicht in das Schema von »Kultur der Schande« versus »Kultur der Schuld« passen. Selbst dort, wo das Wort *hazukashii* oder »Schande« vorkam, war seine Bedeutung nicht von der der westlichen Vorstellung von Schuld zu unterscheiden.

»Ich wußte, es würde sehr schwer sein«, schrieb einer der japanischen Besucher, »aber nachdem wir am Ort angekommen waren, verfolgten mich die Trauer und der Zorn der Chinesen, die so unaussprechliche Greuel hatten erleiden müssen. Das Wissen, von jenen Japanern abzustammen, erdrückte mich. Ich war bestürzt und konnte nichts anderes denken als: Die Toten müßten sprechen! Die Opfer von Nanking sollten sich erheben und uns Japaner angreifen! Denn wir, die wir nach dem Krieg weitergelebt haben, ohne mit unserer Vergangenheit ins reine zu kommen, wir werden keine neue Sicht unserer Geschichte entwickeln können, ohne das Gefühl der Schande durchlebt zu haben.«

Mein letzter Besuch in Nanking galt einem Ort namens Yuhuadai; dort hatte drei Tage lang eine Schlacht getobt. An der Stätte eines der schlimmsten Massaker erhebt sich heute ein häßliches Denkmal. Es handelt sich um einen großen phallusförmigen Turm, den Bäume von einer Monumentalskulptur proletarischer Helden Chinas trennen, die sich gegen den Faschismus erheben. Hier ist auch die Stätte, an der Leutnant M. und N. hingerichtet wurden; ein chinesisches Militärgericht hatte ihnen wegen ihres todbringenden Wettkampfs mit den Schwertern den Prozeß gemacht.

Leutnant M.s Tochter veröffentlichte einen langen Artikel in einer der rechtsgerichteten Zeitschriften, die immer wieder das »Geschichtsbild des Tokioter Prozesses« angreifen. In diesem Artikel wirft sie Katsuichi Honda vor, schamlos gehandelt zu haben, weil er den Ruf ihres Vaters zerstört habe. Ob er dabei denn gar nicht an die Gefühle der noch lebenden Familienmitglieder gedacht habe? Ihr Vater habe sich nichts inniger gewünscht als ein Zusammenleben von Japan und China in Frieden und Eintracht. Wie solle er in Frieden ruhen können, wenn man Lügen verbreite? Sie habe mit dem Geist ihres Vaters gesprochen. Dann sei sie vom Reiseführer ihrer Gruppe gerufen worden, der Bus warte, man müsse weiterfahren. »Da nahm ich etwas von der roten Erde und schlug sie in mein Taschentuch ein. Ich hatte das Gefühl, als hätte die Erde den Geruch meines Vaters aufgenommen.«

In der zweiten Hälfte der achtziger Jahre, zwischen der Schulbuch-Affäre und dem Tod von Kaiser Hirohito, ereignete sich etwas Merkwürdiges in Japan. Einige Veteranen aus der Kaiserlichen Armee Japans begannen damit, über ihre Kriegserlebnisse öffentlich zu berichten. Ihre Aussagen wurden auf Videofilm aufgezeichnet und bei privat organisierten Ausstellungen gezeigt; so zum Beispiel während der Ausstellung »zu Krieg und Frieden«, die in einer katholischen Kirche Tokios stattfand. Die Männer waren zwischen siebzig und neunzig Jahre alt; damals waren die meisten von ihnen einfache Soldaten oder Offiziersanwärter gewesen. Vielleicht hat die Nähe des Todes ihr Redebedürfnis geweckt, vielleicht auch der Umstand, daß ihre vorgesetzten Offiziere nicht mehr am Leben waren. Der Druck, das Schweigen aufrechtzuerhalten, war weniger stark, sie mußten nicht mehr das Gesicht wahren. Dasselbe geschah nach dem Tode von Kaiser Hirohito; es war, als dürfte man plötzlich bisherige Tabuthemen öffentlich behandeln. Immerhin war, wie es ein junger Historiker mir gegenüber ausdrückte, der Kaiser der höchste befehlshabende Offizier überhaupt.

Einer dieser Veteranen war Shiro Azuma, ein Kaufmann aus der Präfektur Kioto. Er sprach 1987 zum ersten Mal öffentlich von seinen Erfahrungen und erregte damit großes Aufsehen. Kamerateams und Zeitungsreporter fuhren in die kleine Stadt an der Küste, in der er lebte, um seine Aussagen festzuhalten. Rechtsgerichtete Patrioten drohten, ihn umzubringen. Er wurde aus seiner Veteranenvereinigung ausgestoßen. Aber er konnte nicht mehr schweigen. Tatsächlich redete er, als würde der Rest seines Lebens davon abhängen. Shiro Azuma war im Winter 1937 in Nanking gewesen.

Als er mich 1992 vom Bahnhof einer Kleinstadt östlich von Kioto abholte, war Azuma bereits einundachtzig Jahre alt. Dieser stämmige Mann mit kantigem Gesicht und schwarschillernd gefärbtem Haar sah jedoch weit jünger aus. Und er war stolz darauf. Er bat mich mehrmals, sein Alter zu schätzen. Ich tippte auf Mitte Sechzig. Während wir vom Bahnhof durch eine schöne Berglandschaft mit Reisfeldern zu seinem Haus fuhren, öffnete er das Handschuhfach und zog einen Schlagring aus Messing hervor. »Falls die Rechtsradikalen etwas im Schilde führen sollten«, sagte er, als er die Metallreifen über die Hand streifte.

Azumas Haus im traditionellen japanischen Stil mit Tatamimatten und Papierschiebetüren war voller chinesischer Kunst. An den Wänden hingen chinesische Schriftrollen, und die Bespannungen der Schiebetüren waren mit chinesischer Landschaftsmalerei aus der Hand eines Künstlers aus Peking geschmückt. Manche davon, sagte Azuma, seien Geschenke eines hohen Funktionärs der kommunistischen Partei Chinas. Azuma hatte ihm einen Gefallen erwiesen, indem er seinen Sohn versorgte, während dieser in Japan studierte.

Wir tranken Tee, den uns Azumas Frau servierte. Er begann, über sein Leben zu sprechen. In dieser Kleinstadt an der Küste war er geboren; sein Vater hatte hier ein gutgehendes Geschäft gehabt. Er sei ein verwöhntes Kind gewesen und habe in der Schulzeit ein zügelloses Dasein geführt, indem er sein Taschengeld in den Bordellen des Ortes ausgegeben habe. Als er 1937 einberufen wurde, litt er an einer Geschlechtskrankheit.

Das Leben in der Armee sei schwer gewesen, aber er habe die Gründe, aus denen man in den Krieg gezogen war, nie in Frage gestellt. Es sei der Wille des Kaisers gewesen; der Zweck heiligte die Mittel, also war jeder Sieg gerecht. Dennoch ärgerte er sich über seine Vorgesetzten. Sie seien »Feiglinge« gewesen, sagte er. Ein Feigling zu sein sei für ihn die schwerste

Beleidigung. Sein Zugführer, ein junger Mann namens Mori, der mit einem Abschluß von der Militärakademie kam, sei ein Feigling gewesen, habe sich zwar groß aufgeführt, aber den Kampf nicht aushalten können. Mit seinen Kameraden habe Azuma nicht viel verbunden; bis auf eine Ausnahme, einen angehenden Ingenieur namens Higuchi. Er sei der einzige gewesen, der Bücher gelesen habe und der »keinen Dreck am Stecken hatte«. Aber er sei eines Nachts in China gestorben, gestorben durch eine Kugel von den eigenen Leuten, die in Panik losgeschossen hätten. Azuma habe den Freund auf dem Schoß gehalten, während sein Gehirn ihm über die Hosen lief.

Azuma hatte immer gerne Bücher gelesen. Neben Higuchi, sagte er, sei er der einzige im Zug gewesen, der gelesen habe. Ich fragte ihn, welche Bücher er in China gelesen hatte. »*Die gute Erde* von Pearl S. Buck und *Mein Kampf* von Adolf Hitler«, antwortete er. Beide habe er gerne gelesen. Auch *Mein Kampf*? Ja, sagte er, Adolf Hitler habe er angebetet. Besonders beeindruckt habe ihn, als er hörte, daß es deutschen Soldaten verboten war, ausländische Frauen zu vergewaltigen, weil sie damit die Reinheit des deutschen Volkes beschmutzen könnten. Das, sagte er, hätte die japanischen Soldaten in China am allerwenigsten gekümmert.

»Sexuelle Begierde ist menschlich«, sagte er. »Da ich an einer Geschlechtskrankheit litt, habe ich es nie mit einer Chinesin gemacht. Aber ich habe mir ihre Schamteile schon angeguckt. Wir haben ihnen immer befohlen, die Hosen runterzulassen. Wissen Sie, die trugen nie Unterwäsche. Aber die anderen haben es mit jeder Frau gemacht, die ihnen übern Weg gelaufen ist. Das wäre noch nicht so schlimm gewesen. Aber danach töteten sie die Frauen. Frauen zu vergewaltigen verstieß gegen die militärischen Anordnungen, also mußten wir die Beweise aus der Welt schaffen. Solange man die Frauen bumste, betrachtete man sie als Menschen, aber als wir sie töteten, da waren sie bloß noch Schweine. Wir fühlten keine Scham und keine Schuld. Wenn wir das getan hätten, hätten wir so etwas nie fertiggebracht.

Wenn wir in ein Dorf kamen, haben wir als erstes alle Lebensmittel gestohlen, dann nahmen wir die Frauen und vergewaltigten sie, und schließlich haben wir alle Männer, Frauen und Kinder getötet, damit niemand abhauen und chinesischen Truppen erzählen konnte, wo wir uns befanden. Sonst hätten wir nachts nicht schlafen können.«

Offensichtlich war das Nankingmassaker der Gipfel unzähliger Massaker auch kleineren Ausmaßes. Aber es war Massenmord ohne eine Genozidideologie. Es war barbarisch, aber für Azuma und seine Kameraden gehörte die Barbarei zum Krieg. Genau über dieses Thema, darüber, wie sich im Krieg normale Männer in mordgierige Bestien verwandeln können, haben viele japanische Schriftsteller immer wieder nachgedacht – sogar schon während des Krieges. Tatsuzo Ishikawa war Zeuge des Nankingmassakers und schrieb darüber 1938 eine Novelle mit dem Titel *Lebendige Soldaten*. Darin finden sich Sätze wie: »Einen Feind zu töten war für Feldwebel Kasahara nichts anderes als das Töten eines Karpfens.«

Doch zurück zu Azuma. »Einer der schlimmsten Augenblicke in meiner Erinnerung«, sagte er schließlich, »ist die Ermordung eines alten Mannes und seines Enkels. Das Kind wurde mit einem Bajonett durchbohrt, und der Großvater versuchte, das Blut des Jungen aufzusaugen, als könnte er ihn damit etwas länger am Leben erhalten. Wir schauten beiden eine Zeitlang zu, und dann töteten wir sie. Auch da fühlte ich noch keine Schuld, aber so etwas hat mich schon gestört. Es hat mich durcheinandergebracht. Also entschloß ich mich, Tagebuch zu führen. Ich dachte, das würde mir helfen, einen klaren Kopf zu behalten.«

Nanking selber, das er später als einen »höllischen Kriegsschauplatz« bezeichnete, war für Azuma kein besonderes Ereignis. Die meiste Zeit dort habe er mit Kartenspielen verbracht. Gelegentlich mußte sich sein Zug auf die Suche nach versteckten chinesischen Soldaten machen, aber an den Hinrichtungen habe er nie teilgenommen. Ich fragte ihn, wie das kam, daß manche Japaner in die Massenverhaftungen und

Massenmorde verwickelt waren und andere nicht. – Das sei vom jeweiligen Zugführer abhängig gewesen. Mori, sein Vorgesetzter, sei eben ein Feigling gewesen. – Ob er damit meine, Mori sei zu zimperlich gewesen, um bei den Exekutionen mitzumachen? Ob das nicht gerade das Gute an ihm gewesen sei? Azuma brummte: »Tja, vielleicht ...«

Er habe aber Kameraden gehabt, die an den Exekutionen beteiligt waren. Einer von ihnen, Rokusuke Masuda, tötete mit seinem Maschinengewehr am Ufer des Jangtse fünfhundert Männer. Azuma besuchte diesen Kameraden im Krankenhaus kurz vor dessen Tod Ende der achtziger Jahre. Masuda hatte Angst, in die Hölle zu kommen. Um ihn zu beruhigen, habe Azuma dem Kameraden versichert, er habe doch nur Befehle ausgeführt. Aber Masuda sei bis zum Schluß davon überzeugt gewesen, er würde in der Hölle landen.

Nicht lange nach seiner Zeit in Nanking sei Azuma krank geworden und nach Japan zurückgeschickt worden. Er habe sein Tagebuch behalten können, obwohl solche Aufzeichnungen von der Militärpolizei meistens beschlagnahmt wurden. Während seines Aufenthaltes in Japan habe er seine Notizen in einen etwas zusammenhängenderen Bericht umgeschrieben, den er seinen künftigen Kindern hinterlassen wollte. Auch damals habe er noch nicht daran gezweifelt, daß es ein gerechter Krieg gewesen sei und daß man ihn um jeden Preis gewinnen mußte. Er habe damals nur festhalten wollen, zu welcher Gewalttätigkeit normale Menschen fähig seien.

Der Bericht lag in Packpapier eingewickelt bis 1987 in einem Schrank. Azuma hat fünf Kinder. Keins von ihnen habe auch nur das geringste Interesse an den Kriegserfahrungen des Vaters gezeigt. »Wir haben nie darüber gesprochen«, sagte Azuma. Er sprach auch von seinem Bruder, der ebenfalls in China gedient hat. Der Bruder sei dem Alkohol verfallen und gerade vor einer Woche bei einem Autounfall ums Leben gekommen. Auch sein Bruder habe nie über den Krieg gesprochen. Ich fragte Azuma, wie dies bei seinen alten Kameraden gewesen sei; wie hatten die später über den Krieg gedacht?

»Ach«, sagte Azuma, »wir sprachen nie viel darüber. Und wenn wir es taten, dann eher um ihn zu rechtfertigen. Die Chinesen haben Widerstand geleistet, also mußten wir tun, was wir taten, und so weiter. Keiner von uns fühlte Reue. Mich einbegriffen.«

Azuma zeigte mir einige Fotografien von seiner (ehemaligen) Veteranenvereinigung. Ich sah die Gruppe bei ihren jährlichen Treffen in Hotels auf dem Land: Männer, die streng hierarchisch angeordnet beieinanderstehen oder -sitzen. Mori, ein kleiner Mann mit feinen Zügen, sitzt immer in der Mitte der vordersten Reihe. Das früheste Foto stammt vom Ende der vierziger Jahre. Die Männer sehen jung aus, aber mit ihren groben Gesichtszügen, dem kurzgeschorenen Haar und der straffen, militärischen Haltung auch irgendwie bedrohlich. Das letzte stammt von 1984. Manche Gesichter sind nicht mehr dabei; die Überlebenden wirken wie ehemalige Bankdirektoren.

Azumas Erinnerungen, seine Tagebücher, alles, seine gesamte persönliche Vergangenheit, wäre wohl in Vergessenheit geraten, hätte man nicht ein neues Kriegsmuseum in Kioto geplant. Die Kustoden des neuen Museums an der Ritsumeikan-Universität suchten nach Kriegstagebüchern und hatten von Azuma gehört. Das Tagebuch wurde aus dem Schrank geholt, abgestaubt und an die Universität geschickt. Die Kustoden waren von diesem Dokument so beeindruckt, daß sie Azuma baten, eine Pressekonferenz zu geben. Er willigte ein, und damit veränderte sich sein Leben. Die Pressekonferenz, die in seinem Haus abgehalten wurde, war für Azuma keine Beichte. Es gibt keine Anzeichen dafür, daß Azuma Angst hatte vor der Hölle. Sie vermittelte auch keine politische Botschaft: Azuma ist kein Pazifist. Er sprach einfach über das, was er in China während des Kriegs gesehen und gehört hatte.

Die Reaktion darauf ließ nicht auf sich warten. Ihm wurde vorgeworfen, den Stolz seines Regiments verletzt zu haben, und seine Veteranenvereinigung drohte ihm mit »Bestrafung«. Er erhielt Post, anonyme Drohbriefe, die immer mit »ein japanischer Patriot« unterschrieben waren. Aber es kamen auch andere Briefe, unterschrieben von einzelnen Bürgern, die ihm ihre Unterstützung zusichern wollten. Er wurde durch die Unterstützung ermutigt, aber die Drohungen ärgerten ihn. »Ich hatte immer geglaubt, es sei ein gerechter Krieg gewesen. Aber die Drohungen, die Beschimpfungen durchs Telefon, die Briefe, das brachte mich zum Kochen. Ich habe nur die Wahrheit erzählt. Und sie wollten mich daran hindern. Ich will, verdammt noch mal, die Wahrheit erzählen dürfen!«

In seiner Wut begann Azuma zu schreiben: über den Krieg, über die militärische Ausbildung, über die Verantwortung des Kaisers, über das Tokioter Tribunal über die Kriegsverbrechen. Die Prozesse seien in Ordnung gewesen, sagte er, doch die Japaner hätten ein eigenes Tribunal durchführen müssen. Der Kaiser sei ein Feigling gewesen, der größte Feigling von allen, sagte er, denn er habe sich seiner Verantwortung entzogen. »Wir sind für ihn in den Krieg gegangen, meine Kameraden sind für ihn gestorben, und er hat sich nicht einmal entschuldigt.«

Es wurde allmählich spät. Wir saßen auf den Tatamimatten und aßen miteinander zu Abend. Die Landschaft draußen – die Pinien, die Reisfelder, die fernen Berge – hüllte sich in Dunkelheit. Azuma goß mir warmen Sake in die Tasse. Er steigerte sich immer mehr in seine Wut hinein. »Sie haben den Kaiser in einen leibhaften Gott verwandelt, in ein falsches Idol, wie den Ayatollah im Iran oder wie Kim Il Sung. Weil wir an den göttlichen Kaiser glaubten, waren wir bereit, alles zu tun, absolut alles: töten, vergewaltigen, alles. Aber ich weiß, er hat jeden Abend mit seiner Frau gebumst, so wie es jeder von uns tut ...«

Er hielt inne und sagte leise: »Aber, wissen Sie, wir können so etwas in Japan auch heute noch nicht laut sagen. Es ist unmöglich in diesem Land, die Wahrheit zu sagen.«

Er erzählte mir wieder die Geschichte seines Kameraden Higuchi. Er hatte vergessen, daß er sie mir schon erzählt hatte.

Er beschrieb seine Gefühle, als sein einziger Freund starb, als ihm das Gehirn herauslief. Mit dem Handrücken fuhr er sich über die Augen. »Der verdammte Kaiser!« sagte er.

Wir gingen zu dem Gasthaus, wo ich die Nacht verbringen sollte. Es war ein traditionelles Gasthaus auf dem Land, in der Nähe eines kleinen Hafens. Wir hatten beide zuviel getrunken und torkelten durch die Tür. Der Wirt, ein großer, etwas schwermütiger Mann, führte uns zu meinem Zimmer. Aber zuerst wollte er uns etwas zeigen. Sein Schwager habe die Wandschirme gerade fertiggemalt, die müßten wir uns unbedingt anschauen. Also standen wir da, etwas schwankend, in der Mitte eines großen japanischen Zimmers, umgeben von der Landschaft der unmittelbaren Umgebung, gemalt in japanischer Tusche. Dort war der Hafen, dort die Berge und dort die mit Pinien bewachsenen Klippen in der Bucht.

»Jetzt muß ich Ihnen etwas Interessantes zeigen«, sagte der Wirt. »Sehen Sie den Felsen dort?« Wir nickten. »Sieht groß aus, nicht?« Wir nickten wieder. »Jetzt gehen Sie zur entgegengesetzten Ecke des Zimmers, noch weiter, kommen Sie ...« Wir folgten ihm. »Sieht plötzlich klein aus, nicht?« sagte er. »So was nennt man Perspektive.«

# Dritter Teil

# Wie man der Geschichte den Prozeß macht

**Stuttgart** Die äußere Erscheinung von Josef Schwammberger verriet durch nichts, daß er ein Massenmörder war. Er hatte die bleiche, gefleckte Haut eines alten Mannes, der zuwenig an die frische Luft gekommen ist; ein alter Hausmeister in einem Wohnhaus vielleicht. Er trug eine braune Hose und ein beigefarbenes Blouson. Er schlurfte beim Gehen, als hätte er ausgetretene Pantoffeln an. Seine Augen waren von einem stumpfen Grau. Er war bereits achtzig Jahre alt, als er im Frühjahr 1992 zu lebenslanger Haft verurteilt wurde.

Der Prozeß gegen Josef Schwammberger, der vor dem Schwurgericht Stuttgart stattfand, war wahrscheinlich der letzte Prozeß gegen einen Nazi-Kriegsverbrecher, der in Deutschland eingeleitet worden ist. Schwammberger wurde beschuldigt, für den Mord von mindestens dreitausend Juden verantwortlich gewesen zu sein. Es gab allerdings kaum überlebende Zeugen, und das Beweismaterial war oft nicht eindeutig; aber der Ermordung von fünfundzwanzig Menschen und der Mittäterschaft in mindestens 641 Fällen von Mord konnte er überführt werden.

Der israelische Botschafter in Bonn besuchte den Prozeß und nahm die Gelegenheit wahr, das deutsche Volk an seine kollektive Verantwortung für die Vergangenheit zu erinnern. In einer Pressekonferenz sagte er, man könne das kulturelle Erbe von Goethe, Schiller, Bach und Beethoven nicht vom Terror des NS-Regimes trennen. Mit anderen Worten, Schwammberger galt ihm als Teil des Nationalerbes, als ein Steinchen im Mosaik der deutschen Identität. Jugendliche Neonazis demonstrierten vor dem Gerichtsgebäude und behaupteten, die deutsche Kriegsschuld sei nichts als eine jüdische Lüge.

Der 1912 in Südtirol geborene Schwammberger hatte als Nazi eine eher bescheidene Karriere gemacht. Erst 1933 wurde er Mitglied der NSDAP, was ihn eher als opportunistischen Mitläufer denn als frühen Überzeugungsanhänger kennzeichnet. Nachdem er 1939 als SS-Unterscharführer nach Krakau geschickt worden war, wurde er Kommandant eines Arbeitslagers, das 1942 aufgelöst wurde. Die zweihundert noch überlebenden Zwangsarbeiter wurden erschossen. Er wurde zum Oberscharführer befördert und stieg zum Kommandanten des Ghettos in Przemyśl auf, dessen Bewohner in regelmäßigen Abständen nach Belzec und Auschwitz deportiert wurden. Seine Grausamkeit und sein Sinn für üble Scherze waren nicht ungewöhnlich für einen Mann seiner Stellung: sein Lieblingsschäferhund »Prinz« wurde oft auf jüdische Gefangene gehetzt, und er tötete Menschen mit Vorliebe vor den Augen ihrer Angehörigen.

Auch sein Leben in der Nachkriegszeit war nicht untypisch für seinesgleichen: mit Hilfe von katholischen Priestern gelang ihm die Flucht nach Argentinien. In diesem Land konnte er in Frieden leben und sich der Bienenzucht widmen. Erst 1990 wurde er nach Deutschland zurückgebracht; sein Prozeß begann im Jahr darauf.

Schwammbergers Anwesenheit im Gerichtssaal war seltsam unwirklich: er war im Raum, schien aber gar nicht anwesend zu sein. Richter, Rechtsanwälte und Zeugen, auch die Öffentlichkeit, alle sprachen sie von ihm, aber er blieb absolut still. Ab und zu klappte er den Mund auf und zu, wie eine Eidechse. Er sprach fast überhaupt nicht. Es war unmöglich festzustellen, ob er etwas aufgenommen hatte oder nicht. Sein Gesicht mit den dünnen Lippen blieb regungslos, selbst als ein 81jähriger Zeuge den Richtern erzählte, wie er und mehrere andere behandelt worden waren, nachdem sie versucht hatten, aus dem Ghetto zu fliehen. Ihnen wurde befohlen, sich auf den Rücken zu legen und den Mund zu öffnen, so daß die ukrainischen Wärter hineinpissen konnten. Schwammberger habe das schrecklich komisch gefunden.

Ein weiterer Zeuge, Mr. Nussbaum, war aus Kansas City angereist, begleitet von seinem Sohn und Enkelkindern. Nussbaum war Klempner gewesen und mußte Schwammbergers Haus im Ghetto instand halten. In gewissem Sinne hat ihm Schwammberger das Leben gerettet. Aus der Menge derjenigen, die nach Auschwitz transportiert werden sollten, hatte er den nächstbesten herausgezerrt, weil einer die Türen der Viehwaggons von außen verriegeln mußte. Dieser eine war Nussbaum. Später erfuhr er, daß seine Familie sich in einem der Waggons befunden hatte.

Nussbaum hat auf diesen Tag gewartet. Seine Erinnerungen hat er bis dahin für sich behalten; selbst sein Sohn wußte nichts davon. »Herr Vorsitzender«, sagte er mit seinem starken polnischen Akzent, »ich könnte Ihnen so viele Geschichten erzählen ...« Etwa die von dem Rabbiner am Jom-Kippur-Fest 1942. Der Mann hatte darauf bestanden, zu beten, anstatt zur Zwangsarbeit zu gehen; Schwammberger sorgte dafür, daß alle zusehen mußten, als er den Rabbiner durch einen Kopfschuß tötete.

Nussbaum schien noch über ein klares Erinnerungsvermögen zu verfügen, und sein Verhalten war energisch. Vor dem Gerichtssaal sprach er mit den Zuschauern; Schwammberger sei ein Tier, sagte er, »nein, schlimmer als ein Tier. Ein Tier tötet, um zu fressen. Er, er, er, ich finde keine Worte dafür, er, er war ein kaltblütiger Killer. Wenn ich es könnte, würde ich ihm den rechten Arm abreißen, ich würde ihn nicht töten, nur den rechten Arm, den, mit dem er geschossen hat, und ich würde ihm den Arm in die linke Hand geben.«

Richter, Staatsanwälte und Verteidiger waren nach Przemyśl gefahren, um sich selber ein Bild zu machen. Sie hatten die Entfernung nachgemessen zwischen dem ehemaligen Haus des Kommandanten und der Stätte eines der Morde, die ihm zur Last gelegt wurden. Nun ging es im Gerichtssaal darum, das Erinnerungsvermögen des Zeugen zu überprüfen.

Also standen alle um den Plan des Ghettos herum, während Nussbaum auf die alten Orientierungspunkte zeigte. Er erinnerte sich an alle Einzelheiten. Da konnte auch Schwammberger seine Neugierde nicht unterdrücken und schlurfte herbei, um seinem ehemaligen Klempner über die Schulter zu schauen.

Nachdem Schwammberger wieder zurückgeschlurft war, wurde er vom vorsitzenden Richter gefragt, ob er sich an den Zeugen erinnern könne. Schwammbergers Mund bewegte sich. Der Richter bat ihn, lauter zu sprechen. Ein leises »Nein« war zu hören. Der Richter zeigte sich allmählich ungeduldig. Er fragte den Angeklagten, wie es möglich sei, daß er alle die Zeugen vergessen hatte, obwohl sie sich mit solcher Genauigkeit an ihn erinnern konnten. Schwammberger murmelte, fünfzigtausend Menschen mochten sich vielleicht an ihn erinnern, aber er könne sich doch unmöglich an fünfzigtausend Menschen erinnern. Der Richter sagte, er wolle lediglich irgendeine Beziehung zum Angeklagten aufbauen. »Ich versuche, Sie dazu zu bringen, irgend etwas zu sagen. Manche der Zeugen kannten Sie gut. Einer von ihnen hat sogar Ihren Hund gebürstet.« Zum ersten Mal wurde Schwammberger lebendig. Mit rauher Stimme, die den Mann erahnen ließ, der es früher einmal, vor sehr langer Zeit, gewohnt gewesen war, zu befehlen, sagte er: »Es wäre doch absolut unlogisch, wenn ich die Pflege meines Hundes irgendeinem Fremden überlassen hätte!«

Dieser unerwartete kleine Ausbruch überraschte den Verteidiger Schwammbergers. Er erklärte sofort, sein Mandant sei zu erschöpft, um weitermachen zu können; er habe ein schwaches Herz. Der Richter verdrehte die Augen, aber er vertagte die Sitzung.

Die Kulisse des kleinen Dramas, dem ich beiwohnte, war ganz undramatisch. Der Gerichtssaal war modern, funktionell und, anders als englische Gerichtssäle, fast ohne die traditionellen Insignien richterlicher Gewalt. Das Ganze hatte überhaupt nichts Theatralisches: keine Perücken und keine

Zeremonien. Was hier zählte, waren Dokumente, Maße, Stadtpläne, nicht die Rhetorik. Und das Publikum der Verhandlung bestand ausschließlich aus Abiturienten, die mit ihrem Geschichtslehrer Bernd Wetzka, einem Alt-Achtundsechziger mit Bart, aus Bad Wimpfen angereist waren, einer kleinen badischen Kurstadt am Neckar.

Vor dem Gerichtssaal sprach Mr. Nussbaum mit amerikanischen Reportern. Die Schüler scharten sich um den Verteidiger, der ungefähr so alt war wie ihr Lehrer. Sie hörten mit Erstaunen, daß er auf Freispruch plädieren würde. Sie fragten ihn, ob er denn wirklich glaube, daß Schwammberger unschuldig sei. »Glauben«, antwortete der Rechtsanwalt, »das gehört in die Kirche. Es ist meine Pflicht, dafür zu sorgen, daß meinem Mandanten ein gerechter Prozeß gemacht wird, und daß die Glaubwürdigkeit der Zeugen überprüft wird.« Und die eben sei problematisch, erklärte er, weil das, was seinem Mandanten angelastet werde, vor so langer Zeit stattgefunden habe. Und dem Richter, fügte er hinzu, verlange ein Freispruch angesichts der öffentlichen Meinung mehr Mut ab, als seinen Mandanten für schuldig zu erklären.

Die Teenager blickten ernst und nickten. Wetzka schnaubte verächtlich und sagte: »Ja, unsere Richter haben in der Vergangenheit immer wieder großen Mut bewiesen, nicht wahr. Und erst die NS-Richter, die nach dem Krieg weiter im Amt blieben ...«

Eine der Schülerinnen, ein Mädchen mit einer Punker-Frisur, fragte, ob es denn möglich sei, daß ein Zeuge das, von dem er heute behaupte, er habe es mit eigenen Augen gesehen, in Wahrheit nur gehört habe. Der Rechtsanwalt wollte antworten, aber Wetzka schnaubte wieder und sagte, die Aussagen seien doch viel zu detailliert gewesen, als daß man dies für möglich halten könnte.

An dieser Stelle zeigten sich Unterschiede zwischen den Generationen. Der Lehrer war wütend, er fühlte sich persönlich in die ganze Sache verwickelt, Skepsis hielt er nicht für angebracht. Später erzählte er mir, seine Eltern seien Nazis gewesen. Mit ihnen hat er oft über das Vergangene gestritten. Sie hätten immer darauf bestanden, daß nicht alles so schlimm gewesen sei, sie seien Idealisten gewesen; die Geschichten über die Juden hielten sie für übertrieben. Er kannte all diese Ausflüchte, und sie brachten ihn noch immer auf. Seine Schüler waren nicht so emotional beteiligt. Ihre Fragen zeugten von einem wachen Interesse an der Verhandlung. Schwammberger hätte nicht ihr Vater sein können.

Dieser Prozeßbesuch, so sagte mir Wetzka, sei für seine Schüler sehr wichtig gewesen. Sie hatten schon zwei ehemalige Konzentrationslager besucht: Struthof und Dachau; aber der Prozeß gegen Schwammberger habe einen größeren Eindruck auf sie gemacht. Die NS-Zeit sei für sie schon ferne Vergangenheit, etwas, das sie nur aus Büchern kannten, aber dieser Prozeß habe die weit zurückliegenden Ereignisse für sie wieder aufleben lassen. Monate später schrieb einer der Schüler einen Bericht für die Schülerzeitschrift: »Nachdem man detailliert von den Zeugen gehört hatte, was für Grausamkeiten er begangen hatte, war es leichter, das Urteil zu verstehen.«

Das war zweifellos der Fall. Es läßt sich auch kaum bezweifeln, daß die Verhandlung Mr. Nussbaum guttat. Sie befreite ihn von seinen Erinnerungen. Er durchlebte so etwas wie eine persönliche Katharsis. Es war bewegend, mitanzusehen, wie wenigstens ein Überlebender seinem Folterer in einem deutschen Gerichtssaal entgegentrat. Aber nicht alle Zeugen waren so stark wie Nussbaum. Für einen von ihnen war die Aufregung zuviel: er starb im Gerichtssaal an einem Herzinfarkt. Dennoch konnte man das Verlangen nach Vergeltung befriedigen, auch wenn sie nur ein kleiner Tropfen im Ozean des Bösen war. Und vielleicht würde das, wie Simon Wiesenthal hoffte, als Warnung wirken. Auf jeden Fall fiel es schwer, Mitleid mit Schwammberger zu haben, trotz seines bemitleidenswerten Zustands.

Und dennoch, als ich dort im Gerichtssaal in Stuttgart saß, fühlte ich mich unwohl. Besonderes Unbehagen empfand ich beim Anblick der Schüler, die in ihren farbigen Anoraks die Reihen der Besuchergalerie füllten. Mein erster Impuls war ein Lob auf das westdeutsche Erziehungssystem. Vieles war seit 1968 geschehen. In Nürnberg hatte es keine Besuche von Schulklassen gegeben, auch nicht 1965 beim Auschwitzprozeß in Frankfurt. Spricht für den Lehrer, dachte ich. Laßt sie hören, was damals geschah. Aber dann meldeten sich leise Zweifel. Der Glaube gehört in die Kirche; und genauso gehört der Geschichtsunterricht in die Schule. Wenn man einen Gerichtssaal für den Geschichtsunterricht benutzt, gerät man leicht in die Nähe von Schauprozessen. Es mag sein, daß Schauprozesse taktisch richtig sind – obwohl ich da meine Zweifel habe. Aber selbst eine gute Taktik fördert nicht immer die Wahrheit zutage.

Vierundzwanzig Jahre vor dem Schwammberger-Prozeß wurde einem anderen Deutschen weit höheren Rangs in Nürnberg der Prozeß gemacht. Ernst von Weizsäcker war Staatssekretär im Auswärtigen Amt zu einer Zeit, als Deutschland fast ganz Europa erobert hat. 1943 wurde er Botschafter im Vatikan. Dieser Posten war äußerst wichtig, weil die Deutschen sichergehen wollten, daß der Papst zur »Endlösung« schwieg. Ob es nun das Ergebnis der diplomatischen Fähigkeiten Weizsäckers war oder nicht, der Papst hat die Deutschen nicht enttäuscht. Ein Sohn des Diplomaten ist Richard von Weizsäcker, der spätere Bundespräsident, der mehr als alle anderen deutschen Politiker über die Last der deutschen Schuld gesprochen hat.

Über den jungen Richard von Weizsäcker wird aus der Zeit der Nürnberger Prozesse eine Anekdote erzählt. Es heißt, er habe sich an einen Freund gewendet und zu diesem, ganz im Stil eines Wehrmachtsoffiziers, gesagt: Wir sollten den Gerichtssaal stürmen und die Gefangenen befreien. Der Freund fiel aus allen Wolken – warum denn das? »Damit wir ihnen den Prozeß selbst machen können«, soll von Weizsäcker geantwortet haben. Sein Wunsch wurde erst viele Jahre später erfüllt, als deutsche Gerichte viel kleineren Fischen den Prozeß machten. In Nürnberg zog er es vor, bei der Verteidigung seines Vaters eine untergeordnete Rolle zu spielen.

Ernst von Weizsäcker warf man die Planung eines Aggressionskriegs und die Mittäterschaft bei der Deportation von Juden aus verschiedenen besetzten Ländern vor. Was den ersten Punkt der Anklage anbetraf, wurde er freigesprochen, im zweiten aber für schuldig befunden. Ein Dokument, in dem das Auswärtige Amt erklärte, es habe keine Einwände gegen die geplante Deportation von Juden aus Frankreich, trug seine Unterschrift. Weizsäckers Hauptverteidiger Hellmut Becker wies darauf hin, daß sein Mandant ein Patriot der alten Schule gewesen sei, der unter sehr schweren Bedingungen alles in seiner Macht Stehende unternommen habe, um die Nazis am Schlimmsten zu hindern. Wenn er nicht genug getan habe, müsse Weizsäcker seine Schuld vor Gott eingestehen, er trage aber keine Schuld gemäß den Gesetzen, auf die die Alliierten sich beriefen.

1950 schrieb Becker: »Wenig hat zur Verhinderung echter historischer Selbsterkenntnis in Deutschland so sehr beigetragen wie die Kriegsverbrecherprozesse.« Er hielt an dieser Überzeugung fest. Man muß Becker ernst nehmen; er war kein rechter Apologet der NS-Vergangenheit, sondern ein namhafter Liberaler. Ich habe ihn vor seinem Tod in seinem Büro in Berlin besucht. An einer Wand hingen geschmackvolle Radierungen mit militärischen Szenen, an einer anderen ein israelischer Kalender.

Becker war kein grundsätzlicher Gegner der Nürnberger Prozesse. Aber seiner Meinung nach hätte man die geltenden deutschen Gesetze anwenden müssen, und nicht rückwirkend erlassene Gesetze über Verbrechen gegen den Frieden (Vorbereitung, Planung oder Führung eines Aggressionskriegs). Er erzählte mir davon, daß Stalins Richter im Nürnberger Prozeß Klarheit verlangte darüber, daß nicht über den Aggressionskrieg im allgemeinen geurteilt werden solle, sondern über die Naziaggression im besonderen; die sowjetische Besetzung der baltischen Staaten oder eines Teils von Polen sollten nicht als Verbrechen gegen den Frieden gelten. Das Prinzip des *tu quoque* wurde explizit aus der Diskussion der Kriegsverbrechen ausgeschlossen; man befand, daß zum Beispiel die Bombardierung von Dresden oder die Vertreibung deutscher Zivilisten aus ihrer Heimat im Jahr 1945 für den Prozeß nicht von Belang seien.

Um die Verhandlungen nicht zu einer Farce werden zu lassen, hätten die Engländer die NS-Führer am liebsten ohne Prozeß einfach hinrichten lassen. Sie fürchteten, ein längerer Prozeß würde zu einem Umschwung der öffentlichen Meinung führen; der Prozeß könnte, wie es ein englischer Diplomat damals formulierte, vielleicht als abgekartetes Spiel betrachtet werden. Man hatte auch die Sorge, daß sich die internationale Gesetzgebung möglicherweise auf viele der Verbrechen gar nicht anwenden ließ. Warum sollte man auch das Gesetz ins Spiel bringen, wenn es um Rache ging? Warum nicht eine politische Entscheidung treffen, um die Verbrecher zu bestrafen? Das nannte Hellmut Becker in unserem Gespräch die italienische Lösung. »Man tötet so viele Menschen wie nur möglich in den ersten sechs Wochen, und dann vergißt man alles: nicht gerade legal, aber wenn es um Säuberung geht ...« Die Engländer änderten erst im Mai 1945 den Kurs; erst nachdem Hitler und Goebbels Selbstmord begangen hatten, stimmten sie einem Prozeß gegen die restliche NS-Führungsriege zu.

Prozeß oder Rache. Schon die griechischen Tragödien haben sich mit diesem Problem beschäftigt. Um den Kreislauf der Blutrache zu durchbrechen, muß sich Orest vor dem Athener Gericht für den Mord an seiner Mutter verantworten. Ohne förmlichen Prozeß hätten die Rachegöttinnen die Überlebenden weiter heimgesucht.

Den Eindruck der Rache hätte man vielleicht vermeiden können, wenn deutsche Richter den Prozeß geleitet hätten. Dafür gab es einen Präzedenzfall, allerdings ohne glücklichen Ausgang. Deutsche Gerichtshöfe hatten nach dem Ersten

Weltkrieg mutmaßlichen Kriegsverbrechern der Prozeß gemacht. Obwohl es handfeste Beweise für ihre Schuld gab, wurde fast keiner von ihnen verurteilt, und ausländische Prozeßbeteiligte wurden vor dem Gerichtsgebäude angepöbelt. Außerdem – worauf Wetzka zu Recht verwiesen hat – hatten deutsche Richter mit dem NS-Regime kollaboriert; man konnte kaum erwarten, daß sie unparteiisch urteilen würden. Also blieb es den Siegern vorbehalten, dafür zu sorgen, daß Gerechtigkeit geübt wurde.

Aber wie sollte man Gerechtigkeit walten lassen, ohne das Gesetz zu beugen, und wie konnte man die Sieger über die Besiegten Gericht halten lassen, ohne den Verlauf der Geschichte zu verzerren? Eine Möglichkeit wäre die gewesen, die Gerechtigkeit der Sieger als solche kenntlich werden zu lassen, indem die ehemaligen Gegner vor Militärgerichte gestellt worden wären. Damit hätte man viel Heuchelei vermieden und dem Ansehen gerichtlicher Verfahren im Zivilleben weniger Schaden zugefügt. Doch wenn man den Deutschen eine Lektion in Sachen Geschichte erteilen wollte, dann hätte ein Militärgericht dieselben Probleme gehabt wie ein Zivilgericht. Und geht man von Äußerungen in der damaligen Zeit aus, dann war es eindeutig eines der Ziele der Nürnberger Prozesse, den Deutschen in Geschichte ein wenig Nachhilfeunterricht zu geben.

Robert M. W. Kempner, deutsch-amerikanischer Kläger im Prozeß gegen Weizsäcker, schrieb einmal, die »Prozesse mit ihren vernichtenden Ansammlungen deutscher Dokumente bildeten das größte Geschichtsseminar, das je in der Menschengeschichte gehalten worden ist«. Als Robert H. Jackson, der amerikanische Hauptankläger in Nürnberg, von dem englischen Richter Lord Justice Lawrence gefragt wurde, was seiner Meinung nach der Zweck der Prozesse sein sollte, antwortete er, sie sollten zum einen der Welt beweisen, daß die deutsche Kriegführung illegal und durch nichts zu rechtfertigen war, zum anderen sollten sie der deutschen Bevölkerung zeigen, daß solches Verhalten schwer bestraft werden müsse, und sie darauf vorbereiten.

Also waren die Nürnberger Prozesse sowohl als Geschichtsunterricht gedacht wie auch als symbolische Bestrafung der deutschen Bevölkerung – Morallehre und Geschichtsunterricht in einem, getarnt durch die Zeremonien eines ordentlichen Prozesses. Das kam dem am nächsten, was Menschen, oder zumindest die Menschen, die den Siegermächten angehörten, an göttlicher Gerechtigkeit walten lassen konnten. So haben es jedenfalls manche deutsche Schriftsteller empfunden. Einige begrüßten die Nürnberger Prozesse mit der Freudigkeit frommer Sünder auf dem Weg zur Beichte; sie waren die Wegbereiter der Generation der Betroffenen von 1968. Alle gehörten dem linken Spektrum an; manche davon waren Kommunisten.

Zum Beispiel der Schrifsteller Erik Reger: »Je weniger sich das Nürnberger Gericht in die Toga formalen Rechtes hüllt, je ehrlicher das politische Element zum Ausdruck kommt, desto größer und belehrender wird sein Urteil vor der Geschichte dastehen, desto mehr wird der Ort, an dem es stattfindet, aus der Sphäre des gesuchten Symbols in die einer sittlichen Kraft, der Überwindung des Bösen, rücken.«

Ein Berichterstatter für die *Süddeutsche Zeitung*, W. E. Süskind, der, soviel ich weiß, nie Kommunist gewesen ist, beschrieb die Prozesse als »Ur-Prozeß, ein erstes Beispiel eines auf Erden noch nicht dagewesenen Rechtsverfahrens, und insofern wirklich ein geschichtlicher Augenblick«. Diese Sprache verrät, wie Rechtsprechung, Politik und Religion vermengt wurden. Nürnberg wurde zu einem moralischen Lehrstück, in dem Göring, Kaltenbrunner, Keitel und andere führende Rollen spielen sollten. Es war ein Schauspiel, das der Gerechtigkeit und der Wahrheit dienen und über das Böse triumphieren sollte; die Dokumente, die Aussagen, der hohe Ernst der Veranstaltung sollten die Wahrheit garantieren. All das ließ sich wirkungsvoll umsetzen, als Theaterautoren darangingen, die Prozesse auf der Bühne nachzuspielen.

Rolf Schneider, ein linker Schriftsteller, der in der DDR lebt, hat ein solches »Dokumentarstück« mit dem Titel *Der*

*Prozeß in Nürnberg* geschrieben. Er rekonstruierte die Ereignisse, indem er Zeugenaussagen und Kreuzverhöre montierte. Das Dokumentarstück, schrieb er im Vorwort, sei eine »Erfindung des deutschsprachigen Theaters«: »Es entstand aus Erinnerungen an Geschichtliches, Unbehagen an Gegenwärtigem, wozu die Zeitgeschichtsschreibung gehört.« Er schrieb auch: »Einer der Gründe, diesen Prozeß auf dem Theater nachzustellen, ist simple Information: wichtig unter anderem deshalb, weil hier das Modell war für spätere Prozesse dieser Art, in Nürnberg, in Jerusalem, in Frankfurt.«

Das Stück bietet tatsächlich viele Informationen. Die Kreuzverhöre von Göring, Schacht und Keitel sind faszinierend. Aber Schneiders Intention ist es nicht, die historischen Fakten so objektiv wie möglich darzulegen. Denn das Stück ist genauso politisch, wie es die Prozesse selber waren, wenn auch in einer anderen Richtung. Schneider war so geschickt, die meisten seiner politischen Pointen den englischen oder amerikanischen Anklägern in den Mund zu legen. Den englischen zum Beispiel läßt er sagen: »auf dieser anklagebank sitzen politiker und militärs. es war stets die auffassung unserer nationen, daß die deutschen industriellen in genau dem gleichen maße schuldig seien.« Das war natürlich das klassische DDR-Argument: der Faschismus als die letzte Verteidigungsmöglichkeit des Kapitalismus.

Später läßt Schneider den amerikanischen Ankläger den linken Flügel von SA und NSDAP, der von Ernst Röhm und Gregor Strasser geführt wurde, im Grunde genommen positiv darstellen. Göring hatte gesagt, man hätte sie wegen ihrer Untreue Hitler gegenüber vernichten müssen. Der amerikanische Ankläger auf der Bühne sagt daraufhin zu Göring: »diese leute vertraten soziale ziele. sie brachten ihnen anhänger dadurch. sie haben auf die sozialen ziele samt deren anhänger verzichtet, als sie sich mit der deutschen großindustrie einließen.«

Damit war das peinliche Problem proletarischer Unterstützung der NSDAP umgangen. Und zwar nicht durch eine völlig verzerrte, sondern durch eine tendenziöse Darstellung der Tatsachen. Der politische Grund, weshalb der Prozeß so dargestellt wird, liegt auf der Hand. Um dem antifaschistischen Staat der Kommunisten Legitimität zu verleihen, mußten Kapitalisten und Industrielle als die eigentlichen Drahtzieher der faschistischen Verbrecherbande betrachtet werden. Das Stücke endet mit einer Aussage des amerikanischen Anklägers über Verbrechen gegen den Frieden (nicht gegen die Menschlichkeit, die mit Rassenverfolgung und Völkermord zu tun hatten, Verbrechen, die nie so richtig in die offizielle antifaschistische Ideologie paßten). »wir besitzen jetzt dieses gesetz«, sagt der Ankläger. »hier wird es zunächst angewendet auf deutsche angreifer. die vier mächte, die diesen prozeß durchführen im namen von insgesamt dreiundzwanzig nationen, wissen es aber und sprechen es aus: mit dem gleichen maß, mit dem wir diese angeklagten leute messen, werden auch wir morgen vor der geschichte gemessen werden.«

Das ist wiederum keine unvernünftige Überlegung. Und tatsächlich hat Robert Jackson die Lage damals so gesehen. Aber was war der Hauptgrund dafür, das Stück damit enden zu lassen? Das Stück wurde 1968 geschrieben, als der Vietnamkrieg seinen Höhepunkt erreicht hatte. Es war die Zeit, als deutsche Intellektuelle in der DDR und der BRD Sätze wie die folgenden (von Christian Geissler) schrieben: »Einer der vier Haupt-Anklagevertreter damals vor dem Internationalen Gerichtshof führte seine Klagen im Namen der Vereinigten Staaten von Amerika. Und das hieß für uns naive Leute in jener Zeit, er führte seine Klage im Namen von Gerechtigkeit, Freiheit und Humanität. [...] Die Unmoral der Nazis hatten wir durchschaut, wollten wir abschaffen. Am exakten politischen Ernst der amerikanischen Anklagen wollten wir vernünftig politisch denken lernen. Und wir haben gelernt. Und wir erlauben uns, dieses Denken auch heute noch anzuwenden. Beispielsweise auch, um mit Hilfe dieses Denkens die Moral der damaligen Ankläger *heute* beim Wort zu nehmen. *Oradour und Lidice – das sind heute Städte in Süd-Vietnam* [...].«

Damit wurde alles umgekehrt. Das Prinzip des *tu quoque*, ganz gleich wie unangemessen es hier ist, konnte endlich angewandt werden. Wir sind alle Schuldige. Ein Dramatiker, überhaupt jeder Schriftsteller darf so verfahren, das ist keine Frage. Aber die Behauptung, das Dokumentarspiel böte bloße Information, war unaufrichtig, genauso unaufrichtig oder besser: töricht wie die Vorstellung, politische Prozesse seien ein adäquates Medium, um einem Volk Ethik- und Geschichtsunterricht zu erteilen. Solche Prozesse besänftigen die Rachegöttinnen nicht.

Zwanzig Jahre nach Beginn der Nürnberger Prozesse wurden einige der Offiziere und Aufseher von Auschwitz vor einem deutschen Gericht in Frankfurt am Main wegen Verbrechen gegen die Menschlichkeit angeklagt. Es war nicht der allererste NS-Prozeß in Deutschland. 1957 wurde ein SS-Offizier wegen der Führung eines Mordkommandos an der litauischen Grenze angeklagt. Aber das war eher eine Ausnahme. Die Richter in Nürnberg hatten das neue Gesetz gegen Völkermord und Rassenverfolgung nur auf Verbrechen angewandt, die im Zusammenhang mit Kriegshandlungen verübt worden waren, als sei der Holocaust einfach ein weiteres Kriegsverbrechen gewesen. In seiner Anklagerede erwähnte François de Menthon, der französische Hauptankläger, die Juden so gut wie gar nicht.

Wie dem auch sei, nach Nürnberg waren es die meisten Deutschen leid, immer wieder von Kriegsverbrechen zu hören. Und bis Mitte der fünfziger Jahre durften deutsche Gerichte nur über Verbrechen urteilen, die Deutsche gegen Landsleute begangen hatten. Erst das lehrreiche Beispiel des Eichmann-Prozesses in Jerusalem rüttelte die Deutschen aus ihrer Selbstzufriedenheit auf – dieser Prozeß und der Umstand, daß vor 1946 begangene Verbrechen nach 1965 unter die Verjährung fallen würden. (Man entschloß sich 1979 unter dem Eindruck der *Holocaust*-Serie, die Verjährung für Verbrechen gegen die Menschlichkeit ganz abzuschaffen.)

Die Nürnberger Prozesse mögen vielleicht weitere Kreise

gezogen haben und die Angeklagten wichtigere Figuren gewesen sein, aber die Wirkung der Prozesse um Auschwitz und Majdanek (letzterer fand zwischen 1975 und 1981 in Düsseldorf statt) auf die Deutschen war viel größer. Das war sicher auch eine Frage des Zeitpunkes. 1945 hatten die meisten Deutschen vor allem Hunger und waren eher defensiv. 1964 war eine neue Generation nachgewachsen, die in relativem Wohlstand lebte. Zum anderen hatte es mit der Art der verhandelten Verbrechen zu tun. Besiegten wegen gewöhnlicher Kriegsverbrechen den Prozeß zu machen konnte niemals besonders überzeugend wirken; schließlich hätte man den Siegern dasselbe vorwerfen können. Zu einer Zeit, als die Erinnerungen an die Bombardierung von Dresden und die Greueltaten der Sowjets noch frisch waren, konnte man sich auf das Prinzip des *tu quoque* berufen, und wenn nicht in Nürnberg vor Gericht, dann zumindest privat. Für Auschwitz jedoch gab es keine Entsprechung. Es war Teil eines anderen Krieges, bzw. Teil von etwas, was eigentlich nicht einmal ein Krieg gewesen war: hier handelte es sich schlichtweg um Massenmord – Massenmord nicht aus strategischen oder taktischen Erwägungen, sondern allein aus ideologischen Gründen.

Diese Verbrechen waren nicht Hauptgegenstand der Nürnberger Prozesse, ihre Bekämpfung war auch nicht, das soll hier deutlich gesagt werden, Hauptkriegsziel der Alliierten gewesen; und nach dem Krieg behauptete die Mehrheit der Deutschen, sie hätten nichts davon gewußt. Und trotzdem wurden ebendiese Verbrechen – in Gerichtssälen, in Schulen und an den Gedenkstätten – zum eigentlichen Brennpunkt des (west-)deutschen Geschichtsbewußtseins: eine Ironie der Zeitgeschichte. Während die militärischen Eroberungszüge, allesamt Verbrechen gegen den Frieden, allmählich zu Geschichte werden, ist die »Endlösung« mehr denn je ein Gespenst der Gegenwart. Ganz gleich, ob man ein Konservativer ist, der Deutschland wieder als »normale« Nation sehen will, oder ein Liberaler bzw. Linker, der »Trauerarbeit« leisten möchte – das Schlüsselereignis des Zweiten Weltkriegs ist

Auschwitz, nicht der Blitzkrieg, nicht Dresden, nicht einmal die Vorgänge an der Ostfront. Das war die einzige Geschichtslektion von Nürnberg, die hängenblieb. Wie Hellmut Becker bei aller Skepsis gegenüber den Nürnberger Prozessen sagte: »Es war äußerst wichtig, daß die deutsche Bevölkerung erkannt hat, daß Verbrechen gegen die Menschlichkeit geschehen waren, und daß im Verlauf der Prozesse herauskam, wie sie geschehen waren.«

Ich glaube, das ist richtig. Und die Lektion wäre bestimmt nicht so überzeugend ausgefallen, wären die Prozesse nicht von deutschen Gerichtshöfen geführt worden. Als ein englisches Gericht 1945 dem Kommandanten und den Aufsehern von Bergen-Belsen den Prozeß machte, war die Wirkung keineswegs dieselbe. Stephan Spender traf damals einen Freund in Deutschland, der ihm von einem Besuch bei »einer charmanten und sympathischen deutschen Familie« erzählte. »Es waren vor allem junge Menschen dort. Sie meinten, die Bergen-Belsen-Prozesse seien Propaganda; die Verbrechen, die man Kramer u. a. vorgeworfen hat, seien menschlich unmöglich [...]. Die Mehrheit der Deutschen glaubt, die Prozesse seien eine abgekartete Sache und sie würden nur in die Länge gezogen, weil die Angeklagten zu ihrer Verteidigung soviel vorbringen können.«

Aber selbst die großen Prozesse um die Konzentrationslager haben nicht alle Zweifel daran ausräumen können, ob man aus Gerichtsverhandlungen etwas über Geschichte lernen kann. *Per definitionem* kann ein Gericht die Verantwortung für bestimmte kriminelle Taten nur einzelnen Menschen anlasten; im Fall von Nürnberg war das die Führungsriege der Nation. In seinem berühmten Aufsatz *Die Schuldfrage*, den er 1946 verfaßt hat, unterscheidet Karl Jaspers zwischen vier Formen der Schuld: die kriminelle Schuld von einzelnen, die gegen das Gesetz verstoßen haben; politische Schuld, weil man das politische System geduldet hat; moralische Schuld, weil man bei den kriminellen Handlungen selbst mitgemacht hat; und metaphysische Schuld, weil man sich der Verantwortung entzogen hat, sich für die Aufrechterhaltung der Humanität einzusetzen. Natürlich gehen diese Formen der Schuld ineinander über. Jaspers betont, daß man die Schuld an einem Verbrechen niemals einem Kollektiv, sondern immer nur einzelnen anlasten kann, weder in rechtlicher noch in moralischer noch in metaphysischer Hinsicht. (Politische Verantwortung ist wieder ein anderer Fall.) Den großen Vorteil eines Prozesses gegen Kriegsverbrecher sieht Jaspers in seiner Begrenzung. Dadurch, daß sie sich an die Prozeßordnung hielten, daß sie den Angeklagten die Möglichkeit gaben, sich mit Argumenten zu verteidigen, begrenzten die Sieger ihre eigene Macht. Er fährt fort: »Für uns Deutsche hat der Prozeß den Vorteil, daß er unterscheidet zwischen den bestimmten Verbrechen der Führer und daß er gerade nicht kollektiv das Volk verurteilt.«

Jaspers spricht nicht von dem Problem, die richtigen Angeklagten auszuwählen; manche der Männer, die in Nürnberg vor Gericht standen, hätten dort vielleicht gar nicht hingehört (Schacht, Fritzsche), andere hätten eigentlich auf jeden Fall dort stehen müssen (Friedrich Krupp); aber das ist eine andere Sache. Der Prozeß brachte die deutsche Bevölkerung in noch größere Distanz zu ihren ehemaligen Führern. Es war eine bequeme Distanz, die nur wenige Menschen überbrücken wollten. Vielleicht begegnet man deswegen in deutschen Theaterstücken, Filmen oder Romanen fast nie höheren NS-Führern. Sicherlich ist es niemals leicht, berühmte oder berüchtigte Figuren aus der Geschichte in Werke der Fiktion zu integrieren. Die Tatsachen stehen immer im Weg; die Geschichte wiegt zu schwer. Aber das erklärt nicht, warum es zugleich nur so wenige Biographien über führende Nazis gibt. Historiker sind dem aus dem Weg gegangen. Die beiden Standardbiographien über Hitler wurden von Journalisten geschrieben, von Joachim Fest und von Werner Maser. Die Biographien über Göring und Himmler stammen fast alle von Ausländern. Diese Angst vor der Biographie, sei es in fiktionaler oder dokumentarischer Form, entspringt vielleicht einer Vorstellung, die in den sechziger und siebziger Jahren verbreitet war, nämlich der Vorstellung, die Geschichte lasse sich nur anhand von Strukturen und Institutionen, nicht aber mit Personen erklären. Aber es hat sicherlich auch etwas mit der Angst vor Identifikation zu tun, mit einer gewissen Berührungsangst.

Wenn dies für die ehemaligen Führer gilt, was ist dann mit den weniger bekannten Ärzten, Verwaltern, Gaskammertechnikern und anderen Mittätern, die nur ihre Befehle ausführten? Ist die Identifikation mit ihnen weniger bedrohlich? In *Die Ermittlung* kennzeichnet Peter Weiss diese Menschen auf interessante Weise. Die ehemaligen Opfer, die vor Gericht aussagen, bleiben anonym, aber ihre Folterer tragen Namen: Boger, der seine Opfer vorzugsweise an eine Art Schaukel aufhängen ließ und sie zu Tode prügelte; oder Dr. Capesius, der Chemiker des Todeslagers, der es vergessen haben wollte, daß zu seinen Beständen auch Zyklon-B gehörte; oder Dr. Lucas, der gute Katholik, der behauptete, aus freiem Entschluß seine Pflichten an der Bahnhofsrampe mißachtet zu haben. Weiss wollte die Zuschauer ganz sicher nicht dazu bringen, sich mit diesen Figuren zu identifizieren. Ihm ging es eher darum, daß Auschwitz ein extremes Symbol der industriellen Ausbeutung, eines wahnwitzig gewordenen Kapitalismus war. Die Opfer bleiben so anonym wie die proletarischen Massen, die zwischen die Räder der unersättlichen Maschinen geraten. Dieser Prozeß ging weiter, obwohl das Dritte Reich sich in die Bundesrepublik Deutschland aufgelöst hatte. Die letzten Worte des Stücks bringt Mulka, der Lageradjutant, vor:

> Wir alle
> das möchte ich nochmals betonen
> haben nichts als unsere Schuldigkeit getan
> selbst wenn es uns oft schwerfiel
> und wenn wir daran verzweifeln wollten
> Heute
> da unsere Nation sich wieder
> zu einer führenden Stellung

emporgearbeitet hat
sollten wir uns mit anderen Dingen befassen
als mit Vorwürfen
die längst als verjährt
angesehen werden müßten
*Laute Zustimmung von seiten der Angeklagten*.«

Diese Haltung war in Deutschland damals nicht selten anzutreffen; im Grunde war es sogar die übliche Haltung. Ernsthafte konservative Intellektuelle wie etwa Hermann Lübbe behaupteten, daß zu viele Anklagen den Weg der Bundesrepublik zu einer stabilen wohlhabenden Gesellschaft blockiert hätten. Und dabei war Lübbe keineswegs ein Apologet des Dritten Reichs. Ganz im Gegenteil: die Legitimität der Bundesrepublik lag in seinen Augen darin, daß sie den NS-Staat vollkommen ablehnte. Er fragte sich jedoch, wie man Millionen ehemalige Unterstützer des NS-Regimes in treue Bürger eines liberalen Rechtsstaates verwandeln sollte. Freilich wurde den Bogers, Mulkas und Dr. Capesiussen und ihresgleichen der Prozeß gemacht, wenn auch erst zwanzig Jahre nach dem Krieg. Und sie reagierten oft indigniert. »Warum ich?« pflegten sie zu sagen. »Ich habe doch nur meine Pflicht getan. Ich habe Befehle befolgt, wie jeder anständige Deutsche. Warum soll ausgerechnet ich dafür bestraft werden?«

In einem Dokumentarfilm fürs Fernsehen wiederholten die Angeklagten des Majdanekprozesses dieses *Warum ich?* immer wieder. Ja, warum nur? Ein Satz aus diesem Film ist mir besonders in Erinnerung geblieben. Die »blutige Brigitta«, eine besonders grausame Lageraufseherin, erklärte dem Interviewer: »Wissen Sie, diese ehemaligen Häftlinge beschweren sich immer, wie schwer ihr Leben war. Natürlich ging es im Lager grausam zu. Aber Sie müssen eins verstehen: wenn man diesen Menschen den kleinen Finger gab, nahmen sie einem die ganze Hand.« So sprechen eine stupide Schulleiterin, ein Zollbeamter, ein kleiner Fahrkartenknipser, wenn man ihnen plötzlich absolute Macht über Tausende von versklavten Menschen gibt.

Und dennoch, trotz der schäbigen Mittelmäßigkeit dieser Menschen und der Banalität ihrer Aussagen, erwies es sich als fast unmöglich, sich mit ihnen zu identifizieren. Die Ungeheuerlichkeit ihrer Verbrechen und das Ausmaß ihrer mörderischen Instinkte verwandelten die Prozesse in ein Horrorkabinett; jeden Tag brachten die Zeitungen neue Enthüllungen. Martin Walser schrieb im Jahr der Auschwitzprozesse, Boger sei zum Fürsten der Finsternis aufgestiegen, zu einer makabren Persönlichkeit, der die Presse das Etikett »die Bestie« oder »der Teufel« gab. Das Unvorstellbare wurde in griffige Schlagzeilen zusammengedrängt: »Frauen lebendig ins Feuer getrieben«, oder »Die Folterschaukel von Auschwitz«. Walser schrieb: »Und je furchtbarer die Auschwitz-Zitate sind, desto deutlicher wird ganz von selbst unsere Distanz.«

Ein Prozeß kann sich nur mit bestimmten Verbrechen bestimmter Personen befassen. Die »Monster« und »Schlächter«, die in Frankfurt und Düsseldorf angeklagt vor Gericht standen, hatten fürchterliche Verbrechen begangen. Solche Bluttaten haben noch viele andere Menschen verübt, die nie zur Rechenschaft gezogen wurden. Aber, so Walser, »daß diese Täter bis zu irgendeinem Zeitpunkt zwischen 1918 und 1945 mit uns allen verwechselbar ähnlich waren, daß sie dann durch spezielle Umstände den Weg nahmen, der sie in diesen Prozeß führte, das kann in einem solchen Prozeß nicht hinreichend zur Sprache kommen.« Die fürchterlichen Taten einzelner werden aus dem geschichtlichen Zusammenhang gerissen; Geschichte selbst wird auf Kriminalpathologie und juristische Argumente reduziert. Was übrigbleibt, sind das Grauen und die Faszination – was nicht heißen soll, daß die Prozesse falsch waren. Aber sie reichen nicht aus als Geschichtsunterricht, und sie bringen uns auch dem schwer faßbaren Ding nicht näher, das Walser sucht, nämlich der deutschen Identität.

Nicht sehr weit vom Gerichtsort entfernt, an dem Schwammberger der Prozeß gemacht wurde, liegt die alte schwäbische Stadt Ludwigsburg – heute mehr oder weniger ein Vorort von Stuttgart, früher die Residenz der Herzöge von Württemberg. Hier ist Schiller zur Welt gekommen (sein Geburtshaus dient heute als Wienerwald-Filiale, und nebenan verkauft MacDonald's Hamburger). Und im 18. Jahrhundert wurde hier Josef Süß Oppenheimer, der »Schatullenverwalter« und Berater des Herzogs, gehenkt, ebender Jud Süß, den die NS-Propaganda als den archetypischen bösen Juden dargestellt hat. Vor den Toren des württembergischen Residenzschlosses steht eine Tafel mit der Inschrift: »Heiter und liebenswürdig ist das Gesicht der Stadt. [...] Diese lebendige und weltoffene Atmosphäre ist in Ludwigsburg noch heute zu spüren – vorausgesetzt man nimmt sich Zeit, mehr als nur Schlösser und Parks zu sehen.«

Ich bin in diese Stadt gefahren, um die »Zentrale Stelle der Landesjustizverwaltungen zur Aufklärung von nationalsozialistischen Gewaltverbrechen« zu besuchen. Sie befindet sich in einem ehemaligen Frauengefängnis. Daneben erhebt sich die große Festung aus dem 17. Jahrhundert, die bis 1990 als Gefängnis diente, die älteste Strafanstalt Deutschlands. Jetzt beherbergt sie das Strafvollzugsmuseum. Der junge Mann, der mir die Tür öffnete, lächelte höflich und zählte die Schätze des Hauses auf: eine Guillotine, die bis in die späten vierziger Jahre im Einsatz war, Daumenschrauben, Uniformen, Seile und Gürtel, mit denen sich Gefangene aufgehängt haben, eine restaurierte Todeszelle, das Beil eines Scharfrichters, farbige Drucke von Folterszenen und die Speisefolge der Henkersmahlzeit des Jud Süß: Fleischsuppe, geschmortes Kalbfleisch, Bohnen und Weißbrot.

Der Taxifahrer, der mich vom Bahnhof zur Zentralen Stelle zur Aufklärung von nationalsozialistischen Gewaltverbrechen (wohlgemerkt, NS-Verbrechen, nicht Kriegsverbrechen) bringen sollte, war nicht sehr erfreut über das Ziel. Zuerst behauptete er, die Behörde nicht zu kennen. Dann erklärte er mir ausführlich, warum sie seiner Meinung abgeschafft gehörte: es sei höchste Zeit, diese ganze alte Nazisache zu vergessen, es gebe schließlich Wichtigeres zu tun, Wiedervereinigung und so; und die Kommunisten seien doch genauso schlimm gewesen; und so weiter.

Früher, erzählte mir Alfred Streim, der Leiter der Zentralen Stelle, habe man so etwas viel öfter gehört. Gegen den Gründungsbeschluß von 1958 hätten die Einwohner von Ludwigsburg protestiert: Brandbomben seien geflogen, und es sei schwierig gewesen, ein Gebäude zu finden. Aber mit der inzwischen nachgewachsenen Generation habe sich die Lage verbessert.

Mit ihrer riesigen Dokumentensammlung – alle Unterlagen sind nach Personen- und Ortsnamen katalogisiert – ist die Zentrale Stelle sozusagen das behördliche Gedächtnis der NS-Vergangenheit. Sobald eine Anklage gegen ehemalige Nazis vorbereitet werden soll, wendet sich die Staatsanwaltschaft an die Ludwigsburger Stelle mit der Bitte um Bereitstellung von Beweismitteln. Als mich einer der Mitarbeiter Streims durch die Einrichtung führte, kamen Menschen auf ihn zu mit Fragen wie: »Schmidt, Dachau, 1943«. Oft wußte mein Begleiter, der wie Streim von Beruf Rechtsanwalt ist, die Antwort auswendig. Ansonsten öffnete er einen der stählernen Aktenschränke und zog aus den Papieren, die fein säuberlich mit »Auschwitz«, »Buchenwald« oder »Dachau« beschriftet waren, rasch die erforderlichen Unterlagen heraus.

Streim ist kein fröhlicher Mann. Seine Haut erschien mir so grau wie sein Anzug mit Hornknöpfen im Trachtenlook. Er ging noch zur Schule, als sein Elternhaus in Hamburg im Bombenhagel zerstört wurde. Er wurde evakuiert und in die Tschechoslowakei gebracht, von wo er nach dem Krieg zu Fuß nach Hamburg zurückgekehrt ist. Er sagte, junge Menschen heute könnten sich den Druck gar nicht vorstellen, unter dem seine Generation aufgewachsen war: Hitlerjugend, Bombennächte, die Zensur usw. Streims Vater war NSDAP-Mitglied und Reichsbahnangestellter gewesen. »Er sagte immer, es sei nicht wahr, das mit den Juden.« Streim habe mit ihm darüber gestritten, aber sein Vater habe die Wahrheit geleugnet, auch nach dem Krieg. »Die Generation meines Vaters war sehr naiv«, sagte Streim. »Er änderte seine Meinung erst, nachdem ich ihm Dokumente gezeigt hatte.«

Die Zentrale Stelle hat bis heute mehr als 1,4 Millionen Dokumente gesammelt: Zeugenaussagen, die Geschichte einzelner Fälle, Gestapo-Akten, Gerichtsprotokolle usw. 1986 lieferte die UNO Dokumente über mehr als dreißigtausend Menschen. Weitere Informationen kamen aus Polen, der Sowjetunion, Frankreich, Rumänien, Ungarn und den Niederlanden, tatsächlich aus ganz Europa. Mit einer Ausnahme: nichts kam aus der DDR. Die Stasi behielt ihre Informationen für sich.

Die DDR benutzte die Gerichte auf ihre Art, um sich mit der NS-Vergangenheit auseinanderzusetzen – in vielerlei Hinsicht auf eine dem Weg der Bundesrepublik fast entgegengesetzte Art. In der DDR wurden oft gerade diejenigen verfolgt, die die westliche Justiz außer acht gelassen hatte. Die Justiz- und Verwaltungsbehörden wie auch die Industrie wurden in der DDR gründlich von Nazis gesäubert. Ungefähr 200000 Menschen – vier Fünftel der NS-Richter und Staatsanwälte – wurden aus ihren Ämtern entfernt. Es gab auch Prozesse gegen Kriegesverbrecher; bis 1947 wurden sie von den Sowjets und danach von deutschen Gerichten geführt.

Es waren rasche Verfahren. Anstatt die Befugnisse des Staats (oder der Sieger) einzuschränken, indem man den Angeklagten die Möglichkeit gab, sich zu verteidigen, gingen die kommunistischen Gerichtshöfe den umgekehrten Weg. In den berühmt-berüchtigten Waldheimer Prozessen von 1950 ließ man die ernannten Richter und Staatsanwälte wissen, daß man, weil die Schuld der Angeklagten eindeutig sei, keine Zeugen, Verteidiger und kein Beweismaterial brauchen werde. Es war einer der letzten Prozesse gegen Nazis in der DDR. Bis 1957 fanden noch zwei weitere statt, danach keine mehr. Alles in allem wurde etwa dreißigtausend Menschen der Prozeß gemacht; fünfhundert von ihnen wurden hingerichtet. In Westdeutschland wurden etwa 91 000 Menschen angeklagt; von ihnen wurde keiner hingerichtet, denn die Todesstrafe war mit dem Inkrafttreten des Grundgesetztes 1949 abgeschafft worden.

Die antifaschistische deutsche Volksrepublik hat gründlicher als die Bundesrepublik nach Nationalsozialisten in höheren Ämtern gefahndet und sie von dort entfernt. Die ehemaligen kleinen NSDAP-Mitglieder ließ man in Ruhe, solange sie sich als gehorsame Kommunisten zeigten. Ostdeutsche Methoden waren so rigoros wie effektiv, und mit der offiziellen Erklärung, die DDR habe keine Schuld mehr zu tragen, wurde der Prozeß der Entnazifizierung abgeschlossen. Unermüdlich wurde die propagandistische Behauptung wiederholt, die Schuldigen befänden sich alle im Westen. Dort gebe es noch Faschisten auf den Richterstühlen, und in der Industrie führten ehemalige Nazis das Land ins Wirtschaftswunder. Kurz nachdem David Ben Gurion, der israelische Ministerpräsident, 1960 die Festnahme von Eichmann bekanntgegeben hatte, enthüllte die ostdeutsche Presse, daß mit Hans Globke einer der Verfasser der Nürnberger Rassengesetze von 1935 Staatssekretär in Adenauers Kanzleramt sei. »Globke ist der Eichmann von Bonn« lautete die Schlagzeile des Parteiorgans *Neues Deutschland*.

Dieser Sonderstatus der Unschuld in der DDR führte dann auch zu Sonderproblemen, als der Staat zu existieren aufhörte. Da war beispielsweise der Fall von Gustav Just, einem SPD-Politiker, der nach der Vereinigung in der Politik Karriere machte. Mit siebzig wurde er Alterspräsident des brandenburgischen Landtags und Vorsitzender des parlamentarischen Verfassungskomitees. Aber kurz nachdem er solche Prominenz erlangt hatte, ging es mit seiner Karriere steil bergab. Im März 1992 berichtete eine Zeitung, Just habe 1941, als Wehrmachtsfreiwilliger, sechs ukrainische Juden erschossen. Seine erste Antwort auf diesen Vorwurf war, er habe nur

Befehle befolgt. Als der öffentliche Druck zunahm, trat er doch von seinen Ämtern zurück.

Just war kein Einzelfall. Das Interessante daran ist der Umstand, daß er 1957 bereits in der DDR, und zwar wegen konterrevolutionärer Tendenzen, angeklagt und zu vier Jahren Freiheitsstrafe verurteilt worden war. Er hatte eine kritische Wochenzeitung herausgegeben. Der Prozeß war ein Schauprozeß, der andere Intellektuelle einschüchtern sollte, die von der stalinistischen Parteilinie abwichen. Während des Prozesses las der Richter Auszüge aus den Kriegstagebüchern von Just, die die Erschießung in der Ukraine beschrieben. Aber das blieb damals ohne Folgen. Wie Just berichtet hat, drohte man ihm lediglich für den Fall, daß er den Behörden wieder unangenehm auffallen sollte, ein Verfahren wegen Kriegsverbrechen an. »Die Stasileute«, sagte er, »waren Experten in Sachen Kriegsverbrechen.«

Man sollte meinen, die Erfahrungen mit Schauprozessen und politischer Korruption hätte die Ostdeutschen nach 1990 vorsichtig gemacht im Umgang mit politischen Prozessen und Säuberungen. Aber das war nicht der Fall. Innerhalb der ehemaligen DDR waren viele von der Vorstellung begeistert, führende Kommunisten vor Gericht zu stellen und Stasiagenten und Informanten rigoros aus ihren Ämtern zu entfernen. Das ostdeutsche Äquivalent der Zentralen Stelle in Ludwigsburg ist eine Institution in Berlin, die der evangelische Pfarrer Joachim Gauck leitet. In dieser Behörde werden alle dokumentarischen Unterlagen zu Stasiaktivitäten aufbewahrt und Auskünfte erteilt. Gauck versteht seine Aufgabe fast medizinisch: er will für moralische Hygiene sorgen, und die Akten sind sein Heilmittel für eine kranke Gesellschaft. Obwohl manche seiner Kritiker aus beiden Teilen Deutschlands, besonders die Altlinken unter ihnen, ihn einen Großinquisitor nannten, zweifelten nur wenige an den guten Absichten des Pastors. Er plädierte aus moralischen, juristischen und historischen Gründen für gerichtliche Untersuchungen. Seine Sicht der Dinge stellte er in einem Buch mit dem Titel *Die Stasi-*

*Akten* dar. Auf fast jeder Seite kommt die Vergangenheit durch.

»Und aller Voraussicht nach müssen wir uns darauf einstellen«, heißt es in Gaucks Buch, »daß, ähnlich wie bei den Verfahren in der alten Bundesrepublik gegen Nazi-Verbrecher, die einzelnen Verfahren sehr lange dauern können und einige Taten verjähren werden. Eine Generalamnestie für Stasi-Mitarbeiter darf es jedoch schon um der Opfer willen und wegen der damit unweigerlich verbundenen erschütterten Glaubwürdigkeit des Rechtsstaats nicht geben.«

Soviel zur rechtlichen Situation. Zur Geschichte schreibt Gauck folgendes: »Die Westdeutschen haben ja den ehemaligen DDR-Bürgern die Erfahrung voraus, wie bitter es ist, die Aufarbeitung einer schlimmen Vergangenheit der nächsten Generation zu überlassen. Sie sind gewissermaßen gebrannte Kinder und werden es kaum zulassen, daß dieses Versäumnis der Deutschen zu einer schlechten Tradition wird. In seiner berühmten Rede zum 8. Mai 1985, dem 40. Jahrestag des Kriegsendes, hat Richard von Weizsäcker von der Bedeutung des Erinnerns gesprochen, um Gegenwart und Zukunft gestalten zu können. Die jetzt zu gestaltende Form der Aufarbeitung unserer Vergangenheit bietet eine gute Möglichkeit, dem Vorurteil entgegenzuwirken, die Deutschen verweigerten sich generell ihrer Vergangenheit und seien ›unfähig zu trauern‹.«

Der Hinweis auf die Unfähigkeit zu trauern zeigt, wie tief die Lektionen von Alexander und Margarete Mitscherlich gewirkt haben: Dieses Mal müssen wir es richtig machen; wir können es nicht zulassen, daß eine zweite Vergangenheit uns wie die erste verfolgt. Das ist ein Argument, oder genauer gesagt eine Empfindung, zu der auch viele Westdeutsche neigen. Oder vielleicht sollte man sagen, zu der besonders die Westdeutschen neigen, denn sie sind es – oder zumindest einige von ihnen –, die sich schuldig fühlen, weil die alten Nazis in ihrer Mitte toleriert wurden. Und obwohl Leitartikler, die Kirchenleute, Akademiker und andere Meinungsmacher in Deutschland immer wieder auf die Unterschiede zwischen den beiden unaufgearbeiteten Vergangenheiten hinwiesen, wurde der Unterschied zwischen dem NS-Deutschland und dem Stasi-Deutschland oft verwischt. Dazu kommt, daß eine gewisse kapitalistische Triumphhaltung den Wessis den Vorwurf einbrachte, den Besiegten wieder mit der Rechtsprechung des Siegers zu begegnen; nur sitzen diesmal nicht die westlichen und sowjetischen Alliierten, sondern die Westdeutschen auf dem Platz des Siegers.

Die Situation hatte durchaus etwas Ironisches an sich: das Deutschland der Schuldigen, ein Volk, das sich über seine eigene »Unfähigkeit zu trauern« betroffen zeigte, ein Staat, der die Prozesse um Auschwitz und Majdanek geführt hatte – gerade *dieses* Deutschland sollte jetzt über das andere Deutschland richten, das Deutschland der alten Antifaschisten, das Deutschland, das unter zwei Diktaturen gelitten hatte, das Deutschland der Uniformen und Paraden, des Stechschritts und eines Geheimpolizeinetzes, das die kühnsten Träume der Gestapo weit übertraf. Und während man den letzten NS-Kriegsverbrecher in Stuttgart verurteilte, warteten Tausende von Stasileuten und Kommunisten darauf, daß sie ihre Rolle in der zweiten Runde des als Gerichtsverhandlung abgehaltenen Geschichtsunterrichts spielen konnten.

**Tokio** Das Gerichtsgebäude von Nürnberg wirkt solide, fast unzerstörbar, in einer Stadt, die ansonsten nicht diesen Eindruck macht. Der im mittelalterlichen Stil wiederaufgebaute alte Stadtkern erscheint eher wie eine Inszenierung, als sei Nürnberg nur die Kulisse einer historischen Phantasie. Es gibt ein weiteres derart massives Bauwerk, das einzig erhaltene Werk von Albert Speer: das Stadion am Zeppelinfeld für die alljährlichen Massenversammlungen zum Reichsparteitg der NSDAP. Es ist so riesig – die Männertoiletten haben die Ausmaße einer durchschnittlichen Kinohalle – und so massiv gebaut, daß man es nicht sprengen konnte. Aber man hat es auch nicht unterhalten. Überall wuchert das Unkraut zwischen den zerbröselnden Steinen der Tribünen.

Ich fragte einen alten Mann, der Andenken verkaufte (Bierkrüge, Fahnen, Messer), wo sich das Gerichtsgebäude befinde. »Sie meinen den Ort, wo sie unsere Offiziere aufgehängt haben?« Ja, sagte ich, den meinte ich. Er beschrieb mir den Weg, aber ich habe mich dann doch verlaufen. Also mußte ich im Hotel noch einmal nachfragen. Die junge Frau an der Rezeption hatte keine Ahnung. Ihre Chefin, eine Frau um die Fünfzig mit blondiertem Haar, kam dazu, um nach meinen Wünschen zu fragen. Ich wiederholte meine Frage. Sie kräuselte die Lippen. »Was wollen Sie denn dort?« fauchte sie. »Dort ist nichts Interessantes zu sehen. Warum besuchen Sie nicht lieber unsere Altstadt …« Ich sagte etwas von Geschichte. Sie wandte sich ab. »Ausländer …«, murmelte sie.

Das Gebäude ist, wie gesagt, solide: ein wilhelminischer Bau, nur darauf angelegt, zu beeindrucken. Es ist auf seine Art genauso pompös wie das Stadion von Speer. Ehemalige Richter stehen auf Steinsockeln wie strenge Götter, die die Fürther Straße überwachen. Der Fries über dem Haupteingang zeigt verschiedene Symbole der Rechtsgewalt: steinerne Tafeln mit römischen Zahlen, die die Zehn Gebote darstellen; ein umranktes aufgeschlagenes Gesetzbuch; und ein Beil, das aus einem Bündel Birkenruten herausragt – die römischen Insignien der Strafgewalt, die von den italienischen Faschisten später als Hoheitszeichen übernommen wurden.

Obwohl auch die Japaner einen Hang zu wilhelminischem Pomp haben (vielleicht mehr in ihren Kolonien als in Japan selbst), gibt es nichts in Tokio, was dem Nürnberger Gerichtshof gleichkäme. Über zweitausend Prozesse gegen Kriegsverbrecher fanden vor den Tribunalen der Alliierten statt, in Japan selbst, in Südostasien und an anderen Orten im asiatischen und pazifischen Raum. Aber das Gebäude, in dem von 1946 bis Ende 1948 das internationale Militärtribunal für den Fernen Osten achtundzwanzig militärischen Befehlshabern der Japaner (den Angeklagten der sogenannten Kategorie A) den Prozeß machte, war eine ehemalige Militärakademie, die den Japanern bis zum Ende des Kriegs als Hauptquartier gedient hatte. Die Aula war eilig in einen Gerichtssaal mit holzverkleideten Wänden verwandelt worden, erhellt von grellen Bogenlampen, die Joseph Keenan, den Hauptankläger, an ein Hollywood-Studio erinnerten. Das Gebäude wurde abgerissen, als man den Platz für das neue Rathaus brauchte.

Es gab auch noch ein anderes, imposanteres Gebäude, das mit dem Tribunal in Verbindung stand, nämlich das »Todeshaus« genannte Sugamo-Gefängnis. Hier wurden 1948 in einer Dezembernacht sechs Generäle und ein Zivilist gehenkt, die von den Richtern der Alliierten zum Tode verurteilt worden waren. Auch das Sugamo-Gefängnis, gebaut nach dem Vorbild der europäischen Gefängnisse des 19. Jahrhunderts, wurde in den siebziger Jahren abgerissen. An seiner Stelle steht – dem Rat von Astrologen und Geomanten zum Trotz, die den Ort für unheilbringend erachteten – einer der höchsten Wolkenkratzer Asiens: Sunshine 60, ein strahlend weißes Gebäude, das zu Sunshine City gehört, einem riesigen Komplex aus Freizeitzentren, Büros und Einkaufspassagen.

Ich will diesen architektonischen Unterschieden nicht allzuviel Bedeutung beimessen. Zweifelsohne waren die Japaner erfreut, das Sugamo-Gefängnis loszuwerden, genauso wie es der Frau an der Rezeption des Nürnberger Hotels lieber wäre, wenn es weder Gerichtshof noch Zeppelinfeld geben würde. Aber ich bin überzeugt davon, daß es in Japan zu keinem Zeitpunkt ein Gebäude gegeben hat, das dem Nürnberger Gerichtshof ähnlich gewesen wäre. Der Gerichtshof in Japan war mit all seinem Drum und Dran – und anders als etwa der Hauptbahnhof oder ein Regierungsgebäude – eine zentrale Institution des modernen Staates. Das Gesetz war kein Mittel, um die Menschen gegen Willkürherrschaft zu schützen, sondern eher eine Möglichkeit für den Staat, mehr Kontrolle über das Volk auszuüben. Noch heute gibt es relativ wenig Rechtsanwälte in Japan. Es grenzt fast an Subversion, einen Angeklagten vor Gericht zu verteidigen. Daher war die

Vorstellung, politische und militärische Führer für ihre Taten vor Gericht zur Rechenschaft zu ziehen, den Japanern noch fremder als den Deutschen. Und so sind auch die Schatten, die das Tokioter Tribunal in Japan geworfen hat, länger und dunkler gewesen als die des Nürnberger Prozesses in Deutschland.

Nationalistische Revisionisten sprechen vom »Geschichtsverständnis des Tokioter Tribunals«, als seien die Gerichtsurteile nur blindwütige antijapanische Propaganda gewesen. Das Verfahren ist als Lynchjustiz bezeichnet worden; und der japanischen Linken wird immer wieder vorgehalten, sie habe die Moral von Generationen von Japanern untergraben, weil sie dieses Geschichtsverständnis in Schulbüchern und liberalen Veröffentlichungen weiterverbreitet habe. Das Geschichtsverständnis des Tokioter Tribunals besteht kurz gesagt in der Meinung, Japan trage die Schuld, seit 1931 einen Aggressionskrieg in Asien vorbereitet und geführt zu haben. Die Revisionisten behaupten, der Krieg sei ein tragischer, ja edler Kampf um das Überleben der Nation und die Befreiung vom westlichen Kolonialismus gewesen. Solange die Engländer und Amerikaner in Asien die Unterdrücker gewesen seien, schreibt Michiko Hasegawa, ein 1945 geborener revisionistischer Historiker, »war die Konfrontation mit Japan unausweichlich. Wir haben nicht nur für Japan gekämpft. Unser Ziel war es, einen Großen Ostasiatischen Krieg zu führen. Aus diesem Grund sind sowohl der Krieg zwischen Japan und China als auch die japanische Unterdrückung Koreas um so mehr zu bedauern. Das waren unsäglich tragische Ereignisse.«

Die revisionistische Sorge, daß Generationen von Japanern durch das Tokioter Tribunal einer Gehirnwäsche unterzogen worden seien, ist gelinde gesagt übertrieben. Japanische Schulbücher sind Ergebnisse so vieler Kompromisse, daß sie fast gar keine Meinung mehr widerspiegeln. Es ist wie bei allen kontroversen Angelegenheiten in Japan – je schmerzhafter sie sind, desto mehr wird verschwiegen. In einem Standardgeschichtsbuch für die Mittelschule, das in den achtziger Jahren erschienen ist, nimmt das Tokioter Tribunal nicht einmal eine halbe Seite ein. Man erfährt lediglich, daß das Tribunal stattgefunden hat und daß es »als ein von den Siegern einseitig gegen die Besiegten geführtes Verfahren kritisiert worden ist«.

Westdeutsche Schulbücher beschreiben die Nürnberger Prozesse sehr viel detaillierter. Und sie unterscheiden klar zwischen dem rückwirkend erlassenen Gesetz über Verbrechen gegen den Frieden und dem ebenfalls neudefinierten Straftatbestand des Verbrechens gegen die Menschlichkeit. Im erstgenannten Punkt habe sich das Hauptproblem gezeigt, das sich den Anklägern und dem internationalen Gericht gestellt habe: Verbrechen gegen den Frieden hätten »ein internationales Verbot des Angriffskriegs« vorausgesetzt, das es nicht gegeben habe. Es wird darauf hingewiesen, daß die Alliierten, weil sie damals nicht auch über ihr eigenes Verhalten im Krieg urteilten, eine doppelte Moral vertreten hätten. Doch zu dem ebenfalls erst nachträglich formulierten Gesetz über Verbrechen gegen die Menschlichkeit führt der *Grundkurs Geschichte* aus, daß es zur »Weiterentwicklung des internationalen Völkerrechts« beigetragen habe. Der Unterschied zwischen den (west-)deutschen und den japanischen Schulbüchern betrifft nicht nur Details, sondern weist auf eine Wahrnehmungslücke hin. Die Japaner verbinden Verbrechen gegen die Menschlichkeit nicht mit Entsprechungen des Holocaust, sondern mit militärischen Exzessen, zu denen es in jedem Krieg kommt. Und nach dem Schock von Hiroshima und Nagasaki fiel es den Japanern auch leichter, den Spieß umzudrehen und »Ihr auch« zu sagen.

Wenn Hellmut Becker davon sprach, daß nur wenige Deutsche die Verfahrensweise der Nürnberger Prozesse kritisierten, weil die Schuld der Angeklagten so offenkundig gewesen sei, dann bezog er sich auf die Verbrechen gegen die Menschlichkeit, genauer gesagt auf den Holocaust. Und nach den Nürnberger Prozessen wurden vor deutschen Gerichten vor allem wegen der Holocaust-Verbrechen Prozesse geführt.

Von Japanern geführte Prozesse gegen Kriegsverbrecher hat es überhaupt nie gegeben. Es gibt in Japan auch kein

Äquivalent der Zentralen Stelle in Ludwigsburg, schon weil in Japan nichts dem Holocaust Vergleichbares geschehen ist. Obwohl die japanischen Truppen sich oft barbarisch verhielten und obwohl der staatliche Shinto- und Kaiserkult zu ähnlich hysterischen Verhaltensweisen führte wie der Nationalsozialismus, waren die japanischen Greueltaten Begleiterscheinungen eines militärischen Feldzugs, also nicht Akte einer planmäßigen Vernichtung eines Volkes, zu dem auch Bürger des eigenen Staates zählten. Im übrigen wurden gerade die schlimmsten Aspekte des Kriegs, die mit den tatsächlichen Kampfhandlungen am wenigsten zu tun hatten – so etwa die medizinischen Experimente mit menschlichen Versuchskaninchen (die als »Holzklötze« bezeichnet wurden), wie sie die Einheit 731 in der Mandschurei durchgeführt hatte –, vor dem Tokioter Tribunal nicht verhandelt. 1945 stuften die Amerikaner das Wissen, das die Ärzte der Einheit 731 gesammelt hatten – Experimente mit dem Erfrieren von Menschen, mit Injektionen von tödlichen Krankheitserregern und der Vivisektion –, als so wichtig ein, daß sie die verantwortlichen Ärzte gegen Aushändigung ihrer »Forschungsergebnisse« freiließen. Manche dieser Ärzte rückten im medizinischen Establishment der Nachkriegszeit in hohe Positionen auf. Dr. Hisato Yoshimura benutzte seine Fachkenntnisse über die Auswirkungen von extremen Temperaturen auf den menschlichen Organismus, um eine japanische Südpol-Expedition zu beraten. Dr. Masaji Kitano, der viele experimentelle operative Eingriffe vorgenommen hatte, wurde zum Leiter des Grünen Kreuzes, der größten Blutbank Japans, berufen.

Einzelheiten über die Einheit 731 waren in Japan durchaus bekannt; sogar ein Buch war zu diesem Thema erschienen, das auf dem sowjetischen Prozeß gegen einige Angehörige der Einheit beruhte. Außerdem wurde 1976 im japanischen Fernsehen eine Dokumentarsendung darüber gebracht. Doch die breite Öffentlichkeit erfuhr erst 1982 davon, als der Thriller-Autor Seiichi Morimura das erste Buch seiner Trilogie zu diesem Thema veröffentlichte. Morimura hat für das Buch gründlich recherchiert, doch gibt bereits der Titel, *Die Völlerei des Teufels*, den Grundton des Werks wieder, was nicht unbedingt dazu beigetragen hat, die Aufmerksamkeit von Wissenschaftlern auf die Trilogie zu lenken. Sie wurde jedoch ein finanzieller Erfolg, und Morimuras Werk regte andere an, selbst weitere Forschungen anzustellen. Er zog allerdings auch die bedrohliche Aufmerksamkeit der Rechtsradikalen auf sich.

Einige Japaner sind der Ansicht, die Japaner hätten die Kriegsverbrecher selbst vor Gericht stellen sollen. Der Historiker Kunihiko Hata fand, man hätte der gesamten japanischen Führungsriege nach den existierenden japanischen Gesetzen den Prozeß machen müssen, und zwar entweder vor Militär- oder vor Zivilgerichten. Die japanischen Richter wären, so vermutet er, noch strenger gewesen als das Tribunal der Alliierten in Tokio. Und die Folgen wären heilsamer gewesen. Hätte man diese Männer für schuldig befunden, dann wären ihre Geister niemals im Yasukuni-Schrein aufgenommen worden. Das Tribunal von Tokio, sagte er, »reinigte die Angeklagten von ihren ›Verbrechen‹ und verwandelte sie in Märtyrer. Wenn man sie vor einheimische Gerichte gestellt hätte, dann hätte eine Chance bestanden, daß die wahren Verbrecher erkannt worden wären.«

So weit, so gut. Aber mit welcher Begründung hätten japanische Gerichte ihren ehemaligen Führern den Prozeß gemacht? Hatas Antwort: »Weil sie einen Krieg angefangen haben, von dem sie wußten, sie würden ihn verlieren.« Hata zieht als Beispiel den argentinischen General Galtieri und seine Kameraden heran, die den Falklandkrieg verloren. Wie diese hätte man sie anklagen müssen, einen Krieg verloren und ihrem eigenen Volk großes Leid zugefügt zu haben. Nun stelle man sich vor, man hätte 1918 General Hindenburg oder General Ludendorff vor deutschen Gerichten angeklagt. Die Idee ist interessant, aber sie zeigt noch einmal den grundlegenden Unterschied zwischen dem Krieg, wie ihn die Japaner in ihrer Erinnerung erleben und wohl auch in Wirklichkeit erlebt haben, und der Kriegserfahrung der Deutschen. Die Deutschen haben auch einen Krieg geführt; den Krieg jedoch, weswegen sie Angehörige des eigenen Volkes wie Boger und Schwammberger angeklagt haben, konnten sie nicht verlieren, es sei denn, das Überleben einzelner Feinde wäre eine Niederlage gewesen.

Wie zu allem, was mit der Kriegsvergangenheit zusammenhängt, hat die japanische Linke auch zum Tokioter Tribunal eine andere Meinung als die revisionistische Rechte. Sie ist vergleichbar mit der Beurteilung von Nürnberg durch die deutschen Linken. Das kam sehr gut, wenn auch vielleicht etwas langatmig, in Masaki Kobayashis Dokumentarfilm *Tokio-Tribunal* zum Ausdruck, der 1983 in die Kinos kam. Kobayashi ist alles andere als ein Apologetiker des Kriegs. Am berühmtesten ist sein 1959 gedrehter Film *La condition humaine*, eine äußerst kritische Darstellung des japanischen Kriegs. Hauptfigur in diesem Film war ein friedlicher junger Mann namens Kaiji, der wie Kobayashi selbst gezwungen war, die Greuel des Kriegs als einfacher Soldat in China mitzuerleben.

*Tokio-Tribunal* – der Film dauert viereinhalb Stunden – beginnt mit dem Bombenabwürfen auf Hiroshima und Nagasaki und endet mit dem berühmten Foto des nackten vietnamesischen Mädchens, das in panischer Angst vor einem Napalmangriff der Amerikaner flieht. Nichts in diesem Film deutet darauf hin, daß Kobayashi das Tokioter Tribunal grundsätzlich ablehnte oder mit dessen Urteilen nicht einverstanden war. Aber in die Szenen aus der Verhandlung hat er Aufnahmen von den Atomtests auf dem Bikini-Atoll montiert. Und auf die Aufnahmen von den japanischen Massakern in Nanking (in Japan nur äußerst selten zu sehen) folgt im harten Schnitt eine weitere Aufnahme des Atompilzes über Hiroshima. Ähnlich wie die deutschen Linken im Fall der Nürnberger Prozesse den Spieß umdrehen, versucht Kobayashi, das Tribunal zu einer Anklage gegen das Volk der Richter zu machen. Aber nicht unbedingt, um die Schuld der Japaner zu mildern. Seine Intention war eher, aufzuzeigen, wie die Sieger den Pazifismus verraten haben, den sie in Japan selber durchgesetzt hatten.

Es gibt in Japan auch andere Positionen, die irgendwo zwischen der revisionistischen Apologetik und dem *tu quoque*-Prinzip liegen. Aber kein Japaner erinnert sich an das Tribunal ohne gemischte Gefühle. Das hat wenig mit einer fehlenden Rechtstradition zu tun, auch wenig mit nationalistischem Starrsinn, sondern das liegt in der Natur des Tribunals selbst. 1970 schrieb Junji Kinoshita, einer der namhaftesten japanischen Dramatiker, ein Stück, das das Tokioter Tribunal in eine traurige Farce verwandelt – wenn man sich so etwas überhaupt vorstellen kann. Das bekannteste japanische Buch über das Tribunal, das 1974 erschienen ist und später einem Fernsehspiel als Vorlage diente, war ein einfühlsam geschriebener Bericht über den einzigen Zivilisten, der in Sugamo gehenkt wurde: *Kriegsverbrechen. Leben und Tod des Hirota Koki*; es stammt aus der Feder von Saburo Shiroyama.

Weder Kinoshita noch Shiroyama sind rechtsgerichtete Revisionisten; ebensowenig Takaaki Yoshimoto, der Starphilosoph der neuen Linken in den sechziger Jahren. Er schrieb 1986, daß das Verfahren von Tokio »aus der Sicht der Zeitgenossen und Zeugen von vornherein mehr oder weniger gestellt« erschien. »Er war ein absurdes Ritual, bevor man das Opferlamm schlachtete.« Das war der Eindruck, den das Tribunal allem Anschein nach auf die meisten Japaner machte, auch wenn sie wenig Sympathie für die »Opfer« hatten. 1948, nach drei Jahren Zensur und Infiltrierung durch die amerikanischen Besatzer, nahmen die meisten Menschen in Japan die Verkündung der Urteile im Rundfunk mit einem traurigen, aber fatalistischen Achselzucken hin: Was anders hätte man erwarten können, wenn man einen Krieg verloren hatte.

Aber Yoshimoto geht ein wenig weiter und fügt etwas hinzu, was kein Revisionist je zugeben würde: »Ich erinnere mich auch an mein naives Staunen, als ich damit zum ersten Mal der europäischen Vorstellung von Recht begegnete, die sich so von der summarischen Rechtsprechung unserer asiatischen Gerichtshöfe unterschied. Anstatt daß man ihnen ohne anständigen Prozeß einfach den Kopf abschlug, durften sich die Angeklagten selbst verteidigen, und das präzis formulierte Urteil erschien als Ergebnis eines öffentlichen Verfahrens.«

Yoshimotos rückblickendes Urteil ist einerseits fair, andererseits vernichtend, denn es deckt den Grund für den Mißerfolg des Tribunals auf. Die Inszenierung eines politischen Tribunals – jenes »absurde Ritual« – wirkte genau dem entgegen, was gerade die Qualität der europäischen Rechtsvorstellungen ausmachte. Das Großartige am Tokioter Tribunal war mit den Worten von Joseph Keenan die Tatsache, daß »zum ersten Mal in der Geschichte Einzelpersonen vor Gericht gezogen werden, um sich persönlich für Straftaten zu verantworten, die sie in ihrer offiziellen Eigenschaft als Staatsoberhäupter begangen haben« – ein unglücklicher Lapsus, denn natürlich gab es nur ein Staatsoberhaupt, nämlich den Kaiser, und der stand nicht vor Gericht. Nürnberg war das einzige Modell, an dem das Tribunal in Tokio sich hatte orientieren können. Und das Verfahren in Tokio wurde auch nicht immer gerecht geführt: entlastendes Beweismaterial für die Verteidiger wurde manchmal unter Verschluß gehalten, Zeugen der Anklage wurden bevorzugt behandelt. Aber wie in Nürnberg war auch hier das eigentliche, offenkundige Ziel des Verfahrens, den Japanern und zugleich der Weltöffentlichkeit eine Lektion in Sachen Geschichte zu erteilen.

Frederick Mignone, einer der Ankläger, sagte ein wenig theatralisch: »[...] In Japan und im Orient stellt ein Prozeß im allgemeinen eine der wichtigsten Phasen der Besatzung dar. In der japanischen Presse wurde eingehend darüber berichtet, und das Tribunal hat damit Millionen von Japanern zum ersten Mal gezeigt, mit welchen Machenschaften, mit welcher Doppelzüngigkeit und unersättlicher Machtgier ihre bislang unangreifbaren militärischen Führer gehandelt haben; das Tribunal hält – und das ist dringend notwendig – Ereignisse fest, die ansonsten nie in die Geschichte eingegangen wären.«

Es war in der Tat dringend notwendig, denn die Öffentlichkeit wußte sehr wenig von dem, was geschehen war. Der Politikwissenschaftler Takeshi Ishida, der damals noch Student war, sollte »den Schock nie vergessen, als ich hörte, welche Massaker die Kaiserliche Armee in China unmittelbar nach der Eroberung Nankings angerichtet hatte«. Manche Informationen haben sogar die Angeklagten überrascht. General Seishiro Itagaki, ein besonders kaltblütiger Mann, der Befehlshaber der Gefangenenlager in Südostasien gewesen war und dessen Truppen unzählige Menschen aus der chinesischen Zivilbevölkerung ermordet hatten, schrieb in sein Tagebuch: »Ich erfahre von Ereignissen, von denen ich nichts wußte, und ich erinnere mich an Dinge, die ich vergessen hatte.« Nach Abschluß des Prozesses wies die *Nippon Times* auf die Fehler des Verfahrens hin, fügte jedoch hinzu, »das japanische Volk sollte darüber nachdenken, warum eine solche Diskrepanz herrschte zwischen dem, was es selbst für die Wahrheit hielt, und dem, was der Rest der Welt fast schon als allgemein bekannt voraussetzte. Dort liegt die Wurzel der Tragödie, die Japan sich selbst eingehandelt hat.«

Diese Diskrepanz besteht noch immer. Und im Rückblick geurteilt muß man sagen, daß der Prozeß von Tokio, statt den Japanern ihre Vergangenheit verstehen und akzeptieren zu helfen, nur eine zynische, trotzige Haltung provoziert hat. Politische Prozesse produzieren politisierte Geschichtsbilder. Das ist es, was die Revisionisten mit ihrem Gerede vom »Geschichtsverständnis des Tokioter Tribunals« meinen. Und insofern haben sie recht, auch wenn sie daraus falsche Schlüsse ziehen. Denn das Verfahren zu verwerfen heißt nicht notwendig, zugleich die japanische Schuld zu leugnen. Das ist das Thema des brillanten Theaterstücks von Kinoshita.

*Zwischen Gott und dem Menschen* besteht aus zwei Teilen. Der erste Teil mit dem Titel *Das Urteil* handelt vom Tokioter Tribunal; Kinoshita verwendet hier tatsächlich Gerichtsprotokolle. Es kommen urkomische Szenen vor, etwa wenn konfuse Alliierte mit heiklen Themen wie dem Bombenabwurf auf

Hiroshima konfrontiert werden oder mit der verspäteten sowjetischen Kriegserklärung (zwei Tage nach dem Abwurf). Die peinliche politische Lage wird mit einer absurden legalistischen Sprache überspielt. Die konventionelle Lesart würde diesen Teil des Stücks als einen weiteren Versuch deuten, sich nach dem *tu quoque*-Prinzip von der japanischen Schuld reinzuwaschen. Und dadurch, daß Kinoshita die Heuchelei der Richter unterstreicht, scheint er die Gültigkeit ihrer Urteile zu bestreiten. Aber man kann das Stück auch ganz anders lesen. Die japanischen Angeklagten kommen nicht zu Wort, aber man sieht sie, sie sitzen im Publikum. Somit werden also nicht nur diese achtundzwanzig Männer angeklagt, sondern das ganze (japanische) Publikum, das mit ihnen auf der Anklagebank sitzt. Offensichtlich geht es in dem Stück um mehr als um eine Anklage gegen die Prozeßmethoden. Das Publikum kommt nicht ungeschoren davon.

Der zweite Teil trägt den Titel *Eine Liebe in der Südsee*. Gezeigt wird die typische, wohl auf einer wahren Begebenheit beruhende Geschichte eines Mannes, der für Verbrechen hingerichtet wird, die andere begangen haben. Von den Verbrechen berichtet eine Chansonsängerin. Das Tribunal wird als Farce gezeigt, als Traumsequenz mit schnatternden Affen als Zeugen, eine groteske Parodie des Tokioter Tribunals. Sobald dieser Alptraum vorüber ist, wollen alle vergessen, daß er überhaupt je stattgefunden hat. Nur die Sängerin ist nicht bereit zu vergessen. Und sie ist auch die einzige, die sich weigert, sich über die Ungerechtigkeit des Verfahrens zu beklagen: »Wenn sich nun alles in eine Farce auflöst, was soll dann der Sinn des Ganzen gewesen sein?«

Kinoshitas Stück, das zunächst wie eine Apologie der japanischen Verbrechen wirkt, behandelt die Frage von Schuld und Vergeltung tiefgründiger als die beiden deutschen Stücke über die Kriegsverbrecherprozesse. Und ironischerweise zeigt sich in ihm ein größerer Einfluß des christlichen Glaubens als in den deutschen Stücken. (Kinoshita war zeitweise gläubiger Christ.) Peter Weiss und Rolf Schneider haben über die politischen Hintergründe der NS-Verbrechen geschrieben. Weiss versuchte darzustellen, was einen Folterer wie Boger hervorbringt. Beide Dramatiker zweifelten nicht daran, daß es mit den Verfahren seine Richtigkeit hatte. Kinoshita will auf etwas ganz anderes hinaus. Sein Stück zeigt, daß Kriegsverbrecherprozesse nicht der richtige Weg sind, Fragen von Schuld und Wahrheit auf den Grund zu gehen. Die Sprache ist einfach falsch. Da ist das künstliche Geplapper des Varietétheaters noch angemessener. Es ist aber auch nicht damit getan, über die »Gerechtigkeit der Sieger« zu schimpfen, denn das würde niemandem helfen, mit seiner Vergangenheit ins reine zu kommen, sondern wäre nur eine weitere Ausflucht. Und im Grunde geht es auch gar nicht um die Frage, ob die achtundzwanzig Männer in Tokio oder die vielen Tausend Kriegsverbrecher minderen Ranges schuldig waren oder nicht. Wir sind es, die wir im Publikum sitzen, die selbst darüber zu urteilen haben, ob wir schuldig sind.

Das Tribunal von Tokio nahm sich die Nürnberger Prozesse zum Vorbild, so als wären die Kriege, die die Japaner in Asien geführt hatten, mit Hitlers Krieg zu vergleichen; doch selbst die Richter erkannten, daß es sich bei den japanischen Angeklagten nicht einfach um asiatische Nazis handelte. Sir William Webb, der vorsitzende Richter des Tribunals, hielt »die Verbrechen der deutschen Angeklagten [für] viel abscheulicher, vielfältiger und umfassender als die der japanischen Angeklagten«. Anders gesagt, fast alle Angeklagten in Nürnberg, die wegen Verbrechen gegen den Frieden verurteilt wurden, wurden auch wegen Verbrechen gegen die Menschlichkeit für schuldig befunden. Aber die Hälfte der angeklagten Japaner erhielt lebenslängliche Haftstrafen einzig und allein wegen politischer Straftaten.

Frank Tavenner, einer der Rechtsanwälte in der Gruppe der Ankläger, meinte: »Diese Männer waren keine Gangster wie die meisten derer, denen in Nürnberg der Prozeß gemacht wurde, nicht dieser Abschaum eines kriminellen Milieus, gründlich ausgebildet in den Methoden des Verbrechens und unfähig, andere Methoden anzuwenden. Diese Männer galten als Elite des Volkes, als ehrliche und vertrauenswürdige Führer, in deren Hände man das Schicksal des Volkes gelegt hatte ...«

Aber unter japanischen Verhältnissen die Frage nach der Verantwortung zu stellen ist immer schwierig; es ist dort immer leichter, die formell Verantwortlichen auszumachen als die tatsächlich Schuldigen. Es gab nicht nur viele Männer, die wie der Held in Kinoshitas Stück die Schuld für Taten auf sich nahmen, die ihre Vorgesetzten begangen hatten – eine in Japan bei kriminellen Banden, in der Politik und in der Geschäftswelt übliche Praxis. Auch wer ganz oben stand, hatte oft überhaupt keine Kontrolle über seine skrupellos agierenden Leute. Es ist demnach kaum überraschend, daß die in ganz Asien rasch einberufenen Tribunale, deren Mitglieder keine Ahnung von den japanischen Gepflogenheiten hatten, nicht herausfinden konnten, wer in der japanischen Befehlshierarchie für was verantwortlich war. So wurden viele Menschen irrtümlich wegen der falschen Taten und mit falschen Begründungen angeklagt. Das wiederum brachte den Männern, die von den Ausländern als Kriegsverbrecher gebrandmarkt waren, in Japan viele Sympathien ein, insbesondere den Angeklagten der sogenannten Kategorien B und C, den Männern, die nur Befehle ausgeführt oder sie auf niedrigster Ebene erteilt hatten: Zugführer, Lagerwachen usw.

1953 wurden in einer Kampagne, die die Freilassung sämtlicher japanischer Kriegsverbrecher forderte, mehr als fünfzehn Millionen Unterschriften gesammelt. Eine Depesche der westdeutschen Botschaft in Tokio an das Justizministerium in Bonn berichtete: »Das japanische Volk ist der Meinung, das tatsächliche Ziel der Verfahren gegen die Kriegsverbrecher sei nie verwirklicht worden, denn die Urteile seien allein von den Siegern gefällt worden und hätten den Charakter der Rache. Der [japanische] Kriegsverbrecher hat kein Bewußtsein davon, ein Verbrechen begangen zu haben, denn er betrachtet seine Taten als Kriegshandlungen, die er aus Patriotismus begangen hat.«

1953 war ein fruchtbares Jahr, was das Kino anging – es entstanden Filme wie *Tiheyo no Washi* (Adler des Pazifik), worin die Führer der Kriegszeit als Märtyrer oder friedliebende Helden dargestellt werden. Der »Adler des Pazifik« war Admiral Isoroku Yamamoto, der den Angriff auf Pearl Harbor plante und ausführte; in vielerlei Hinsicht war er allerdings wirklich ein maßvoller und bewundernswerter Mensch. Weniger moderat, aber sicherlich das Opfer eines Scheingerichts, war General Tomoyuki Yamashita. Ihm wurde das filmische Heldenepos *Yamashita Tomoyuki* gewidmet. Seine Untergebenen hatten auf den Philippinen fürchterliche Greueltaten verübt. Die Plünderung Manilas 1945 war fast so unmenschlich wie das Massaker von Nanking. Es mutet daher eigenartig an, wenn seine Geschichte so dargestellt wird, als sei er ein friedfertiger und ehrenwerter Mann gewesen, und der amerikanische Ankläger in Manila der eigentliche Verbrecher.

Aber selbst diese Darstellung entbehrt nicht jeder Grundlage, denn das Verfahren war tatsächlich inszeniert. Yamashita war zweifelsohne ein aggressiver Mensch, aber in diesem Fall war er so weit von seinen in Manila Amok laufenden Truppen entfernt gewesen, daß er kaum hatte wisssen können, was dort vor sich ging. Doch der amerikanische Ankläger sprach seinen Wunsch, »Japse« hängen zu lassen, offen aus. Und General MacArthur wollte Rache üben für die Schmach, daß er die Philippinen zunächst an die Japaner verloren hatte, also beschleunigte er das Verfahren und ließ Yamashita hängen, bevor zwei Gegenvoten vom Obersten Gerichtshof eintrafen. Die andersdenkenden Richter nannten das »Lynchjustiz ohne ordentliches Verfahren«. Die Todesstrafe wurde am Jahrestag des Angriffs auf Pearl Harbor verkündet. Nach einem solchen Präzedenzfall hatte kaum jemand – und nicht einmal diejenigen, die all ihre Probleme gerne den »Militaristen« zur Last gelegt hätten – noch große Lust, selbst Prozesse gegen Kriegsverbrecher zu führen.

Masao Maruyama, ein Politikwissenschaftler, hat die Vorkriegsregierung in Japan als »ein System der Unverantwortlichkeiten« bezeichnet. Er unterscheidet zwischen drei Typen von Politikerpersönlichkeiten: den tragbaren Schrein, den Beamten und den Gesetzlosen. Der Schrein ist der Ranghöchste, das oberste Symbol der Autorität, und er wird (wie ein Schrein an Festtagen) von den Beamten auf den Schultern getragen. Der Schrein ist die Ikone, die tatsächliche Macht aber üben die Beamten aus, die ihn auf den Schultern tragen. Die Beamten wiederum – Bürokraten, Politiker, Admirale und Generäle – werden häufig von den niederen Rängen aus manipuliert, von den Gesetzlosen, von Einzelgängern unter den Militärs, hitzköpfigen Offiziere draußen an der Front, von rasenden Nationalisten und anderen Agenten der Gewalt. Eine Folge dieses Systems der Nichtverantwortlichkeiten war, daß kaum noch zwischen politischer Ursache und Wirkung zu unterscheiden war. Geschichte erscheint wie eine endlose Kette vollendeter Tatsachen, Zeiten lastender Stille werden unterbrochen von heftigen Stürmen, die immer mysteriösen Ursprungs sind: ausländische Dämonen, die Natur, oder, mit den Worten Fusao Hayashis, des Vaters des japanischen Revisionismus, »die Kaltherzigkeit der Geschichte«.

Unter den Verbrechern der Kategorie A, die in Tokio angeklagt wurden, waren die Schreine und die Beamten; es waren die Beamten, die den allerhöchsten Schrein trugen, den Kaiser selbst. Aber sie wiederum wurden getragen von Männern, deren Platz weiter unten in der Hierarchie war und die von den Gesetzlosen getrieben wurden. Die Maschinerie der politischen Verantwortung bewegt sich wie ein Perpetuum mobile, alles dreht sich und geht auf und nieder, ohne an irgendeinem bestimmten Punkt anzuhalten. Wenn das System schließlich außer Kontrolle gerät, wie es in den dreißiger Jahren geschah, diktieren die gewalttätigen Gesetzlosen die Ereignisse, nervöse Beamte reagieren nur mehr darauf, und die Heiligkeit des Schreins rechtfertigt alles. Das ist der Kern des Problems, worauf man sich beim Tokioter Tribunal nicht einlassen wollte: die Rolle des Schreins, in dessen Namen jedes einzelne Kriegsverbrechen begangen wurde – Kaiser Hirohito, der postum der Showa-Kaiser genannt wird.

Im Sommer 1990, nach meinem Besuch in Nanking, lernte ich Yuko Saeki kennen, eine attraktive Frau, knapp über vierzig, die Gedichte im traditionellen japanischen Tankastil verfaßt. Es sind minimalistische Klagen über den Niedergang einer Familie:

»Mein Vater war betrunken, wie ein Granatapfel,
am Tag nach der Hinrichtung von Großvater.
Wir alle zusammen – eine Familie
mit zugeschnürten Kehlen seit der Zeit von Vaters Vater.«

Frau Saeki war die Enkelin von General Kenji Doihara, der auch als »Lawrence der Mandschurei« bekannt ist. Doihara wurde im Sugamo-Gefängnis 1948 wegen Verbrechen gegen die Menschlichkeit und gegen den Frieden und wegen konventioneller Kriegsverbrechen gehenkt. Er war eine schillernde Gestalt und trotz seines hohen Rangs ein typischer Gesetzloser, der in Terrorismus und Drogenhandel verwickelt war und Konzentrationslager mitorganisierte. Als Oberbefehlshaber der Kwantung-Armee in der Mandschurei war er einer der Männer, die den Krieg in China forcierten.

Frau Saekis Vater konnte der Belastung, der Sohn von Doihara zu sein, nicht standhalten. Er war unfähig zu geregelter Arbeit, verfiel dem Alkohol und starb noch jung. Frau Saeki selbst wurde in der Grundschule schikaniert (aber nicht mehr auf der Elite-Oberschule). Sie hatte gehofft, der Kaiser werde ihr zu Hilfe kommen, denn sie hatte gelernt, daß er der »Vater von uns allen« sei. Aber ihre Eltern sagten ihr, sie könne vom Kaiser keine Hilfe mehr erwarten, denn Japan habe den Krieg verloren. »Wir müssen jetzt alleine auskommen«, sagte ihre Mutter. Dennoch hing im Haus der Familie das Bild des Kaisers an der Wand, bis Frau Saeki in den fünfziger Jahren in die Oberschule ging. Erst dann wurde es ausgetauscht – gegen ein Poster von James Dean.

Frau Saeki fühlte sich als Mitglied einer tragischen Familie. Nach allem, was passiert war, war sie auch verbittert über die Unbeständigkeit von Autorität. Ihre Gefühle dem Kaiser gegenüber waren schon immer sehr ambivalent gewesen. Der Kaiser, sagt sie, habe erlaubt, daß man im Tribunal von Tokio der Schuldfrage aus dem Wege gegangen sei. »Die Angeklagten waren seine Kinder. Das japanische Volk hatte zwar nicht viel Sympathie für die Verbrecher der Kategorie A, zu denen mein Großvater gehörte, aber Männer der Kategorien B und C wurden als Opfer betrachtet. Sie hatten ja nur die Befehle des Kaisers ausgeführt.« Erst der Tod des Kaisers hat Frau Saekis Ärger besänftigt.

Sie war nicht stolz darauf, die Enkelin von Doihara zu sein; als Kind litt sie unter dieser Vorstellung. Ihr Sohn dagegen, ein Teenager, sieht all das aus einer ganz anderen Perspektive. Er war von seinem Urgroßvater fasziniert wie von allem, was mit dem Krieg zu tun hatte. Frau Saeki nannte ihn intelligent, aber sehr nationalistisch. Das Geschichtsverständnis des Tokioter Tribunals lehne er ab. Als er mit Freunden Kobayashis *Tokio-Tribunal* sah, prahlte er damit, Urenkel von Doihara zu sein. Das, sagte Frau Saeki, sei der Zeitpunkt gewesen, an dem sie erkannt habe, wie sehr die Zeiten sich geändert hätten.

Kaiser Hirohito war kein Hitler; Hitler war kein bloßer Schrein. Aber die tödlichen Konsequenzen des Systems der Nichtverantwortlichkeiten und der Kaiseranbetung zeigten sich im Verlauf des Tribunals. Die Barbarei der japanischen Truppen wurde von einer Ideologie legitimiert, die zwar keine »Endlösung« plante, aber doch genauso rassistisch war wie Hitlers Nationalsozialismus. Die Japaner betrachteten sich als das asiatische Herrenvolk, das direkt von den Göttern abstammte. Der Historiker Saburo Ienaga erzählt die Geschichte eines japanischen Schulkindes in den dreißiger Jahren, das davor zurückschreckte, einen Frosch sezieren zu müssen. Der Lehrer gab ihm eine feste Kopfnuß: »Warum weinst du über einen mickrigen Frosch? Wenn du groß bist, wirst du ein- oder zweihundert Gelbe umlegen müssen.«

Ein Veteran des Japanisch-Chinesischen Kriegs sagte in einem Fernsehinterview, er habe die Chinesen nur deswegen ohne Bedenken ermorden können, weil er sie nicht als Menschen betrachtet habe. In der Ermordung von Chinesen habe sogar ein religiöses Verdienst gelegen, denn sie gehörte zu einem »heiligen Krieg«. Hauptmann Francis P. Scott, der Priester im Sugamo-Gefängnis, fragte japanische Lagerkommandanten, warum sie Kriegsgefangene mißhandelt hätten. Ihre Antworten faßte er so zusammen: »Sie waren überzeugt davon, daß keiner der Feinde des Kaisers im Recht sein konnte, je brutaler sie also ihre Gefangenen mißhandelten, desto deutlicher zeigten sie ihre Kaisertreue.«

Kaiser Hirohito, die stille, passive Gestalt, die nach dem Krieg ihre Marineuniform gegen graue Anzüge tauschte, war von der Person her nicht mit Hitler zu vergleichen; er spielte jedoch eine ähnliche psychologische Rolle. Die Mitscherlichs haben zu Hitler geschrieben: »Er war ein Objekt, an das man sich anlehnte, dem man die Verantwortung übertrug, und ein inneres Objekt. Als solches repräsentierte und belebte er aufs neue die Allmachtsvorstellungen, die wir aus der frühen Kindheit über uns hegen [...].« Dasselbe gilt für die Institution des japanischen Kaisers, ganz gleich wer gerade auf dem Thron saß, er mochte ein kaltblütiger Kriegsverbrecher sein oder ein sanftmütiger Meeresbiologe.

Es war jedoch genau dieses Symbol der Autorität – dieser allerheiligste Schrein – das General MacArthur nach 1945 bewußt nicht antastete. Das war auch eine Bedingung, die die Japaner vor ihrer Kapitulation gestellt hatten. Aber die Alliierten lehnten ab und zwangen die Japaner mit der Zerstörung von Hiroshima und Nagasaki zur bedingungslosen Kapitulation. Nach 1945 dann hatte man Angst, man würde Japan ohne den Kaiser nicht regieren können. Deshalb verhielt sich MacArthur wie ein traditioneller Daimyo (und wurde von vielen Japanern dafür auch bewundert), und er machte sich das Symbol des Kaisers zunutze, um die eigene Macht zu stärken. Aber damit verringerte er die Chancen, in Japan eine funktionsfähige Demokratie aufzubauen, und machte sich der Geschichtsfälschung schuldig. Denn um den Kaiser auf seinem Thron halten zu können (den er ja auch hätte zum Rücktritt zwingen können), mußte Hirohitos Vergangenheit von jeglichem Makel gereinigt werden; man wollte das Symbol von allem befreien, was in seinem Namen geschehen war.

Ob das Japan nun leichter regierbar gemacht hat oder auch nicht, auf jeden Fall führte es zu bösen Gefühlen. 1987 drehte Kazuo Hara einen außergewöhnlichen Film über Kenzo Okazaki, einen Veteranen der Kaiserlichen Armee; der Film lief unter dem Titel *Die Armee des Kaisers marschiert voran.* Okazaki war als einfacher Soldat in Neuguinea gewesen. Bei Kriegsende, als Okazaki schon nach Japan zurückgekehrt war, wurden zwei junge Soldaten seines Zugs von ihrem Zugführer unter unklaren Umständen erschossen. Okazaki machte diesen Vorfall zu seiner Sache, er *mußte* einfach herausfinden, was geschehen war. Also entschloß er sich, alle Überlebenden ausfindig zu machen.

Okazaki war gelinde gesagt ein Exzentriker. Er hatte eine längere Gefängnisstrafe abgesessen, weil er das Kaiserbild mit Erbsen beschossen und Flugblätter mit pornographischen Karikaturen des Kaisers verteilt hatte. Er fuhr in einem Kleintransporter durchs Land, der mit Bannern und Schriftbändern geschmückt war, auf denen er den Kaiser aufforderte, sich dafür zu entschuldigen, daß er Millionen von jungen Männern in den Tod geschickt hatte. Seine Suche nach der Wahrheit sei, wie er selbst es ausdrückte, seine Art, »die Geister derjenigen zu trösten, die ihr Leben für den Kaiser geopfert hatten«.

Okazaki war weder Christ noch Mitglied einer buddhistischen oder shintoistischen Sekte. Er glaubte an seine eigene Religion die »Okazaki-Religion«, wie er sie nannte, eine Mischung aus Naturrecht und anarchistischen Vorstellungen. Die literarische Figur, die einem sofort einfällt, entstammt nicht der japanischen Tradition, es ist Kleists *Michael Kohlhaas*, jener Pferdehändler aus Brandenburg, dessen unbeugsamer Gerechtigkeitssinn zu Mord und Totschlag führt und der sich damit letztlich nur selbst schadet.

In seinem Film verfolgt Hara Okazakis Suche mit der Handkamera; unruhige, grobkörnige Aufnahmen sind das Ergebnis. Man weiß nie, was als nächstes geschehen wird. Die Handlung hat etwas Chaotisches. In einer Szene tritt Okazaki einen kränklichen alten Kameraden, der sich weigert, die Wahrheit zu sagen. In einer anderen wirft er einen ehemaligen Offizier zu Boden. Als die Polizei einschreiten will, sagt Okazaki, sie sollten sich um ihren eigenen Dreck kümmern. Von Anfang an zeigt er seine Aversion gegen jegliche Autorität. Polizisten, sagt er, verhielten sich genau wie die Soldaten im Krieg; sie könnten nur Befehle ausführen. Langsam kristallisiert sich trotz endloser Lügen und ausweichender Antworten eine sehr unschöne Geschichte heraus. Die zwei jungen Männer sind nicht wegen Fahnenflucht hingerichtet worden, wie man zunächst gedacht hatte. Der Zugführer hatte ihre Tötung befohlen, damit man sie aufessen konnte. Kannibalismus unter japanischen Soldaten war nicht üblich. Man hielt sich lieber an Einheimische oder feindliche Soldaten. Aber solche waren nicht zu bekommen, und die beiden Soldaten standen nicht gut mit ihrem Zugführer. Der Zugführer hat die Tat selbstverständlich nie eingestanden. Die Wahrheit mußte aus den Berichten anderer zusammengesetzt werden.

Aber Okazaki gab sich nicht damit zufrieden, die Wahrheit herausgefunden zu haben. Er wollte, daß sein alter Zugführer sie auch eingestand. Die Lügerei machte ihn rasend. Der Zugführer, ein rundlicher alter Mann, lebte in einem großen Haus; das Leben hatte ihn verwöhnt. Okazaki packte den Mann und schrie, er solle endlich die Wahrheit sagen und die Verantwortung übernehmen für das, was er getan hatte. Der Mann sah die Dinge anders. Man solle sich doch in die Lage von damals versetzen. Er habe nur seine Pflicht getan, als japanischer Soldat. Okazaki brüllte: »Und mehr hast du nicht zu sagen! Ich glaube, das höchste Symbol menschlicher Verantwortungslosigkeit ist der Kaiser, und dann kommen seine treuen Offiziere, wie du ...« Am Ende versuchte Okazaki den Zugführer zu erschießen, schoß aber daneben und traf den Sohn des Zugführers. Das sei ein Gottesurteil gewesen, erklärte Okazaki, als er zu lebenslänglicher Haft verurteilt wurde.

Kaiser Hirohito entging nicht nur der Anklage in Tokio, er konnte noch nicht einmal als Zeuge vorgeladen werden. Ein Abkommen wurde getroffen, um den Allerhöchsten Schrein aus der ganzen Sache herauszuhalten. Aristides George Lazarus, Verteidiger einer der angeklagten Generäle, wurde gebeten, dafür zu sorgen, daß »die angeklagten Militärs und ihre Zeugen bei ihren Aussagen auf jeden Fall betonten, Hirohito sei nur der unbeteiligte Ehrengast dieser Treffen gewesen, bei denen militärische Aktionen oder Programme erörtert wurden und an denen er aus protokollarischen Gründen teilnehmen mußte«. Zweifelsohne erhielten die anderen Anwälte ähnliche Anweisungen.

Nur einmal während des ganzen Verfahrens schien diese Rechnung nicht aufgehen zu wollen. Als der Hauptankläger Keenan Hideki Tojo ins Kreuzverhör nahm, bestätigte der General, daß der Kaiser »dem Krieg, wenn auch nur widerwillig, zugestimmt« habe. »Keiner von uns«, fügte er hinzu, »hätte es gewagt, gegen den Willen des Kaisers zu handeln.« Das durchkreuzte den ganzen schönen Plan, den MacArthur so sorgfältig vorbereitet hatte. Und Keenan sah sich gezwungen, auf einen anderen Angeklagten, den Grafen Kido, den Geheimsiegelbewahrer und engsten Vertrauten des Kaisers während des Krieges, einzuwirken, daß dieser Tojo dazu brachte, seine Aussage zu revidieren. Tojo, sein Leben lang treuer Untertan, leistete der Aufforderung eine Woche später Folge. Der Kaiser, sagte er, sei gegen den Krieg gewesen. Seine »Friedensliebe und seine Sehnsucht nach Frieden blieben bis zum Ausbruch der Feindseligkeiten immer gleich, und auch während des Krieges änderten sich seine Gefühle nicht«.

Es war gewiß nicht so, daß die meisten Japaner den Kaiser am liebsten hängen oder auch nur vor Gericht gestellt hätten.

Aber die Frage nach der Schuld des Kaisers war nicht nur von historischem Interesse. Denn die Institution des Kaisers war bis zum Ende des Kriegs benutzt worden, um freie Meinungsäußerungen zu unterdrücken und die politische Verantwortung zu vertuschen. Ohne die Rolle und das Verhalten des Kaisers im Krieg zu untersuchen, konnte man das »System der Nichtverantwortlichkeiten« nicht wirklich aufdecken – und das hieß nichts anderes, als daß es aller Wahrscheinlichkeit nach in der einen oder anderen Form weiterbestehen würde.

Kritiker der Institution des Kaisers haben das sehr bald erkannt. 1946 drehte Fumio Kamei, ein linksgerichteter Regisseur, den Film *Die japanische Tragödie*, in dem die Rolle des Kaisers während des Kriegs scharf kritisiert wird. Zunächst fand die amerikanische Zensurbehörde nichts an dieser Kollage aus Nachrichtensendungen, Fotografien und Zeitungsberichten auszusetzen. Aber nach einer Privatvorstellung beklagte sich Ministerpräsident Shigeru Yoshida bei General Charles Willoughby, dem Leiter des militärischen Nachrichtendienstes des SCAP (Supreme Command Allied Powers), der Film sei subversiv. Willoughby stimmte dem zu, und der Film wurde verboten. 1984 war Kamei bei einer Vorführung von *Die japanische Tragödie* anwesend, die die Filmhistorikerin Kyoko Hirano veranlaßt hatte. Wie sie wußte, hatte das japanische Volk ungefähr zu der Zeit, als der Film verboten wurde, aufgehört, die Frage der Verantwortlichkeit Kaiser Hirohitos für den Krieg zu diskutieren. Das kam nicht nur den japanischen und den amerikanischen Behörden entgegen. Alle Japaner hatten Schwierigkeiten damit, offen über die Vergangenheit zu sprechen, solange der Kaiser noch lebte. Denn wenn er, obwohl er die formelle Verantwortung für alles, was geschehen war, getragen hatte, dafür nicht zur Rechenschaft gezogen wurde, konnte auch alle anderen keine Schuld treffen – abgesehen von einer Handvoll militärischer und ziviler Sündenböcke, ebender Offiziere und Gesetzlosen, die »der Gerechtigkeit der Sieger zum Opfer fielen«.

# Widerstand im Schulbuch

**Deutschland** In *Algen aus Amerika* beschreibt Akiyuki Nosaka die Erlebnisse eines japanischen Schuljungen um 1945. Während des Kriegs war es sinnlos, Englisch zu lernen. »Ja« und »nein« seien die einzigen Worte, die man zu wissen brauche, hatte der Geschichtslehrer gesagt. »Ja oder nein?« – das waren die Worte gewesen, die General Yamashita 1941 General Percival entgegenschrie, als er in Singapur die bedingungslose Kapitulation der Briten verlangte. Aber jetzt, da der Krieg vorbei war, wurde es Zeit, »Danke schön« und »Entschuldigen Sie« zu lernen.

General Percival, sagte der Geschichtslehrer immer, sei der typische Weiße: eine Hüne, aber mit schwachen Knien. Wenn es Mann gegen Mann ginge, dann könne es jeder Japaner mit einem Weißen aufnehmen, denn Japaner hätten starke Oberschenkel. Das rühre daher, daß die Weißen verweichlicht seien, sie säßen auf Stühlen, während ein Japaner seine Muskeln trainiere, weil er auf dem Fußboden sitze. Und als der Krieg vorüber war, erzählte der Geschichtslehrer, dessen Fach jetzt rasch in Sozialkunde umgetauft wurde: »Die Durchschnittsgröße des Amerikaners ist 1,80 Meter. Der Japaner ist durchschnittlich nur 1,60 Meter groß. Diese zwanzig Zentimeter Unterschied machen sich überall bemerkbar, und ich glaube, das war auch der Grund unserer Niederlage. Dieser grundlegende Unterschied in der körperlichen Stärke schlägt sich unweigerlich in der Stärke der Nationen nieder.« Die Jungen wußten nicht genau, worauf der Lehrer hinauswollte und ob er das alles wirklich ernst meinte, doch vielleicht wollte er »die Peinlichkeit überspielen, daß er anhand von Büchern, die durch die Zensur gegangen waren, erklären mußte, weswegen

Japan, das Land der Götter, plötzlich zu Japan, einem Land der Demokratie, geworden war«.

Aber das hatte nur zur Folge, daß nun keiner der Jungen mehr auch nur ein Wort glaubte, das ein Lehrer sagte. Gestern noch hatte die göttliche Rasse bis zum letzten Mann, zur letzten Frau und zum letzten Kind gegen die anglo-amerikanischen Dämonen gekämpft, und heute hieß es: Danke schön, Entschuldigen Sie und *demokurashii.*

Ich mußte an Nosakas Novelle denken, als ich mich aufmachte zu einem Treffen mit zwei Geschichtslehrerinnen einer Oberschule in einem Außenbezirk von Ostberlin. Nur zwei Jahre waren vergangen, seit die antifaschistische Republik der Arbeiter, Soldaten und Bauern, die in brüderlicher Solidarität mit der UdSSR gegründet worden war, mit der kapitalistischen Bundesrepublik Deutschland, Verbündete der Vereinigten Staaten, vereinigt worden war. Geschichte als die Grundlage jeder Politik mußte auf den Kopf gestellt werden. Wie würden Lehrerinnen und Lehrer das ihren Schülern erklären? Was würden ihnen *ihre* Schüler noch glauben?

Frau Lein und Frau Naß schätzte ich beide um die Vierzig. Frau Naß, die Schuldirektorin, war Parteimitglied gewesen. Frau Lein dagegen nicht, weswegen sie auch nie hätte Schuldirektorin werden können. Beide Frauen hatten intelligente, nüchterne Gesichter. Beide trugen sie ihr Haar aus der blassen Stirn gekämmt, beide trugen sie schlichte Kleidung: derbe Schuhe, dicke Pullover. Dem Schulgebäude sah man an, daß es jahrelang nicht renoviert worden war. An den schmutzigbraunen Wänden zeigten sich Feuchtigkeit und Risse. Wir setzten uns in ein kaltes Zimmer, in dem es nach Kohl roch.

Ich erzählte ihnen die Geschichte von Nosaka. Sie zuckten die Achseln und schauten einander an. Frau Naß, als die höhergestellte, sprach als erste. 1945, sagte sie, hätte es in ihrem Teil Deutschlands solche Probleme nicht gegeben. In der Sowjetischen Zone seien neunzig Prozent der Lehrer entlassen worden. Und diejenigen, die nach 1949, nach der Gründung der DDR, im Schuldienst blieben, seien überzeugte Antifaschisten gewesen. Und auch 1990 habe es an ihrer Schule eigentlich wenig Probleme gegeben, denn, und beide nickten lebhaft, dies sei immer eine ziemlich demokratische Schule gewesen.

Natürlich, fuhr die Direktorin fort, habe man bestimmte Aspekte der Geschichte nicht behandeln können. Das Massaker an polnischen Offizieren bei Katyn sei ein solches Thema gewesen, das man besser vermied, genauso der Hitler-Stalin-Pakt. »Wir wußten nichts über solche Ereignisse«, sagte Frau Naß. »Sie müssen verstehen, daß wir nichts Falsches gesagt haben. Wir haben bestimmte Themen einfach übergangen.«

Wenn man die alten DDR-Schulbücher zu Rate zieht, entspricht das nicht ganz der Wahrheit. Der Hitler-Stalin-Pakt vom August 1939, der dem NS-Regime und der Sowjetunion die Teilung Polens ermöglichte, *wird* dort erwähnt. Aber es wird auf eine sehr eigenartige Weise erklärt; ich habe das in dem Geschichtsbuch nachgelesen, das mir Frau Lein selbst gegeben hat: »Der Nichtangriffspakt zwischen der UdSSR und Deutschland: [...] Die Pläne, die inneren Widersprüche des imperialistischen Systems auf Kosten der Sowjetunion zu lösen, waren gescheitert. Die UdSSR durchkreuzte die Absicht, eine mächtige antisowjetische Einheitsfront zu bilden, und setzte der deutschen Aggression in Osteuropa Grenzen. Der Vertrag sicherte der Sowjetunion für fast zwei Jahre den Frieden, die sie nutzen konnte, um ihre Verteidigungskraft zu erhöhen.« Der sowjetische Einmarsch in Polen geschah nicht mit dem Ziel, polnisches Land zu rauben, sondern »das Leben und die Freiheit der Völker der Ukraine und Bjelorußlands gegen die Faschisten zu verteidigen«.

Die jungen Leser dieses Textes sollten zwei Fragen nachgehen, die beide am Rand abgedruckt waren: »Welche Bedeutung hatte der deutsch-sowjetische Nichtangriffspakt?« und »Warum wird er noch heute von imperialistischen Ideologen verunglimpft?« Es war die Aufgabe von Frau Lein und Frau Naß gewesen, die politisch richtigen Antworten zu lehren.

»Natürlich«, sagte Frau Naß, »müssen wir den Kindern

sagen, daß wir manches von dem, was wir heute unterrichten, damals nicht wußten. Das akzeptieren sie. Sie verstehen es. Sie wußten auch vorher schon, daß wir nicht an alles glaubten, was wir ihnen erzählen mußten. Wissen Sie, wir sind hier in Berlin. Hier haben doch alle Westfernsehen geguckt. Und alle wußten das. Aber wir haben nicht darüber gesprochen.« Ich dachte an all die Menschen, die in der DDR *Holocaust* verfolgt hatten, ohne die Serie mit anderen besprechen zu können, weil sie sie ja eigentlich gar nicht hätten sehen dürfen.

»Die Schuldfrage wurde hier nicht gestellt«, sagte Frau Lein. »Wenn wir Klassenreisen in die ČSSR und nach Polen unternommen haben, mußte ich meine Schüler ermahnen, sich taktvoll zu verhalten. Ich mußte ihnen erklären, daß wir in den Augen dieser Menschen immer noch diejenigen waren, die den Krieg begonnen hatten. Wissen Sie, das ganze Getue mit der brüderlichen Solidarität war Quatsch. Sie haßten uns immer noch. Aber meine Schüler konnten das nur schwer verstehen. Sie waren einfach naiv. Einer von ihnen spazierte durch Warschau mit Bermudahosen in den deutschen Nationalfarben. Er wurde zusammengeschlagen.«

Und heute, fragte ich, sind die Schüler der neuen Geschichtsinterpretation gegenüber offen? Beide Frauen verdrehten die Augen.

»Sie sind sehr passiv geworden«, sagte Frau Lein. »Sie stellen uns kaum noch Fragen«, sagte Frau Naß. »Sie sind nicht kritisch. Sie schauen nur noch Videos.« – »Und die älteren Kinder«, sagte Frau Lein, »zucken nur mit den Achseln und fragen sich, warum sie sich überhaupt um etwas kümmern sollen. Wozu das Ganze? fragen sie.«

Und die neuen Schulbücher aus dem Westen, was die beiden Lehrerinnen davon hielten?

»Tja«, sagte Frau Naß, »sie sehen besser aus, aber was den Inhalt angeht ...«

»Nicht sehr gut«, sagte Frau Lein, »Sehr oberflächlich.«

Ich bat sie, das näher zu erklären.

»Es gibt nicht genug Analytisches, was den Krieg angeht;

nichts über seine Gründe usw. Es steht viel über die Juden darin – aber es geht immer nur um die oberflächlichen Ereignisse, kein Zusammenhang, kein Rahmen ...«

Ich fragte, was für einen Rahmen sie denn erwarten würden. Ob sie die marxistischen Theorien über das Monopolkapital als Wurzel des Hitler-Faschismus vermißten?

»Ach«, sagten beide gleichzeitig, »*daran* glauben wir immer noch. Krieg führen die Menschen, die davon profitieren. Das ist doch offenkundig. *Das* lehren wir unsere Schüler immer noch. Aber wie Sie sich vorstellen können, gibt es da ein Problem: unsere Schüler sind sehr hellhörig, was die Unterschiede angeht zwischen den alten DDR-Quellen und den neuen aus der BRD. Wir müssen es ihnen überlassen, für was sie sich entscheiden.«

Die wesentliche Argumentationslinie der DDR-Geschichtsschreibung zum Zweiten Weltkrieg kann man am besten mit zwei kurzen Passagen aus dem Schulbuch von Frau Lein charakterisieren. Die eine bezieht sich auf die Brüsseler Konferenz der KPD von 1935: »Da das Hitlerregime die Diktatur des reaktionärsten und aggressivsten Teils der Großbourgeoisie war, standen objektiv die Interessen der Mehrheit aller Klassen und Schichten zu ihm im Gegensatz. Der Kampf gegen die Hitlerdiktatur mußte deshalb eine antifaschistische, demokratische Ordnung zum Ziel haben, an der alle demokratischen und friedliebenden Kräfte interessiert waren. Ihr Programm für dieses breite Bündnis legte die KPD jetzt vor.«

Die zweite handelt von dem Nachkriegsprogramm der KPD: »Während sich die Armeen der Antihitlerkoalition von Osten und Westen den deutschen Grenzen näherten, orientierten die Kommunisten in der Illegalität, in den Konzentrationslagern und Haftanstalten sowie in den Exilländern sich darauf, nach der Beseitigung des faschistischen Regimes ein demokratisches, friedliebendes Deutschland zu schaffen.«

Wie hätten sich die Schüler von Frau Lein und Frau Naß schuldig fühlen können? Sie waren in diesem demokratischen, friedliebenden Deutschland zur Welt gekommen. Sie waren die Kinder des Widerstands. Ihre Eltern hatten gegen das Hitler-Regime gekämpft (nie gegen Deutschland, selbst nicht gegen NS-Deutschland; das gute Deutschland hat die ganze NS-Zeit über im Untergrund und im Exil weiterexistiert, von den Kommunisten getragen). Die Geschichte des Dritten Reichs wird nicht als eine tragische Abweichung von dem langen und unruhigen Weg deutscher Geschichte dargestellt. Sie wird auch nicht als logische Folge der dunkleren Seiten des deutschen Idealismus bezeichnet. (Immerhin wurden einige der chauvinistischsten Verfechter des deutschen Idealismus, wie Johann Gottlieb Fichte, der Autor der *Reden an die deutsche Nation*, oder der Turnvater Friedrich Jahn in der DDR verehrt.) Statt dessen wird das Dritte Reich in eine kontinuierliche Entwicklung eingeordnet, die den für alle Zeiten gültigen Gesetzen der Geschichte gehorcht. Das Hitler-Regime war einfach die letzte und aggressivste Stufe des Kapitalismus. Wie ein Ostberliner Kabarettist einmal anmerkte: die Vergangenheit gehört dem Westen, die Zukunft dagegen uns.

Die Auswahl der Abbildungen in den DDR-Schulbüchern bestätigt diese These. Dort findet man Porträts der Helden des kommunistischen Widerstands, wie Erich Honecker oder Heinz Kapelle, der vor seiner Hinrichtung 1941 rief: »Es lebe die Kommunistische Partei!« Es gibt auch ein Foto von Soja Kosmodemjanskaja, der russischen Partisanin, die noch »Kameraden, den Kampf furchtlos fortsetzen!« rief, bevor man sie in der Nähe von Moskau aufhängte. Und es gibt Fotografien von Hitler, umgeben von führenden Industriellen; sie sollen zeigen, gegen wen der Widerstand gerichtet war. Bilder zum Kriegsgeschehen findet man kaum, nur ein oder zwei Fotos von sowjetischen Soldaten an der Ostfront. Es gibt einige Fotos von Konzentrationslagern: fast alle stammen aus Buchenwald, wo auch viele Kommunisten inhaftiert waren. Ein Foto zeigt einen sowjetischen Soldaten, der einem KZ-Insassen in gestreifter Lagerkleidung die Hand reicht; das wiederum kann nicht aus Buchenwald stammen, denn das haben die Amerikaner befreit.

Die Texte enthalten weniger Hinweise auf Kriegsgreuel und den Völkermord als auf das Heldentum der sowjetischen Befreier und der kommunistischen Widerstandskämpfer. Die Kinder der DDR wurden nicht aufgefordert, für die Verbrechen, die ihre Eltern oder Großeltern begangen hatten, zu sühnen oder zumindest darüber nachzudenken. Auschwitz sollte nicht Teil ihrer Identität werden. Ihnen wurde beigebracht, sich mit Helden zu identifizieren.

Wie Frau Lein und Frau Naß sagten, zeichnen westdeutsche Schulbücher ein etwas anderes Bild von der Vergangenheit. Es ist ein Bild, das für diejenigen, die »es einfach nicht gewußt haben«, sehr schockierend gewesen sein muß. Schulbücher in der Bundesrepublik zeigen nur wenige Porträts von Helden des Widerstands, dafür aber viele Fotos vom Holocaust. Fast in jedem Buch stößt man auf das berühmte Bild der SS-Offiziere auf der Bahnhofsrampe in Birkenau, wie sie mit ihren glänzenden Stiefeln aufgereckt dastehen und die Opfer selektieren, die sofort ermordet werden sollten. NS-Dokumente werden ausführlich zitiert; man findet die Lagerordnung eines typischen Konzentrationslagers und die Rassengesetze von 1935, Reden von Goebbels und Göring sowie den bürokratisch-pedantischen Bericht Heydrichs über die »Reichskristallnacht« vom 9. November 1938.

Bernd Wetzka, der Gymnasiallehrer, der mit seiner Klasse den Schwammberger-Prozeß besucht hatte, erzählte mir, ungefähr sechzig Unterrichtsstunden über die NS-Geschichte sei die empfohlene Norm an westdeutschen Schulen. Wetzka lehrt Geschichte in einer kleinen badischen Stadt mit kopfsteingepflasterten Gassen, einer mittelalterlichen Burg und Häuserzeilen aus dem 17. Jahrhundert. Er führte mich zu einem jüdischen Friedhof, um mir die Gräber zweier Brüder zu zeigen. Der eine ist im Ersten Weltkrieg gestorben, als deutscher Offizier in Frankreich. Der andere, jüngere Bruder starb fünfundzwanzig Jahre später in Theresienstadt, dem als »jüdische Mustersiedlung« getarnten Konzentrationslager.

Mit Wetzka und seiner Lebensgefährtin, einer Deutschlehrerin, saß ich dann beim Tee. Sie war knapp über dreißig, vielleicht zehn Jahre jünger als er. Beide erzählten mir, ihre Schüler würden sich sehr für die Geschichte der NS-Zeit interessieren. Mehr als für die Geschichte der DDR? »Aber sicher«, sagte Wetzka, »denn wir empfinden die DDR – die Stasi und all das – nicht als Teil unserer eigenen Geschichte, während das Dritte Reich auf jeden Fall ein Teil davon war.«

Wetzkas Eltern waren einfache Menschen. Das heißt, sie waren kleinere Nazis gewesen. Der Vater hatte in der Waffen-SS an der Ostfront gedient, und die Mutter war eifriges Mitglied des BDM gewesen. Der Vater bewahre sein Eisernes Kreuz mit dem dazugehörigen Hakenkreuz noch immer auf. Deshalb ist es Wetzka schwergefallen, mit seinen Eltern über die Vergangenheit zu reden. Von seinen Lehrern habe er auch nicht viel erfahren. Diejenigen, die während des Kriegs noch Kinder waren, hätten keine Notwendigkeit gesehen, davon zu erzählen. Und die anderen, die schon erwachsen waren, sprachen nur ungern darüber. Einen Lehrer habe er gehabt, der schon älter war und eine Kriegsverletzung hatte. Wetzka mochte ihn überhaupt nicht, er sei barsch und autoritär aufgetreten. Aber als die Kinder ihn eines Tages nach dem Dritten Reich gefragt hätten, sei er plötzlich zusammengebrochen und habe geweint. Wir sind alle schuldig, habe er gesagt, wir haben die Menetekel an den Mauern gesehen, die »Tod den Juden« schrien, und wir haben danebengestanden und nichts unternommen. Wir haben uns alle schuldig gemacht.

Schulbücher in der BRD werden nicht von Wissenschaftlern geschrieben, die von der Bundesregierung für diese Aufgabe bestimmt worden sind, wie es in der zentralistischen DDR der Fall gewesen war. Zum einen hat jedes Bundesland andere Schulbücher. Außerdem sind es die Verleger, die ihre Texte der jeweiligen Landesregierung zur Genehmigung vorlegen. Die Kultusministerien betrauen mit der Überprüfung eigene Komitees aus Lehrern, die von Eltern und Schülern vorgeschlagen worden sind. Im Prinzip werden die Bücher nach verfassungsmäßigen und nicht nach ideologischen Gesichtspunkten überprüft. Sie werden genehmigt, solange sie mit dem Grundgesetz und den Schulgesetzen in Einklang stehen.

Eines der Schulgesetze legt fest, daß Unterrichtsmaterialien die »Schüler nicht daran hindern dürfen, sich eine eigene Meinung zu bilden«. Wenn man nach einem typischen Geschichtslehrbuch für bayerische Gymnasiasten urteilt, wird diese Vorschrift ernst genommen. Die Fragen, die zu jedem Kapitel gestellt werden, zielen weniger auf den »richtigen« politischen Standpunkt ab, als daß sie die Schüler anregen, sich selbst eine Meinung zu bilden. Man findet da beispielsweise einige Sätze von Carl Schmitt aus dem Jahr 1933, mit denen er den rechtlichen Status der NSDAP definiert hat. Die Partei, behauptete er, sei weder eine private Organisation noch der Staat selbst; sie gründe »ganz auf sich selbst« und könne keiner Kontrolle durch ein »justizförmig prozedierendes bürgerliches Gericht« unterworfen werden. Im Text des Schulbuchs folgt dann eine Rede des Leiters einer SS-Ordensburg von 1937, der seine Schüler darauf hinweist, daß sie die Aristokratie in einer neuen Form des hellenischen Stadtstaats bilden würden, die nur dem Willen Hitlers verantwortlich sei. Als Aufgabe steht hier am Rand: »Erörtern Sie das Problem richtigen individuellen Verhaltens innerhalb eines Staates mit falschen Normen.«

Was mit solchen Diskussionen in der Klasse zu erreichen ist, hängt vor allem von den jeweiligen Lehrern ab. Wetzka war sich nicht ganz sicher, wie er das Dritte Reich behandeln sollte, wie er es, über die Darstellung der Tatsachen hinaus, in seiner Bedeutung einordnen sollte. Seine Freundin bevorzugte eine eher postmoderne Methode. Sie forderte ihre Schüler immer auf, die Reden Hitlers zu lesen und sie dann zu dekonstruieren, d.h. zu analysieren, inwieweit seine Zuhörer manipuliert worden sind. Wetzka, der ältere von beiden, hatte seine Schwierigkeiten mit der Theorie des Sonderwegs deutscher Geschichte. Er glaubte nicht, daß sich die deutsche Geschichte auf einer einzigartigen, fatal falschen Bahn entwikkelt hat. Ihm falle es schwer, »zu sagen, ob der Nationalsozialismus etwas typisch Deutsches war. Vielleicht ist es besser, den Kindern zu erklären, wie schnell alles in eine falsche Richtung gehen kann, wenn eine bestimmte Gruppe von der Mehrheit verachtet wird.«

Möglicherweise ist es das, was die beiden Ostberliner Lehrerinnen als mangelnden »Rahmen« bezeichnet haben. Aber es gibt in westdeutschen Schulbüchern sehr wohl einen Rahmen; er unterscheidet sich freilich von der kommunistischen Staatspropaganda und ist doch in einer entscheidenden Hinsicht dem der alten DDR-Schulbücher nicht unähnlich. Ein Handbuch für Gymnasiallehrer in Baden-Württemberg erklärt, was die Ziele sein sollten, wenn man Kinder über die »Nationalsozialistische Diktatur« aufklärt: »Die Schüler sollen Hitlers Außenpolitik kennenlernen. Sie sollen sehen, wie es zu dieser Diktatur kam. Sie sollen die Inhumanität der systematischen Verfolgung und des Massenmords unter dem NS-Regime herausarbeiten. Indem sie ein Verständnis des totalitären Charakters des ›Dritten Reichs‹ entwickeln, müssen die Schüler erkennen, wie die freiheitlich-demokratische Grundordnung unseres Staates die Grundrechte garantiert.« Das Handbuch empfiehlt nachdrücklich Besuche ehemaliger Konzentrationslager.

Der Unterricht soll dazu erziehen, was Jürgen Habermas »Verfassungspatriotismus« genannt hat: »Der einzige Patriotismus, der uns dem Westen nicht entfremdet, ist ein Verfassungspatriotismus. Eine in Überzeugungen verankerte Bindung an universalistische Verfassungsprinzipien hat sich leider in der Kulturnation des Deutschen erst nach – und durch – Auschwitz bilden können.«

Man könnte dies einen sozialwissenschaftlichen Zugang zur Geschichte nennen. Schulkinder werden nicht mehr aufgefordert, sich mit Fahnen, Liedern, Helden oder einem sorgsam herangebildeten Gefühl einer geschichtlichen Kontinuität zu identifizieren, sondern mit einer Leitidee, nämlich mit der freiheitlich-demokratischen Grundordnung. Der Form und dem Inhalt nach unterscheidet sie sich von der sozialistischen Ordnung der DDR, denn der sozialistische Staat glaubte nicht an die Grundrechte des Individuums, sondern an die Unterordnung unter ein kollektives Ideal, das mit all den Mitteln des alten Regimes beschworen wurde: mit Fahnen, Fackelzügen, großen Führern, paramilitärischen Jugendverbänden usw. Die Verehrung kommunistischer Widerstandsführer war gleichbedeutend mit einer Verehrung des Staates, dessen Aufbau sie angeblich mitbewirkt und den einige von ihnen auch regiert haben. Verfassungspatriotismus dagegen, so wie ihn Habermas und westdeutsche Schulbuchautoren verstehen, setzt eine bewußte Abkehr vom Staatskult voraus. Und da in den Augen von Habermas der freiheitliche Patriotismus in der Folge von »Auschwitz« entstanden ist, bedeutet er einen Bruch mit der Vergangenheit, mit der Vorstellung der Kulturnation.

Was dem Verfassungspatriotismus fehlt, ist die Symbolik der nationalen Identität. Ihm wird deshalb auch vorgeworfen, zu trocken und zu abstrakt und damit nur an der Oberfläche wirksam zu sein. »Es droht uns die Gefahr, eine Nation ohne eine Geschichte zu werden«, hat Bundespräsident Scheel 1975 gesagt. Zehn Jahre später schimpfte der Historiker Michael Stürmer auf die geistige Leere und fehlende nationale Orientierung in der damaligen Bundesrepublik. Das war auch eine der Fragen des »Historikerstreits«, den der konservative Historiker Ernst Nolte 1986 mit der Veröffentlichung seines Artikels *Vergangenheit, die nicht vergehen will* in der *FAZ* ausgelöst hat. Nolte, Stürmer und andere Konservative behaupteten, Auschwitz dürfe keinen Keil in die Kontinuität der deutschen Geschichte treiben. Denn nur die Geschichte könne einer Gesellschaft geistige, politische und ästhetische Identität vermitteln. Die Deutschen müßten sich mit nationalen Helden identifizieren können bzw., nach Ansicht des Historikers Andreas Hillgruber, mit dem einfachen Soldaten, der 1944 seine deutsche Heimat gegen die kommunistischen Horden verteidigte. Habermas hat in seiner Replik den Konservativen vorgeworfen, einen reaktionären Historizismus wiederzubeleben, um einen antikommunistischen deutschen Nationalismus zu propagieren.

Tatsächlich jedoch bieten auch westdeutsche Schulbücher eine Art Identität, national wie auch regional. Wie in den DDR-Büchern gründet diese Identität auf dem Begriff des Widerstands; eine Identität also, die sich durch Widerstand gegen den NS-Staat herausgebildet hat. Behauptet wird, Deutschland habe zwischen 1933 und 1945 von der NS-Bewegung nicht völlig »gleichgeschaltet« werden können, »auch wenn das die Alliierten während des Kriegs nicht sehen wollten«. Jedes Schulbuch enthält detaillierte Beschreibungen der verschiedenen Widerstandsgruppen, einschließlich der Kommunisten, Priester, Pfarrer, Studenten (die Weiße Rose), Sozialdemokraten bis hin zu Graf Schenk von Stauffenberg und seinen vorwiegend aristokratischen Wehrmachtskameraden, deren Attentat auf Hitler im Juli 1944 beinahe gelungen war. Hitlers Rache war fürchterlich, und Hunderte von Deutschen wurden ermordet. Die Verschwörer wurden in einer dunklen Kammer im Gefängnis Plötzensee an Fleischerhaken gehenkt; die Hinrichtungsstätte wird heute wie eine geheiligte Stätte der Trauer präsentiert. Augenblicke vor seiner Hinrichtung soll Stauffenberg gerufen haben: »Lang lebe das heilige Deutschland!« In der angenehmen Umgebung seines Berghofs in Bayern hat sich Hitler den Film über die Hinrichtung wieder und wieder angeschaut.

Da Stauffenberg bei allem Heldentum nur einer »bürgerlich-militärischen« Verschwörung angehörte, die nicht die Absicht hatte, einen sozialistischen Staat zu errichten, haben ostdeutsche Schulbücher darauf hingewiesen, daß er sozusagen »keiner von uns« war, ohne ihm das jedoch vorzuwerfen. Die Schüler erfuhren auch, daß Männer zu seinem Kreis gehörten, die »progressive politische Ideen« hatten und Verbindungen zur KPD unterhielten.

Doch auch in der alten Bundesrepublik war Stauffenbergs Ruf nicht ganz unumstritten. »Lang lebe das heilige Deutschland!« war kein Motto, das den Linken gefallen hätte. Und ganz gleich, wie sehr man Hitler und seine Satrapen verabscheute, in den Ohren der Rechten klingt ein versuchtes Attentat immer nach Verrat. Obwohl 1955 eine Straße in Berlin nach Stauffenberg benannt wurde, faßte der Berliner Senat erst 1967 den Beschluß, im ehemaligen Hauptquartier der Reichswehr, wo Stauffenberg seinen Umsturz geplant hatte, eine Gedenkstätte und ein Dokumentationszentrum errichten zu lassen.

Daß Religion im deutschen Widerstand eine wichtige Rolle spielte, stellt das bayerische Schulbuch am deutlichsten heraus. Die Politik von Hitler, merken die Autoren an, habe in starkem Kontrast zum religiösen Humanismus eines Stauffenberg gestanden. Und weil das Buch für Bayern gedacht ist, widmet es der katholischen Kirche besondere Aufmerksamkeit. So wird der Mut bestimmter Priester, wie zum Beispiel von Augustin Rosch, einem Jesuiten aus München, hervorgehoben. Und man erfährt, daß die meisten Bayern, da sie katholisch waren, 1932 nicht für die NSDAP stimmten. Das mag so sein, heißt aber nicht, daß die Nationalsozialisten in Bayern unpopulär gewesen wären. Es zeigt nur, daß die Katholiken wählten, wie es die Priester wollten – sie stimmten für die katholischen Konservativen, deren Organisationen aber 1933 zur Auflösung gezwungen wurden.

Diese spezifischen regionalen Interessen verbinden sich schließlich zu einer deutlichen politischen Botschaft oder, wenn man so will, zu einem politischen Rahmen: »Die Auflehnung gegen Hitler kostete die Vertreter kommunistischer, sozialistischer, bürgerlicher, kirchlicher, militärischer und adliger Kreise in Deutschland gleichermaßen Freiheit und Leben. In dieser Allianz des Widerstands gegen die NS-Diktatur entstanden Anknüpfungspunkte für die Entwicklung einer Verfassungs- und Gesellschaftsordnung Deutschlands nach dem Krieg. […] Die Widerstandsbewegungen stellten die Kontinuität zu den deutschen Freiheitsbewegungen her und begünstigten die Verankerung der Menschenwürde, des

Rechtsstaats-, Demokratie-, Sozialstaats- und Bundesstaatsprinzips im Grundgesetz der Bundesrepublik Deutschland.«

Damit gründen, gemäß ihren Schulbuchtexten, beide deutsche Staaten in der Tradition des Widerstands. Die Vorstellung ist verlockend; und wenn man schon zur Identifikation mit historischen Gestalten ermutigt werden soll, dann ist es sicherlich besser, sich mit Graf von Stauffenberg zu identifizieren als mit einem Heinrich Himmler. (Und wenngleich die Helden des Ostens, Ernst Thälmann und Erich Honecker zum Beispiel, als Vorbilder wenig tauglich schienen, waren sie immer noch besser als Himmler.)

Aber die Folgen waren nicht nur positiv. Die forcierte Heldenverehrung in der DDR war Teil einer totalitären Propaganda und bedingte eine erhebliche Verzerrung der Tatsachen. Als die Helden sich in Staub auflösten und die Propaganda nicht mehr wirksam war, haben Hunderte, vielleicht sogar Tausende desillusionierter Jugendlicher dagegen rebelliert, indem sie die Helden und Symbole der vormaligen Diktatur wiederaufleben ließen. Sie brüllten »Sieg Heil!« durch die Straßen und betrieben einen Kult um die NS-Führer, als sehnten sie sich nach heroischeren Zeiten, deren Glanz von den Älteren, von denen die Jungen enttäuscht waren, verleugnet wurde.

Im Westen hinterließ das offizielle Erbe des Widerstands viele der »Kinder Hitlers« mit der Vorstellung, Widerstand gegen den Staat sei nicht nur durch die Geschichte legitimiert, sondern geradezu ein moralischer Imperativ. Die Mitglieder der Roten Armee Fraktion, ganz gleich wie absurd ihre Methoden oder Ziele gewesen sein mochten, konnten sich auf eine gewisse Sympathie von seiten der Achtundsechziger-Generation verlassen, und sei es nur, weil sie das zu tun wagten, was die Mehrheit der Deutschen etwa dreißig Jahre zuvor, als es wirklich darauf angekommen wäre, zu tun versäumt hatte.

Und den kühleren Köpfen dieser Generation war bewußt, daß eine freiheitliche Demokratie in Deutschland nur auf einer explizit kritischen Haltung zur NS-Vergangenheit aufgebaut werden konnte. Es war an der Zeit, Diskretion und Schweigen zu beenden, Schluß zu machen mit den Ausflüchten, die angeblich notwendig gewesen waren, um Millionen ehemaliger Nazis in Bürger eines freiheitlich-demokratischen Staates zu verwandeln. Wenn dieser Bruch auch manchmal allzu unvermittelte, schroffe und selbstgerechte Formen annahm, trug er doch dazu bei, die Deutschen intellektuell herauszufordern und die Atmosphäre zu beleben. Anstatt der Politik mit Abscheu oder snobistischer Verachtung den Rücken zu kehren, wie dies frühere Generationen deutscher Intellektueller gerne getan hatten, suchten viele der »Kinder Hitlers« das politische Engagement. Wenn sie sahen, daß etwas schieflief, dann standen sie wenigstens auf und hielten mit ihrer Meinung nicht zurück (sicher nicht immer ganz ohne Hysterie). Als die Schlägertypen mit ihren Naziemblemen 1992 zu einer ernsthaften Gefahr wurden, als sie Asylantenheime anzündeten und Ausländer ermordeten, gingen Millionen von Deutschen aus Protest auf die Straße. Mehr als die Hälfte der Bevölkerung Münchens reihte sich ein in die Lichterketten, um den Widerstand gegen gewalttätige Ausländerfeindlichkeiten kundzutun. Zumindest symbolisch hatten die Deutschen den Wert des Neinsagens gelernt.

**Japan** Saburo Ienaga ist japanischer Historiker und ehemaliger Gymnasiallehrer. 1952 schrieb er ein Lehrbuch für den Geschichtsunterricht an Oberschulen, das weite Verbreitung fand. Aber vier Jahre später schon bekam er Schwierigkeiten. Das Erziehungsministerium war plötzlich der Meinung, Ienegas Text sei »zu einseitig«, das heißt zu negativ hinsichtlich der japanischen Kriegführung in Asien. Er wurde aufgefordert, Passagen zu streichen, unter anderen solche über das Nankingmassaker, über Vergewaltigungen durch japanische Soldaten und über die medizinischen Experimente an Menschen in der Mandschurei. Zunächst versuchte Ienaga, dem Ministerium entgegenzukommen, und schrieb das Buch einige Male um. Aber das Ministerium war damit nicht zufrieden. Das empfand er als demütigend, und 1965 erhob er Klage gegen die Regierung. Die Zensur von Schulbüchern, argumentierte Ienaga, sei ein Verstoß gegen die Nachkriegsverfassung, die das Recht auf freie Meinungsäußerung garantiere. Mittlerweile neunundsiebzig Jahre alt, verfocht Ienaga seine Sache auch 1992 noch vor dem Obersten Gerichtshof in Tokio, nachdem das Verfahren in der Zwischenzeit etliche Male in Berufung und Gegenberufung gegangen war. Die Richter des Obersten Gerichtshofs waren inzwischen so konservativ, daß Ienaga wenig Aussicht hatte, seinen Prozeß zu gewinnen.

Das erste, was mir an Ienaga auffiel, war seine Gebrechlichkeit. Das Gehen fiel ihm schwer, und er wurde schnell müde. Sein kahler Kopf mit der viel zu großen Brille saß wie ein Ei auf einem kleinen hinfälligen Körper. Ich fragte mich, wo er die Motivation und Energie hernahm, auch nach siebenundzwanzig Jahren noch seinen Kampf weiterzuführen. In seinem Arbeitszimmer in einem Vorort Tokios trafen wir uns zu einem Gespräch. Er beantwortete meine Frage damit, daß er mir über seinen Krieg erzählte.

»Als ich im Dezember 1941 hörte, daß Japan die Vereinigten Staaten angegriffen hatte, wußte ich, daß wir den Krieg verlieren würden. Aber ich konnte das natürlich nicht laut sagen. Alles wurde viel zu streng kontrolliert. Ich war damals Geschichtslehrer an einer Oberschule im Nordosten des Landes. Ich mußte die Mythen des Kaisertums lehren, die göttliche Abstammung der japanischen Rasse usw.«

Er zog ein Schulbuch aus dieser Zeit hervor. Uralte japanische Götter und mythische Kaiser werden als Träger einzigartiger japanischer Tugenden dargestellt, die Mythen als Geschichte präsentiert. Ienaga seufzte, während er in den brüchigen Seiten blätterte, und sagte, er wünsche sich, daß japanische Kinder solche Bücher nie wieder würden lesen müssen.

»Das Klassenzimmer war ein Ort der Apostasie, wo wir unsere eigenen Prinzipien verraten mußten. Ich schäme mich, im

Unterricht Propaganda betrieben zu haben. Ich werde mich immer dafür schämen. Ich war zwar kein besonders flammender Kriegspropagandist, aber ich habe auch nichts unternommen, um den Krieg zu verhindern.«

Als er 1965 seine Klage vor Gericht zum ersten Mal begründete, sprach er von diesem Schamgefühl: »Ich dachte nur an mein eigenes Gewissen; aber ich habe die Sünde begangen, nichts unternommen zu haben, während das Land meiner Urahnen zerstört wurde. Millionen meiner Landsleute starben in diesem Krieg, und ich hatte das Glück zu überleben. Ich fühle mich zutiefst schuldig, bei der Zerstörung meines Landes tatenlos zugesehen zu haben. [...] Ich bin jetzt nur ein einfacher Bürger, aber selbst wenn ich nicht viel bewirken kann, will ich meine Sünde, früher keinen Widerstand geleistet zu haben, heute wiedergutmachen. Deswegen habe ich diese Klage erhoben.«

Das ist der Tenor all seiner Schriften und Reden: der ausgebliebene Widerstand in Japan. Er wiederholte das noch einmal nach seinem letzten Auftritt vor Gericht im November 1992. Da sprach er zu seinen Anhängern, die sich nicht weit vom Gerichtsgebäude in einer großen gemieteten Halle versammelt hatten: »Der große Unterschied zwischen NS-Deutschland und Japan, der verbündeten Achsenmacht, war der, daß viele Deutsche Widerstand geleistet haben und dabei ums Leben kamen. In Japan gab es kaum Widerstand. Wir waren ein Volk von Konformisten. Deswegen ist heute weniger wichtig, ob wir in diesem Fall vor Gericht obsiegen oder verlieren, wichtig ist nur unsere Entschlossenheit, weiterzukämpfen.« Als es Zeit für ihn war, zu gehen, erhoben sich seine Anhänger und applaudierten, während er schleppenden Schritts durch die Halle ging, den schmalen Rücken wie unter einer schweren Last gebeugt und mit blinzelnden Augen hinter seiner eulenhaften Brille.

Wie nicht anders zu erwarten war, wurde seine Klage in allen Punkten abgewiesen. Das Urteil wurde am 16. März 1993 verkündet. Nicht das hat Ienaga überrascht, wohl aber die

Eile, mit der das letzte Urteil gefällt wurde. Auf einer hitzigen Pressekonferenz sagte er, er könne seinen Zorn nicht unterdrücken, dies Urteil sei eine Schande für Japan. Ich rief ihn einen Monat später an, in der Hoffnung, ihn noch einmal treffen zu können, aber er lehnte ab. Er sei zu erschöpft, sagte er. – Ob er weiterkämpfen werde? – »Aber natürlich, natürlich. Der Schulbuchprozeß ist der Grund, weswegen ich noch lebe.« In der Provinzpresse, sagte er noch, habe er viel mehr Unterstützung gefunden als in den großstädtischen Zeitungen, die sehr lau reagiert hätten. »Je weiter man sich von Tokio entfernt, desto freier ist man in der Kritik der Regierung.« Der Fall Ienaga ist nicht das einzige Beispiel, auf das diese Worte zutreffen.

Dabei hatte nach dem Krieg alles so vielversprechend ausgesehen. Nach der japanischen Kapitulation gab es nicht sofort neue Schulbücher, zunächst mußten die alten weiter benutzt werden, wobei die militaristischen Stellen mit Tinte geschwärzt wurden. Doch 1946 wurde ein neues Lehrbuch mit dem Titel *Der Weg unseres Landes* veröffentlicht. Es war das erste Geschichtsbuch für den Unterricht seit 1881, das mit einer Beschreibung der Steinzeit begann und nicht mit nationalen Mythen über alte Götter und ihre kaiserlichen Nachkommen. Ein Jahr später trat das Grundgesetz für Erziehung in Kraft, das den Einfluß der Regierung auf die Lehrmittel einschränkte. Das Ziel sei, »ein Volk zu erziehen, das die Wahrheit und den Frieden liebt« und »einen demokratischen und kultivierten Staat« aufzubauen »gemäß der japanischen Verfassung«. Die Schulen sollten frei sein in der Wahl ihrer Schulbücher, die unabhängig von der Regierung vorbereitet und veröffentlicht werden sollten. Ethik wurde als Unterrichtsgegenstand abgeschafft, Geschichte gehörte nun zur Sozialkunde.

Das kam einer Revolution gleich. Zumindest seit dem Kaiserlichen Erziehungsedikt von 1890 war die Erziehung in Japan ein einziger Propagandafeldzug für das Kaisertum gewesen. Der damalige Ministerpräsident Aritomo Yamagata hatte gesagt: »Die Erziehung sollte wie das Militärwesen an ein kaiserliches Mandat gebunden bleiben.« Alle Japaner, fügte er hinzu, müßten dazu erzogen werden, bei nationalen Krisen sich selbst »mutig« dem Staate zu opfern und damit »das Wohlergehen unseres Kaiserlichen Throns zu schützen und zu wahren«.

Sogar der Erdkundeunterricht wurde vor den Karren des Kaisers gespannt. In einem Lehrbuch aus der Kriegszeit findet sich der Hinweis auf die geographische »Gestalt Japans«, die durchaus etwas »zu bedeuten« habe: »Wir sehen an ihr, daß wir die Vorhut Asiens sind und mutig in Richtung Pazifik vorrücken. Und zugleich sehen wir, daß wir prädestiniert sind, den asiatischen Kontinent gegen einen Angriff von außen zu verteidigen.«

Dem Studium der Ethik wurde größte Bedeutung beigemessen. So züchtete man die nationalen Tugenden heran, Selbstaufopferung, militärische Disziplin, die Verehrung der Ahnen und den Kaiserkult. Und was in der ersten Hälfte des Jahrhunderts für die meisten Länder galt, galt auch für Japan: Kriegshelden waren die wichtigsten Vorbilder, an denen man sich orientieren sollte. *Kimigayo*, ein Gebet für die immerwährende Herrschaft des Kaisers, wurde als Nationalhymne gesungen; die Fahne der aufgehenden Sonne wurde nach und nach in ganz Asien gehißt. Es war die Pflicht eines jeden Japaners, bei der bloßen Erwähnung des Gottkaisers sofort strammzustehen. Jede japanische Schule hatte ihren Schrein mit dem Bildnis des Tennos. Wenn nur ein Staubkorn auf dem Bild lag oder wenn es schief hing, zog das schwere Strafen nach sich.

All das wurde 1947–48 offiziell abgeschafft, als das Kaiserliche Erziehungsedikt von beiden Häusern des Parlaments außer Kraft gesetzt wurde. Die neuen Werte waren Verfassungstreue, Pazifismus (»Wahrheit und Frieden«) und die Demokratie; nunmehr wurde Sozialkunde gelehrt. Als Ienaga sein erstes Schulbuch schrieb, wurde es ohne jegliche Intervention der Behörden veröffentlicht. Aber etwa zu dieser Zeit, ein Jahr nach dem Ausbruch des Koreakriegs, begann sich das

Klima bereits zu ändern. Ein Regierungskomitee für Erziehungsreform veröffentlichte einen Bericht, der unter anderem behauptete: »Indem wir unser System auf dem eines fremden Landes aufgebaut haben, wo ganz andere Bedingungen herrschen, und indem wir uns nur an Idealen orientiert haben, haben wir viele unerwünschte Elemente in unser System aufgenommen.«

Um diesen Elementen entgegenzuwirken, sollten Erziehungsgremien fortan nicht gewählt, sondern von der örtlichen Exekutive ernannt werden. Und das Erziehungsministerium übernahm wieder die Verantwortung für die Vorbereitung und Veröffentlichung von Schulbüchern. Damit begann eine lange Auseinandersetzung zwischen der Regierung und der linksgerichteten japanischen Lehrergewerkschaft, die beide Seiten in immer extremere Gegenpositionen trieb. Die Gewerkschaft verdächtigte die Regierung, den Militarismus wiederbeleben zu wollen, während die Regierung linke Lehrer wie Ienaga bestenfalls als gefährliche Idealisten, schlimmstenfalls aber als Verräter betrachtete. Resultat dieses endlosen Hin und Her ist, daß keine der beiden Seiten mit den Büchern für den Geschichtsunterricht zufrieden ist. Linke und Liberale kritisieren sie bis zum heutigen Tag als unehrlich, ausweichend und nationalistisch. Konservative und Nationalisten finden in ihnen zu viele »fremde« Spuren einer linken Ideologie. Keine der beiden Seiten liegt ganz falsch: die beanstandeten Schulbücher weichen den wichtigen Themen aus, und Marxisten haben seit dem Krieg eine tonangebende Position unter den Geschichtswissenschaftlern.

Ienaga hat nie ein Hehl aus seinen politischen Ansichten gemacht. In seinem Geschichtslehrbuch von 1962 benutzte er ein Foto von einem verkrüppelten japanischen Armeeveteranen, der einen Armstumpf in einer Lederschlinge und einen Kasten für Spenden um seinen Hals trug. Die Bildlegende verkündete: »Dieser traurige Anblick offenbart uns unmittelbar die Bedeutung des Vorsatzes aus der Verfassungspräambel, der lautet: Wir wollen ›nie wieder durch das Vorgehen der Regierung in die Schrecken des Kriegs verwickelt werden‹.« Darin kommt der »Verfassungspatriotismus« und die pazifistische Haltung von Ienaga und der Lehrergewerkschaft deutlich zum Ausdruck. Krieg, und zwar jeder Krieg, ist von Übel, aber besonders ein Krieg, der von »imperialistischen« Mächten auf dem asiatischen Kontinent geführt wird. Ienaga erklärte die Unfähigkeit Japans, die chinesischen Kommunisten zu besiegen, mit dem Hinweis auf »die demokratische Kraft der Roten Armee«. Der Japanisch-Chinesische Krieg sei »ein Kampf der politischen Werte« gewesen: »die Demokratie von China gegen den militaristischen Absolutismus in Japan.« Ähnlich lautete zwanzig Jahre später auch seine Analyse des Vietnamkriegs.

Ienagas linker Pazifismus und seine prochinesische Einstellung waren genau das, was die japanischen Konservativen aus den Schulbüchern verbannen wollten. Weder das Bild des verkrüppelten Soldaten noch die Bildlegende wollte das Erziehungsministerium weiter in den Schulbüchern dulden, denn sie vermittelten einen »überzogen negativen Eindruck vom Krieg«.

Ienaga hatte auch Aufnahmen von Studenten, die in den Krieg zogen, und von jungen Mädchen, die in Munitionsfabriken arbeiteten, in das Buch aufgenommen, und zwar mit der Unterschrift: »Die Zerstörung von Menschenleben.« Wenigstens diese Fotos betrachtete das Ministerium viel wohlwollender; es seien »gut getroffene Aufnahmen von Studenten, die sich mit leuchtenden Gesichtern für ihr Land aufopfern«.

Ich sah ein Lehrbuch für die Oberstufe durch, das 1984 veröffentlicht worden ist; es wird an Schulen in ganz Japan benutzt. Abbildungen von verkrüppelten Soldaten oder japanischen Greueltaten gibt es darin nicht. Es zeigt eine Fotografie von den Ruinen Hiroshimas und eine von dem Kriegsschiff *Arizona*, das in Pearl Harbor sank; außerdem zeitgenössische Zeitungsüberschriften, Abbildungen von japanischen Evakuierten nach einer Bombardierung und von Zivilisten bei

Brandschutzübungen. Die Legende des letzten Fotos muß ganz den Vorstellungen des Ministeriums entsprochen haben: »Die Gemeinschaft der Nachbarn unterstützt eine Feuerwehrübung. Mit großem Einsatz reichen Frauen in unförmigen Hosen und Kopftüchern die Löscheimer weiter.«

Hinweise auf die Einheit 731, die an Tausenden von Gefangenen in der Mandschurei tödliche medizinische Experimente durchführte, wurden aus Ienagas Büchern entfernt; dieses Thema sei wissenschaftlich nicht »zuverlässig erforscht«. (Die Forschungsarbeit war in der Tat schwierig, weil die meisten Dokumente in amerikanischen oder sowjetischen Archiven lagen.) Doch gab es in den achtziger Jahren bereits genügend Material, mit dem sich beweisen ließ, daß Ienaga korrekt vorgegangen war, als er seine Hinweise eingefügt hatte. Noch 1992 war er zuversichtlich, daß japanische Schulbücher in zukünftigen Ausgaben auch von der Einheit 731 berichten würden.

Ienaga hatte in seinem Schulbuch von 1962 auch die Tatsache erwähnt, daß während des Chinafeldzugs »viele japanische Offiziere und Soldaten chinesische Frauen vergewaltigt haben«. Das Ministerium beschloß, auch diese Passagen entfernen zu lassen: »Die Vergewaltigung von Frauen ist etwas, das sich in jeder Periode der Menschheitsgeschichte auf jedem Schlachtfeld ereignet hat. Es ist kein Thema, das im Zusammenhang mit der japanischen Armee besonderer Erwähnung bedarf.«

Tatsächlich nahmen die Vergewaltigungen durch die Soldaten der Kaiserlichen Armee so überhand, daß sich manche Generäle Sorgen um die Folgen machten – solche Schandtaten provozierten immer mehr Widerstand auf seiten der Chinesen. Also entschloß man sich, in Frontnähe Militärbordelle zu eröffnen (»Einrichtungen für sexuelle Gefälligkeiten«), in die Frauen aus China, Korea, Südostasien und manchmal auch aus Europa gebracht wurden; Frauen, die aus ihren Dörfern und Städten oder aus Gefangenenlagern dorthin verschleppt wurden. Die meisten dieser »Gefälligkeitsdamen« starben an

Krankheiten, im feindlichen Feuer, oder sie wurden von den Japanern erschossen. Ienaga behandelt das in seinem Buch *Der Krieg im Pazifik*, aber die japanischen Schulbücher schweigen dazu. Doch auch dafür gibt es inzwischen genügend historische Belege, die die Richtigkeit seiner Darstellungen beweisen, und zukünftige Schulbücher werden diese Bordelle nicht verschweigen können.

Das Beweismaterial kam auf bezeichnende Weise ans Tageslicht. Bis in die späten achtziger Jahre mußten Südkoreaner für Auslandsreisen eine Sondergenehmigung ihrer Regierung einholen. Weil die südkoreanische Regierung 1965 die japanische Kriegsschuld durch Annahme einer Abfindungssumme als ein für alle Mal abgegolten erklärt hatte, konnten einzelne Koreaner keine Wiedergutmachungsansprüche mehr geltend machen. Die Geschichte der »Gefälligkeitsdamen« war in jedem Fall eine peinliche Angelegenheit, eine Schande für die Familien der überlebenden Frauen; außerdem hatten viele Koreaner mit dem Feind auf diesem Gebiet kollaboriert. Das fand natürlich auch in den koreanischen Schulbüchern keine Erwähnung. Aber im liberalen Klima der späten achtziger Jahre durften Südkoreaner nach Japan reisen, und von feministischen Gruppen unterstützt, haben sich einige der ehemaligen »Gefälligkeitsdamen« entschlossen, ihre Ansprüche doch noch durchzusetzen. Die japanische Regierung lehnte jegliche Verantwortung ab; sie behauptete, die Prostitution während des Kriegs sei Sache von Privatunternehmen gewesen, es gebe keine Beweise dafür, daß offizielle Stellen damit etwas zu tun gehabt hätten.

Und damit wäre die Sache zu den Akten gelegt worden, hätte nicht Professor Yoshiaki Yoshimi, ein junger Historiker, diese Dementis im Fernsehen verfolgt. Das erinnerte ihn an Dokumente, die er während seiner Forschungen in der Bibliothek des Verteidigungsamts gesehen hatte. Also begab er sich noch einmal dorthin, und binnen weniger Tage hatte er gefunden, wonach er suchte: die schriftlichen Befehle zum Aufbau von »Einrichtungen für sexuelle Gefälligkeiten«, unterzeichnet vom Oberkommando der Kaiserlich-Japanischen Armee. Die japanische Presse berichtete nun ausführlich über die Geschichte der Gefälligkeitsdamen. Der japanische Ministerpräsident mußte sich daraufhin beim koreanischen Volk entschuldigen. Als ein Reporter der BBC den Sprecher der japanischen Regierung fragte, warum die Regierung so lange gebraucht habe, um mit der Wahrheit herauszurücken, sagte dieser, die Beauftragten der Regierung hätten von den Dokumenten nichts gewußt. Der Reporter brachte, durchaus höflich, seine Verwunderung darüber zum Ausdruck: ein einzelner Gelehrter habe sie doch in nur wenigen Tagen ausfindig machen können. Es folgte einer der denkwürdigen Augenblicke der Fernsehgeschichte: eine ganze Minute lang schwieg der Sprecher still, biß sich auf die Lippen und wich dem Blick des Reporters aus, um dann endlich dessen Frage als »sehr unfair« zurückzuweisen.

Ienaga verwendete den Begriff von »Aggression«, um den japanischen Krieg in China zu charakterisieren. Der Gutachter, der vom Ministerium bestimmt worden war, schrieb dazu: »Als Begriff hat ›Aggression‹ negative ethische Konnotationen. Bei der Erziehung der nächsten Generation unserer Bürger ist es nicht wünschenswert, einen Begriff mit derart negativen Implikationen zu benutzen, um die Handlungen des eigenen Landes zu beschreiben. Deswegen sollte man statt dessen einen Ausdruck wie ›militärischer Vormarsch‹ benutzen.« Der Vorschlag wurde aufgegriffen. Nun protestierte die chinesische Regierung bei verschiedenen politisch opportunen Gelegenheiten gegen diese Korrektur, was die politischen Lager in Japan in einen noch schärferen Gegensatz trieb. Die Geschichte der Aggression hinderte die Japaner daran, wieder eine Armee aufzubauen – deswegen bestritten die Rechten dieses vergangene Geschehen, aus demselben Grund aber brachten die Linken es immer wieder zur Sprache, während es die gemäßigten Konservativen vorzogen, einfach nicht mehr darüber zu reden. Solange die Liberal-Demokratische Partei noch an der Macht war, mußten die Rechten, deren ältere Mitglieder sich zum Teil selbst im Krieg schuldig gemacht hatten, besänftigt werden. 1989 fragte ein kommunistischer Abgeordneter des Unterhauses den damaligen Ministerpräsidenten Noboru Takeshita, ob sich Japan im Zweiten Weltkrieg der Aggression schuldig gemacht habe. Takeshita antwortete, man »müsse das Urteil darüber späteren Generationen von Historikern überlassen«.

1970 hatte Ienaga tatsächlich vor einer Instanz recht bekommen. Der Richter des Tokioter Verwaltungsgerichts, Ryokichi Sugimoto, entschied, die Überprüfung von Schulbüchern durch das Ministerium dürfe nur der Korrektur typographischer und anderer eindeutiger Fehler gelten. Eine Zensur des Inhalts sei ein Verstoß gegen die Verfassung, und entsprechend fiel das Urteil aus. Nach seiner Verkündung sagte der Richter der Presse, die Position der Lehrer müsse geachtet und ihre Freiheit geschützt werden. Rechtsradikale drohten dem Richter, den Verteidigern und Ienaga selbst mit Mordanschlägen. Ienagas Haus wurde Tag und Nacht von Schlägertypen umkreist, die ihn nicht zur Ruhe kommen ließen, indem sie ihre Parolen brüllten und auf Töpfe schlugen wie auf Kriegstrommeln. Die Atmosphäre im Verwaltungsgericht war so gespannt, daß Ienaga und sein Anwalt das Gebäude unter Polizeischutz durch eine Geheimtür betreten mußten.

Das Ministerium ging in die Berufung, und Ienaga hat nie wieder recht bekommen; zumindest nicht mehr in dieser kategorischen Weise. 1974 stimmte ein anderer Richter Ienaga darin zu, daß die Überprüfung »übertrieben« gewesen sei, dennoch stelle sie keinen Verfassungsverstoß dar. Und in den achtziger Jahren dann erklärte ein weiteres Gericht alle Änderungsvorschläge für völlig korrekt. Hiroshi Oyama, einer der Rechtsanwälte, der Ienaga von Anfang an verteidigt hat, nannte die frühen siebziger Jahre das »Goldene Zeitalter der japanischen Justiz«. Ich fragte ihn, was sich seither verändert habe. Das sei ganz einfach zu beantworten: »Richter, die gegen die Regierung entscheiden, werden nicht befördert. Wenn man sich nicht um Karriere und Erfolg kümmert, dann kann man gerechte Urteile verkünden.« Richter Sugimoto hat danach keine Karriere gemacht; er wurde an kein Verwaltungsgericht der Hauptstadt mehr berufen.

Zu aller Überraschung hat dann aber am 20. Oktober 1993 der Oberste Gerichtshof in Tokio entschieden, daß das Erziehungsministerium seine Befugnisse überschritten habe, als es das Schulbuch von Ienaga in mehreren Punkten, einschließlich der Beschreibung des Nankingmassakers, zensiert habe. Zu diesem Meinungsumschwung mag die Wahlniederlage der Liberal-Demokratischen Partei beigetragen haben. Der viel plausiblere Grund dafür aber war wohl die Menge an neuem Beweismaterial für die Greueltaten der Japaner, die von jungen japanischen Historikern herbeigeschafft worden sind.

Wenn Japans rechte Nationalisten behaupten, ihre linken Gegner in den Reihen der Lehrer seien von »ausländischen« Ideen beeinflußt, haben sie natürlich recht. Doch das bedeutet nicht, daß einheimische Ideen ohne fremde Einflüsse sind. In ihnen kommt nur die Bindung an die japanische Tradition deutlicher zum Ausdruck. So wie deutsche Konservative einst die Weimarer Verfassung als undeutsch, »jüdisch« und nicht unterstützungswürdig denunziert haben, so verurteilen die japanischen Rechten die Nachkriegsverfassung Japans und das dazugehörige Erziehungssystem als fremdartig und unpassend. Takanori Irie, ein bedeutender Kulturwissenschaftler, hat tatsächlich einmal Parallelen gezogen zwischen der Weimarer Republik und dem Japan der Nachkriegszeit. Die japanische Verfassung, sagte er, sei von Juden geschrieben worden, die eine »Antipathie gegen den Staat hegten«.

Das deutsche Grundgesetz und der deutsche Verfassungspatriotismus sind beides Schöpfungen deutscher Juristen und Denker, die sich notfalls auf den Geist der europäischen Aufklärung, auf den Humanismus Goethes und den deutschen Widerstand gegen Hitler berufen konnten, um sich der Kontinuität zu vergewissern. Für die Japaner war dies nicht so leicht, denn es waren die amerikanischen Besatzungsbehörden und nicht die Japaner selbst, die eine Verfassungsreform und ein neues Erziehungssystem initiiert hatten. Und es gab, wie Ienaga sagt, keine Tradition eines Widerstands, an die man anknüpfen konnte. Statt dessen hatte man den Marxismus, der im Geistesleben schon eine Vorgeschichte hatte, in Japan wie im Westen, und der sich leicht gegen nationalistische Mythen einsetzen ließ.

Ein Lehrbuch für Oberschüler, das 1984 veröffentlicht wurde, erzählt auf nicht mehr als einer Seite die traurige Geschichte des Widerstands in Japan während des Krieges – eher eine Geschichte des Ausbleibens von Widerstand: »1933 haben die Führer der Kommunistischen Partei Japans öffentlich ihrer politischen Überzeugung abgeschworen, was eine breite Wirkung unter den Sozialisten hatte, die fast alle diesem Beispiel folgten. Die wenigen, die noch am Sozialismus festhielten, wie etwa Mosaburo Suzuki von der Japanischen Partei des Proletariats, wurden dermaßen unter Druck gesetzt, daß sie ihre politischen Aktivitäten 1937 aufgaben.«

Auch der komplizierte Fall von Professor Tasukichi Minobe wird auf dieser Seite gestreift. Minobe, ein Verfassungsrechtler, verfaßte 1935 eine staatstheoretische Abhandlung über die Stellung des Kaisers. Der Staat sei souverän und der Kaiser oberstes Organ dieses Staates. Er wurde sofort kritisiert und als Feind von Nation und Gemeinwesen stigmatisiert: als souverän galt allein der Kaiser.

Im Lehrbuch heißt es dazu: »Als Resultat dieser Kontroverse um Minobes Theorie wurde nicht nur der Marxismus, sondern auch der Liberalismus als Spielart antinationalen Denkens denunziert. Und bald war in den Massenmedien nur noch von Reformideen die Rede, wie sie die radikalen Fraktionen der Armee für Japan entwickelt hatten. Sie bestimmten auch das kulturelle Leben. Im Einklang mit der offiziellen Kulturpolitik verstärkten sich militaristische und reaktionäre Tendenzen, und die unkritische Nachahmung der westlichen Kultur wurde noch einmal überdacht. Die Neigung, die traditionelle japanische Kultur neu zu bewerten, wurde immer stärker.«

Mehr hat das Buch zum Thema Widerstand nicht zu sagen. Die wenigen, die wie Minobe tatsächlich Widerstand geleistet haben, werden keineswegs als Vorbilder herausgestellt, der Text bleibt vielmehr deutlich ambivalent. Militarismus und die Unterdrückung freier Meinungsäußerung gelten zweifelsohne als verdammenswert, zugleich aber ist von einer »unkritischen Nachahmung« der westlichen Kultur die Rede, was kaum positiv gemeint sein wird. An einer Neubewertung der »traditionellen japanischen Kultur« ist eigentlich kaum etwas auszusetzen. Dennoch sind die Ausdrücke »noch einmal überdenken« und »neu bewerten« recht eigenartige Formulierungen, wenn dahinter eine scharfe Zensur durch staatliche Behörden steht.

Selbst wenn in Japan heute niemand mehr eine Wiederbelebung des Militarismus offen unterstützen würde, sind viele japanische Nationalisten davon überzeugt, daß die traditionelle japanische Kultur gegen die unkritische Nachahmung des Westens geschützt werden muß. Politisch bedeutet das die Verteidigung der Souveränität Japans gegen den Einfluß des Marxismus und des Pazifismus, wobei das Recht, Krieg zu führen, darin eingeschlossen wäre. Die Propaganda benutzt, um die gefährdete japanische Kultur zu beschreiben, den vagen Begriff des Familienstaates, dessen uralte Werte durch die angeblich ununterbrochene Linie der kaiserlichen Dynastie tradiert worden sind. Da die Nachkriegsordnung nicht von Japanern errichtet wurde, die sich des Widerstands gegen das *ancien régime* hätten rühmen können, sind in Japan zwangsläufig alle Gefühle dem Vergangenen gegenüber ungleich ambivalenter als die in den beiden ehemals getrennten deutschen Staaten. Und das heißt, die Verteidigung japanischer Identität *ist* oft eine Verteidigung des alten Regimes, nicht nur gegen die japanische Linke, sondern auch gegen alle Ausländer aus Ost und West, die Japan nicht nur für die Greueltaten der Vergangenheit kritisieren, sondern auch für die Art und Weise, wie sie sich heute daran erinnern.

Darum hat Masayuki Fujio, ein ehemaliger Erziehungsminister, in einem Gespräch zu mir gesagt, daß »es in der modernen japanischen Geschichte keine schmachvollen Episoden« gegeben habe. Fujio wurde 1986 vom Ministerpräsidenten entlassen, weil er mit der Behauptung, die Koreaner hätten es sich auch selbst zuzuschreiben, daß sie 1910 von Japan annektiert wurden, die Beziehungen zu Südkorea beeinträchtigt hat. Die Tokioter Prozesse bezeichnete Fujio in einem Interview als »Rassenrache«, mit der Japan »seiner Macht beraubt« werden sollte. All das hat Fujio öffentlich gesagt, weil er den »Geist Japans durch Geschichte und Tradition wiederherstellen wollte«.

Fujio war kein Außenseiter; er war auch nicht der erste seit dem Krieg der mit solchen Gedanken an die Öffentlichkeit trat. 1974 machte sich der damalige Ministerpräsident Kakuei Tanaka, der kurz darauf wegen seiner Verwicklung in einen Korruptionsskandal verurteilt wurde, Sorgen über die mangelnde Moralerziehung im japanischen Bildungssystem. Er schlug vor, das alte Kaiserliche Edikt zur Erziehung wieder in Kraft zu setzen, da es doch »vor allem allgemeine Moralprinzipien« vertrete. Schon 1957 hatte das Erziehungsministerium das eigentliche Problem erfaßt. Im Ministerialbericht über das erste Schulbuch von Saburo Ienaga stand: »In seinem Eifer, die Menschen zum Nachdenken über die Vergangenheit zu bewegen, ist er von den richtigen Zielen des Unterrichts in japanischer Geschichte zu weit abgekommen; sie bestehen darin die historischen Taten unserer Ahnen zu respektieren, unser Selbstbewußtsein als Japaner zu stärken und ein tiefes Gefühl der Liebe zu unserem Volk zu fördern.«

1991 wurde trotz vehementen Protestes von Linken und Liberalen offiziell erklärt, daß *Kimigayo*, die alte Kaiserhymne, und die Fahne der aufgehenden Sonne fortan als nationale Symbole Japans zu gelten hätten. Dieser Entschluß kam nicht von der Legislative, sondern wurde in Form einer Richtlinie des Erziehungsministeriums zur Genehmigung der revidierten Schulbücher bekanntgegeben, die zum ersten Mal seit dem Krieg wieder positive Passagen über japanische Kriegshelden enthielten. Und zumindest eine Schule, die Nichidai-Matsue-Oberschule, hat inoffiziell das Kaierliche Edikt wiederbelebt. Isao Okazaki, der Schuldirektor, besteht darauf, daß der Text jeden Morgen laut verlesen wird, als »der beste Text, um im wahren japanischen Geiste japanisch zu sein«.

Im Herbst 1992 wartete ich zusammen mit schätzungsweise 250 Menschen vor dem Obersten Gerichtshof in Tokio. Im Gerichtssaal waren nur wenige Zuschauerplätze frei, also wurde per Los bestimmt, wer Saburo Ienagas letzten Auftritt vor Gericht verfolgen konnte. Viele der Menschen waren Mitglieder einer Organisation von Anhängern Ienagas. Einige waren von weit her angereist, selbst aus Hokkaido und Okinawa. Es waren Männer und Frauen, ältere Bürger, Studenten, Lehrer, Angestellte und Hausfrauen. Die Stimmung war trotz der düsteren Aussichten, was den Prozeßausgang betraf, erstaunlich heiter. Flugblätter wurden verteilt, die Treffen ankündigten, bei denen über Menschenrechte und das Recht auf freie Meinungsäußerung, über Wiedergutmachungszahlungen an die »Gefälligkeitsdamen« und andere Opfer des japanischen Militarismus diskutiert werden sollte. Es kamen Bravorufe für die Menschen, die den weitesten Weg nach Tokio zurückgelegt hatten, und weitere Bravorufe für diejenigen, die in früheren Verhandlungen des Ienaga-Falles als Zeugen ausgesagt hatten.

Aber der größte Jubel, ein wahrer Ansturm von Emotionen, war Ienaga selbst vorbehalten, als er vor seinen Verteidigern auf das Gebäude zuging. Er zog seinen Hut zur Begrüßung und blinzelte hinter seiner Brille hervor; er wirkte ebenso zerbreclich wie standhaft.

Der Gerichtssaal war nüchtern eingerichtet: ohne sichtbare Symbole der weltlichen oder religiösen Macht. Die Richter trugen schlichte schwarze Roben im Stil des europäischen Kontinents. Die Wände hinter ihnen waren mit hellem Marmor verkleidet. Die Rhetorik der Verteidiger war nüchtern, fast kunstlos. Eine Frau war unter den Anwälten Ienagas. Die Vertreter des Ministeriums waren ausschließlich Männer.

Ich hörte Hiroshi Oyama, den Anwalt, der Ienaga von Anfang an, seit 1965, vertreten hat. Er sprach klar und gut über den allmählichen Rückfall in die Erziehungsmethoden der Vorkriegszeit, über den niedrigen Standard der Menschenrechte in Japan und darüber, wie schlecht Japan im Vergleich mit Deutschland bei der Aufarbeitung der dunkleren Seite seiner Geschichte abschneide. Er zitierte Montesquieus Worte über den Geist der Gesetze. Und er wies darauf hin, daß die Verfassung dazu da sein, die Menschen vor einem Staatsmonopol auf die Wahrheit zu schützen. Das, sagte er, sei der Grund, weswegen die freie Meinungsäußerung von Schulbuchautoren garantiert werden müsse: ohne Gedankenfreiheit könne es keine Demokratie geben.

Die Richter und manche der Prozeßvertreter des Ministeriums lehnten sich mit geschlossenen Augen zurück: entweder in höchster Konzentration oder im Tiefschlaf. Vielleicht waren sie gelangweilt, weil sie diese Argumente alle schon gehört hatten. Vielleicht hielten sie das Ganze für ein sinnloses Unternehmen, denn sie wußten ja, wie der Prozeß enden würde. Aber es war kein sinnloses Unternehmen. Denn Saburo Ienaga hatte siebenundzwanzig Jahre lang eine wichtige Debatte am Leben gehalten. Dieser eine sture Schullehrer und die paar hundert Anhänger im Gerichtssaal mochten nicht viele sein, aber sie genügten, um zu zeigen, daß diesmal jemand Widerstand leistete.

# Mahnmale, Museen und Gedenkstätten

Wenn man an der Südwestecke der Stadtkirche zu Wittenberg steht, in der einst Martin Luther predigte, kann man die eigenartige Skulptur, die in ungefähr zehn Meter Höhe wie ein Wasserspeier aus der Wand herausragt, gerade noch erkennen. Sie zeigt eine Sau, die drei Ferkel säugt; und ein kleiner Mann mit einem Spitzhut hält das Hinterbein der Sau. Der spitze Hut war im 15. Jahrhundert das Kennzeichen der Juden. Über dieser Figurengruppe – die Sau, so erklärte man mir, stelle »die Synagoge Satans« dar – ist in hebräisch der Name Gottes eingemeißelt. Die Figurengruppe wird »Judensau« genannt; ähnliche Skulpturen haben früher zur Schmähung der Juden die Wände vieler deutscher Kirchen geschmückt. Nur wenige sind erhalten; von den Reiseführern werden sie aber in der Regel nicht erwähnt.

Mir wäre die »Judensau« in dieser malerisch verfallenen ostdeutschen Stadt, die sich offiziell Luther-Stadt Wittenberg nennt, nicht aufgefallen, wenn mich nicht eine Tafel in der Kirche darauf hingewiesen hätte. Den Hinweis gibt es seit 1988, seit der Renovierung der Kirche. Während der Renovierungsarbeiten, die 1983 begonnen wurden, verlangten jüngere Mitglieder der Luthergemeinde, es müsse etwas geschehen mit der »Judensau«, sie dürfe nicht weiterhin unkommentiert bleiben. Also wurde Geld für eine Gedenktafel gesammelt, die die Bedeutung der Figurengruppe festhalten sollte. Sie sollte den Charakter eines Mahnmals erhalten. Als die Tafel enthüllt wurde, erschien kein einziger Vertreter der Stadtverwaltung, denn Wittenberg war damals noch eine Stadt der DDR; und in diesem Staat war der Antisemitismus offiziell nicht als Problem betrachtet worden.

Das Mahnmal ist direkt unterhalb der »Judensau« in das Pflaster eingelassen; vier quadratische Tafeln aus Bronze, die wie ein ungewöhnlich geformter Kanaldeckel wirken, werden von tastenden Fingern ein wenig angehoben. Seitlich ist ein poetischer Text angebracht: »Gottes eigentlicher Name, der geschmähte Schem ha-mephorasch, den die Juden vor den Christen für fast unsagbar heilig hielten, starb in sechs Millionen Juden unter einem Kreuzeszeichen.« Die Bronzefinger lassen an Opfer des Antisemitismus denken, die sich aus einem Massengrab erheben. Die Finger symbolisieren aber auch etwas Abstrakteres, das eher der Funktion eines Mahnmals entspricht: sie verweisen auf schmachvolle Erinnerungen, die man nicht unterdrücken kann, die sich in unser Gewissen hineindrängen wie ein ständig wiederkehrender Alptraum. Das Mahnmal von Wittenberg ist eines von Tausenden in Deutschland, aber es ist das einzige, das ich gesehen habe, das weniger auf ein bestimmtes Ereignis hinweist als auf die Erinnerung selbst.

Vor dem Zweiten Weltkrieg gab es keine Mahnmale in Deutschland, wohl aber Kriegerdenkmale zur Erinnerung an die Soldaten, die, dargestellt wie marmorne Christusse, für das Vaterland gestorben waren. Die nationalen Bindungen sollten durch ihr Opfer gefestigt werden. In den Denkmalen zum Ersten Weltkrieg ist der Krieg eine mystische Erfahrung, eine Leidensgeschichte des Heldentums, des Opfers und der Wiedergeburt. Denkmale wie große gotische Festungen wurden überall im Deutschen Reich errichtet, um in der Niederlage wenigstens die Ehre zu retten. Nach dem Zweiten Weltkrieg gab es nichts dergleichen. Statt dessen richteten die Deutschen Gedenkstätten ein, die nicht glorifizieren, sondern mahnen sollten: aus Denkmalen wurden Mahnmale.

Wie ein monumentaler Rosenkranz ziehen sich diese Gedenkstätten durch die alte Bundesrepublik und bezeugen die Sorge um die Erinnerung, eine neurotische Angst vor dem Vergessen, eine Obsession, die Vergangenheit in Stein zu meißeln. Das war nicht von Anfang an so. Zunächst wurden Erinnerungsträger, und nicht nur solche aus der Hitlerzeit, zerstört, gesprengt, eingeebnet. Die Konzentrationslager dienten einige Zeit lang sowohl den Sowjets als auch den westlichen Alliierten als Lager für deutsche Gefangene; sie wurden jedoch so rasch wie möglich entweder aufgegeben oder dem Erdboden gleichgemacht. Überreste aus dem Dritten Reich blieben nur aus Gleichgültigkeit erhalten oder durch höhere Gewalt, wie etwa das unzerstörbare Speersche Stadion in Nürnberg – oder aber aus politischen Gründen, was meistens in der DDR der Fall war. Die Mahnmale und Gedenkstätten dagegen sind in den meisten Fällen Ergebnis der Gegenbewegung, die in den sechziger Jahren einsetzte, getragen von der Nachkriegsgeneration, die im gleichen Maße mahnte und erinnerte, wie ihre Eltern zu vergessen suchten.

Es gibt verschiedene Formen von Mahnmalen. Frühere Konzentrationslager wurden zu Gedenkstätten umgewandelt, die die Funktionen eines Museums, einer Touristenattraktion und eines Denkmals miteinander verbinden. Einige darunter, wie etwa das Lager Ravensbrück in Brandenburg, sind fast vollständig erhalten, während von anderen, wie etwa von Bergen-Belsen in Niedersachsen, nicht viel mehr geblieben ist als der ursprüngliche Standort.

Die Villa am Wannsee in Berlin, in der Reinhard Heydrich mit seinen Beamten und Bürokraten am 20. Januar 1942 bei einem Kognak nach dem Frühstück die Logistik der »Endlösung« diskutierte, wurde zum fünfzigsten Jahrestag der Wannsee-Konferenz der Öffentlichkeit als Gedenkstätte zugänglich gemacht. Die Eröffnungsfeierlichkeiten bestanden in einem Symposion über das Erinnern und den Holocaust, an das sich ein Sektempfang anschloß.

Das Museum in der »Gedenkstätte im Haus der Wannsee-Konferenz« zeigt nicht viel Neues. Auf den ausgestellten Fotografien sieht man nicht die NS-Bürokraten, die die Endlösung planten, sondern wieder die Opfer, die von ihren Folterern mit gründlichem Eifer fotografiert wurden. Da sind sie alle wieder, in ihrem Elend erstarrt: der Junge aus dem Warschauer Ghetto, der die Hände hochhält; die verängstigten Augen, die durch die Tür eines versiegelten Viehwaggons blikken; die Selektion an der Rampe; die Rabbiner, die auf dem Rücken anderer reiten müssen usw. Ich blätterte im Gästebuch und las Bekenntnisse der nationalen Schmach: »Es ist peinlich, traurig und demütigend, daß man sich selbst als Deutschen bezeichnen muß«; »Wie konnte das bei einem doch weitgehend christlichen Volk geschehen?« »Nach meinem Besuch schäme ich mich, Deutscher zu sein.«

Auch mitten in Westberlin, wo die gutbesuchten Warenhäuser sind, gibt es ein Mahmal. Jeden Tag gehen Hunderte und Tausende von Menschen mit ihren gefüllten Einkaufstaschen an diesem Mal vorüber; die Leute sehen es, ohne es zu wahrzunehmen. Es ist eine einfache Tafel, die die Namen der größten Konzentrationslager nennt und die Passanten mahnt, nicht zu vergessen. Über das Stadtgebiet verstreut gibt es weitere solcher Gedenktafeln.

Jochen Gerz, ein 1940 geborener Künstler, hatte die Idee, ein unsichtbares Mahnmal zu bauen. Er kritisierte konventionelle Mahn- und Denkmale, weil in ihnen die Vergangenheit dadurch, daß sie in Bronze gegossen werde, zugleich beschönigt werde, womit persönliche, bedeutungsvolle Erinnerungen zu einer öffentlichen Angelegenheit gemacht würden. Auch das sei, so Gerz, eine Art, die Vergangenheit zu verdrängen. Denn die Darstellung der Geschichte ersetze das aktive Erinnern, besonders wenn es keine Zeugen mehr gebe; Darstellung verhindere persönliche Reflexion. Fragt sich nur, wie man die Erinnerung dann visualisieren soll. Gerz' Antwort lautet: gar nicht.

Statt dessen hat er nach Spuren der Kontinuität jüdischen Lebens und jüdischer Kultur gesucht, indem er die Namen der jüdischen Friedhöfe in Deutschland ausfindig machte. Danach hat Gerz mit seinen Studenten – in Abwandlung der jüdischen Sitte, Steine auf ein Grab zu legen, das man besucht hat – in einer Straße vor dem Saarbrücker Schloß, in dem früher ein Gestapogefängnis untergebracht war, Pflastersteine ausgegraben. Auf jeden dieser Steine wurde der Name eines jüdischen Friedhofs eingraviert, ferner das Datum, an dem Gerz den Friedhof ausfindig gemacht hatte. Die Steine kamen wieder an ihren alten Platz zurück, und zwar mit der Inschrift nach unten. 1926 Steine wurden auf diese Weise ausgegraben, beschriftet und wieder eingesetzt. Eine Tafel markiert den Ort als »Unsichtbares Mahmal«.

In seiner Rede *Keine Normalisierung der Vergangenheit* hat Jürgen Habermas, so wie es seine Art ist, die Tendenz der deutschen Konservativen kritisiert, Deutschland von seiner jüngsten Vergangenheit zu befreien, indem man diese als »normal« erscheinen lasse und auf unzulässige Weise in die allgemeine geschichtliche Entwicklung einzuordnen versuche. Mit einer von Helmut Dubiel geprägen Metapher bezeichnete Habermas diese Haltung als »Entsorgungsmentalität«: »Man verhält sich zur Geschichte wie zu einem Atomkraftwerk, für dessen strahlenverseuchten Müll noch keine Endlagerung gefunden ist.« Das erinnerte mich an Walter Benjamins Bild von der Geschichte als Trümmerhaufen. Aber genauso wie manche Deutsche, vielleicht viele oder sogar die Mehrheit von ihnen, radioaktiven Müll begraben wissen wollen, so lassen andere keinen Versuch aus, jeden Stein, jedes Häuflein Asche zu retten, um sie an Gedenkstätten und in Museen aufzubewahren.

Vom Berliner Gestapo-Hauptquartier zum Beispiel sind nur Trümmer und Steine geblieben. Himmler brachte seine operativen Abteilungen an einigen der besten Adressen Berlins unter: die Gestapo im ehemaligen Kunstgewerbemuseum in der Prinz-Albrecht-Straße, den Sicherheitsdienst unter Heydrichs Führung im Prinz-Albrecht-Palais in der Wilhelmstraße. Letzteres war ein schönes Barockpalais, das unter der Regie von Friedrich Schinkel zu Beginn des 19. Jahrhunderts renoviert worden war. Diese beiden Gebäude bildeten das Zentrum des ganzen Netzes aus Konzentrationslagern und Gestapodienststellen; hier wurde der Massenmord geplant. In den Kellern des Kunstgewerbemuseums richtete die Gestapo ein »hauseigenes« Gefängnis ein.

Wie vieles in Berlin wurden auch diese beiden Gebäude im Bombenhagel beschädigt; nicht so schwer, daß sie nicht hätten wieder aufgebaut werden können. Aber wie es das Schicksal vieler erinnerungsträchtiger Gebäude war, wurde das Palais 1949 abgerissen und das alte Kunstgewerbemuseum zwischen 1953 und 1964 nach und nach gesprengt. Es gab nicht einmal ein Mahnmal, das an den Standort erinnerte, nichts blieb als ein Trümmerhaufen, der nie richtig abgeräumt worden ist.

1983 beschloß der Berliner Senat, an dieser Situation etwas zu ändern. Ein Wettbewerb wurde ausgeschrieben, um nach einer angemessenen künstlerischen Lösung für diese historische Stätte zu suchen. Es gab verschiedene Konzepte, aber es geschah nichts. Sechs Jahre später ernannte der Senat eine Kommission, um die Möglichkeiten eines Museums, vielleicht auch eines Dokumentationszentrums oder Mahnmals zu prüfen. Wiederum gab es keine offiziellen Beschlüsse, aber in der Zwischenzeit hatte eine Gruppe mit dem Namen »Aktives Museum des Faschismus und Widerstands in Berlin« ein improvisiertes Museum auf den angeblichen Resten des Gestapogefängnisses errichtet. Tatsächlich handelte es sich um die zerstörten Wände eines Waschraums. An solchen Orten entstehen leicht Schauergeschichten. Ein Hotel auf der anderen Straßenseite, einst Unterkunft für SS-Offiziere der mittleren Dienstgrade, wurde abgerissen. Ein Anwohner vertraute mir mit leiser Stimme an, das Hotelmobiliar hätte zum Teil aus den Folterkammern der Gestapo gestammt.

Die Fundamente des Gefängnisses waren schon einige Jahre zuvor ausgegraben worden, aber die archäologische Landesbehörde hatte sie dann absperren lassen. Es kam zu einem Papierkrieg mit dem Amt für Denkmalschutz. Die Denkmalschützer wollten den ganzen Standort in ein »Pompeji der SS« verwandeln, um den Ausdruck von Alfred Kerndl zu benutzen, der seit 1968 verantwortlicher Archäologe in Berlin ist. Er wollte um das Gefängnis herum eine Gedenkstätte errichten, mit einer einfachen Bepflanzung, die die Umrisse der Zellen andeuten sollte.

Bis Mitte 1992 war nichts geschehen. Das behelfsmäßig eingerichtete Museum »Topographie des Terrors« existierte weiterhin. Kerndl machte sich Sorgen über den Zustand der Zellenfundamente, und vor dem Museum befuhren Kinder die Trümmerberge mit ihren Mountainbikes. Neue Konzepte wurden vorgestellt. Ein Politiker machte den Vorschlag, hinter den Ruinen ein Stück der Berliner Mauer stehenzulassen, mit einem entsprechenden Text, etwa: »Das Ende zweier Diktaturen«. Ende 1992 faßte der Senator für Kultur einen Entschluß: die »Topographie des Terrors« sollte erweitert und ein »internationales Zentrum« errichtet werden – für Seminare, Treffen und Konferenzen über die NS-Vergangenheit.

In der Zwischenzeit war ein weiterer archäologischer Streit ausgebrochen. Im Juni 1990 wollten die Berliner den Fall der Mauer mit einem Rockkonzert der Gruppe Pink Floyd feiern; es sollte an der Stelle der ehemaligen Reichskanzlei Hitlers in der Nähe des Brandenburger Tors stattfinden. Zur Zeit der Mauer war diese Stätte Brachland gewesen, ein verminter Sandstreifen, der sich wie ein Burggraben an der Ostseite der Mauer entlangzog. Hier waren Flüchtlinge erschossen worden; nur wilde Kaninchen lebten dort. Nicht lange bevor die Mauer fiel, wurde oberhalb des ehemaligen Führerbunkers mit dem Bau grauer Wohnblöcke begonnen. Vor dem Konzert wühlten Arbeiter auf der Suche nach unentschärften Minen in den Trümmern. Statt dessen stießen sie auf das Dach eines Bunkers, auf einen Teil des Betonlabyrinths, das errichtet worden war, um Hitler und seinen Getreuen am Ende des Kriegs Unterkunft zu gewähren. Alfred Kerndl – »alles, was sich unter der Erde befindet, liegt in meinem Verantwortungsbereich« – eilte mit dem Fahrrad zum Schauplatz des Geschehens und fand etwas wirklich Erstaunliches: in den Bunkern hatte sich seit 1945 nichts verändert. Aus irgendeinem Grund hatte die Rote Armee vergessen, das Bauwerk zu sprengen; man sah nur hier und dort die Rußspuren der Flammenwerfer, was hieß, daß sie dort gewesen waren.

Da waren die Stockbetten der SS-Wachen, und auf dem

Holztisch fand man noch Flaschen, Messer, Gabeln und Porzellanschüsseln, überzogen mit dem Staub der Jahrzehnte. Ein Amateurmaler hatte Fresken an den Wänden hinterlassen; hochgewachsene SS-Männer mit engen Hosen und glänzenden Schaftstiefeln beschützten blonde deutsche Kinder, die unter deutschen Eichen spielten, während im Hintergrund großbrüstige blonde Frauen mit biertrinkenden blonden Soldaten auf karierten Tischdecken Händchen hielten. Der Promoter des Pink-Floyd-Konzerts war geschmacklos genug, sich rasch noch vor dem Gemälde ablichten zu lassen, bevor es Kerndl gelang, den Zugang versiegeln zu lassen. Das Konzert fand statt wie geplant, und die Gruppe sang: »Und hier sitze ich in einem Bunker hinter meiner Mauer und warte darauf, daß die Würmer kommen.« So begann der Streit um den Führerbunker.

Diese weitere unwillkommene Erinnerung an die Vergangenheit war den Konservativen peinlich, und sie plädierten für die Zerstörung der Anlage. Manche Liberale sowie Mitglieder der jüdischen Gemeinde fürchteten, daß der Bunker sich in eine Stätte der Neonazis verwandeln könnte, und auch sie wollten ihn los sein. Aber Kerndl bestand darauf, daß man ihn als wichtiges Relikt der Vergangenheit zu bewahren habe.

Kerndl hat sein Büro im Charlottenburger Schloß. In diesem Gebäude kann man auch die Juwelen Nofretetes besichtigen. Kerndl hat eine brüske Art, und er spricht mit starkem Berliner Akzent, eine Seltenheit im westlichen Teil der Stadt. Er gebraucht sehr oft die Phrase »typisch deutsch«, und zwar immer verächtlich. Es sei »typisch deutsch«, die Vergangenheit begraben zu wollen. Die Japaner, sagte er, schöben ihre Geschichte von sich weg, aber die Deutschen täten genau das gleiche. Was sei denn mit dem Spandauer Gefängnis geschehen, nur einen Monat nachdem Heß gestorben war? »Paff, weggeblasen, ein weiteres Stück unserer Geschichte, einfach weggeblasen. Typisch deutsch!«

Ich fragte ihn, wie die Chancen stünden, daß der Bunker erhalten werde. Nicht gut, sagte er. »Sie wollen die Geschichte nur in Museen ausgestellt wissen.« Warum er denn den Bunker erhaltenswert finde, fragte ich ihn. »Natürlich ist das traurig«, sagte er, »daß dort, wo einmal die Palais der königlichen Mätressen standen und Bismarck residierte, an einer Stelle, die romantische Dichter als Paradies beschrieben haben – daß dort heute nur noch ein Bunker für SS-Wachmannschaften steht. Aber man muß ihn erhalten. Wissen Sie, die Deutschen haben so wenig Identität. Warum also das wenige zerstören, das wir noch haben?«

Identität: Ich dachte an alle die deutschen Städte, die ich besucht hatte. Jede hatte ein eigenes Heimatmuseum; jede hängt mit allen Lebensfasern an den Artefakten ihrer folkloristischen Tradition, ihrer lokalen Geschichte, so als könne man damit den Stürmen des historischen Wandels etwas entgegensetzen. Napoleon ließ sich Museen bauen, um den Glanz seiner Herrschaft zu zelebrieren und mit seinen Eroberungen zu prunken. Die großen Museen des viktorianischen England feierten den Fortschritt und den weiten Machtbereich des Empires. Die deutschen Heimatmuseen dagegen zeigen, was für Menschen am Ort leben bzw. lebten, genauer gesagt, für wen sie sich und ihre Vorfahren halten. Aber eines ist vielen historischen Museen in Europa gemeinsam, zumindest seit der Französischen Revolution: das Ziel, das Hier und Jetzt mit all unseren Bräuchen, unserem Geschmack und sogar unseren Regierungsformen als logische, unausweichliche Konsequenz der Vergangenheit zu präsentierten. Dieses Ziel kann politisiert werden, um eine Revolution, eine Nation oder eine bestimmte Regierungsform nachträglich zu legitimieren. Das ist zwangsläufig der Fall, wenn die Ideologie einer Regierung auf dem Glauben an die unerschütterlichen Gesetze der Geschichte beruht.

Es gibt eine Stelle auf dem Gipfel eines grünen Hügels vor Weimar, wo Goethe mit seinem Freund Eckermann zu sitzen pflegte. Sie lehnten sich an eine Eiche, genossen den Anblick des sanft gewellten Grüns der thüringischen Landschaft und diskutierten über die Literatur und das Leben. Eckermann notierte die Worte seines Meisters: »Hier fühlt man sich groß und frei.«

Als man 1937 den Wald rodete, um Platz für ein Konzentrationslager zu schaffen, wurde Goethes Eiche unter den Schutz eines besonderen Gesetzes gestellt, das vom NS-Regime erlassen wurde. Es wurde als Naturschutzgesetz bekannt. Ein Zaun wurde um die Eiche gezogen, und so überstand sie die Zeiten, bis sie im letzten Kriegsjahr während eines amerikanischen Bombenangriffs auf einer Seite Feuer fing. Die Nazis entschlossen sich, den Baum fällen zu lassen. Ein Insasse des Lagers, der im medizinischen Lagerblock Totenmasken anzufertigen hatte, benutzte etwas von dem Holz, um ein menschliches Antlitz zu schnitzen, das man immer noch im Museum der Nationalen Mahn- und Gedenkstätte Buchenwald sehen kann.

Der genaue Standort des Baums wurde mir im Winter 1991 gezeigt, als ich das Lager zum zweiten Mal besuchte. Mein Führer war ein langer dünner Mann, dessen anbiedernde Art auf Nervosität hindeutete. »Hier sehen Sie«, sagte er und deutet mit einer weit ausholenden Geste über die Szenerie des ehemaligen Lagers, »die typische deutsche Mentalität.« (Mein Begleiter war selbst Deutscher.) »Die Goethe-Eiche – Kultur und Romantik; das Krematorium – die Barbarei; das Tiergehege – die Sentimentalität.«

Ich hatte zuvor noch nichts von einem Tiergehege gehört. Es war zum Zeitvertreib für die SS-Aufseher direkt vor dem Stacheldrahtzaun in der Nähe des Haupttors angelegt worden. (Es erübrigt sich wohl zu sagen, daß die Tiere viel besser behandelt wurden als die Lagerinsassen.) Ansonsten war die Kurzdarstellung der deutschen »Mentalität«, die mein Führer gegeben hatte, nur ein Klischee.

Aber es war ein Klischee, das man an diesem Ort bis dahin nicht oft gehört hatte, denn Buchenwald war der »Rote Olymp«, der heiligste Ort der DDR gewesen. Viele wichtige Kommunisten waren in Buchenwald eingekerkert: Ernst

Thälmann, der Vorsitzende der KPD vor 1933, wurde dort ermordet. Und im April 1945, kurz vor der Befreiung, soll es einen von kommunistischen Insassen geführten Aufstand gegeben haben, der bei den Kommunisten zum Mythos wurde. Daß man 1991 der deutschen Mentalität die Schuld an all dem gab, was sich fünfzig Jahre zuvor in Buchenwald ereignet hatte, war ein Zeichen dafür, wieviel sich in Ostdeutschland in kürzester Zeit verändert hatte.

1990, bei meinem ersten Besuch in Buchenwald, war alles noch normal gewesen – und das hieß: orthodox. Mir ging es wie den meisten Besuchern aus dem Westen: die bombastischen Monumente an der Stelle der Massengräber entsetzten mich regelrecht. Entlang der Straße der Nationen erhoben sich achtzehn riesige Betonpylonen, gekrönt von riesigen Kelchen – Symbole für die Länder, in denen die Nazis ihre Opfer zusammengetrieben hatten. Und es gab da den fünfundvierzig Meter aufragenden Glockenturm, dessen Glockengeläut, so mein Reiseführer, durch »das ganze Land hallt«. Eine bronzene Tafel im Glockenturm bedeckte Erde, die man aus verschiedenen Konzentrationslagern hierhergebracht hatte. Vor dem Turm standen die Gruppen überlebensgroßer Gefangener, die gerade ihre Fesseln sprengen und ihre Steinfäuste in den Himmel recken. Dort waren auch Friese mit heroischen Gestalten, die ihre Peiniger bestrafen oder – mit den Worten des Schwurs von Buchenwald, der am Tag der Befreiung im April 1945 abgelegt wurde – den Nazismus »endgültig zerschmettern«.

Ich besuchte die Zelle, in die Ernst Thälmann, der stalinistische Held, vor seiner Ermordung verschleppt wurde. Draußen erinnerte eine Tafel an den »großen Sohn des deutschen Volks, den Führer der deutschen Arbeiterklasse [...], der am 18. August an dieser Stelle vom Faschismus ermordet wurde«, ein Ewiges Licht brannte, und es lagen Kränze von Bruderparteien und Gewerkschaftsorganisationen da.

Aber auch der Mythos von Buchenwald hatte, wie andere, ähnliche Mythen im Machtbereich der Sowjetunion, seinen blinden Fleck. Daß unter den 65 000 Männern, Frauen und Kindern, die im Lager gestorben waren, viele Juden waren, wird praktisch nicht erwähnt. Buchenwald war kein Todeslager wie Auschwitz oder Treblinka, die eigens für die Vernichtung der europäischen Juden errichtet wurden. Die Gefangenen in Buchenwald mußten sich zu Tode arbeiten, sie starben an Krankheit oder Hunger, sie starben an den Folgen von Folterungen, sie wurden exekutiert. Alle Gefangenen wurden grausam behandelt, am schlimmsten aber, das sagen die meisten Berichte, die Juden. Doch ich konnte nur eine kleine Tafel zum Gedenken an das »Sonderlager« entdecken, in dem zehntausend deutsche Juden, die im Verlauf der »Reichskristallnacht« 1938 verhaftet worden waren, unter fürchterlichen Bedingungen festgehalten wurden. Und kein Wort über die vielen Juden, die in den letzten Kriegstagen aus Auschwitz hierhertransportiert worden waren und deren Leichen, nur Haut und Knochen, aus den Viehwaggons buchstäblich herausgeschabt werden mußten.

Dem kommunistischen Dogma zufolge gab es eigentlich keinen Krieg gegen die Juden. Der Zweite Weltkrieg wird als Klassenkrieg verstanden, der von Faschisten und Plutokraten gegen das Volk geführt worden war. Die Juden unterschieden sich, wie die Zigeuner, nicht grundsätzlich von den anderen Opfern des Faschismus. In den Worten meines 1988 veröffentlichten Reiseführers: »Die Ausrottung des Marxismus, die Revanche für den verlorenen Krieg und der brutale Terror gegen alle, die sich dem entgegenstellten, das waren von Anbeginn die erklärten Ziele des deutschen Faschismus. Sie deckten sich mit den Interessen des Großkapitals, das die nationalsozialistische Bewegung großzügig förderte.«

Das Museum in Buchenwald zeigte jedoch das Haar einer Frau und ein Paar Kinderschuhe sowie ein von einer Kugel durchlöchertes Herz, alles von der »Gedenkstätte Auschwitz« großzügigerweise zur Verfügung gestellt. Und im Reiseführer finden sich zwei Fotos von der Selektionsrampe in Birkenau. Über den Bildern steht nur ein Satz von Ernst

Thälmann: »Es ist der Bourgeoisie Ernst damit, die Partei und die ganze Avantgarde der Arbeiterklasse zu zerschmettern.«

Wie alle anderen Konzentrationslager zieht auch Buchenwald die übliche Mischung aus Touristen (eine der SS-Kasernen wurde in ein Hotel umfunktioniert), Überlebenden und Schaulustigen an. Auf dem Parkplatz, direkt vor dem berüchtigten Eisentor mit der Inschrift »Jedem das Seine«, trat ein amerikanischer Veteran auf mich zu und erzählte mir, er würde das Lager jedes Jahr besuchen. Er sei einer der Ledernacken unter General Patton gewesen, die das Lager am 11. April 1945 befreit haben. »Die Öfen waren noch warm«, dröhnte er, »die Öfen waren noch warm.«

Diese Version deckt sich kaum mit der offiziellen Darstellung durch die DDR. Der Mythos von Buchenwald besagt, daß die Insassen, angeleitet von den Mitgliedern der kommunistischen Zellen im Lager, sich durch einen bewaffneten Aufstand selbst befreiten. Es gab im Lager tatsächlich eine Widerstandsorganisation, deren Mitglieder einige Waffen in ihren Besitz bringen konnten. Aber es ist eine offene Frage, ob diese Waffen je benutzt worden sind. Einige Überlebende des Lagers, die im Westen wohnen, behaupteten, das Lager sei von der US-Armee ohne jedes Blutvergießen befreit worden. Als Pattons Panzer das Lager umzingelt hätten, seien die SS-Aufseher entweder geflohen, oder sie hätten sich ergeben.

Aber der Mythos war wichtig, er gehörte zum Gründungsmythos der DDR. Jedes DDR-Schulkind mußte den Roman *Nackt unter Wölfen* von Bruno Apitz lesen, dem Mann, der das menschliche Antlitz aus dem Holz der Goethe-Eiche geschnitzt hat. Es handelt sich um einen schwerfälligen Roman nach der Manier des sozialistischen Realismus, in dem Männer des kommunistischen Widerstandskomitees trotz großer persönlicher Gefahr einen kleinen jüdischen Jungen retten, während sie den entscheidenden Aufstand vorbereiten. Das Buch dreht sich um den Widerstreit zwischen kollektiven und individuellen Interessen. Soll man die Zukunft der Gruppe um der Interessen eines kleinen Jungen willen gefährden? Der Autor quält sich mit der Frage herum, ohne sie wirklich zu beantworten. Am Ende werden sowohl die Gruppe wie auch der Junge gerettet. In der letzten Szene, dem Höhepunkt des Romans, drängen die Helden zum Hauptlagertor, mitgerissen »auf den befreiten Wellen« eines Stroms der Menschlichkeit, »der nicht mehr aufzuhalten ist«.

Und so begann – mit den Worten des Schwurs von Buchenwald, der noch am selben Tag auf dem Appellplatz abgelegt wurde – der Kampf für den Aufbau »einer neuen Welt des Friedens und der Freiheit«. Wie diese Welt beschaffen sein würde, sollte sich alsbald herausstellen. Als Otto Grotewohl, der erste Ministerpräsident der DDR, 1958 anläßlich einer Kundgebung im Lager Buchenwald vor achtzigtausend Menschen eine Ansprache hielt, erklärte er, der Schwur sei im sozialistischen deutschen Staat bereits Wirklichkeit geworden. Und zur Würdigung dieser Errungenschaft sind Jahr für Jahr Hunderttausende von Schulkindern, Arbeitern, sozialistischen Jugendlichen, Soldaten, Bauern und ausländischen Genossen zum »Roten Olymp« gefahren, um Kränze niederzulegen, um Reden zu hören, um an Fackelzügen teilzunehmen und um ganz allgemein ihre Entschlossenheit zu demonstrieren, weiterzumarschieren auf dem Weg zum kommunistischen Millenium.

Aber als ich Buchenwald 1991 zum zweiten Mal besuchte, hatte sich dort schon einiges geändert. Die bombastischen Monumente standen natürlich noch. Auch der Dokumentarfilm mit den Aufnahmen von Otto Grotewohl, Walter Ulbricht und Frau Thälmann, die die Straße der Nationen entlangmarschieren, wurde im Kinosaal noch gezeigt. Aber im Museum bekam ich eine neue Broschüre in die Hand gedrückt, die in gequälter Zurückhaltung verkündete, daß im Frühjahr 1990 beschlossen worden war, »soweit technisch möglich, Änderungen vorzunehmen, um eine bestimmte Einseitigkeit der Darstellungsweise zu überwinden«.

Diesen Worten ist nicht zu entnehmen, wie heftig umstritten die Umschreibung der alten DDR-Mythen war. Es ist schwer, an einem historischen Ort, an einer symbolisch stark besetzten »Mahn- und Gedenkstätte«, Mythen umzuschreiben. Alte Mythen mußten in Frage gestellt werden, ohne daß man sie durch neue ersetzte. Buchenwald erwies sich als besonders schwieriger Fall, weil einige Leichen ans Tageslicht befördert worden waren. 1983 hatten Bauarbeiter Menschenknochen gefunden, die in ein Massengrab im Wald, außerhalb des Außenzauns des ehemaligen NS-Lagers, geworfen worden waren. Die DDR-Regierung verfügte sofort die Schließung des Grabs und erklärte den Vorfall für abgeschlossen. Nach 1989 wurden noch weitere Knochen entdeckt, und was man vierzig Jahre lang nicht einmal andeuten durfte, wurde jetzt offen diskutiert: Buchenwald war, wie andere Konzentrationslager im Osten Deutschlands auch – zum Beispiel Sachsenhausen und Ravensbrück – bis 1950 noch voll als Gefangenenlager in Funktion. Sobald die Rote Armee nach Weimar kam, wurde Buchenwald wiedereröffnet, dieses Mal um ehemalige Nazis, Klassenfeinde und Konterrevolutionäre zu bestrafen, unter denen auch Sozialdemokraten waren, die sich gegen die Auflösung ihrer Partei durch die Kommunisten gesträubt hatten. Es gibt keine Beweise dafür, daß die Sowjets wie die Nazis ihre Gefangenen durch Schwerstarbeit in den Tod trieben. Aber immerhin starb ein Drittel der dreißigtausend Gefangenen im sowjetischen Lager Buchenwald – die meisten an Hunger oder an Krankheiten.

Ich suchte in Westberlin einen der Überlebenden auf. Robert Zeiler hat seine Geschichte über Jahre vor Studenten, Journalisten und bei Versammlungen von Überlebenden erzählt, so daß sie selbst eine Art epischer Mythos geworden ist. Zeilers Vater war ein »arischer« Orchesterdirigent, seine Mutter Jüdin. Als Zeiler elf Jahre alt war, wurden die ersten Rassengesetze erlassen; kurz darauf wurden seine Eltern geschieden. Als sogenannter Mischling konnte Zeiler seine Mutter einige Jahre lang schützen, indem er mit ihr unter einem Dach lebte. Seine Schwester hatte weniger Glück. Sie kam nach Ravensbrück, weil sie ihren jüdischen Verlobten versteckt hatte.

1943 beschlossen die Nazis, keine Juden am Leben zu lassen, und Zeilers Mutter wurde verhaftet und nach Theresienstadt deportiert. Kurz darauf wurde Zeiler, der mittlerweile zwanzig Jahre alt war, ebenfalls verhaftet, weil er eine Jüdin versteckt hatte: die eigene Mutter. Man schickte ihn nach Buchenwald. Nicht viel später wog er nur noch fünfundvierzig Kilogramm. Das konnte man sich nur schwer vorstellen, wenn man den wohlbeleibten Mann im Jogginganzug vor sich hatte.

Nach seiner Befreiung aus dem Lager fuhr Zeiler mit einem Jeep der Amerikaner in die Tschechoslowakei, um nach seiner Mutter zu suchen, die auch überlebt hatte. Gemeinsam kehrten sie nach Berlin zurück und machten Rast in Potsdam. Seine Mutter blieb über Nacht dort, während er mit dem Jeep weiter nach Berlin fuhr, um zu sehen, ob das Elternhaus den Krieg überstanden hatte. Doch unterwegs wurde er vom NKWD, der sowjetischen Geheimpolizei angehalten, die ihn der Spionage für die Amerikaner beschuldigte. Er erklärte, als Jude ein Opfer der Nazis gewesen zu sein, aber man nannte ihn einen Lügner: alle Juden seien tot. Nach einigen Monaten, in denen er von einem Lager zum anderen abgeschoben wurde, landete Zeiler wieder in Buchenwald. Und dort sollte er noch weitere drei Jahre bleiben. Die sowjetischen Aufseher, so erinnert er sich, seien nicht so schlimm gewesen wie die kommunistischen Kapos im Nazi-KZ. Es seien zumeist junge Männer gewesen, die Heimweh hatten und gerne sentimentale Lieder sangen. Das schlimmste am sowjetischen Lager, sagte Zeiler, sei die Langeweile gewesen.

Ich fragte Zeiler, wie die Menschen seine Geschichte aufgenommen hätten, als er endlich nach Hause gekommen war. Er betrachtete die Tischdecke, die mit einem Bild der Friedenskuppel von Hiroshima bestickt war. Er habe seine Geschichte vielen erzählt, sagte er, sowohl Deutschen als auch Vertretern der Besatzungsmächte. Dann schwieg er. Ich schaute mich in seinem Zimmer um, das voller Nippes und Erinnerungsstücke an den musizierenden Vater war. Ich wiederholte meine Frage. Er sagte, niemand habe damals das geringste Interesse daran gezeigt. Alle seien mit den Nazis beschäftigt gewesen. Manche Westdeutsche hätten angefangen, sich über die Behandlung deutscher Gefangener durch die Alliierten zu beschweren, beispielsweise in Dachau. Aber in der DDR wurde das Thema der sowjetischen Lager schlichtweg totgeschwiegen.

Frau Dr. Irmgard Seidel war auch bei meinem zweiten Besuch in Buchenwald noch stellvertretende Leiterin der Gedenkstätte. Ihr Büro befand sich in einer der ehemaligen SS-Kasernen, in einem großen Gebäude mit langen Fluren, das die Gefangenen von Buchenwald hatten bauen müssen. Es roch nach Wachs und Putzmitteln. An der Wand, neben der Tür zu ihrem Büro, hing eine Zeichnung von einem SS-Mann, der mit einer Peitsche in der Hand vor einem Folteropfer steht, das mit den Handgelenken an eine Stange gebunden ist. Die Bildunterschrift lautet: »Herr, vergib ihm, denn er weiß nicht, was er tut.«

»Ich hatte keine Ahnung, daß es ein sowjetisches Lager gegeben hat«, sagte Frau Seidel, als ich sie danach fragte. »Ich erfuhr erst im Dezember 1989 davon. Wissen Sie, was sich hier zwischen 1945 und 1950 ereignet hat, war tabu. Es war unmöglich, darüber zu diskutieren.«

Frau Seidel war nicht gerade unhöflich, aber ihre Art verriet, daß sie irritiert und gekränkt war. Als ehemaliges SED-Mitglied lebte sie jetzt in einem neuen Deutschland, das von einer konservativen Regierung vereint worden war. Der Spieß war völlig umgedreht worden: ein Komitee besorgter Bürger aus Weimar wollte sie von ihrer Stelle entfernen lassen. Ihr Vorgesetzter hatte infolge einer Säuberungsaktion seinen Posten bereits verloren. Er wurde durch einen Historiker ersetzt, der wiederum selbst rasch ersetzt wurde, als seine Verbindungen zur DKP ruchbar wurden.

Frau Seidel legte Wert darauf, mir Dokumente zu zeigen,

die ihre Redlichkeit und besonders ihre Unabhängigkeit von der kommunistischen Propaganda belegen sollten. Es war ihr durchaus bewußt, daß der sozialistische Staat den Holocaust ignoriert hatte. Aber darum teile sie doch nicht die Meinung von manchen ihrer konservativen Widersacher, die die Sowjets für schlimmer als die Nazis erklärten.

Um mir zu zeigen, daß sie von der richtigen Seite unterstützt wurde, holte sie einen Brief hervor, den eine Vereinigung von Überlebenden des Holocaust in New York geschrieben hatte: ein Protest gegen jeden Versuch, die Opfer des NKWD mit den Opfern des Nationalsozialismus gleichzusetzen. Im Brief erwähnt wurde auch der Mut deutscher politischer Gefangener, »deren Opfer die Fundamente für die moralische Wiedergeburt Deutschlands legten«.

»Gewiß«, sagte Frau Seidel, »haben wir die jüdischen Opfer vernachlässigt, aber wir werden das ändern. Unsere jüdischen Freunde wissen das, und sie unterstützen mich dabei voll und ganz.« Das kann gut sein, und vielleicht fühlte sich Frau Seidel mit Recht verleumdet. Aber ich konnte ihr dennoch nicht glauben. Irgend etwas muß sie über die Nachkriegsgeschichte des Lagers gewußt haben. In einer Broschüre, die 1988 in Weimar erschienen ist und im Buchladen des Lagermuseums auslag, wurde die freundliche Unterstützung der sowjetischen Behörden bei der Umwandlung von Buchenwald in eine Gedenkstätte erwähnt. Die Umwandlung war möglich, heißt es da, weil 1950 das »Gefangenenlager für NS-Funktionäre innerhalb von vier Wochen« geräumt wurde.

Aber was ist jetzt zu tun, da die Wahrheit, oder zumindest ein Teil davon, herausgekommen ist? Deutsche Konservative weisen allzu vorschnell auf die Ähnlichkeiten zwischen sowjetischen und NS-Verbrechern hin. Es sei an der Zeit, stand in einem Beitrag in der *FAZ*, den Staub von der Totalitarismustheorie zu pusten. Selbst wenn rechte und linke Tyranneien nicht identisch seien, so müßten sie doch nach den gleichen Maßstäben beurteilt werden. Und wo würde sich das besser zeigen als in Buchenwald? Die CDU in Weimar wollte das

Lager in eine »Gedenkstätte für die Opfer aller Diktaturen« verwandeln, als wäre das Dritte Reich irgendeine Diktatur unter vielen anderen.

Buchenwald ließ sich gut zur Begründung einer Ansicht verwenden, die seit dem Zusammenbruch der DDR besonders in rechten Kreisen geläufig ist, nämlich: der kommunistische Staat »drüben« sei im Prinzip nur eine Fortführung des Dritten Reichs gewesen. In gewisser Hinsicht sei die DDR sogar noch schlimmer als NS-Deutschland gewesen, denn sie habe sich mehr als vierzig Jahre gehalten, während sich Hitler nur zwölf Jahre lang halten konnte. Eine verführerische Theorie, denn sie reduziert das Dritte Reich auf lokale und damit nicht ganz so fürchterliche Dimensionen. Die Theorie führt auch allzu leicht zu der Schlußfolgerung, die den Historikerstreit von 1986 ausgelöst hatte: der Nationalsozialismus sei bloß eine defensive Reaktion auf die Tyrannei der Sowjets gewesen. Der konservative Historiker Ernst Nolte, der diese These in die Welt gesetzt hat, ist der Meinung, Hitler habe versucht, Europa vor der »asiatischen Barbarei« Stalins zu verteidigen. Der Historikerstreit entbrannte nur ein Jahr nach der Einladung Helmut Kohls an Ronald Reagan, mit ihm zusammen Hand in Hand auf dem Soldatenfriedhof in Bitburg zu stehen, wenige Stunden nach dem Besuch der Gedenkstätte im Konzentrationslager Bergen-Belsen. In einem großen Augenblick der Versöhnung, so wird Kohl gedacht haben, wäre es unfein, ja völlig unangebracht, zwischen den Gräbern der SS-Männer und den Gräbern anderer Kriegsopfer zu unterscheiden. Die Zeit schien gekommen, solche Unterschiede zu vergessen. Oder, wie Ernst Nolte sagen würde, es wird Zeit, daß die Vergangenheit vergeht.

Opfer gegen Opfer, Grab gegen Grab. Seit 1988 tobt in Berlin ein Streit über solche Unterschiede. Der Kultursenator hat zugestimmt: über dem Bunker von Hitlers Reichskanzlei kann ein Holocaust-Denkmal errichtet werden. Ursprünglich sollte dieses Denkmal dem Gedenken an die ermordeten Juden Europas gewidmet werden. Aber das Zentralkomitee der

Roma protestierte und forderte, das Denkmal solle aller Opfer der Rassenverfolgung gedenken. Das, so wandten die Planer ein, würde das Ganze sinnlos machen. Der Streit wurde sehr erbittert geführt und nahm teilweise groteske Formen an. Es wurden Fragen gestellt wie die, ob die Ermordung von Viertel-Juden etwa schlimmer sei als die von Achtel-Roma. Bald argumentierten beide Seiten wie pedantische NS-Rassentheoretiker.

Geschichte handelt vor allem von Unterschieden. Und deswegen wurde 1990 ein Komitee prominenter Historiker eingesetzt, um die historischen Streitigkeiten um Buchenwald zu klären. Sollte man aller Opfer, also der NS-Opfer und der Opfer der Sowjets, gemeinsam gedenken? Und wenn nicht, wie sollte man zwischen ihnen unterscheiden? Was sollte mit den monumentalen Skulpturen aus der DDR-Zeit geschehen? Was mit dem Museum? Und so weiter. Eine Aufgabe, die viel Fingerspitzengefühl verlangte, zumal die meisten Mitglieder des Komitees aus Westdeutschland kamen. Und die Ossis hatten schon mit Empfindlichkeit registriert, wie die Wessis sich in ihre Geschichtsmythen einmischten. Ehemalige Kommunisten waren dagegen, daß man die sowjetischen Verbrechen allzu stark hervorhob; andere wiederum waren der Meinung, das Komitee gehe hier nicht weit genug. Eberhard Jäckel, einer der westdeutschen Historiker, sagte mir: »Die Situation zwischen uns und den Menschen der ehemaligen DDR ist voll fürchterlicher Peinlichkeiten, denn sie drängen uns in die Position des siegreichen Alliierten von 1945.« Zu guter Letzt schlug das Komitee einige leichte Änderungen vor. Die Gedenktafel für Ernst Thälmann wurde gegen eine weniger pathetische ausgetauscht; nun heißt es: »Vorsitzender der KPD, verhaftet und hier ermordet«. Und die Planung einer kleinen Ausstellung über das sowjetische Lager Buchenwald, die klar von der größeren über die NS-Geschichte abgegrenzt würde, wurde in Auftrag gegeben.

Aber auch dann bleibt die Frage, ob man ein historisches Museum mit einer Gedenkstätte oder einem Mahnmal verbinden kann, ohne seinen Zweck zu verfälschen. Ein Mahnmal ist ein religiöses oder quasireligiöses Monument, wo die Erinnerung an die Vergangenheit zu einem kollektiven Ritual wird. Menschen beten an Mahnmalen, sie entzünden Fackeln, legen Kränze nieder. Ein Museum dagegen ist eine profane Institution, die in einer freiheitlichen Gesellschaft zusehen sollte, daß sie sich auf eine autonome Wissenschaft gründet. In einer Diktatur, in der fast alles – Politik, Wissenschaft und Mahnmale – auf öffentliche Rituale reduziert wird, gibt es keinen Widerspruch zwischen Museum und Mahnmal – in einer freiheitlichen Gesellschaft existiert er sehr wohl.

Bis 1992, siebenundvierzig Jahre nach dem Ende des Kriegs, existierte in Japan nur ein einziges Kriegsmuseum; zudem war es eine sehr eigenartige Institution. Natürlich gab es das Friedensmuseum in Hiroshima, aber das behandelte nur die Ereignisse von Hiroshima. Und es gab auch noch ein kleines Museum im südlichen Teil von Kiushu, am Standort eines ehemaligen Luftwaffenstützpunkts; hier werden Erinnerungsstücke an eine Kamikaze-Staffel gesammelt. Doch allein das Museum des Yasukuni-Schreins in Tokio hat die gesamte Geschichte des Kriegs zum Thema.

Der Schrein ist ein sehr umstrittener Ort. Das Shinto-Heiligtum ist der Anbetung all der Seelen gewidmet, die seit der Meiji-Restauration im Jahre 1868 ihr Leben dem Kaiser geopfert haben. Eine Broschüre, die man im Museum erhält, erklärt, die Patrioten seien für die »Nation« gestorben. Diese unreflektierte Gleichsetzung von Kaiser und Nation ist typisch für den ganzen Ort; eigentlich ist sie sogar sein Daseinszweck. Das Heiligtum dient als Schrein für mehrere Millionen Geister, darunter auch die der Generäle und Politiker, die in den Tokioter Prozessen als Kriegsverbrecher der Kategorie A hingerichtet wurden. Konservative Politiker, die den Schrein jedes Jahr besuchen, um der japanischen Gefallenen zu gedenken, behaupten, Yasukuni unterscheide sich nicht vom Soldatenfriedhof von Arlington in Virginia, oder dem Zenotaph in Whitehall (London). Aber da ist ein bedeutsamer Unterschied.

Die »Restauration« des Kaisers als politische Galionsfigur der neuen Regierung, die das Tokugawa-Shogunat 1868 zum Sturz brachte, verlief nicht ohne Blutvergießen. Den Seelen derer, die auf der kaiserlichen Seite im Kampf gegen den Shogun gefallen waren, weihte der Meiji-Kaiser den Schrein. Insofern war der Yasukuni-Schrein in gewisser Weise ein revolutionäres oder besser: bonapartistisches Symbol. Die Restauration wurde von den Samurai in Gang gebracht, und bis 1945 bildeten die Streitkräfte, die nur dem Kaiser verantwortlich waren, den Kern der neuen Ordnung Japans. Das erste, was man erblickt, wenn man sich dem riesigen Tor des Schreins nähert, ist eine Bronzestatue von Masujiro Omura, dem Militärstrategen und Gründer der Kaiserlich-Japanischen Armee. Er wurde 1869 von politischen Gegenspielern ermordet, im Jahr der Einweihung des Yasukuni-Schreins.

Obwohl alle Regime der japanischen Geschichte dafür sorgten, daß sie, ob freiwillig oder mit Zwang, den Segen des jeweiligen Kaisers fanden, war der militaristische Kaiserkult (manchmal auch Staatsshintoismus genannt) eine Errungenschaft der Meiji-Herrschaft, die japanische Variante des modernen Nationalismus. Als Hauptschrein dieses Kultes galt Yasukuni. Kriege wurden »im Namen des Kaisers« geführt, Befehle »im Namen des Kaisers« befolgt, und Aufnahme in den Schrein als Heiliger fand, wer »im Namen des Kaisers« gestorben war.

Nach dem Krieg verlangten die amerikanischen Besatzungsbehörden, daß die Japaner den Shintoismus als Staatsreligion abschafften, um auf diese Weise Staat und Religion zu trennen. Die Shinto-Schreine, auch Yasukuni, sollten privatisiert werden. Die meisten Japaner waren froh, die Repression durch die Militärs loszuwerden, und unterstützten dieses Vorhaben. Aber 1951 gründeten ehemalige Offiziere rechtsradikale Vereinigungen und forderten die Freilassung aller Kriegsverbrecher sowie die Wiedereinsetzung des Yasukuni-Schreins in seinen ehemaligen Status; seither gehört diese Forderung zur Politik der Rechten. Nationalistische Intellektuelle schreiben immer noch voller Zorn über den Verlust der »nationalen Identität«, und verschiedene Initiativen versuchen mit Macht, manchen Vorkriegswerten wieder Gültigkeite zu verschaffen. In einem Aufsatz über Yasukuni behauptet der Kritiker Jun Eto, die Japaner würden sich von anderen Völkern dadurch unterscheiden, daß sie »mit den Toten leben«: darum sei der Heroenkult in Yasukuni lebenswichtig für die Kontinuität der japanischen Nation.

Die Japanische Vereinigung der Familien der Kriegsopfer, die 1,05 Millionen Mitglieder zählt (und die mehrheitlich für die konservative Liberal-Demokratische Partei stimmt), ist eine mächtige Bürgerinitiative. Konservative Politiker, die die Verfassung ändern wollen, um den göttlichen Status des Kaisers und das souveräne Recht des Landes, Krieg zu führen, auf diese Weise wiederherzustellen, bestehen natürlich darauf, daß Yasukuni zur offiziellen Kultstätte werden muß. Also bringt eine Kombination aus Stimmungsmache von rechts und persönlicher Überzeugung japanische Politiker, einschließlich mehrerer Ministerpräsidenten, alljährlich wieder dazu, den Schrein zu besuchen.

Um die Kontroverse herunterzuspielen, deklarierten sie ihre Besuche zunächst als »privat«, obwohl das gemeinsame Gebet als Ereignis öffentlichen Interesses in den abendlichen Fernsehnachrichten gezeigt wurde. 1986 aber stattete Yasuhiro Nakasone dem Schrein als erster wieder einen Besuch in seiner offiziellen Funktion ab und trug sich ins Gästebuch als Ministerpräsident ein. Er stiftete dem Schrein einen Ast von einem heiligen Baum; die teure Opfergabe wurde aus öffentlichen Mitteln bezahlt. Christen, Linke und Pazifisten, die Regierungen von Südkorea und China erhoben Protest. Ein Mitglied einer japanischen Vereinigung von Buddhisten zeigte den Ministerpräsidenten an, weil er »unter Verwendung unserer Steuergelder geistigen Schaden« verursacht habe. Aber

Nakasone beharrte darauf, daß sein Besuch alleine dem Gebet für den Frieden gegolten habe. Dies ist auch die Version der offiziellen Broschüre von Yasukuni: die heilige Stätte sei dem Frieden gewidmet. *Yasukuni* bedeutet »der Nation Frieden bringen«.

Eine seltsame Vorstellung von Frieden. Die blühenden Kirschbäume vor dem Schrein tragen auf weißen Schildchen die Namen der Regimenter der Kaiserlich-Japanischen Armee und von berühmten Kriegsschiffen. Hinter dem Schrein erhebt sich ein steinernes Monument in der Form eines Globus, ein Gedenkstein für die *Kempeitai*, das japanische Äquivalent der nazistischen SS. In der Nähe liegt eine mit Vertiefungen versehene lange Betonplatte; in den Vertiefungen liegen bunte Steine von den Schlachtfeldern von Leyte, Guadalcanal, Guam und Wake Island. Es gibt auch ein »Monument der Mütter«: eine weiße Marmorskulptur, die an einen tiefen Schlund erinnert, durch den Wasser strömt. Das Monument zeige, so die Inschrift, »das Bild der Mutter, wie es die Männer vor sich sahen, die an Durst starben«.

Entlang des Kieswegs zum Hauptschrein standen einige blaue und khakifarbene Lkws, an denen Banner mit nationalistischen Parolen befestigt waren. Ein Militärmarsch aus der Kriegszeit schallte aus den Lautsprechern auf den Lkws. Die Lkws gehörten rechtsradikalen Organisationen, die die Vorkriegsordnung wiederherstellen wollten – etwas, was sie vor dem Tod Hirohitos die Showa-Restauration nannten. (Showa ist der Name der Regentschaft Kaiser Hirohitos.) Junge Männer in Uniform und mit kahlrasierten Schädeln schrien im Sprechchor und verneigten sich in Richtung des Kaiserlichen Palastes.

Vor dem Museum findet man eine gut erhaltene Sammlung alter Maschinengewehre, einen Panzer aus dem Zweiten Weltkrieg, eine Haubitze, einen Torpedo und die erste Lokomotive, die auf der Birma-Strecke fuhr. Das alles befindet sich der Museumsbroschüre zufolge auf »heiligem Boden«. Und die ausgestellten Waffen würden von den »Heiligen des Schreins mit Liebe und Sorgfalt gepflegt und benutzt«. Ihre »heiligen Relikte« seien im Museum zu sehen.

Dort, im ersten Saal, steht der Besucher dann vor einem riesigen Ölgemälde in einem schweren vergoldeten Rahmen, das Kaiser Hirohito bei einem Besuch des Schreins in den dreißiger Jahren zeigt. Er trägt Militäruniform und wird auf beiden Seiten von sich verneigenden Priestern in weißen Roben flankiert. In diesem Raum wird auch ein heiliges Schwert gezeigt, das Priester des Schreins geschmiedet haben. Und es gibt verschiedene Ausstellungsstücke, die Soldaten hinterlassen haben, die noch in den Kriegen gegen China und Rußland gekämpft hatten, also kurz vor und kurz nach der Jahrhundertwende.

Weitere Schaustücke und Relikte sind ein »menschlicher Torpedo« – eine Stahlkapsel, die gerade einem Mann Platz bot, der das Geschoß gegen ein feindliches Schiff lenkte und damit sein Leben opferte –, des weiteren Kriegsfahnen, die Soldaten mit ihrem eigenen Blut gezeichnet haben, wobei die Namen heute kaum noch leserliche, verblichene braune Flecken sind; eine Nachbildung eines der »Kirschblüten«-Flugzeuge, mit denen die Kamikaze-Angriffe geflogen wurden. Briefe von Soldaten an ihre Mütter oder Frauen werden in Glasvitrinen aufbewahrt. Das zerrissene, blutige Hemd eines Soldaten, der auf den Philippinen fiel, liegt zwischen den blutbefleckten Kriegsfahnen und daneben ein altes, brüchiges Foto seiner Mutter, das er bei sich trug, als er starb.

Es gibt noch weitere Ölgemälde, alle in demselben pompösen Stil des 19. Jahrhunderts gemalt wie das Bild vom Kaiserbesuch; Gemälde von japanischen Truppen an der Chinesischen Mauer, die mit dankbaren Mongolen fraternisieren; Gemälde von menschlichen Torpedos oder Kirschblütenflugzeugen unterwegs in tödlicher Mission. Ein großes Modell, fast schon ein kleiner Garten, zeigt die aussichtslosen Schlachten in Birma und auf den Philippinen, wobei kleine Selbstmordpanzer aus Plastik von Filzklippen herunterpurzeln. Viel Aufmerksamkeit wird dem schweren Schicksal der in sibirischen

Lagern internierten japanischen Soldaten gewidmet. Und den Abschluß der Ausstellung bildet eine Glasvitrine, die unter anderem eine birmesische Fahne enthält, die General Ne Win, der Militärdiktator von Birma, den Japanern überreicht hatte; er wurde vor dem Krieg in Japan ausgebildet. Die Fahne, so steht es auf einer Informationstafel, sei eine Geschenk von »einem, der Japan für die Befreiung seines Landes dankbar ist«. Indonesiens Präsident Sukarno hinterließ einen ausgestopften Paradiesvogel als Zeichen seiner Dankbarkeit.

Die Texte zu den Ausstellungsstücken, die das Kriegsgeschehen erläutern, sind pure Kriegspropaganda. Die Annektierung der Mandschurei 1931 sei notwendig gewesen, um den asiatischen Kontinent gegen den sowjetischen Kommunismus und die Habgier der Chinesen zu schützen. Der Krieg gegen China sei unvermeidlich gewesen, weil chinesische Rebellen von Engländern und Amerikanern zu antijapanischen Handlungen getrieben worden seien. Der Krieg gegen die Vereinigten Staaten: eine Frage des Überlebens der Nation. Und die Mißhandlung der in Kriegsgefangenschaft geratenen Japaner sowie Millionen anderer Soldaten durch das kommunistische Regime zeige, daß Japan von Anfang an auf der richtigen Seite gestanden habe. Um es mit den Worten einer Geschichtsbroschüre, die im Museumsbuchladen verkauft wird, kurz zusammenzufassen: »Der Große Ostasiatische Krieg war kein ›Invasionskrieg‹, sondern genau das Gegenteil: er war ein heiliger Krieg, um die Welt vom Kommunismus zu erlösen.«

Das alles läßt auf eine Verherrlichung von Krieg und Militarismus schließen. In Wirklichkeit aber liegen die Dinge komplizierter. Denn das, was hier auf eine quasireligiöse Art glorifiziert wird, ist nicht etwa Kriegsverlust oder Haß, sondern das freiwillige Opfer. Der Tenor der Ausstellung und überhaupt des ganzen Schreins kommt auf einer Bronzetafel deutlich zum Audruck, die von der Vereinigung zu Ehren der Spezial-Angriffseinheiten (sprich der Kamikaze-Einheiten) gestiftet und 1985, am Jahrestag des Angriffs auf Pearl Harbor, enthüllt wurde. In kalligraphischen Schriftzeichen sind die

Worte Tsuneyoshi Takedas, des Präsidenten der Vereinigung, wiedergegeben: »Fast sechstausend Männer starben bei Selbstmordangriffen, deren tragischer Heldenmut kein Beispiel kennt und der die Herzen unserer Feinde vor Angst erstarren ließ. Die ganze Nation hat angesichts ihrer unerschütterlichen Treue und ihrer Selbstaufopferung Tränen der Dankbarkeit vergossen.«

In einem kleinen Raum neben dem Hauptschrein sprach ich mit einem jungen Priester, dessen frisch gebügelte weiße Robe die Reinheit seines Amtes symbolisierte. Er war keine dreißig Jahre alt. Schon sein Vater war Shinto-Priester gewesen. Nachdem wir Visitenkarten und Höflichkeiten ausgetauscht hatten, fragte ich ihn, was er über den Pazifikkrieg denke. Erstens, sagte er, sei es ein großer Fehler, den Zweiten Weltkrieg als Pazifikkrieg zu bezeichnen; es sei der Große Ostasiatische Krieg gewesen. zweitens sei es falsch, den Großen Ostasiatischen Krieg für einen Invasionskrieg zu halten: »Wir hatten keine Wahl. Es war schlicht eine Frage des Überlebens der Nation. Und außerdem ging es darum, Asien zu befreien. Die Völker Asiens sind dafür immer noch dankbar ...«

Er muß meine Ungeduld gespürt haben, denn er hielt inne und fragte mich, was ich im besonderen wissen wolle. Also fragte ich ihn nach dem Zweck des Museums. Darauf erhielt ich eine völlig ehrliche und plausible Erklärung. Es solle kein pädagogisches Museum sein, sagte er. Solange die Überlebenden des Kriegs noch am Leben seien, könne es gar kein richtiges Museum geben. Es sei ein Ort, an dem in erster Linie die Hinterlassenschaften der Menschen, deren Seelen in Yasukuni verehrt werden, gesammelt würden. Aber im Laufe der Zeit, sagte er, würde daraus sicherlich ein richtiges Kriegsmuseum werden.

Ich fragte ihn, wie man das machen wolle. Nach welchen Gesichtspunkten man die Dokumente und Gegenstände auswählen und wie man sie erklären werde. Würde man diese Aufgabe Historikern übertragen?

Er dachte kurz über meine Frage nach. »Dazu ist anzumerken«, sagte er, »daß man es mit Problemen, mit verdrehten Tatsachen zu tun bekommt, sobald man Historiker mit einbezieht. Dies hier ist ein Schrein, und wir müssen an die Gefühle der hier bewahrten Seelen und ihrer Familien denken. Wir müssen dafür sorgen, daß sie glücklich bleiben. Mit Historikern würde es da Probleme geben. Nehmen wir den sogenannten Invasionskrieg, der ja eigentlich ein Krieg des Überlebens war: Wir würden es nicht gerne sehen, daß die Familien glauben müßten, wir würden zu den Seelen von Männern beten, die einen Invasionskrieg geführt haben.«

Wenn man die rituellen Unterschiede zwischen Shintoismus und Christentum einmal beiseite läßt, dann ist der Yasukuni-Schrein mit seinen »Relikten«, seinem »heiligen Boden« und seinen bronzenen Lobpreisungen all der hochherzigen Opfer nicht so weit von vielen europäischen Denkmalen aus der Zeit nach dem Ersten Weltkrieg entfernt. Die meisten Denkmale zum Zweiten Weltkrieg in Europa und den Vereinigten Staaten (anders in der Sowjetunion) glorifizieren eigentlich das Opfer nicht mehr, das die gefallenen Soldaten gebracht haben. Der Kult des Opfertods und die romantische Erhebung des Kriegs auf eine höhere spirituelle Ebene schienen nach Auschwitz nicht mehr angebracht zu sein. Der christliche Ritter, der das Kreuz für seinen König und sein Land trägt, wurde nicht wieder zum Leben erweckt. Aber in Japan, wo der Krieg tatsächlich ein Krieg war (und kein Holocaust) und die Kriegssymbolik immer noch von religiöser Verklärung erfüllt ist, tragen Heiligtümer wie der Yasukuni-Schrein die Fackel des aus dem 19. Jahrhundert übernommenen Nationalismus weiter. Daher rührt das Bild von einer Nation, die ihre Restauration dem Opfer gefallener Soldaten schuldet.

Eine Holztafel vor dem Friedensmuseum für Kamikaze-Piloten bei Chiran an der Südspitze von Kiushu ist ein gutes Beispiel dafür: »Wir [d. h. die Japaner] sind dankbar, unser Leben durch ihr hochherziges Opfer erhalten zu haben [...]. Wir sind dankbar, daß unser Land auf dem Weg zum Wohlstand ist. Und wir sind dankbar, daß in Japan heute Frieden herrscht [...]. Wir glauben, daß [die Kamikaze-Piloten] die Wiederherstellung von Frieden und Wohlstand ersehnt haben.«

Nach Frieden werden sie sich ganz sicher gesehnt haben. Aber als ich auf das Museum zuging, durch den Garten eines kleinen Schreins, der Kannon, der Göttin der Gnade, gewidmet ist, konnte ich mir schlecht vorstellen, wie diese Piloten zum Frieden beigetragen haben sollen. Der Schrein konnte mir das gewiß nicht zeigen. Inmitten der steinernen Laternen, die von Veteranenvereinigungen gestiftet worden waren, um die Seelen der Toten zu besänftigen, stand eines der silbernen Selbstmord-Flugzeuge der Kamikaze-Piloten – schön wie die Kirschblüten, nach denen sie benannt wurden, aber genauso kurzlebig.

Der Schrein und das Museum wurden am Standort eines ehemaligen Kamikaze-Stützpunkts gebaut, von dem aus Selbstmord-Einsätze nach Okinawa geflogen wurden. Die nächste Stadt ist Kagoshima; sie liegt an einer schönen Bucht, die Pearl Harbor so ähnlich ist, daß die japanische Marine hier 1941 Übungseinsätze flog. Im Museum erhielt ich eine Broschüre, der ich entnehmen konnte, daß das Museum »eingerichtet wurde, um die wahren Tatsachen des Zweiten Weltkriegs zu dokumentieren und zum wahren Frieden auf Erden beizutragen«.

Das Museum, ein nicht sehr ansprechendes modernes Gebäude, 1985 auf Staatskosten erbaut, wurde um die Relikte der Kirschblüten herum errichtet. Zu diesen Relikten gehören Schärpen, die tausend Frauenhände bestickt haben, um den Piloten, die sie trugen, Kraft zu verleihen. Außerdem werden zerrissene Uniformen und Teile der explodierten Flugzeuge gezeigt, die man vom Meeresgrund geborgen hat. Die wichtigste Hinterlassenschaft sind jedoch die Briefe und Tagebücher der Piloten. Es ist sehr schmerzlich, sie zu lesen.

Es war üblich, an alle, die man liebte, einen Abschiedsbrief zu schreiben. Die Briefe enthalten genau die abgedroschenen

Phrasen, die man erwartet: patriotische Äußerungen zum Heldentod für den Kaiser und sein heiliges Land, über den Stolz, die soldatische Pflicht zu erfüllen, usw. Aber das waren Konventionen; man schrieb das, weil es erwartet wurde, so auch die pathetischen Bitten um Verzeihung an die Eltern, weil man seine Pflichten als Sohn nicht mehr würde erfüllen können. In vielen Briefen findet man auch ähnlich phrasenhafte Bitten an Eltern und Geschwister, daß sie nicht um sie weinen mögen oder traurig sein sollten, sondern einen Becher Sake auf sie trinken und sich über den ehrenhaften Tod des Soldaten freuen mögen.

Das Wesentliche aber war das Lachen. Das unterstreichen nicht nur die Briefe, sondern zeigen auch die Fotografien der jungen Männer. Und dieses Lachen ist etwas, das auch alle zeitgenössischen Presseberichte erwähnen. Das jungenhafte Lachen angesichts des sicheren Todes war ebenfalls eine Konvention und wurde genauso gepriesen wie patriotische Gefühle. Eines der Fotos im Museum zeigt eine Gruppe fröhlicher Piloten, die zum Abflug bereit sind. Einer der Piloten, wirklich noch ein Kind, nimmt Abschied von seinem Hund. Der Text dazu: »Es liegt eine erhabene Schönheit im Lachen dieser Männer, kurz bevor sie dem sicheren Tod entgegenfliegen.«

Jugendliches Draufgängertum war natürlich nicht nur Japanern eigen. Auch die Mannschaften britischer Bomber haben viel gelacht. Ganz junge Männer sind sehr empfänglich für die romantische Vorstellung eines Heldentodes. Aber ich empfand es doch als störend, daß er ausgerechnet in einem Friedensmuseum als etwas »Schönes« hervorgehoben wird. Denn patriotische Losungen und jugendliches Lachen können nicht darüber hinwegtäuschen, daß hier auf tragische Weise Menschenleben vergeudet wurden. Mehr noch, sie treten mit gespenstischer Schärfe hervor, denn hinter all der zur Schau gestellten Fröhlichkeit kommen das Gefühl der Verzweiflung und eine kaum bezähmte Hysterie zum Vorschein.

Ein Achtzehnjähriger schließt seinen letzten Brief an die

Eltern mit folgendem Satz: »Was für ein Schwächling ich war, nicht nach Dir zu rufen, Mutter, mit meinem ganzen Herzen, obwohl ich es eigentlich tun wollte. Mutter! Verzeih mir bitte. Du mußt Dich so verlassen gefühlt haben. Aber jetzt werde ich, so laut ich es nur kann, schreien: Mutter! Mutter! Mutter!«

Oder ein Junge namens Shigeru, Alter unbekannt: »Es ist jetzt Zeit zu gehen. Die Kirschblüten, die in die heiligen Flugzeuge steigen, stehen in voller Blüte. Ich werde mich zu ihnen gesellen und selbst wunderschön erblühen. Vater, Mutter, alle, bitte macht Euch keine Sorgen um mich. Paßt auf Euch auf. Ich wünsche Euch allen ein glückliches Leben in dieser Welt ...«

Die Briefe und die Fotografien haben eine deutlich sichtbare Wirkung auf die Besucher. Die Männer verstummen plötzlich und gehen schnell weiter, um die Flugzeugmodelle zu betrachten. Die älteren Frauen weinen und trocknen mit kleinen gefalteten Taschentüchern ihre Augen: »So jung«, sagen sie, »so jung.« Schulkinder, nur wenige Jahre jünger als die Kirschblüten, schreiten in Reihen an Vitrinen und Wänden entlang. Manche lachen, manche schwätzen, manche sagen nichts.

Die Tragödie besteht nicht nur darin, daß die Piloten so jung ums Leben kamen. Das widerfährt Soldaten (und Zivilisten) in allen Kriegen. Die falsche Sentimentalität, die ihre Selbstzerstörung rechtfertigen sollte, ist es, was die Erinnerung an ihren Tod so unerträglich macht. Es gibt keinen Grund für die Annahme, daß sie nicht an die patriotischen Ergüsse über Kirschblüten und Selbstaufopferung geglaubt haben, sosehr so etwas damals schon zur Konvention erstarrt sein mochte. Aber genau darum geht es: sie wurden dazu gebracht, sich über ihren eigenen Tod zu freuen. Diese Ausbeutung des jugendlichen Idealismus machte das Ganze zu einem so ruchlosen Unternehmen. Und genau darüber geht das Friedensmuseum heute hinweg.

Noch immer sind es gefälschte Ideale und eine süßliche

Poesie, die diesen Ort prägen: die von Kirschblüten gesäumte Straße, die zum Museum führt; die anpreisenden Texte über die »erhabene Schönheit im Lachen dieser Männer«; das Gerede im Museumsführer über diese »Halle der Tränen«; das schauderhafte Ölgemälde, 3 mal 4 Meter groß, das zeigt, wie ein toter Pilot von sechs Engeln in weißen Gewändern aus seinem brennenden Flugzeug gezogen und gen Himmel getragen wird; und vor allem die Verleugnung der Tatsache, daß die Selbstmordkommandos eine absolut sinnlose Verschwendung von Menschenleben waren, die den Krieg nur in die Länge zogen. Statt dessen wird dem Tod von Tausenden eine falsche Bedeutung verliehen: die jungen Männer starben für Frieden und Wohlstand, ihr Opfer war ein leuchtendes Beispiel von Patriotismus.

Herr Matsumoto, ein Beamter der lokalen Verwaltung, der für das Museum verantwortlich ist, stand vor dem grün-weiß-roten Selbstmordflugzeug im Hauptsaal und sprach zu ungefähr dreihundert Schulkindern, die in ihren dunkelblauen und schwarzen Schuluniformen auf dem Boden saßen. Er sprach im Singsang der Erzähler in den alten Laterna-magica-Vorstellungen. Er fragte die Kinder, woher sie denn stammten. Sie nannten ihre Heimatstadt: »Dann ist das euer Ahnherr«, sagte er und nahm das Foto eines Piloten aus ihrer Stadt von der Wand. Und während er die Fotos von toten Männern zeigte, die in die Kamera lächelten, erzählte er, wie sie jeweils starben: erbauliche Geschichten von Opfermut, von Heldentum, von reinen, selbstlosen Gefühlen und schönen Idealen. Er schloß seinen Bericht mit der Bemerkung, daß man ihm vielleicht vorwerfen könne, den Krieg zu idealisieren oder den Militarismus zu unterstützen. Aber nichts läge ihm ferner. Krieg sei schlecht, sehr schlecht: Nie wieder dürften wir Krieg führen.

Später in seinem Büro fragte ich ihn, wie die Kinder eigentlich zu dem Schluß kommen sollten, daß der Krieg etwas Schlechtes sei, wenn die Protagonisten des Kriegs so heldenhaft und ihre Ideale so rein seien? »Weil die Piloten der Spezial-Angriffseinheiten wahrhaftig an den Frieden glaubten.«

Da wußte ich, daß es keinen Sinn hatte, mit ihm zu diskutieren. Matsumoto und die Gründer des Museums sind weder blutrünstige Leute noch Apologeten des Kriegs. Aber ihr Glaube an die Ideale, auf denen auch die Kriegspropaganda beruhte – Opferbereitschaft, Ergebenheit, die heilige Sache –, ist viel zu stark, als daß man ihn hätte erschüttern können.

Wandlungsprozesse einzuschätzen ist immer ein unsicheres Unterfangen; gesellschaftlicher Wandel geht kontinuierlich und meistens unbemerkt vor sich. Was die Erinnerungen an den Krieg angeht, war der Beginn der neunziger Jahre in Japan wohl eine Zeit tiefgreifenden Wandels; zumindest sah es so aus. Seit den späten achtziger Jahren hatten Kriegsveteranen begonnen, ihre Erinnerungen zu veröffentlichen. 1991 kamen die ehemaligen »Gefälligkeitsdamen« aus Südkorea sowie einige der überlebenden chinesischen Zwangsarbeiter nach Japan, um Entschädigungen zu fordern. Und in Osaka und Kioto sind zwei neue Museen eröffnet worden, die den Krieg als japanischen Angriffskrieg zeigen. Alles in allem scheint eine Zeit der Öffnung angebrochen zu sein, in der ein etwas frischerer Wind weht. Eine Erklärung dafür ist der Tod von Kaiser Hirohito im Jahr 1989; als eine andere wird oft die Rede Richard von Weizsäckers vor dem Bundestag vom 8. Mai 1985 genannt. Die Rede – »Wer aber vor der Vergangenheit die Augen verschließt, wird blind für die Gegenwart. Wer sich der Unmenschlichkeit nicht erinnern will, der wird wieder anfällig für neue Ansteckungsgefahren« – wurde ins Japanische übersetzt und von vielen gelesen. Mehrere Japaner zitieren sie mir als ein Beispiel, dem sie folgen sollten.

Aber es gibt noch einen weiteren, politisch bedingten Grund dafür, daß in letzter Zeit die Aggression der Japaner betont wird. Durch den Golfkrieg ausgelöst, entwickelte sich eine ernsthafte Debatte über die zukünftige Rolle der japanischen Streitkräfte. Ein neues Gesetz wurde verabschiedet, um

Japan das Recht zu geben, zum ersten Mal seit 1945 wieder Truppen ins Ausland zu schicken – als Teil von UNO-Friedenstruppen. Das war bei weitem nicht so dramatisch, wie es zunächst klang, denn die Japaner dürfen nur Handfeuerwaffen tragen und sich nicht direkt an Kämpfen beteiligen. Aber für viele japanische Pazifisten war es doch dramatisch genug; sie verstanden das Gesetz als erneutes Zeichen des wiederauflebenden Militarismus. Der Aktivist in Hiroshima, der die Einrichtung einer »Aggressorenecke« im Friedensmuseum gefordert hat, sah das auf jeden Fall so. Und er teilte seine Meinung mit Makoto Oda, dem Schriftsteller und ehemaligen Studentenführer. Und hinter den beiden neuen Kriegsmuseen stand ein energisch vertretener Pazifismus. Keins von beiden war von der Regierung ins Leben gerufen worden. Das Osakamuseum wurde von der Präfektur und der Stadtverwaltung Osaka gegründet, und das Museum in Kioto ist eine Einrichtung der Ritsumeikan-Universität.

Die neuen Museen sind weltliche Institutionen, die nicht irgendwelchen heiligen Seelen verpflichtet sind; es gibt keine »Relikte«, keinen »heiligen Boden« und bestimmt keine Loblieder auf das Opfer. Und dennoch wohnt auch dem Pazifismus ein religiöser Zug inne. In der Eingangshalle des Kiotoer Museums für den Weltfrieden befinden sich zwei große Wandmalereien von Osamu Tezuka, einem Cartoonzeichner. Beide zeigen Kraniche im Flug: der eine fliegt in panischer Angst aus der dunklen und grausamen Vergangenheit heraus, der andere hinein in eine leuchtende Zukunft. Der Künstler habe versucht, so der Museumsführer, ein Loblied auf den von Leben erfüllten Kosmos und auf die Vorsehung zu singen, die allen Lebewesen ermöglicht, das Leben voll auszuschöpfen«.

Der letzte Ausstellungsraum des Internationalen Zentrums für den Frieden in Osaka, im dritten Stockwerk des ansprechenden modernen Gebäudes gelegen, zeigt die Gefahren, die uns noch bedrohen: atomare, ökologische und soziale Gefahren. Durch den Raum tönen sphärische Klänge, wie man sie mit den New-Age-Kulten verbinden würde, und Menschen aus aller Welt sprechen über ihre Vision des Friedens (aufgezeichnet auf Videoplatte). Eine Amerikanerin behauptet, Kriege seien männlich und nur die heilenden Kräfte von Frauen könnten Frieden stiften, denn Frauen webten und nährten.

Ansonsten aber ist die Konzeption der beiden Museen schlicht und einfach die, das Bild von Japan als Opfer des Kriegs zu verwandeln in ein Bild von Japan als dem Aggressor. Das Leiden der Japaner wird nicht verschwiegen; ein Teil des Osaka-Museums zeigt sehr detailliert, wie Osaka von Brandbomben zerstört wurde und was es bedeutete, besonders aus der Sicht eines Kindes, in der Stadt den Anflug der Bomber zu erleben. Eine farbige Zeichnung eines Kindes aus dieser Zeit zeigt, wie Menschen in Todesangst über eine Brücke fliehen, während Bomben explodieren und der abgetrennte Kopf eines Babys durch die Luft fliegt und eine Blutspur hinterläßt. Aber im Gegensatz zum Hiroshima-Museum wird hier bewußt darauf hingewiesen, daß dieses Geschehen Folge eines Krieges war, den Japan angefangen hat.

Das wird besonders deutlich in dem Raum, in dem die Gebrauchsgegenstände, Dokumente und Fotografien zum »Fünfzehnjährigen Krieg« präsentiert werden. Hier wird nichts beschönigt: das Nankingmassaker, die Einheit 731 für chemische Kriegführung, die »Gefälligkeitsdamen« – alles findet Erwähnung. Aber es wird nicht viel erklärt, die wenigen Erläuterungen sind sehr einfach gehalten. Die Absicht war wohl nicht so sehr, auf die Hintergründe der Kriegspropaganda einzugehen (der Staatsshintoismus wird nur am Rande erwähnt), statt dessen wollte man die jugendlichen Besucher (die meisten kommen von den Mittelschulen, denn die Abiturienten seien viel zu sehr mit Prüfungsvorbereitungen beschäftigt) von der Grausamkeit des Kriegs überzeugen.

Das Museum in Kioto ist da erhellender und widmet der Reglementierung des Alltags, der Unterdrückung der freien Meinungsäußerung und der nationalistischen Propaganda viel mehr Aufmerksamkeit. Es ist politischer, und in dem

Überblick über die Nachkriegszeit, den es bietet, werden die bekannten Schlußfolgerungen der Linken gezogen. Eine illustrierte Broschüre für Schulkinder legt zum Beispiel dar, daß der Vietnamkrieg ein »Invasionskrieg« der Amerikaner gewesen sei. Aber »das vietnamesische Volk, nach Freiheit und Unabhängigkeit dürstend, kämpfte hart und war schließlich siegreich«.

Doch ist auch hier die Absicht weniger, den Antiamerikanismus zu fördern, als zu zeigen, daß alle Kriege etwas Schlimmes sind. Mit den Worten einer Broschüre des Internationalen Zentrums für den Frieden in Osaka: »Wir leben in einem freien Land, das den Wohlstand genießt; aber die dunklen Wolken des Kriegs schweben noch immer über uns. Der Fünfzehnjährige Krieg hat uns vieles gezeigt. Die wichtigste Lektion war, daß es keinen gerechten Krieg geben kann.«

In einer von Professor Hajime Katsube, einem der Gründer des Osaka-Museums, verfaßten Broschüre wird der politische Hintergrund dieses Pazifismus näher erläutert. Unter dem Titel *Die Rolle Japans* beschreibt Katsube das Sicherheitsabkommen zwischen Japan und den USA und das Gesetz über den Einsatz japanischer Truppen im Ausland. Seiner Meinung nach hat die japanische Regierung die Kriegsgeschichte Japans bewußt verzerrt bzw. geheimgehalten, um Japans Wiedererstarken als Militärmacht zu rechtfertigen. Er plädiert dafür, daß Japan »seine gegenwärtige hegemoniale Partnerschaft mit den Vereinigten Staaten aufgibt und sich eingliedert in die demokratische Friedenszone [...]. Wenn Japan sich für diese Alternative entscheiden will, dann muß es seine Verbrechen im Fünfzehnjährigen Krieg eingestehen und die Opfer entschädigen.«

Professor Katsube ist ein sehr integrer Mann. Er ist es wohl auch in der Vergangenheit gewesen. Während des Kriegs (nämlich von 1943 bis 1945) hat er zwei Jahre lang im Gefängnis gesessen, weil er in einer privaten Forschungsgruppe den Sinn der Kriegsindustrie angezweifelt hatte. Er wies darauf hin, daß er, wie alle anderen politischen Gefangenen, nicht von seiner eigenen Regierung, sondern von der amerikanischen Armee aus dem Gefängnis befreit worden ist. Diese Erfahrung habe Narben hinterlassen, und er erwarte seitdem von jeder japanischen Regierung immer nur das Schlimmste. Er kleidet sich im Stil der älteren Progressiven Japans: graues Freizeithemd, Schnurkrawatte und eine legere Hose. Er erklärt mir das Symbol des Internationalen Zentrums für den Frieden in Osaka: ein grüner Punkt, umgeben von einem purpurnen Band. Der grüne Punkt, sagte er, sei Osaka, das seine Friedensbotschaft verbreite. Der purpurfarbene Ring stehe für den Rest der Welt.

Nachdem ich einen Rundgang durch das Museum gemacht hatte, zeigte mir einer der Kustoden den Weg zur Dachterrasse. Von dort konnte man auf den großen Park um die Osakaburg schauen, wo die Kaiserliche Armee einst ihre Übungen und Manöver durchführte. Und ich dachte über die japanischen Kriegsmuseen nach, die ich in Osaka, in Kioto, auf dem ehemaligen Kamikaze-Stützpunkt in Kiushu und am Yasukuni-Schrein gesehen hatte. Ja, seit dem Krieg hat sich in Japan einiges verändert, aber die grundlegenden Argumente sind dieselben geblieben. Auf der einen Seite gibt es die Vision von einem Japan, das aus seinen Verbrechen eine Lehre gezogen hat und nie wieder Krieg führen würde. Auf der anderen die Überzeugung, Japan müsse die Freiheit erlangen, um wieder eine »normale« Militärmacht zu werden. Solange die eine Seite die Sünden der Vergangenheit ins Feld führt, um ihre Vision des Friedens zu stützen, wird die andere Seite diese Sünden leugnen.

Dieter Schulte ist einer der verbittertsten Männer, die mir in Deutschland begegnet sind. Sieben Jahre lang war er Kustode des Historischen Museums in Potsdam, der Stadt der preußischen Schlösser und Kasernen. Nach der Vereinigung wurde er entlassen. Seine Nachfolgerin, eine Spezialistin für Geschichte des Mittelalters aus Westberlin, die das Museum erneuern soll, beschreibt ihn als »strammes Parteimitglied«. Sie sagte mir, die Stasi habe einen Raum ein Stockwerk über dem seinen gehabt.

Wir trafen uns im Kino-Café, einem schäbigen modernen Etablissement in einem Flügel eines heruntergekommenen Schlosses. Schulte, eine gepflegte Erscheinung, trug gebügelte blaue Jeans, einen gemusterten Pullover und weiche Slipper. Sein weißes Haar war perfekt gekämmt, seine Nägel glänzten wie nach einer frischen Maniküre. Während er sprach, wanderten seine Augen durch den Raum, und wenn er schwieg, preßte er die Lippen aufeinander.

Es sei ihm nicht leichtgefallen, sagte er, vom Museum zu lassen, denn es sei sein Lebensinhalt gewesen. Und er sei nicht glücklich darüber, wie die Dinge sich entwickelten. Er sprach von der historischen Bedeutung Potsdams. Jedes Regime seit der Zeit Friedrichs des Großen habe Potsdam als Aushängeschild benutzt, erklärte er mir. Potsdam sei in den zwanziger Jahren ein Zentrum rechtsgerichteter Politik gewesen. Während des Kriegs wohnten dort Hitlers ranghöchste Generäle, auch die Verschwörer, die 1944 mit ihrem Anschlag scheiterten. Aber im Museum werde all dem nicht die gebührende Aufmerksamkeit gewidmet, sagte er. Die wichtigste Funktion eines Museums sei seiner Meinung, nach die »Gesetze der Geschichte« darzustellen.

Seine Nachfolgerin, Frau Bierschenk, hatte mir Teile des alten Museums gezeigt, einschließlich der Räume mit den Ausstellungsstücken zum Zweiten Weltkrieg, an denen noch nichts verändert worden war; die Räume waren seit der Vereinigung für die Öffentlichkeit nicht zugänglich. Es roch schon nach Moder und Schimmel. Die neue Kustodin knipste das Licht an und hob eine weiße Decke von einer Vitrine, um mir die »Symbole des neuen Regimes«, genauer gesagt, des alten Regimes vor der Geburt des kommunistischen Deutschland, zu zeigen. Da standen sie exakt ausgerichtet: eine Pickelhaube aus dem Ersten Weltkrieg, der Zylinder eines Plutokraten und die braune Schirmmütze eines SA-Manns. So übersichtlich waren sie, die Gesetze der Geschichte, so klar wie eine Folge von Dominosteinen. An anderer Stelle in diesem Raum erfuhr ich, daß der Faschismus die logische Folge der »Widersprüche zwischen den demokratischen und den imperialistischen Kräften in der Weimarer Republik« war.

Ich fragte Herrn Schulte, wer denn diese Erklärungen verfaßt habe und ob er immer noch an sie glaube. Er preßte die Lippen zusammen, schaute über meine Schulter und antwortete dann fast flüsternd: »Sie wurden vor sieben Jahren verfaßt. Seitdem sind die wissenschaftlichen Erkenntnisse vorangeschritten ...«

In welcher Weise er denn seine Meinung geändert habe? »Ich glaube immer noch, daß der Sozialismus die Grundlage für die Beschreibung von Zusammenhängen sein muß. Geschichte ist nicht einfach ein Mosaik aus Einzelheiten. Ein Museum, das nur einzelne Objekte ausstellt, wäre kein Museum.«

Aber plötzlich wechselte er das Thema und sprach von seinen Schwierigkeiten unter dem kommunistischen Regime, davon, daß jedes Ausstellungsstück von den Zensurbehörden genehmigt werden mußte, bevor man die einfachsten Dinge, wie etwa Papier für den Druck von Broschüren, zugeteilt bekam.

Ob Deutschland seiner Meinung nach jetzt freier sei? »Nein, wir werden nie frei sein! Nie!« – Auch relativ gesehen nicht? – Nein, ich müsse das verstehen, genauso wie man damals Kompromisse schließen mußte, um an Papier oder Geld zu kommen, so erreiche man jetzt gar nichts, wenn man mit seinem Vorhaben nicht ins kapitalistische System passe. Alles muß sexy sein usw., »Vielleicht ist ja was dran, und historische Museen werden in Zukunft unterhaltsamer sein ...«

Herr Schulte war mir nicht besonders sympathisch, ein Apparatschik, wie so viele vor ihm. Er sprach wie die kleinen Beamten, die 1945 plötzlich entdeckten, daß ihre Welt zusammengebrochen war. Als ich ihn nach der Stasi fragte, die ein Stockwerk über seinem Büro residiert hatte, sagte er, davon habe er keine Ahnung gehabt: »Man hat mir nichts davon gesagt. Ich wußte das nicht. Wie sollte ich das auch wissen? Ich wußte nichts, nichts.«

Aber in bezug auf Museen hatte er recht. Ein Museum, und insbesondere ein historisches Museum, kann nicht einfach beliebige Objekte ausstellen. Sie müssen nach Ideen geordnet werden. Ohne Geschichten bleibt Geschichte unverständlich. Was nicht heißen soll, daß es keine Wahrheit gibt und alle Geschichten Propaganda sind. Aber um die Wahrheit einzufangen, muß es Konflikte geben, Debatten, Interpretationen, Neuinterpretationen usw., einen nie endenden Diskurs. Die Frage ist allerdings, wie man das in einem Museum zeigen kann.

Eine Möglichkeit wurde in Ostberlin vorgeführt. Vor dem Zusammenbruch der DDR hatte jeder Wohnblock, jede Schule, jede Fabrik und jeder Militärstützpunkt ein sogenanntes »Traditionskabinett«. Das waren gewissermaßen Museen im Kleinstformat, die immer dieselbe kombinierte Geschichte der deutschen Arbeiterbewegung zeigten, den antifaschistischen Widerstand der Kommunisten, die Rote Armee bei der Befreiung von Deutschland östlich der Elbe und die Gründung der DDR. Hier sah man in Reinkultur die historische »Tradition«, die dem kommunistischen Staat seine Legitimation verlieh. Wie die allgegenwärtigen Leninbüsten wurden die meisten dieser Traditionskabinette nach 1990 demoliert. Aber eines, in einer Ecke eines Ostberliner Parks, ist komplett erhalten geblieben. Es hat jetzt allerdings nicht mehr die Geschichte, sondern die Propaganda zum Thema. Schildchen wurden an die Ausstellungsstücke geklebt, die erklärten und kritisierten, was ursprünglich damit gezeigt werden sollte, und die auf diese Weise die Mythen des alten Regimes dekonstruierten.

Obwohl es sicher nicht ganz dasselbe ist, erinnerte mich das an Alfred Hrdličkas berühmtes Mahnmal in Hamburg. Hrdličkas Skulptur der grotesk verformten Leichen und ausgehungerten Gefangenen ist Kritik an einem älteren Monument, das daneben steht: ein abscheulicher Steinblock – wie ein riesiger Bunker – der 1936 zu Ehren des 2. Hanseatischen Infanterieregiments errichtet worden war. Unzählige Reihen einander gleichender Soldaten, als Halbrelief in den Stein gemeißelt, marschieren um den Block. Über ihren Helmen läuft, in Fraktur, eine Zeile aus einem Gedicht von Heinrich Lersch aus dem Jahre 1914: »Deutschland muß leben, und wenn wir sterben müssen.« Statt es abzureißen – das Schicksal fast aller Denkmale der NS-Zeit –, entschied man sich für die steinernen Leichen von Hrdlička. Hier wurde ein Mahnmal zum Gegenargument gemacht.

Solche Lösungen sind selten, und damit wären auch nicht alle Probleme von historischen Museen oder Denkmalen erledigt. Sicherlich hatte Helmut Kohl andere Vorstellungen, als er 1983 vorschlug, die damalige Bundesrepublik müsse ein eigenes Deutsches Historisches Museum erhalten. Die Arbeit an diesem Museum wurde 1987 aufgenommen, um den 750. Jahrestag der Gründung Berlins zu feiern.

Auf Anregung seiner Berater (darunter der konservative Historiker Michael Stürmer) kümmerte sich Helmut Kohl um die Geschichte. Wie andere Konservative auch machte er sich Sorgen um die mangelnde historische Identität der Bundesrepublik. Richard von Weizsäcker, damals Regierender Bürgermeister von Berlin, bemerkte, die Deutschen in der DDR hätten zumindest ein kohärenteres Verständnis der Vergangenheit. In Ostberlin gab es bereits das Museum für Deutsche Geschichte Berlin, eine Art überdimensioniertes Traditionskabinett im prachtvollen barocken Zeughaus. Michael Stürmer schrieb, die »Suche nach unserer verlorenen Geschichte« sei »moralisch gerechtfertigt und politisch notwendig«, denn es ginge um die innere Kontinuität der deutschen Republik und um die Verläßlichkeit ihrer Außenpolitik. Und der Christdemokrat Alfred Dregger befürchtete, junge Deutsche würden »den demokratischen Staat« nicht wirklich unterstützen, wenn sie nicht genügend über »die ganze Geschichte Deutschlands« erfahren hätten. »Die ganze Geschichte« war ein Kürzel; was er damit sagen wollte und auch manchmal aussprach, war, daß man der Geschichte der NS-Zeit zuviel Aufmerksamkeit widme. Kurzum, deutsche Konservative, die ein bestimmtes Alter erreicht hatten, machten sich Sorgen darum, daß sich die Bürger der alten Bundesrepublik, der einen Hälfte einer geteilten Nation, nicht deutsch genug fühlen könnten. Geschichte – die »ganze Geschichte« – sollte ihnen zu diesem Gefühl verhelfen.

Als Kohl 1985 vor dem Bundestag ein weiteres Mal über das Museumsprojekt sprach, sprach er von dem Bedürfnis zu wissen, wo »wir als Deutsche« herkommen, wo die Deutschen heute stünden und wohin sie gingen. Aber er sprach auch über das Verhältnis zur DDR, über die Deutschlandpolitik, die mit dem Kern »unserer Identität« und dem nationalen und europäischen Schicksal Deutschlands zu tun habe.

Ein Komitee von Geschichtswissenschaftlern und Museumsexperten wurde daraufhin ernannt, und es entwickelte sich eine Debatte über das Museum. Politiker und Intellektuelle des linken Spektrums waren nicht sehr glücklich über den Vorschlag. Sie mißtrauten den Motiven, die die Regierung mit ihren Plänen verfolgte; sie mißtrauten vor allem den konservativen Vorstellungen von nationaler Identität. Und sie waren der Meinung, es sei nicht Aufgabe der Regierung, sich um eine Identität zu kümmern. 1986 legte Freimut Duve, SPD-Abgeordneter im Bundestag, diesen Standpunkt wie folgt dar: »Geschichte gehört nicht der Regierung. Sie gehört auch nicht der Politik. Weder kann noch soll die Regierung einer demokratischen Gesellschaft Museen im Stil der Feudalherren von Anno dazumal errichten lassen.« In dieser Weise ging es hin und her – bis 1990, als das ganze Projekt von der Geschichte eingeholt wurde: aus den zwei getrennten deutschen Staaten war wieder ein »Deutschland« geworden.

Einem offiziellen Museum deutscher Geschichte am nächsten kommt heute das Deutsche Historische Museum im Berliner Zeughaus, wo der SED-Staat sein Museum deutscher Geschichte eingerichtet hatte. Erste Versuche, die Inhalte des kommunistischen Museums zu revidieren, hatte man schon

1989, kurz nach dem Fall der Mauer, unternommen. Eine Tafel im Eingangsbereich erklärte: »Wir erkennen jetzt, daß dieses Museum, das eine historische Sicht widerspiegelt, die eine zunehmend bürokratisch-autoritäre Gesellschaft rechtfertigt, einer lebhaften und aktiven Auseinandersetzung mit der Vergangenheit und der Gegenwart zuwiderläuft ... Alles muß revidiert und in einem neuen Licht gesehen werden. Wir sind dankbar für jede Hilfe bei der Darstellung der Geschichte in einer wirklich wünschenswerten Form.«

In diesen Worten schwingt ein Ton von Verzweiflung mit; es klingt durch, daß die Deutschen im Osten das beim besten Willen nicht alleine schaffen konnten. Also wurden Westdeutsche hinzugezogen, das Innere des Zeughauses wurde leergeräumt und ein neues Museum aufgebaut. Das Deutsche Historische Museum verfügt über keine Dauerausstellung; statt dessen werden historische Themen und Fragen in wechselnden Ausstellungen behandelt. »Sie sind so konzipiert«, sagt Christoph Stölzl, der Leiter des Museums, »daß sie die Menschen zum Nachdenken bringen.«

Stölzl ist ein eleganter Liberaler aus München, gekleidet nach englischer Manier, mit seidener Krawatte und Tweedanzug; ein Ästhet und zugleich ein erfahrener Verwaltungsmann, der die Eloquenz eines Werbefachmanns besitzt. Stölzl war gerade geboren, als der Krieg zu Ende war. Aber er hat sich nicht an der moralistischen Auseinandersetzung mit der Schuld beteiligt, die so viele Intellektuelle der Achtundsechziger-Generation beschäftigt. Er eröffnete unser Gespräch mit der Bemerkung, man könne »rein psychologisch nicht etwas betrauern, das man gar nicht getan hat«. Damit bezog er sich natürlich auf die alte Frage, was es nach Auschwitz bedeutet, ein Deutscher zu sein.

»Uns bleibt höchstens«, sagte er, »eine symbolische, zeremonielle Geste. Es wäre zu begrüßen, wenn es jedes Jahr einen Auschwitz-Tag gäbe, an dem man Geld für Amnesty International spendet. Das wäre fruchtbarer als die ganzen Gewissensprüfungen. Aber es ist typisch für den Idealismus der Deutschen, nach dem Unmöglichen zu streben und das Mögliche darüber zu vernachlässigen.«

Ich hatte ihn aufgesucht, um ihm Fragen zu seinem Museum zu stellen, und jetzt saß er mir gegenüber und sprach von Mahnmalen. Aber er versuchte immerhin zwischen Museum und Mahnmal zu unterscheiden: »Meiner Meinung nach muß man die Vergangenheit symbolisch und künstlerisch behandeln; doch gibt es viele Menschen in Deutschland, die der Meinung sind, der Diskurs müßte das Ritual ersetzen. Das Problem besteht darin, daß sie die Diskussion zu einer pseudoreligiösen Angelegenheit machen statt zu einer politischen.«

In einem Museum kann die Verbindung von Ästhetik und politischem Diskurs funktionieren, obwohl es immer welche geben wird, die sich darüber beschweren, daß man die Ästhetik dem Diskurs geopfert habe oder umgekehrt. Im Falle eines Mahnmals ist es einfach unmöglich, ein Ritual mit Analyse zu verknüpfen. Stölzl kann man durchaus vorhalten, daß er, obwohl er ein historisches Museum leitet, das Ästhetische überbetont. Ihm geht es um die Form. In bezug auf Mahnmale mag das sogar sein einziges Anliegen sein. Und selbst er vermengt Museen und Mahnmale – aber das ist in manchen Fällen vielleicht auch gar nicht zu vermeiden.

Stölzl kritisierte zum Beispiel das Holocaust-Museum in der Villa am Wannsee, weil dort die falsche Form gewählt worden sei. Es zeige die Juden des Holocaust »im Perpetuum mobile des Opfertums«, wie er sagte. Er sträubte sich gegen die Fotografien aus den Todeslagern und Ghettos. Ihm ist die Art und Weise lieber, wie man in katholischen Friedhöfen der Toten gedenkt: dort werden Fotografien der Lebenden auf den Grabsteinen gezeigt. »Das«, sagte Stölzl, »hat eher etwas von Auferstehung. Es scheint mir besser, der Toten als Menschen zu gedenken und nicht als der Skelette oder der Leichen einer industriellen Mordmaschinerie.«

Das Problem der Wannseevilla ist jedoch ihre Zweideutigkeit: ist die Stätte Museum oder Mahnmal? Vermutlich beides, und das macht gerade das Problem aus. Man kann des Holocaust mit künstlerischen Mitteln, mit Zeremonien oder mit Analyse und Diskurs gedenken, aber man kann nicht alles zur gleichen Zeit oder am gleichen Ort tun. Ich fragte Stölzl, ob nicht der rituelle, künstlerische Zugang zur Geschichte der katholischen Tradition nahestehe, während der Ruf nach moralischem Diskurs eher der protestantischen Tradition entspringe. Er hielt das durchaus für möglich. Später überlegte ich mir, ob man diese Verallgemeinerung nicht noch weiter fassen müsse, denn im Grunde sind die Probleme der Gedenkmuseen in Deutschland und Japan ähnlich gelagert. Erinnerungen können religiöser oder weltlicher Natur sein. Beides sind gültige Formen. Aber man muß beide auseinanderhalten. Den Deutschen ist es kaum besser gelungen als den Japanern, hier eine Vermengung zu vermeiden. Der religiöse Geist geht in beiden Ländern wohl noch gleich stark um.

# Vierter Teil

# Ein normales Land

Bonn, am 10. November 1988, fünfzig Jahre nach der sogenannten Reichskristallnacht. Philipp Jenninger, Präsident des Deutschen Bundestags, besteht darauf, die Gedenkrede vor dem westdeutschen Parlament selbst zu halten. Er will niemand anderen sprechen lassen, nicht einmal Heinz Galinski, damals Vorsitzender des Zentralrats der Juden in Deutschland. Hätte er Galinski sprechen lassen (so erzählte er mir später, in Wien), hätte er auch den katholischen Primas sprechen lassen müssen, und was wäre dann mit den Protestanten gewesen? Nein, es hätte kein Ende gegeben und der Bundestag sei schließlich nicht ihre Bühne. Und außerdem war er, Dr. Philipp Jenninger, der Bundestagspräsident, der Überzeugung, daß die Erben der Aggressoren und nicht die Opfer über die Geschehnisse von 1938 sprechen und nachdenken sollten.

Also trat er ans Rednerpult und trug sein Manuskript vor, mit der Monotonie eines Bürokraten, der aus einem Protokoll vorliest. Hier ein Auszug aus der Rede:

»Heute [...] haben wir uns im Deutschen Bundestag zusammengefunden, um hier im Parlament der Pogrome vom 9. und 10. November 1938 zu gedenken, weil nicht die Opfer, sondern wir, in deren Mitte die Verbrechen geschahen, erinnern und Rechenschaft ablegen müssen, weil wir Deutsche uns klarwerden wollen über das Verständnis unserer Geschichte und über Lehren für die politische Gestaltung unserer Gegenwart und Zukunft.

Die Opfer – die Juden überall in der Welt – wissen nur zu genau, was der November 1938 für ihren künftigen Leidensweg zu bedeuten hatte. [...] Die [deutsche] Bevölkerung verhielt sich weitgehend passiv; das entsprach der Haltung gegenüber antijüdischen Aktionen und Maßnahmen. Nur wenige machten bei den Ausschreitungen mit – aber es gab auch keine Auflehnung, keinen nennenswerten Widerstand. [...]

Im Rückblick wird deutlich, meine Damen und Herren, daß zwischen 1933 und 1938 tatsächlich eine Revolution in Deutschland stattfand – eine Revolution, in der sich der Rechtsstaat in einen Unrechtsstaat verwandelte; in ein Instrument zur Zerstörung genau der rechtlichen und ethischen Normen und Fundamente, um deren Erhaltung und Verteidigung es dem Staat – seinem Begriffe nach – eigentlich gehen sollte. [...]

Für das Schicksal der deutschen und europäischen Juden noch verhängnisvoller als die Untaten und Verbrechen Hitlers waren vielleicht seine Erfolge. Die Jahre von 1933 bis 1938 sind selbst aus der distanzierten Rückschau und in Kenntnis des Folgenden noch heute ein Faszinosum insofern, als es in der Geschichte kaum eine Parallele zu dem politischen Triumphzug Hitlers während jener ersten Jahre gibt. [...]

Für die Deutschen, die die Weimarer Republik überwiegend als eine Abfolge außenpolitischer Demütigungen empfunden hatten, mußte dies alles wie ein Wunder erscheinen. Und nicht genug damit: aus Massenarbeitslosigkeit war Vollbeschäftigung, aus Massenelend so etwas wie Wohlstand für breiteste Schichten geworden. [...]

Und was die Juden anging: Hatten sie sich nicht in der Vergangenheit doch eine Rolle angemaßt – so hieß das damals –, die ihnen nicht zukam? Mußten sie nicht endlich mal Einschränkungen in Kauf nehmen? Und vor allem: Entsprach die Propaganda – abgesehen von wilden, nicht ernst zu nehmenden Übertreibungen – nicht doch in wesentlichen Punkten eigenen Mutmaßungen und Überzeugungen? Und wenn es gar zu schlimm wurde, wie im November 1938, so konnte man sich mit den Worten eines Zeitgenossen ja immer noch sagen: ›Was geht es uns an! Seht weg, wenn euch graust. Es ist nicht unser Schicksal.‹

Meine Damen und Herren, Antisemitismus hatte es in Deutschland – wie in vielen anderen Ländern auch – lange vor Hitler gegeben. [...]

Es ist wahr, daß die Nationalsozialisten große Anstrengungen unternahmen, die Wirklichkeit des Massenmordes geheimzuhalten. Wahr ist aber auch, daß jedermann um die Nürnberger Gesetze wußte, daß alle sehen konnten, was heute vor fünfzig Jahren in Deutschland geschah. [...]

Viele Deutsche ließen sich vom Nationalsozialismus blenden und verführen. Viele ermöglichten durch ihre Gleichgültigkeit die Verbrechen. Viele wurden selbst zu Verbrechern. Die Frage der Schuld und ihrer Verdrängung muß jeder für sich selbst beantworten.

Wogegen wir uns aber gemeinsam wenden müssen, das ist das Infragestellen der historischen Wahrheit, das Verrechnen der Opfer, das Ableugnen der Fakten. Wer Schuld aufrechnen will, wer behauptet, es ist doch alles nicht so – oder nicht ganz so – schlimm gewesen, der macht schon den Versuch zu verteidigen, wo es nichts zu verteidigen gibt.«

Um seine Ausführungen zu illustrieren, zitierte Jenninger einen Augenzeugenbericht über eine Massenhinrichtung von Juden aus dem Jahr 1942. Jede Einzelheit – die zuckenden Körper der blutenden Kinder, die nackten Mütter, die jungen Todesschützen, die zwischen den Salven rauchten –, alles wurde unerbittlich mit tonloser Stimme und ohne jede innere Anteilnahme vorgetragen. Jenninger zitierte Himmler, der seine SS-Männer ermahnte, beim Anblick eines Haufens von hundert, fünfhundert oder sogar eintausend Leichen nicht weich zu werden. Jenninger zitierte den Jargon der damaligen Zeit: Juden als »Ungeziefer«, usw. Er zitierte Nietzsche und Dostojewski. Aber das half ihm alles nichts mehr. Den Schaden hatte er schon angerichtet. Die Rede war eine Katastrophe.

Bald nach Beginn der Rede verließen die meisten Abgeordneten der Grünen aus Protest den Saal, und bis zum Schluß war ihnen noch fast die Hälfte der SPD-Bundestagsmitglieder gefolgt. Parlamentarier der CDU, der Jenninger selbst angehört, »verkrochen sich« – so ein Zeitungsbericht – »vor Scham in ihre Sitze«. Ida Ehre, die jüdische Schauspielerin, die unmittelbar vor der Rede Jenningers sehr wirkungsvoll Paul Celans *Todesfuge* vorgetragen hatte, verbarg ihr Gesicht in den Händen. Jenninger verließ den Saal allein, Schweiß perlte auf seiner aschfahlen Stirn. Nicht einmal seine engsten politischen Vertrauten gaben ihm die Hand. Jenninger hatte eine Lektion in Geschichte erteilen wollen. Verstanden hat man seine Rede im besten Fall als ein Exempel von Taktlosigkeit und Themaverfehlung und im schlimmsten als einen primitiven Versuch, die Deutschen zu entschuldigen.

»Eine Schande!« schrie ein CDU-Mitglied, als es endlich vorüber war. Von einem »schwarzen Tag« sprach ein Freidemokrat. »Eine Katastrophe«, sagte ein Sozialdemokrat. »Betroffen« fühlte sich ein anderer. Die ausländische Presse empörte sich einstimmig. »Antisemitismus im deutschen Parlament« war die Schlagzeile einer italienischen Tageszeitung. Die Überschrift in einer holländischen Zeitung lautete: »Hitler-Verehrung verursacht Tumulte im Bundestag«. Die Londoner *Times* schrieb: »Ein nationales Desaster für Westdeutschland«. Zwei Tage später trat Jenninger zurück. Etwa ein Jahr danach wurde er seltsamerweise als Botschafter nach Wien geschickt.

Wenn man Jenningers Rede im nachhinein liest und zu verstehen sucht, wie er sie gemeint hat, kann man sich schwer erklären, woher die hysterische Aufregung rührte. Vielleicht hat er bei der Wahl seiner Worte nicht die notwendige Sorgfalt walten lassen. Vielleicht hat er die Zitate ungeschickt ausgewählt. Aber es reicht nicht, den Wortlaut unter die Lupe zu nehmen: um die Empörung zu begreifen, muß man den Rahmen, die Inszenierung des Ganzen in Betracht ziehen.

Als wir in seinem modernen, funktionellen Büro in Wien, das nichts Persönliches hat, miteinander sprachen, räumte Jenninger ein, einen großen Fehler begangen zu haben. Er hätte nicht nach der Rezitation von Ida Ehre sprechen sollen.

»Das war sehr bewegend«, sagte er, und dann: »Es war wohl nicht die ideale Einstimmung für einen nüchternen historischen Vortrag.« Nein, sagte ich, das nicht gerade.

»Schwarze Milch der Frühe
wir trinken dich nachts
wir trinken dich mittags
der Tod ist ein Meister aus Deutschland ...«

Es ist unmöglich, davon nicht bewegt zu sein. Mit den Worten eines Berichts der *FAZ*:

»Die kraftvolle Stimme zittert manchmal. Man hört ihren Atem, das Papier in ihren Händen knistert. Keiner im Saal kann sich der Kraft und der Trauer dieser Sprache entziehen. Danach tritt Jenninger zum Rednerpult und hebt geschäftsmäßig an: ›Meine Damen und Herren ...‹«

Jenninger ist keine besonders einnehmende Erscheinung, kein Mann, der sein Publikum mitreißen könnte. Er ist ein kurzer, untersetzter Rheinländer. Er hat sich aus einfachen Verhältnissen hochgearbeitet, seine Vorfahren kommen vom Land; er ist der Typ, den man an jedem Stammtisch einer deutschen Gastwirtschaft treffen könnte. Sein Lachen ist heiser, sein Anzug sitzt ein wenig zu eng. All das war seinem Auftritt nicht gerade förderlich – er wirkte von vornherein ungeschickt, taktlos und unsensibel.

Nicht ein einziges Mal, klagte ein Sozialdemokrat, habe Jenninger das Wort Trauer benutzt. Die meisten Zuhörer hat der Ton von Jenningers Rede irritiert. Er wirkte nicht betroffen genug. Willy Brandt, ein Meister der moralischen Geste, der Kanzler, der im ehemaligen Warschauer Ghetto niederkniete und um Vergebung bat für das, was die Nazis getan hatten, sprach von einem »dunklen Tag in der deutschen Nachkriegsgeschichte«. Jenninger »scheiterte, nicht weil er ein schlechter Mensch ist, sondern weil er den Boden unter den Füßen verloren hatte«.

Jenningers Rede wurde mit Richard von Weizsäckers vielgerühmter Ansprache vom 8. Mai 1985 verglichen. *Seine* Rede *war* von Trauer durchdrungen. *Er* sprach von der Notwendigkeit, »eines Geschehens so ehrlich und so rein zu gedenken, daß es ein Teil des eigenen Innern wird«. Jenningers Auftritt schnitt selbst im Vergleich mit einer tags zuvor gehaltenen Rede seines Parteifreunds Helmut Kohl, der sich normalerweise auch nicht unbedingt durch Feingefühl und Takt auszeichnet, schlecht ab. Denn sogar Helmut Kohl zeigte sich in der Synagoge im Frankfurter Westend dem Anlaß gewachsen und sprach vom Holocaust als einem »Grund für tiefe Scham«. Jenninger hatte den Fehler gemacht – so dachten jedenfalls die meisten –, daß er den Anlaß falsch eingeschätzt hatte, da er eher eine Gedenkrede erfordert hätte als »einen nüchternen historischen Vortrag«.

Aber Jenninger sprach weder in einer Synagoge noch als deutscher Nichtjude zu Juden; er sprach auf der weltlichen Bühne des Bundestags, im Plenarsaal der deutschen Politik als ein deutscher Nichtjude zu seinesgleichen. Als er sich in der Wiener Botschaft an jenen peinlichen Tag erinnerte, wurde seine Stimme laut: »Wir mußten unsere Meinung laut und deutlich sagen! Aber nicht auf die gewöhnliche Art. Es war nicht genug, einfach zu sagen: Wir schämen uns, und: Es wird nicht wieder vorkommen. Ich wollte den Deutschen einen Spiegel vorhalten!«

Ich empfand eine gewisse Sympathie für ihn. Und interessanterweise haben viele Menschen, die die Rede aus dem Blickwinkel der Opfer kommentierten, etwas Ähnliches empfunden. Michael Fürst, ein Mitglied des Zentralrates der Juden in Deutschland, sah keinen Grund für Jenningers Rücktritt. Schließlich habe Jenninger nichts als die Wahrheit gesagt. Und Robert Kempner, Ankläger bei den Nürnberger Prozessen, fand Jenningers Rede »sogar sehr gut«.

Was also hat die Deutschen so aufgebracht? Warum wollten so viele Jenningers Zitate falsch verstehen? Warum dachten so viele, daß er, Jenninger, und nicht nur die Leute, die er zitierte,

Hitler als faszinierenden Staatsmann und die Juden als »Ungeziefer« betrachtet hätte? Weshalb die Rede zu einem solchen Debakel wurde, kann wahrscheinlich weder der Rahmen noch ihr Wortlaut völlig erklären. Es hat auch etwas mit einem in Deutschland herrschenden Klima des Mißtrauens zu tun. Grüne, Liberale und Linke verdächtigten Konservative, jede Gelegenheit zu nutzen, den Krieg zu beschönigen, und die Konservativen ihrerseits werfen Grünen, Liberalen und Linken vor, daß sie nicht aufhören könnten damit, den Deutschen immer wieder Auschwitz vorzuhalten. Dieses Klima wechselseitiger Verdächtigungen hatte gerade seinen kritischen Punkt erreicht, als der fünfzigste Jahrestag der sogenannten Reichskristallnacht kam. Er fiel mit dem Abschluß eines Jahrzehnts zusammen, das durch wiederholte Versuche der Konservativen gekennzeichnet war, die Geschichte zu revidieren und sich der Last der Schuld zu entledigen.

Sechs Jahre zuvor hatte Alfred Dregger, ein Mann des rechten CDU-Flügels, die Deutschen aufgefordert, »aus Hitlers Schatten« herauszutreten: »Wir müssen normal werden.« Vier Jahre zuvor, bei seinem Besuch in Israel, hatte Kohl von der »Gnade der späten Geburt« gesprochen, also davon, daß er an der Ermordung der Juden nicht beteiligt war. Auch er benutzte das Wort »normal«, zum Beispiel als er von »normalen Beziehungen« zwischen Deutschland und Israel sprach. Das war drei Jahre nach Bitburg. Und zwei Jahre nachdem Ernst Nolte den Historikerstreit damit ausgelöst hatte, daß er den Holocaust als eine defensive Gegenrekation auf die »asiatische Barbarei« Stalins bezeichnet hatte; der Holocaust sei alles andere als beispiellos gewesen, sondern etwas erschreckend Normales in der ganzen schrecklichen Menschheitsgeschichte.

In seiner ungeschickten Art war Jenninger in dieses Kreuzfeuer der deutschen Nachkriegsauseinandersetzung geraten. Auf der einen Seite attackierten ihn all die, die aufgrund der Gnade der späten Geburt ein normales, schuldfreies Deutschland haben wollten; auf der anderen standen diejenigen, die Auschwitz zu einem Bestandteil ihrer Identität gemacht hatten. Jenninger wurde von beiden Seiten unter Beschuß genommen, einfach weil er zwar von einem Übermaß an Schuld gesprochen hatte, allerdings ohne daß er sich dabei wirklich als schuldbewußt gezeigt hätte.

Wie Helmut Kohl genießt Jenninger die Gnade der späten Geburt – er ist zu jung, als daß er aktiver Nazi hätte sein können. Er kam 1932 zur Welt, ein Jahr vor Hitlers Machtergreifung. Sein Vater, von Beruf Drucker, war nach Jenningers Erinnerung gegen die Nazis. Jenninger hatte ältere Brüder, die alle in der Wehrmacht dienten. Zwei von ihnen wollten nicht gehen: der eine fiel sofort in Italien, der andere in Rußland.

Jenninger ist nur wenig jünger als der 1927 geborene Günter Grass. Sie gehören zu einer eigenartigen Generation, zu spät geboren, um Nazis zu sein, aber früh genug, um als Nazis erzogen zu werden: beim Jungvolk, in der Hitlerjugend, als Werwolf usw. Das hat viele Menschen dieser Jahrgänge verstummen lassen. (Erst ihre Kinder sprachen über die Vergangenheit.) Ihre »späte Geburt« hat ihnen von allen Generationen vielleicht das komplizierteste Verhältnis zur Vergangenheit beschert: sie waren zu jung, um verantwortlich zu sein, und trotzdem hatten sie sich mit Schuld befleckt. Wer wie Grass über den Krieg geredet und geschrieben hat, tat das oft ohne Unterlaß, fast obsessiv, und häufig, wie in der *Blechtrommel*, aus der Perspektive eines Kindes. Die Last, an der sie alle zu tragen haben, besteht in der Aufgabe, ihre Eltern zu erklären. Das ist das schwerste von allem: denn um die Handlungen der Eltern erklären zu können, muß man sich die Welt so vorstellen, wie diese sie gesehen und erlebt haben. Das setzt Identifikation voraus, wenn auch nur in der Vorstellung; aber Identifikation kann allzu leicht in Rechtfertigung umschlagen. Deswegen haben es die meisten Deutschen der Generation Jenningers vorgezogen zu schweigen.

Jenningers Rede wurde unter anderem deswegen kritisiert (und zwar von einem FDP-Politiker), weil er darin das »Unerklärliche zu erklären versucht habe«. Es ist ein häufig erhobener Vorwurf. Primo Levi schrieb (über den Holocaust, nicht über Jenninger):

»Vielleicht kann oder – noch wichtiger – darf man das, was geschehen ist, nicht verstehen, denn Verstehen ist beinahe gleichzusetzen mit Rechtfertigen. Lassen Sie mich erklären: Ein Vorhaben oder ein menschliches Verhalten ›verstehen‹ bedeutet, es ›in sich aufzunehmen‹, seinen Urheber aufzunehmen, sich in dessen Lage zu versetzen, sich mit ihm zu identifizieren. Nun wird kein Mensch in der Lage sein, sich mit Hitler, Himmler, Goebbels, Eichmann und zahllosen anderen zu identifizieren. Das bestürzt uns und vermittelt uns zugleich ein Gefühl der Erleichterung, denn vielleicht ist es wünschenswert, daß ihre Worte (und damit auch, unglücklicherweise, ihre Taten) uns unverständlich bleiben. Es handelt sich um unmenschliche Worte und Taten, wahrhaft antimenschlich und ohne Beispiel in der Geschichte ...«

Man zögert, einem Zeugen wie Levi zu widersprechen. Aber die Annahme, die »Reichskristallnacht« und damit auch der Holocaust seien unerklärlich, »anti-menschlich«, die Taten eines Antichrist, der in unseren dunklen Abgründen lauert, bedeutet auch, die Verantwortung einzuschränken. Freilich kann man sich nicht in den Geist Hitlers versetzen. Und die tiefsten Wurzeln menschlicher Barbarei sind vielleicht wirklich unergründlich. Aber es gab politische Gründe, aus denen es zu solcher Barbarei kam. Diese Gründe können und müssen erklärt werden, und gerade in einem deutschen Parlament. Jenninger ist Politiker, er ist weder Dichter noch ein Gottesmann.

Natürlich wäre es leichter, Betroffenheit zu zeigen und aus religiöser Sicht über die Vergangenheit zu reden. Jenninger versuchte, vielleicht auf unpassende Art, eine Erklärung für das Verhalten seiner Eltern bzw. der Menschen ihrer Generation zu finden – all der Menschen, die ihn zu einem künftigen Nazi erzogen haben. »Wo waren denn die Professoren und die Schriftsteller, als Hitler die Macht ergriff?« rief er in seinem Büro und stampfte mit den Füßen, die in sandfarbenen, billig aussehenden Schuhen steckten. »Warum höre ich nur, daß eigentlich alle gegen Hitler waren? Was hat sie denn alle dazu gebracht, mitzumachen? Ich denke, wir können uns nur mit Hilfe der Tatsachen mit unserer Geschichte versöhnen. Eine Erklärung zu finden bedeutet die Wahrheit zu sagen!«

Jenninger rückte seine Krawatte zurecht, die seinen dicken Hals wie eine Schlinge einzuschnüren schien. Winzige Schweißperlen traten auf seine Stirn. Er erzählte mir, er habe nach der Rede dreißigtausend Briefe erhalten. Zustimmung sei entweder von sehr alten oder von sehr jungen Menschen gekommen. Die älteren Menschen hätten sich bei ihm bedankt dafür, daß endlich einer gesagt habe, »wie es wirklich war«. Die Jungen seien dankbar gewesen, weil ihnen jemand die wahren Gründe für alles genannt habe.

Es ist Aufgabe des Historikers, die Rätsel der Vergangenheit zu lösen, die Geschichte als eine Aneinanderreihung mehr oder weniger kohärenter Ereignisse darzustellen, sie zu erklären und kritisch zu beurteilen. Das ist schwer, wenn nicht unmöglich, solange die Ereignisse noch frisch in Erinnerung, solange Fragen der Schuld noch offen und Gefühle der Scham noch lebendig sind. Was in Deutschland und den von Deutschen besetzten Ländern zwischen 1933 und 1945 geschah, ist nicht Teil der »normalen« Geschichte. Deutsche Schulkinder bekommen das als politisches Lehrstück erzählt. Dasselbe gilt, wenn ein Mahnmal eingeweiht oder eines Ereignisses wie der »Reichskristallnacht« gedacht wird. Aus der Perspektive der überlebenden Opfer handelt es sich um eine einzigartige Zeitspanne, die durch den Sog des Bösen aus dem Strom der Zeit herausgerissen wurde. Aber seit den späten sechziger Jahren gibt es Tendenzen, die Zeit zwischen 1933 und 1945 wieder mehr als »normale« Geschichte zu behandeln: nicht mehr als Lehrstück, sondern als eine Periode der Geschichte, die strukturell, politisch und kulturell mit allem verbunden war, was davor und danach geschah. Die Paradoxie, die dieser Historisierung anhaftet, besteht darin, daß ein solcher Prozeß mit dem Ziel einer objektiveren Sicht der Vergangenheit in Wirklichkeit zu immer weiter auseinanderklaffenden, immer subjektiveren Perspektiven führt. Normale Geschichte bedeutet eine Pluralität von Interpretationen.

Ein konservativer Nationalist wird möglicherweise behaupten, der Holocaust sei eine fürchterliche, aber letztlich doch »normale« Form des Völkermords gewesen und müsse im Zusammenhang mit der gesamten Epoche gesehen werden, die ja leider auch andere Beispiele für Völkermord geliefert habe. Oder er wird sagen, die Deutschen im Dritten Reich hätten sich unter den gegebenen Umständen relativ normal verhalten, denn Hitler habe immerhin die Moral des deutschen Volks gehoben. Und es sei auch verständlich, daß Hitler als ein Meister der Inszenierungen ein romantisches Volk mit einem ererbten Sinn für opernhafte Spektakel blenden konnte. All das bekam man tatsächlich zu hören; Jenninger hatte nur das Pech, daß sein Publikum den Eindruck bekam, er würde das auch gutheißen.

Die Frage der Identität ist ein weiteres Paradoxon der Historisierung. Durch diese soll eine kühle Distanz zum historischen Geschehen gewonnen werden. Aber der Grund, weswegen konservative Historiker wie Andreas Hillgruber die NS-Geschichte wieder in den Fluß der normalen deutschen Geschichte eingebettet sehen wollten, war der, daß sie die Identifikation mit den Menschen erleichtern wollten, die sie durchlebt hatten – gemeint ist, mit den nichtjüdischen Deutschen; anders gesagt, sie wollten die Identifikation mit der Sichtweise der Aggressoren, der Täter, möglich machen. Wenn die Jahre 1933–45 als eine Epoche *sui generis* behandelt werden, als Epoche des Bösen schlechthin, herausgelöst aus dem Hauptstrom der Geschichte, dann ist es für jeden halbwegs vernünftigen Menschen fast unmöglich, sich mit den Tätern zu identifizieren. Wenn die Deutschen dieser kurzen Zeitspanne, »diesen zwölf Jahren«, zuviel Aufmerksamkeit widmen, dann – so der konservative Tenor – berauben sie sich des Stolzes auf ihre Vergangenheit. Sähe man dagegen das Dritte Reich eher als »normale«, als eine von vielen historischen Epochen an, dann könnte man Hillgruber besser verstehen, der die Identität der Deutschen und ihren Stolz stärken will, indem er die Perspektive eines deutschen Soldaten, der das Vaterland gegen die asiatische Barbarei verteidigt, übernimmt. Aber in diesem Prozeß der bewußt herbeigeführten Identifikation wird die Objektivität gleich zweifach untergraben: einmal vom Geschichtenerzähler selbst und dann von den Ansichten, die den Protagonisten dieser Geschichte unterstellt werden.

Also steht die Identifikation der Historisierung im Wege. Die Kluft zwischen den Opfern und den Tätern ist immer noch zu tief, und die Erinnerungen sind immer noch so gegensätzlich, daß jeder (besonders jeder Deutsche), der nach einer objektiven Sichtweise sucht, Gefahr läuft, in diesen Abgrund zu stürzen. Theo Sommer schrieb einen sehr scharfen Leitartikel in der *Zeit* über die Rede Jenningers. Die Überschrift lautete: »Von der Last, Deutscher zu sein.« Jenninger habe also die Wahrheit sagen wollen, schreibt Sommer und fährt fort: »Einverstanden: Aber dann bitte die ganze Wahrheit – die Wahrheit der Opfer so eindringlich wie die Wahrheit der Mörder. Und das ganze Gefühl – die Erschütterung über das Schicksal der Gejagten so bewegend wie, nein bewegender als die Einfühlung in die Motive der Jäger.«

Starke Worte, edle Gefühle, aber immer noch an der Sache vorbei. Denn Jenninger konnte nicht für die Opfer sprechen, er wollte aber auch nicht um Vergebung bitten, indem er einfach nur seiner Scham Ausdruck verlieh. Er wollte über die Geschichte sprechen, wollte Distanz gewinnen und sie verstehen. Es war keine unlautere Absicht, aber er hätte erkennen müssen, daß die Historisierung, auch dreiundvierzig Jahre nach dem Krieg, immer noch eine hochbrisante Angelegenheit ist. Denn zu einer »normalen« Gesellschaft, die nicht von Gespenstern heimgesucht wird, findet man nicht durch eine »Normalisierung« der Geschichte; und auch nicht, indem man mit Kreuz und Knoblauch herumfuchtelt. Eher umgekehrt: wenn eine Gesellschaft offen und frei genug geworden ist, um einen Blick zurück zu riskieren, und zwar aus der Perspektive weder des Opfers noch des Verbrechers, sondern des Kritikers, dann erst werden sich die Gespenster im Licht des Verstehens auflösen.

Nagasaki, 7. Dezember 1988, 47. Jahrestag des Angriffs auf Pearl Harbor. Der Kaiser stirbt sehr, sehr qualvoll; er verliert jeden Tag große Mengen Blut. Er stirbt langsam an Krebs. Aber im japanischen Klima der »Selbstbeherrschung« wird das in der Presse nicht erwähnt. Die Atmosphäre in den letzten Tagen der Showa-Ära war gedämpft, drückend wie die Ruhe vor dem Sturm. Die traditionellen Neujahrsfeiern wurden abgeblasen, normalerweise reich dekorierte Auslagen in den Schaufenstern moderater gestaltet. Am 7. Dezember stellte ein Vertreter der Kommunistischen Partei im Stadtrat von Nagasaki dem Bürgermeister Hitoshi Motoshima eine ganz direkte Frage: Wie war das mit der Kriegsschuld des Kaisers?

Motoshima antwortete: »Dreiundvierzig Jahre sind seit Kriegsende vergangen, und ich denke, wir haben genug Gelegenheit gehabt, über den Charakter dieses Krieges nachzudenken. Nach der Lektüre verschiedener Darstellungen aus dem Ausland und weil ich selbst als Soldat in der Militärerziehung tätig war, glaube ich tatsächlich, daß der Kaiser die Verantwortung für den Krieg trug …«

8. Dezember 1988: Das Stadtparlament von Nagasaki und die Ortsgruppe der Liberal-Demokratischen Partei verlangen, daß der Bürgermeister seine Worte zurücknimmt.

12. Dezember 1988: Der Bürgermeister sagt, nachdem die Angelegenheit so weit gediehen sei, könne er nun »sein Herz nicht verraten«. Aber er sei bereit, als Berater der örtlichen LDP zurückzutreten. Doch sein Rücktrittsangebot wird nicht akzeptiert. Statt dessen wird jede weitere Zusammenarbeit mit ihm abgelehnt. Auf einer Pressekonferenz erklärt Motoshima: »Ich sage ja nicht, daß der Kaiser die Alleinverantwortung für den Krieg trägt. Viele andere Menschen sind mitschuldig, ich eingeschlossen. Aber ich finde den jetzigen

Zustand der Politik abnormal. Jede Äußerung über den Kaiser wird emotionalisiert. Die freie Meinungsäußerung sollte weder zeitlich noch räumlich eingeschränkt werden. In einer Demokratie sollten wir auch diejenigen respektieren, deren Meinungen wir nicht teilen.«

19. Dezember 1988: Vierundzwanzig rechtsextreme Gruppen fahren auf dreißig Lkws durch Nagasaki und fordern über Lautsprecher den Tod von Motoshima – als »göttliche Rache«. Die LDP fordert den Gouverneur der Präfektur auf, die Zusammenarbeit mit dem Bürgermeister einzustellen. Der Gouverneur willigt ein.

21. Dezember 1988: Zweiundsechzig rechte Gruppen aus ganz Japan demonstrieren in Nagasaki mit einem Konvoi von zweiundachtzig lautsprecherbestücken Lastwagen und verlangen den Tod des Bürgermeisters.

24. Dezember 1988: 13 684 Unterschriften zur Unterstützung des Bürgermeisters werden vom neuformierten Nagasaki-Bürgerkomitee für Meinungsfreiheit im Rathaus präsentiert; sie konnten in nur zwei Wochen gesammelt werden. Vertreter verschiedener konservativer Organisationen, darunter auch das Präfekturbüro für die Shinto-Schreine, fordern die Amtsenthebung des Bürgermeisters.

7. Januar 1989: Der Kaiser stirbt.

18. Januar 1990: Ein Rechtsradikaler schießt Bürgermeister Motoshima in den Rücken. Vertreter der Rechten werden in der Presse mit der Äußerung zitiert, Motoshima habe nun seine »göttliche Strafe« empfangen.

Der Bürgermeister hat den Anschlag nur knapp überlebt. Er erlitt einen Lungendurchschuß. Blut hustend wartete er in seinem Wagen auf Hilfe. Polizeischutz für ihn gab es nicht, weil konservative Abgeordnete die Kosten moniert hatten.

Oberflächlich gesehen scheint die Motoshima-Affäre wenig mit dem Jenninger-Debakel gemein zu haben. Jenninger wurde wegen Apologetik kritisiert, Motoshima wegen seines Schuldvorwurfs. Auf der einen Seite zu wenig Schuld, auf der anderen zu viel; hier übertünchte Wahrheit, dort die ungeschminkte Wahrheit; hier weiß gewaschene, dort schmutzige Wäsche. Jenninger geriet bei den Liberalen und Linken in Mißkredit, Motoshima war ein Opfer der Rechten. Viele seiner Anhänger sahen Motoshima als Helden an; Jenninger wurde, als er in Ungnade gefallen war, nach Wien geschickt. Und doch gibt es Gemeinsamkeiten zwischen beiden Männern und beiden Affären. Und diese Gemeinsamkeiten können Aufschluß geben über deutsche und japanische Verhältnisse.

Motoshima ist zehn Jahre älter als Jenninger und der subtilere Denker; aber beide haben die brüsken, sachlich-schlichten Umgangsformen von Provinzpolitikern. Beide haben sie in konservativen Parteien der Nachkriegszeit Karriere gemacht: Jenninger als Christdemokrat, Motoshima, bevor er dann in Schwierigkeiten kam, als Liberaldemokrat. Motoshima wurde 1979 zum Bürgermeister gewählt, und zwar mit Unterstützung genau jener Kräfte, die ihn später weghaben wollten. Und selbst als man ihn fast erschossen hatte, war er noch zur Zusammenarbeit mit den Konservativen bereit.

1992 entbrannte eine Kontroverse, als Bauarbeiter die Fundamente eines ehemaligen Gefängnisses direkt neben dem Friedenspark von Nagasaki freilegten, ganz in der Nähe des Epizentrums der Atombombe. (Der Park von Nagasaki ist, verglichen mit dem von Hiroshima, viel bescheidender, fast ein Alibipark, mit vielen Monumenten, die von verschiedenen, inzwischen meist aufgelösten Volksrepubliken gestiftet wurden.) In dem ehemaligen Gefängnis fanden während des Krieges koreanische und chinesische Häftlinge den Tod, manche wurden von Japanern getötet, manche kamen in der Bombenkatastrophe um. Eine Gruppe von Bürgern Nagasakis wollte die wiederentdeckten Fundamente erhalten, um zu zeigen, daß die Japaner nicht nur Opfer waren und daß es auch Gründe für den Bombenabwurf gab. Die Konservativen waren dagegen: Der Friedenspark sei »eine Vergnügungsstätte«, sagte einer. »Warum sollten die Touristen, die hierherkommen, ein Gefängnis sehen wollen?« Motoshima entschied zugunsten der Konservativen. Er brauchte ihre Unterstützung, um weiterhin im Amt bleiben zu können. Er unterhielt auch gute Beziehungen zur Bauindustrie. Die Reste des Gefängnisses wurden unter einem neuen Parkplatz begraben. Das zeigt, daß seine Stellungnahme zur Schuld des Kaisers gewiß nicht auf linkem Radikalismus beruht.

Sowohl Motoshima als auch Jenninger wurden weniger dafür kritisiert, was sie tatsächlich gesagt hatten (obwohl natürlich auch dafür), als wegen ihrer Taktlosigkeit, ihrer unsensiblen Wahl des Zeitpunkts, wegen ihrer Fehleinschätzung zeremonieller Vorgänge. Jenninger wählte für seine Geschichtslektion ausgerechnet einen Gedenktag; Motoshima erlaubte sich eine Majestätsbeleidigung, während der Kaiser auf dem Sterbebett lag. Das Disziplinarkomitee der LDP verkündete in seiner Stellungnahme zum Fall Motoshima, daß zwar Privatpersonen das Recht hätten, ihre Meinung frei zu äußern, daß es aber eine »ungeheure Taktlosigkeit« sei, »wenn ein Beamter im öffentlichen Dienst öffentlich derartige Äußerungen von sich gebe. Ich habe ähnliches sogar von Leuten gehört, die den Bürgermeister öffentlich unterstützten. Einer von ihnen war ein Mitarbeiter von Motoshima im Rathaus von Nagasaki.

Ihn traf ich in der Woche, als der Kaiser beigesetzt wurde, an einem klaren Abend in Februar 1989. Ein gemeinsamer Freund hatte uns zum Essen eingeladen. Der rundliche Beamte war um die Vierzig, er lächelte schmeichlerisch und hatte die Art eines Lehrers, der es mit etwas begriffsstutzigen Schülern zu tun hat. Er entfernte das offizielle Abzeichen vom Revers seines blauen Anzugs, nippte an seinem Sake und sagte: »Nun kann ich mit Ihnen als Privatperson sprechen.« Dann schüttelte er heftig den Kopf, um seine Verblüffung zu unterstreichen: »Um ganz offen zu sein, ich verstehe nicht, warum der Bürgermeister diese Bemerkung gemacht hat. Ich kann es einfach nicht verstehen.«

Ich war mit einem amerikanischen Freund dort. Er fragte den Beamten, ob denn der Bürgermeister etwas inhaltlich Falsches gesagt hätte. Der Mann sog Luft durch die Zähne und schloß die Augen, als habe er Schmerzen, vielleicht auch als Zeichen tiefen Nachdenkens, wand seinen kurzen Hals und sagte, die Augen noch immer geschlossen: »Nein, nicht eigentlich falsch ...« Also habe er die Wahrheit gesagt? »Ja, man könnte es als richtig betrachten. Aber ich kann trotzdem nicht verstehen, warum er es gesagt hat.« Mein Freund, der in diesem Augenblick ungeduldiger war, als es die japanische Höflichkeit gebot, fragte daraufhin, ob denn der Beamte damit sagen wolle, der Bürgermeister hätte lügen sollen. Die Augen des Beamten verschwanden wieder hinter den fleischigen Lidern, sein Gesicht war nicht von Schmerz, wohl aber von gequälter Resignation gezeichnet. »In Japan«, seufzte er, »wissen wir alle, was die Wahrheit ist, aber wir schweigen. Sie müssen unsere Kultur verstehen ...« Er zupfte am Kragen seines durchgeschwitzten Hemdes und seufzte.

Unsere Kultur ... Ich dachte an die Reaktion eines in Japan lebenden Australiers, als ich ihm von der Äußerung Motoshimas erzählte. »Es ist ganz klar«, sagte er mir am Telefon, »Motoshima versteht die japanische Kultur nicht.« Ich widersprach ihm nicht. Was er sagte, paßte gut in das Ruth-Benedict-Schema von Kultur der Schuld versus Kultur der Schande: Die Deutschen, von Schuld getrieben, haben das Bedürfnis, ihre Sünden zu beichten, die Last ihrer Schuld abzuwerfen und Vergebung zu erlangen. Aber die Japaner wollen schweigen, und vor allem wollen sie, daß auch die anderen schweigen; denn es geht nicht um Schuld in den Augen Gottes, sondern um öffentliche Schande, um Peinlichkeit, um »Wahrung des Gesichts«. Von daher läßt sich sagen, Jenninger hat zu wenig zugegeben, und Motoshima hat zu viel gesagt. Darin bestand ihrer beider Taktlosigkeit: sie hatten nicht mitgespielt; sie hatten gegen die Regeln ihrer Kultur verstoßen.

Für Ruth Benedicts Paradigma spricht noch ein weiteres, nicht unbedeutendes Detail: Motoshima ist Christ. Und genau das haben ihm manche seiner Gegner vorgeworfen; er habe sich, so einer der Kritiker, »nicht wie ein Japaner verhalten«.

Ein Shinto-Priester schrieb dem Bürgermeister einen Brief, in dem er darauf hinwies, daß es »unjapanisch« sei, vom Kaiser mehr moralische Verantwortung zu verlangen, als er sich ohnehin schon aufgebürdet habe. Ob denn der Kaiser nicht jedes Jahr am Jahrestag der Kapitulation Japans sein tiefes Bedauern bekundet habe? Außerdem sei es nicht richtig gewesen, so über den Kaiser zu sprechen, während die ganze Nation in Sorge war um seine Gesundheit. Und dann kam der entscheidende Satz: »Es ist ein geläufiger Irrtum von westlich beeinflußten Menschen – und dazu gehören auch die sogenannten Intellektuellen –, daß sie nicht verstehen, daß westliche Gesellschaften und die japanische Gesellschaft auf grundverschiedenen religiösen Vorstellungen beruhen [...]. Sie vergessen diese Prämisse und versuchen statt dessen japanischen Grundlagen westliche Strukturen überzustülpen. Ich glaube, nur ein solcher Irrtum erklärt die Forderung, der Kaiser solle die ganze Verantwortung übernehmen.«

Hitoshi Motoshima war auf einer kleinen, Kiushu vorgelagterten Insel zur Welt gekommen, in der einzigen Region Japans, in der katholische Missionare Erfolge verzeichnen konnten. Im frühen 17. Jahrhundert wurde fast ganz Nagasaki von spanischen und portugiesischen Priestern zum Christentum bekehrt. Später wurden die Christen gefoltert und auf Befehl nervös gewordener Shogune ermordet. Ähnlich wie die Kommunisten in den dreißiger Jahren wurden auch die Christen gezwungen, sich öffentlich von der Kirche loszusagen; sie sollten das Bildnis der Heiligen Jungfrau mit den Füßen treten. Aber im südlichen Japan haben Christen überlebt, obwohl sie weiterhin verfolgt wurden. Motoshimas Großvater wurden alle Knochen gebrochen; man hatte ihn gezwungen, sich hinzuknien, und ihm zugleich Steintafeln auf den Schoß geladen. Polizeibeamte schrien auf ihn ein: »Christus oder der Kaiser, wer ist bedeutender, Christus oder der Kaiser?!«

In den dreißiger Jahren – Motoshima war damals noch ein Schuljunge – wurde auch er gezwungen, sich vor Shinto-

Schreinen zu verneigen. Am Geburtstag des Kaisers wurde er regelmäßig von seinen Lehrern bestraft, weil er angeblich nicht genügend Respekt zeigte. Sie quälten ihn mit derselben Frage, die seinem Großvater fast das Rückgrat gebrochen hatte: »Christus oder der Kaiser, wer ist bedeutender, Christus oder der Kaiser?!«

Unter den japanischen Städten hat Nagasaki eine besondere Rolle gespielt. Die Stadt ist stolz auf ihre Geschichte als Fenster zur Außenwelt. In der Stadt gibt es ein großes Chinesenviertel. Die Namen mancher der örtlichen Spezialitäten verraten ihre chinesische Herkunft. Während der völligen Isolation Japans im 17. und 18. Jahrhundert durften sich holländische Händler auf einer winzigen Insel in der Bucht von Nagasaki aufhalten; Japanern war, mit Ausnahme von Behördenvertretern und Prostituierten, der Zutritt zur Insel verboten. (An manchen Einwohnern Nagasakis erkennt man noch immer die langen Nasen und Gesichtszüge dieser Urahnen.) »Holländische Bildung«, aus Wörterbüchern und medizinischen Werken mit heldenhaftem wissenschaftlichen Fleiß zusammengelesen, vermittelte den Japanern in Nagasaki einen ersten Eindruck von europäischem Wissen. Nagasaki hatte ausländische Schulen, ein großes Kloster und eine schöne Kathedrale. Die zweite Atombombe, die (von einem römisch-katholischen Piloten) auf Japan abgeworfen wurde, explodierte genau über der Kathedrale und machte das Kloster dem Erdboden gleich. Das bekannteste Buch über den Bombenabwurf auf Nagasaki, *Die Glocken von Nagasaki*, stammt aus der Feder eines christlichen Arztes namens Takashi Nagai. Er glaubte, daß nichts zufällig geschehe. Die Bombe über der Kathedrale sei von Gott geplant gewesen, und die 73 884 Menschen, die durch sie starben, seien Märtyrer, genauso wie Nagais Urahnen, die einige Jahrhunderte zuvor in den Bergen gekreuzigt worden waren.

In den Augen von Bürgermeister Motoshima ist Gerechtigkeit ein christlicher Begriff. Er glaubt wie mein australischer Freund und der Shinto-Priester, daß er darum auch eine andere Lebensauffassung hat als die meisten Japaner. Als ich mich fast ein Jahr nach dem versuchten Attentat mit ihm traf, erläuterte er mir seine Haltung. Es sei wichtig, sagte er, daß die Japaner die Verantwortung für ihr barbarisches Verhalten im Krieg auf sich nähmen. Und Verantwortung sei eine Frage der Moral; diese wiederum eine Sache der Religion. Das Problem der Japaner sei, daß sie »die Natur anbeten. Aber sie haben keine moralischen Grundlagen religiöser oder philosophischer Herkunft.«

Als ich darüber nachdachte, schaute ich Bürgermeister Motoshima kurz an. Er war gekleidet wie ein Sporttrainer. Der Trainingsanzug ist zwar bei den Japanern als Freizeitkleidung sehr beliebt, aber doch ungewöhnlich für einen Bürgermeister, der sich zu einem Gespräch verabredet hat. Er erwiderte meinen Blick, schaute mir direkt in die Augen, nicht unfreundlich, aber seine Brille konnte eine gewisse Härte nicht verbergen. Die vollen, aber zusammengepreßten Lippen verliehen seinem schiefen Mund einen Zug der Sturheit. Er zeigte in keiner Weise die nervöse Zaghaftigkeit oder defensive Arroganz so vieler japanischer Beamter. Vor mir saß ein Mann, der von sich und seinen Ansichten überzeugt war. Er *wußte*, daß er im Recht war.

»In Europa«, fuhr er fort, »beruhen die Gefühle der Menschen auf einer Jahrhunderte alten philosophischen und religiösen Tradition. Das haben sie verinnerlicht. In einer von der Natur beherrschten Welt aber stellt sich gar nicht die Frage nach individueller Verantwortung.«

Was dann seiner Meinung nach die Lösung sein könne – ob alle Japaner Christen werden sollten? »Ich bin ein Christ. Darum: ja, ich glaube, das sollten sie.«

Er sprach wie eine Figur aus einem Roman von Shusaku Endo, einem katholischen Schriftsteller, den Graham Greene sehr bewundert hat. Wie der Bürgermeister ist Endo davon überzeugt, daß seinen animistischen Landsleuten ein moralisches Fundament fehle, ein Sinn für Gut und Böse; er glaubt aber auch, daß seine Landsleute diesen Sinn nie entwickeln werden und damit nie zu Christen werden. Endos Werke sind alle von seiner Verzweiflung geprägt; ein berühmter Roman von 1966, *Schweigen*, handelt von der Apostasie eines Jesuitenmissionars, der es aufgegeben hat, die Japaner zu bekehren. In Endos Erzählungen finden Ost und West niemals zueinander. Doch obwohl er vielleicht der einzige japanische Schriftsteller ist, der aus christlicher Sicht über die individuelle Verantwortung für Kriegsverbrechen geschrieben hat, haben doch auch manche seiner japanischen Figuren ein Gewissen. Ihnen fehlt allerdings die Sprache dafür; sie können keinen Namen dafür finden. Dr. Toda in *Meer und Gift* assistiert bei einem tödlichen Experiment an einem amerikanischen Kriegsgefangenen. Er ist zunächst beunruhigt, aber er verspürt keinen »besonderen Schmerz«. »Ich nehme an, ich habe kein Gewissen. Aber nicht nur ich. Sie empfinden hier alle nichts bei dem, was sie tun.«

Vielleicht hatte der Shinto-Priester recht. Vielleicht konnte nur ein Christ das japanische Tabu brechen. (Motoshimas Kollege in Hiroshima, Bürgermeister Araki, der kein Christ ist, ist zwar in der Lage, edle Gefühle zu äußern, hat sich aber 1988 geweigert, dem Bürgermeister von Nagasaki beizustehen.) Auch wenn viele rechtsstehende Nationalisten und Shinto-Priester gerne behaupten, der Tennokult sei keine Religion, sondern nur eine japanische »Sitte« – das stimmt nicht, es ist natürlich eine Religion. Anscheinend muß erst ein neuer Glaube kommen, um einen alten zu erschüttern, und ein Alternativkaiser (Buddha, Marx, Jesus), um die Politik des japanischen Kaiserkults in Frage zu stellen. Vielleicht sind deswegen unter den vehementesten Kritikern des Tennosystems und seiner politischen Praktiken immer Christen und Marxisten gewesen, genauso wie es in früheren Jahrhunderten bestimmte Buddhisten waren.

Als der Showa-Kaiser im Sterben lag, waren die meisten Japaner schon vom Glauben abgefallen – darum der Eifer der Nationalisten, die Religion wiederzubeleben. Im todkranken Kaiser witterten sie ihre Chance. Der Kaiserkult entsprach ihrer Vorstellung von japanischer »Normalität« – »normal« (*atarimae na koto*) oder »natürlich« (*shizen*) sind die Begriffe, die sie am häufigsten im Munde führten. Ungefähr zur Zeit des Todes von Hirohito schrieb Jun Eto, ein bekannter Kulturkritiker, einen Aufsatz für eine der führenden Monatszeitschriften, in dem er behauptete, die Amerikaner hätten den Nachkriegsjapanern ein falsches Bild des Kaisers aufgezwungen. Die Japaner seien auf den »Spielplatz der Nachkriegsdemokratie und eines rein symbolischen Kaisertums verbannt worden«. Aber als der Kaiser schwer erkrankte, fuhr er fort, habe sogar die liberale Presse trotz jahrzehntelanger Gehirnwäsche durch den Westen die persönliche Anteilnahme des japanischen Volkes nicht übertönen können, die doch zeige, daß »der heilige und ernste Charakter unserer kaiserlichen Familie« bewahrt worden sei und für immer währen würde.

Der rechte LDP-Politiker Shintaro Ishihara schrieb in derselben Zeitschrift, die Bindung zwischen dem Kaiser und den Japanern übersteige alles, was anderswo ein Staatsoberhaupt mit den Bürgern seines Landes verbinde: »Darin kommt die Einzigartigkeit Japans und der Japaner zum Ausdruck ...«

Und Hideaki Kase, genannt »Tony«, der Sohn eines ehemaligen japanischen Botschafters in Washington und ein bekannter politischer Kommentator, verfaßte einen bemerkenswerten Beitrag für die japanische Ausgabe von *Playboy*. Er beschrieb dort einen Shinto-Ritus, *Daijosai* genannt, bei dem der neue Kaiser nach dem Tod seines Vaters von der Sonnengöttin besucht wird, in ihren Schoß eintritt und dann als heiliger Herrscher wiedergeboren wird. »Der Nationalcharakter Japans«, schrieb Kase, »hatte sich herausgebildet, bevor man mit der Geschichtsschreibung begann. [...] Als Japan geboren wurde, war der Kaiser schon oberster Priester und Staatsoberhaupt. Die kaiserliche Familie ist nicht von der japanischen Mythologie zu trennen. Die Kaisermythen sind gleichbedeutend mit der Geburt Japans. Der Kaiser ist heilig, denn sein Blut verbindet ihn mit den Göttern, die unsere Nation geschaffen haben.«

Die Romantiker wollen, daß die Japaner daran glauben. Sie machen sich, wie viele Intellektuelle rund um den Globus (wie viele der deutschen Konservativen auch), große Sorgen wegen des geistigen Vakuums, das Materialismus und Wohlstand hinterlassen. Mit der Erneuerung der Rassen- und Kaisermythen (die letztlich nicht voneinander zu trennen sind) wollten die japanischen Revisionisten ihr Land als »normale Nation« wiederherstellen. Durch Motoshimas Stellungnahme sahen sie ihr Ideal von natürlicher Harmonie und Glückseligkeit bedroht. Es handelte sich dabei im Grunde um ein antiliberales, antidemokratisches Ideal, um perfekte Propaganda für eine autoritäre Politik.

Der japanische Revisionismus ist, wie so oft, wenn Mentalitäten unversöhnlich aufeinandertreffen, möglicherweise auch eine Frage des Alters. Die meisten der aktiven Revisionisten sind Männer über fünfzig, die während des Kriegs zur Schule gingen und noch an der Besatzungszeit zu kauen haben. Wie Jenninger erhielt Motoshima briefliche Unterstützung meistens von sehr alten Japanern, die vor dem Höhepunkt der chauvinistischen Umtriebe geboren wurden, oder von sehr jungen Leuten, die diesen nie ausgesetzt waren. Vielleicht spüren diejenigen das geistige Vakuum am stärksten, denen die Geschichte die Religion genommen hat, in der sie erzogen wurden. Jenninger und Motoshima haben sehr unterschiedliche Äußerungen getan, was den Vergleich schwierig macht und vielleicht den Gedanken nahelegt, er entbehre jeder Grundlage. Jenninger blieb immerhin verbunden mit den Revisionisten, den Weißwäschern, den Neonationalisten. Und dennoch bin ich der Meinung, daß der Vergleich einem kritischen Blick standhält. Denn indem sie die Geschichte nach weltlichen Maßstäben beurteilten, haben beide, Jenninger wie Motoshima, verschiedene, zwei völlig unterschiedliche Gruppen verärgert, die jedoch eins gemein haben, nämlich die Absicht, die geistige Leere zu füllen: in Bonn die bekennenden Pazifisten unter den Linken und Grünen; in Nagasaki diejenigen, die den Tennokult wiederbeleben wollen.

Deswegen glaube ich, es ist gar nicht so sehr von Belang, daß Motoshima Christ ist, wie es zunächst erscheint; es geht in seinem Fall um mehr als nur den Zusammenstoß zweier Religionen. Er selbst hatte ohne Zweifel religiöse Motive. Gerechtigkeit mag für ihn durchaus ein christlicher Gedanke sein. Aber seine Stellungnahme war weltlicher Natur, folglich auch ihre Wirkung. Manche seiner Anhänger waren Marxisten, manche davon Christen, aber nach ihren Briefen zu urteilen, hatten sie alle das Wesentliche begriffen: Es ging um Politik, nicht um Religion.

Zwei Wochen nach seiner Äußerung hatte Motoshima schon über zehntausend zustimmende Briefe erhalten. Wenige Monate später war die Zahl auf über 300 000 angewachsen: von Hausfrauen, Rentnern, Kriegsveteranen, Gymnasiasten, Angestellten, Friedensaktivisten, Filmregisseuren, Universitätsprofessoren usw. Obwohl die liberalen Intellektuellen, von einigen Ausnahmen abgesehen, seltsamerweise bei den öffentlichen Auseinandersetzungen schwiegen (es gab keinen japanischen Zola, der sein *J'accuse* veröffentlicht hätte), wurde eine rege Debatte in den Briefspalten der liberalen *Asahi Shimbun* geführt. Ich zitiere nur aus einem ganz typischen Brief, geschrieben von einem dreiundsiebzig Jahre alten Mechaniker, einem Rentner: »Das Kaisersystem führte zur Herrschaft der Militärs über das Land und verursachte die schlimmste Tragödie der japanischen Geschichte. Die Konservativen in Regierung und Behörden wollen wieder zur traditionellen Monarchie zurück, um demokratische Grundrechte anzugreifen [...] Es ist nun unsere Verantwortung vor der Geschichte, den Mechanismus wissenschaftlich zu analysieren, der seit dem Meiji-Zeitalter das Volksbewußtsein geprägt und zum Krieg geführt hat. [...] Erst dann kann die Frage der Kriegsverantwortung unserer Führer endgültig beantwortet werden, und zwar nicht mit der ›Gerechtigkeit der Sieger‹, sondern vom japanischen Volk selbst.«

Das ist nicht die Stimme Gottes, die von Marx oder der heiligen Urahnen, sondern die Stimme der Vernunft.

Nach der politischen Verantwortung zu fragen ist natürlich

heikel, wenn es um Regime geht, die die politische Auseinandersetzung praktisch abgeschafft hatten oder zumindest die individuelle Verantwortung – außer wenn es um das Befolgen von Befehlen ging. Wie wir schon gesehen haben, ist auch die Verantwortung der japanischen Führungsriege durch die nicht genau abgegrenzte Rolle des Kaisers (teils verfassungstreuer Monarch, teils göttlicher Priester-König) unklar. Als die politische Spitze ihr Land in einen selbstmörderischen Krieg führte, war es schon viel zu spät. In seinem Aufsatz über die *Schuldfrage* hat Karl Jaspers geschrieben, daß man ein Volk kollektiv allenfalls für seine Regierungsform verantwortlich machen könne. Wenn ein Land von einem verbrecherischen Regime regiert werde, dann sei auch das Volk dafür verantwortlich zu machen. Vielleicht dachte er an die Plätze deutscher Städte der dreißiger Jahre, auf denen sich der Mob drängte und hysterisch nach seinem Führer schrie. Aber Jaspers' Gedanke ist nicht ohne Probleme. Was, zum Beispiel, ist ein verbrecherisches Regime? Nach wessen Gesetzen ist es verbrecherisch? Und kann man ein Volk verantwortlich machen für einen Zustand, in dem es selbst keine Wahl hatte?

In Wirklichkeit hatten die Deutschen mehr Wahlfreiheit als die Japaner. Hitler und seine Braunhemden führten nicht alleine den Sturz der Weimarer Republik herbei. Viele Deutsche stimmten 1932 für die NSDAP. Aber nach dem Krieg, als es keinen Hitler mehr gab, konnte man ihm alles anlasten. Und je mehr man ihm anlastete, desto mehr konnte sich das deutsche Volk von Schuldgefühlen befreien. *Er* war schuld; sie seien völlig verblendet gewesen, was ja im Hinblick auf die gegebenen Umstände nur zu verständlich sei. Diese Sichtweise hat Jenninger nie ernsthaft in Frage gestellt. Darum klang seine Rede wie eine Apologie.

Motoshimas Bemerkung über den Kaiser hatte eine gegenteilige Wirkung. In Japan hatte es keine NSDAP gegeben, für die man stimmen konnte, und der Kaiser war nie gewählt worden. Der Kaiser verschwand auch nicht von der Bildfläche, und er wurde auch nicht nachträglich dämonisiert (allenfalls in ganz kleinen Kreisen). Als er nach der Niederlage von 1945 seine Militäruniform gegen einen Straßenanzug eintauschte und beim Tokioter Prozeß nicht belangt wurde, da wurde er erst wirklich zum Symbol seiner Nation. Seine Unschuld war die Unschuld des japanischen Volkes; wie ihr Kaiser waren auch die Japaner von den militärischen Führern »irregeführt« worden. Was tatsächlich vor sich gegangen war, erfuhr niemand. Schon immer hatten alle nur den Frieden gewollt. Nur mit Tricks seien sie in den Krieg mit hineingezogen worden.

In Wahrheit wußte der Kaiser sehr viel über das, was geschah, selbst wenn sein politischer Einfluß beschränkt gewesen sein mochte. Und vielen Japanern war es seit der Jahrhundertwende immer wieder sehr viel lieber gewesen, sich durch eine kriegslüsterne Propaganda aufstacheln zu lassen, als die meisten hinterher zugeben wollten. Aber das Bild des irregeführten, unschuldigen, friedliebenden Kaisers mußte aufrechterhalten werden, denn es war neben dem Pazifismus einer der Einheit stiftenden Faktoren im Japan der Nachkriegszeit. Sobald die Säuberung in den Reihen der Generäle und Admirale abgeschlossen war, konnte das japanische Volk wieder mit seinem Kaiser, dem wandelbaren, fast chamäleonartigen Symbol der Nation, in aller Unschuld weitergedeihen.

Manche kritisierten diese Farce. Der Regisseur Mansaku Itami schrieb 1946 einen Artikel über die Frage der Kriegsschuld. Er mokierte sich über die Vorstellung, alle seien irregeführt worden bzw. alle Irregeführten seien darum auch unschuldig. Seiner Meinung nach mußten sich die Irregeführten die Last der Verantwortung mit den Irreführern teilen; die »Verantwortung für den Krieg [liegt] – mit graduellen Unterschieden – auf beiden Seiten«. Und die Irregeführten seien nicht nur deswegen schuldig, weil sie sich hätten irreführen lassen; nein, das ganze Volk habe sich dadurch schuldig gemacht, daß es sich kritiklos, sklavisch und gedankenlos verhalten habe. Wie viele Intellektuelle des linken Spektrums widerte es Itami an, daß »die Japaner sich nicht vom Feudalismus und der nationalen Isolation hatten befreien können und daß sie nicht in der Lage waren, Menschenrechte ohne die Hilfe ausländischer Mächte durchzusetzen«.

»Wir sind nun politisch befreit worden«, schrieb Itami, »aber solange die Japaner nicht damit aufhören, den Schwarzen Peter blind dem Militär zuzuschieben oder der Polizei oder den Bürokraten, so lange werden sie sich nie ernsthaft mit ihrer eigenen Schuld auseinandersetzen, die darin besteht, daß sie solchen Leuten erlaubt haben, uns zu beherrschen, und so lange besteht auch keine Hoffnung für das japanische Volk.«

Damit kam Itami zum gleichen Schluß wie Karl Jaspers. Die Menschen müssen für die Gesellschaft verantwortlich gemacht werden, in der sie leben. Das ist ein hartes Urteil, denn das heißt, den Sklaven für seinen Zustand oder, noch schlimmer, für die Taten seines Herren verantwortlich zu machen. Aber es ist ein grundlegender Gedanke; ohne ihn können die für offene, liberale Gesellschaften nötigen Institutionen keinen Bestand haben. Darum war die Stellungnahme von Motoshima so wichtig und so provokativ. Denn indem er den Kaiser für den Krieg verantwortlich machte, zog er auch das japanische Volk zur Verantwortung. Indem er den angeblich nichtverantwortlichen Hohenpriester als Fiktion entlarvte, stellte er auch das Selbstverständnis seiner Anhänger in Frage: das Bild der untertänigen Opfer, der willenlosen Figuren in einem großen, undurchaubaren Spiel.

Jaspers war wie Motoshima frommer Christ. Und sein Gerechtigkeitssinn entsprang wie beim Bürgermeister seinem Glauben. Aber Itami und andere, die seine Ansichten teilten, sind keine Christen. Das Christentum – und damit der angebliche Unterschied zwischen einer Kultur der Schande und einer Kultur der Schuld – ist in diesem Fall ohne Belang. Indem er ein japanisches Tabu brach, hat Motoshima einen ersten Schritt in Richtung auf eine offenere und normalere politische Gesellschaft getan, was ihn fast das Leben gekostet hätte. Auch Jenninger zielte, so denke ich, in diese Richtung, aber er scheiterte und verlor sein Amt. Vielleicht war er der Aufgabe nicht gewachsen. Vielleicht aber war auch die damalige Bundesrepublik noch nicht normal genug, um seine Botschaft zu hören.

# Zwei normale Städte

**Passau** Passau ist, wie viele Städte an den großen deutschen Flüssen, eher hübsch als wirklich schön zu nennen: die Stadt ist zu sentimental, um schön zu sein. Wie ein kleines Schmuckkästchen liegt sie am Zusammenfluß von Donau, Ilz und Inn. Die Umgebung, saftig grün und pittoresk, mit schmucken Häusern, die sich an die bewaldeten Berghänge schmiegen, ist eine wahre deutsche Märchenlandschaft. Siegfrieds Witwe Kriemhild kam durch Passau, weswegen Bischof Wolfger im 12. Jahrhundert hier das Nibelungenlied abschreiben ließ. Die Architektur der Stadt, mit der barocken Kathedrale, den engen, mit Kopfstein gepflasterten Gassen, den gedrungenen Arkaden, den Gipsheiligen und Putten an allen Ecken, glänzt in solch frischen Farben und ist so gepflegt, daß man an eine schön aufgebahrte Leiche denkt, die so geschickt hergerichtet worden ist, daß sie aussieht wie das blühende Leben.

Wie bei allen beliebten Touristenattraktionen hat das Pittoreske auch in Passau die Tendenz, in Kitsch umzuschlagen. Der Passauer Kitsch entsteht aus übertriebener Volkstümlichkeit: Souvenirläden bieten Holzschnitzereien feil, knorzige Bauern mit spitzen Hüten, Jagdmesser mit Horngriffen und altdeutschen Inschriften, überdimensionierte Bierkrüge und Heilige aus geschliffenem Glas. Ausflugsdampfer mit Namen wie *Nibelungen* oder *Kriemhild* gleiten den Fluß entlang, und Jodelmusik dringt von ihren Decks zu den Ufern. In einem Straßencafé habe ich bei einer Tasse Kaffee mit dickem Sahnehäubchen die regionale Zeitung gelesen, die den Treffen der Schützenvereine ganze Seiten widmete (Männer in grünen Uniformen und federgeschmückten Hüten). Deutsche und österreichische Touristen spazierten vorüber, ein Eis in der Hand oder Plastikbecher mit Bier. Die Männer trugen kurze Hosen, Kniestrümpfe und Sandalen, die Frauen geblümte Röcke.

Die Sprüche an den Wänden entlang der Flußufer zeigten die dunklere, aggressive Seite der Sentimentalität der »Nibelungen-Stadt«. Manche der Texte waren schlichtweg absurd: »Aus Liebe oder Haß verbrennen«; »Die Angst kommt nach dem Tod«. Ich las aber auch: »Schönhuber, du mußt verrekken!« und am eigenartigsten: »Wir warten nicht auf den Weihnachtsmann«.

Ich zog mich in mein Hotelzimmer zurück; von dort hatte ich eine gute Sicht auf den Inn. Nur wenige Kilometer flußaufwärts liegt Braunau, der Geburtsort von Hitler. Er verbrachte einen Teil seiner Kindheit in Passau. Ich schaltete den Fernseher ein und erwischte das Ende eines deutschen Films aus dem Jahr 1940. Es war eine romantische Komödie über preußische Offiziere und ihre in Krinolinen steckenden Frauen, die Handlung spielte um 1870. Ich wechselte zu einem anderen Regionalsender. Dort wurde unter dem Titel *Unsere Heimat* ein Dokumentarfilm ausgestrahlt. In langen Einstellungen Bilder eines Dorfes in Bayern – Häuser mit roten Dächern um eine sandfarbene Kirche, Schwäne auf dem See, Nebel über den Hügeln und dazu eine Beethoven-Sonate. Aus dem Off die Stimme eines Sprechers in gewollt poetischem Ton: »Das Land hinter den Wolken, so weit, so fremd, aber so vertraut wie das Land meiner Kindheit …«

Einige Monate zuvor in London hatte ich einen deutschen Film mit dem Titel *Das schreckliche Mädchen* gesehen, und das war der Grund, warum ich nach Passau gekommen war. Der Film beruht auf der wahren Geschichte einer Gymnasiastin, die sich mit einem Aufsatz an einem bundesweiten Preisausschreiben beteiligt hat; Thema war: »Das Alltagsleben in deiner Heimatstadt während des Dritten Reichs«. Das Mädchen hatte bis dahin nie etwas falsch gemacht, sie war Lieblingsschülerin des Klassenlehrers und ist gut mit ihren konservativen, katholischen Eltern ausgekommen. Jetzt fing sie an, herumzufragen. Sie sprach mit dem Prälaten, mit dem Zeitungsredakteur, mit ihrer Großmutter, mit dem Stadtarchivar usw. Und als sie über Beweismaterial stolperte, dem sie entnehmen mußte, daß Menschen, die sie bislang als Gegner der Nazis, sogar als »Widerstandskämpfer« gekannt hatte, in Wirklichkeit NS-Sympathisanten oder sogar NS-Funktionäre gewesen waren, geriet sie in Schwierigkeiten. Man riet ihr, das Projekt doch bitte fallenzulassen. Warum sie denn nicht über Wichtigeres schreibe, über Europa vielleicht? Was wisse sie schon über die Vergangenheit? Als sie sich entschloß, aus ihren Nachforschungen ein Buch zu machen, bekam sie noch mehr Schwierigkeiten. Plötzlich waren für sie die Türen der Bibliotheken und Archive verschlossen. Sie und ihre Familie erhielten Morddrohungen, die wie ein Gifthauch aus dem Telefon strömten. Ihre Katze wurde getötet und an die Haustür genagelt. Bomben flogen durch das Fenster. Alle Honoratioren der Stadt waren plötzlich gegen sie. Ihren wohlanständigen, wohlangesehenen Eltern – die Mutter ist Religionslehrerin, der Vater Schuldirektor – war das alles peinlich. Aber ermutigt durch ihre Großmutter, eine ehemalige Kommunistin, hielt die Tochter durch. Sie schrieb ihr Buch, wurde bundesweit bekannt und beschämte damit ihre Stadt oder zumindest die prominentesten Bürger.

Es war ein spannender Film. Er handelte von der Unterdrückung der Geschichte, das eigentliche Thema aber war der dahinter verborgene Generationenkonflikt. Die Heldin ist 1960 geboren; der Film jedoch bringt den Zorn einer früheren Generation zum Ausdruck, der Achtundsechziger-Generation, der der Regisseur Michael Verhoeven angehört. Es ist interessant, wie oft in deutschen Darstellungen der Geschichte des Dritten Reichs die Enkel mit den Großeltern gemeinsame Sache machen: ebendie Menschen, die dem Bürgermeister von Nagasaki oder Philipp Jenninger zustimmende Briefe geschickt haben. Das »schreckliche Mädchen« war kein Kind der Hitlerzeit, und ihre Großmutter war eine typische Vertreterin der Stimme der Vernunft aus der Zeit vor der Machtergreifung. Der Gedächtnisverlust dagegen ist die Krankheit der Eltern. Die gleiche Konstellation finden wir in einem deutschen Filmepos über die Erinnerung, nämlich in *Heimat* von Edgar Reitz. Auch in diesem Film vertreten die Großeltern, die Ende des 19. Jahrhunderts zur Welt gekommen sind, die alten, noch nicht vom modernen Materialismus oder totalitärer Propaganda korrumpierten Tugenden: Anstand, Ehrbarkeit, Selbstvertrauen und Familiensinn.

*Heimat* und *Das schreckliche Mädchen* verdanken sich der gleichen Quelle, einer Quelle, der sich viele deutsche Künstler und Wissenschaftler in den siebziger und achtziger Jahren zugewandt haben: der Heimatgeschichte. Die alte nostalgische Sehnsucht nach dem verlorenen Paradies, nach dem Dorf der Kindheit, nach dem »Land hinter den Wolken«, die ständig bedroht sind von der seelenlosen Modernität, erhielt eine neue Variante. Die Vorstellung von Geschichte als einem Marionettentheater unter der Regie großer Männer wurde ersetzt durch vielfältige Einzelgeschichten des Alltags; die Vergangenheit zerfiel in Millionen Berichte vom Leben ganz normaler Männer und Frauen. Nicht die Großstädte, sondern die Kleinstädte und Dörfer waren die Schauplätze dieser kleinen Geschichten. Geschichtsschreibung dieser Art war auch eine Reaktion auf die oftmals trockenen theoretischen Darstellungen derer, die Strukturen und Systeme aufdecken wollten, um die Geschichte zu erklären. Zweifelsohne waren Emmanuel Le Roy Laduries Berichte vom Leben der Bauern in Frankreich Anregung und Vorbild. Aber die deutschen Heimatgeschichten hatten auch einen wehmütigen Ton, so schwelgerisch wie die romantische Musik des 19. Jahrhunderts. Das konnte den Geschichten des Dritten Reichs manchmal eine recht eigenartige Perspektive verleihen.

*Heimat* von Edgar Reitz ist ein interessantes Beispiel hierfür. Geprägt von einer nostalgischen Sehnsucht nach alten Werten wie ehrliche Handarbeit, Wärme des Familienlebens usw., ist der Film nicht minder nostalgisch in seinem Blick auf den »normalen« Alltag in den dreißiger Jahren. Das liebevoll dargestellte fiktive Hunsrückdorf namens Schabbach frönt einfachen ländlichen Genüssen genauso wie der Volkskultur der Zeit: Kinoabende mit Zarah-Leander-Filmen und ähnliches. Der Sohn des reichen Landbesitzers wird SS-Mann, es gibt ab und an Hinweise auf Zwangsarbeit, und eine der zwielichtigeren, aber letztlich immer anständigen Figuren wird Parteimitglied und Bürgermeister der benachbarten Kreisstadt. Also wird der Aufstieg der Nazis nicht ignoriert, aber er vergiftet auch nicht die vertraute Normalität des dörflichen Lebens. Die eigenartige Modernität des Nationalsozialismus, gezeigt am Bau der Autobahn, wird als größere Bedrohung der alten Werte dargestellt als etwa die Reichskristallnacht, die überhaupt nicht gezeigt wird. Schabbach ist ein Dorf. Vielleicht geschah dort nie etwas von einschneidender Bedeutung. Aber die Menschen im Film sprechen auch kaum von dem, was anderswo geschieht.

Der Film lädt zur Identifikation ein, denn wir sehen die Vergangenheit durch die Augen derjenigen, die sie erlebt haben. Der Film ist ihre Erinnerung. Und für die guten Menschen von Schabbach waren die dreißiger Jahre weitgehend eine Zeit glücklicher Erinnerungen – bis der Krieg ihnen die Söhne raubte, in manchen Fällen, um sie zu vernichten. Es ist, als wäre *Heimat* als Reaktion auf all jene Nachkriegsjahre gedreht worden, in denen eine regionale deutsche Identität verleugnet wurde. Die Intellektuellen der Achtundsechziger-Generation hatten sich immer über den Kitsch nostalgischer Heimatgefühle mokiert. Sie waren Europäer. Jetzt aber schauten sie zurück und legten ihre Wurzeln frei. *Heimat* ist ein prächtiger und schön ersonnener Versuch, die Heimat zu retten, oder, um den Kommentar von Edgar Reitz zur *Holocaust-Serie* umzuformulieren, ein Versuch, »unsere Geschichte erzählerisch« wieder in Besitz zu nehmen, nachdem die Amerikaner sie den Deutschen aus den Händen gerissen hatten.

Im Falle des viel jüngeren »schrecklichen Mädchens« aus

Passau war es genau umgekehrt. Auch ihr Thema war die Heimatgeschichte, aber sie hat immer in ihrer Heimat gelebt. Sie hat ihre regionale Identität nie abgelehnt; erst ihre Gegner haben versucht, ihr die Heimat zu entfremden, indem sie ihr zu verstehen gaben, daß sie gar nicht dorthin- und dazugehöre: sie sei eine »jüdische Hure«, war eine der häufigsten Beschimpfungen in den Schmähbriefen, die sie erhielt. Die Vergangenheit, die sie dennoch aus dem undurchdringlichen Morast des willentlichen Vergessens ans Tageslicht förderte, war weniger harmlos als die Rekonstruktion des Dorfidylls bei Reitz.

*Das schreckliche Mädchen* erinnerte eher an einen Fotoband mit Aufnahmen, die der Fotograf Otto Weber in einer gar nicht weit von Schabbach entfernten Stadt gemacht hat. Otto Weber ließ sich 1932 in Kleve nieder und fotografierte seine Stadt, bis sein Atelier 1944 von einer Bombe zerstört wurde. Die Sammlung erschien 1987 unter dem Titel *Eintausend absolut normale Jahre*. Die Fotosammlung beginnt ganz harmlos mit Aufnahmen von verschneiten alten Pflastersteingassen. Die Menschen grüßen einander auf dem Marktplatz beim Schneeschippen. Eine Prozession von katholischen Chorknaben geht vorbei. In diesen frühen Bildern wirken die Bürger zufrieden, harmlos, anständig und etwas beschränkt. Das ändert sich schleichend: ein brauner Fleck breitet sich allmählich aus. Zuerst steht ein Würdenträger auf dem Platz, ein wenig befangen, aber dennoch stolz in seiner neuen Uniform. Dann sind es zwei, dann drei, dann vier, und bald ist der ganze Platz voll von braunen und schwarzen Uniformen, Hakenkreuzbannern, Schaftstiefeln, und tausend Augenpaare leuchten im Fackelschein. Auch das ist Heimatgeschichte, denn es werden nicht die großen Übeltäter gezeigt, sondern die Schuldirektoren, die Küster, die Rathausbeamten, die Zeitungsreporter, die Zahnärzte, die Fabrikvorarbeiter, die Drucker, die Metzger und die Bäcker. Diese Seite der Heimatgeschichte hätte das »schreckliche Mädchen« nicht aufschlagen sollen.

Es war ein eigenartiges Gefühl, dem »schrecklichen Mädchen« in seinem Wohnzimmer gegenüberzusitzen, der wirklichen Person, nicht der Schauspielerin. Das Mädchen heißt Anja Rosmus. Sie hat krauses blondes Haar und helle blaue Augen. Sie ist sorgfältig, auf eine etwas biedere Art gekleidet. Anja Rosmus ist längst kein Schulmädchen mehr, sondern eine geschiedene Frau mit zwei Kindern. Seit ihrem ersten Aufsatz hat sie einige Bücher über die braune Vergangenheit von Passau geschrieben. An einer Wand ihres Wohnzimmers hängen Bilder, die sie selbst gemalt hat: Rabbiner und bärtige Juden, erdfarbene Dörfer in einer imaginären Wüstenheimat. Es hängt auch eine Totenmaske an der Wand; es ist das Gesicht Kurt Tucholskys, der sich, nachdem er aus dem nationalsozialistischen Deutschland nach Schweden geflohen war, 1935 aus Verzweiflung das Leben nahm. Die Maske ist ein Geschenk der Witwe Tucholskys.

»Es ist mehr oder weniger alles wahr«, sagt sie zum Film. Abgesehen von einigen Details wie die Bombe, die durch ihr Fenster geworfen worden sei. Das habe es nicht gegeben. Aber sie zeigte mir einige Hetzbriefe. »Jüdische Hure« war bei weitem nicht das schlimmste Schimpfwort, das sie enthielten. Ihr und ihren zwei kleinen Kindern wurde unter anderem der Tod durch Vergasung angedroht. Sie habe viele Nächte aus Angst wach gelegen und Leute gehört, die sich an ihren Fenstern und Türen zu schaffen machten. Sie wurde wegen übler Nachrede angezeigt: vom Bruder eines Mannes, dessen Vergangenheit noch viel schlimmer war, als sie angedeutet hatte. Dieser Mann, eine Stütze der katholischen Kirche in der Stadt, heißt Dr. Emil Janik; während des Kriegs nannte man ihn, weil er mit den Nazis sympathisierte, den »braunen Emil«. Frau Rosmus wurde einmal während einer öffentlichen Versammlung gefragt, ob sie ihn wirklich für einen Nazi halte. Sie antwortete, er sei zwar kein richtiger Nazi gewesen, ein Widerstandskämpfer aber auch nicht. Daraufhin zeigte sie der Bruder von Dr. Janik an, also mußte sie Beweismaterial vorlegen. Die Dokumente zeigten, daß Janik nicht nur Antisemit gewesen war, sondern auch alle Katholiken aufgefordert hatte, für Hitler zu stimmen. Die Klage wurde letztendlich zurückgezogen. Aber während der Voruntersuchung wurde der Versuch gemacht, den Verfassungsschutz gegen sie einzuschalten, weil sie ein »staatsgefährdendes Element« sei.

Natürlich waren fast alle Hetzbriefe anonym. Aber der interessanteste Brief trägt eine Unterschrift und enthält keine Schmähungen. Er stammt von einem ehemaligen Wehrmachtsoffizier, der während des Kriegs in Westeuropa und an der Ostfront gedient hat. Als er sich bei der Waffen-SS, »unserer Elite«, beworben habe, sei er abgelehnt worden. Und während des ganzen Kriegs sei »er nie auf Lager gestoßen noch Menschen begegnet, die auf irgendeine Weise außergewöhnlich waren«. Er wurde nach dem Krieg von den Amerikanern verhaftet und »wie ein Verbrecher behandelt«, obwohl er »weder Verbrechen begangen noch welche gesehen hatte«. Er habe nur »seine Pflicht getan«.

Der Brief ist insofern interessant, als seine Sprache der von Jenningers Rede ähnelt. Aber dieser Mann glaubte tatsächlich an die Argumente, die Jenninger nur zitiert hat. Der ehemalige Soldat malte das bekannte Bild des Niedergangs der Weimarer Republik: Arbeitslosigkeit, nationale Erniedrigung und »kleine Geschäfte, die vom jüdischen Kapital ruiniert« worden seien. Also sei es doch nur verständlich, daß bei der Machtergreifung Hitlers die Mehrheit des deutschen Volkes froh war, daß »endlich etwas geschah«.

»Sog. Motzer, Besserwisser, Quertreiber waren natürlich unerwünscht und wurden, wenn sie keine Bereitschaft zeigten, sich unterzuordnen, ›aus dem Verkehr gezogen‹. Sie kamen in sog. Schutzhaftlager, aus denen man später den Namen Konzentrationslager machte ... Um Deutschland aus den Klauen des Versailler Vertrages herauszulösen, gab es nur ein ›mit‹, kein ›gegen‹ ...

Ich muß gestehen, daß sich unsere Jugendzeit in eine ausgezeichnete Richtung begab. Wir erzogen uns gegenseitig, wehrten uns gegen alles, was unnatürlich erschien, und litten unter keiner negativen Beeinflussung ...

Daß die jüdische Bevölkerung, die sich in der Zeit von

28–32 nicht sehr beliebt gemacht hatte, hierzulande unerwünscht war, zeichnete sich immer mehr ab. Daß Haß geschürt wurde und es zur sog. ›Kristallnacht‹ kam, das war 1938, fand bei normalen Menschen kein Verständnis, zumal die Juden ja bis dahin zumindest geduldet wurden …

Da fragen wir uns natürlich, die wir aus dieser Zeit stammen, warum das sein muß, denn es kann doch nicht im eigenen Interesse liegen, sich immer noch mehr zu beschmutzen. Ich meine, daß nachweisbare Tatsachen beschämend genug sind und es sich erübrigt, diese noch zu verschärfen. Ungeheuerlich finde ich auch, daß nunmehr Herr Galinski und Herr Wiesenthal immer wieder das Feuer schüren müssen. Bin ich mir schon selber keiner Schuld bewußt, Unrecht getan zu haben, kann ich doch nicht dulden, daß nunmehr auch meine Kinder und Enkel noch zur Rechenschaft gezogen werden.«

Demnach hätte Anja Rosmus ihre Heimat beschmutzt und damit auch das ganze Land. In Wirklichkeit aber hat sie herausgefunden, daß manche Menschen sich viel anständiger verhalten haben, als man es von ihnen erwartet hätte. Der Bürgermeister während des Krieges zum Beispiel ist als dämonischer Nazi diffamiert worden; ihm hat man die Schuld für alles zugeschoben. Aber in Wahrheit hat er versucht, die Deportationen zu verhindern, und Juden die Flucht ermöglicht. Anja Rosmus hat auch Informationen über andere Menschen gesammelt, die einiges riskiert haben, um den Verfolgten zu helfen. Mitarbeiter im Rathaus haben Pässe ausgestellt, Anja Rosmus' Großmutter hat den Insassen eines Lagers bei Passau Lebensmittel gebracht, und Hausfrauen haben Unterschlupf gewährt. Ihr stiller Heldenmut wurde nie gewürdigt. Niemand hat sich sonderlich für diese Menschen interessiert. Wie Anja Rosmus erfahren mußte, haben diese Menschen auch nur ungern über sich gesprochen.

Ich fragte sie, was ihrer Meinung nach der Grund dafür sei. Sie sagte, solche Menschen hätten allein aus humanitären Gründen geholfen, das seien keine politischen Menschen gewesen. Doch gebe es auch einen anderen Grund: »Die meisten wollen nicht, daß man ihnen vorhält, sie hätten gegen das Gesetz verstoßen. Die Leute in dieser Stadt denken sehr ambivalent über den Widerstand. Sie bringen Vaterlandsliebe und Gesetzestreue oft durcheinander. Deswegen wurde Widerstand, auch der gegen die Nazis, nie wirklich entschuldigt. Passau ist zu sechsundneunzig Prozent katholisch. Es gab hier Menschen, die aus religiösen Gründen Widerstand geleistet haben. Ein Priester wurde ermordet, weil er Juden in der Kirche verteidigt hatte. Ein anderer Priester hat sich geweigert, Hitler einen Treueid zu leisten. Auch er wurde ermordet. Aber niemand hat je über diese Männer mit Hochachtung gesprochen. Sie hatten gegen die Regel verstoßen. Sie waren ungehorsam gewesen. Und zivilen Ungehorsam hält man hier für etwas Schlechtes. Meine eigene Großmutter fühlt sich noch immer schuldig, weil sie gegen die Gesetze verstoßen mußte, um Menschen zu helfen. Deswegen haßt man mich hier so. Auch wenn es die reine Wahrheit war, was ich gesagt habe: ich habe mich gegen die Behörden gestellt.«

Ich fragte nach ihren religiösen Gefühlen. Ob sie eine Rolle bei ihren Unternehmungen gespielt hätten? Sie lachte und sagte: »Ich bin mit fünfundzwanzig aus der Kirche ausgetreten. Es war für meine Eltern ein richtiger Schock, denn sie haben für die Kirche gelebt. Sie verstehen es immer noch nicht; sie weigern sich zu akzeptieren, daß ich nicht religiös bin.« Mich überzeugte das nicht. Meine Blicke wanderten immer wieder zu den Bildern der orthodoxen Juden. Anja Rosmus war zu jung, um den neurotischen Philosemitismus der Generation ihrer Eltern zu teilen. Aber vielleicht auch nicht. Vielleicht war das keine Frage des Alters. Ich dachte an die jungen Menschen, die ich in Berlin erlebt hatte: junge Deutsche, die in den neugegründeten jüdischen Cafés um die zerstörte Synagoge an ihrem Tee nippten, junge Nichtjuden, die den Davidstern um den Hals trugen.

Anja Rosmus sagte, als könnte sie meine Gedanken lesen: »Ich habe mich mit der jüdischen Religion beschäftigt. Ich glaube, Jesus war ein typischer Jude. Wissen Sie, so viele

Dinge in der christlichen Religion haben nichts mit Religion zu tun: Weihnachten, Ostern, das sind alte germanische Gebräuche. Gleichzeitig feiern wir sonntags in der Kirche viele jüdische Riten. Später habe ich Freud gelesen. Er schrieb von dem, was ich immer persönlich gefühlt habe, nämlich daß die Menschen ihre religiösen Träume aus einem tiefen psychologischen Bedürfnis heraus erfinden.«

Man würde dieser mutigen Frau nicht gerecht, wenn man ihre Anstrengungen auf irgendeinen religiösen Impuls reduzieren wollte. Es gibt keinen Grund, daran zu zweifeln, daß es ihr nur um die Wahrheit ging. Und sie hat ein waches politisches Urteilsvermögen. Mich störte es nicht, daß sie ihren Ruhm bzw. ihren Ruf zu genießen schien. Ihre Eitelkeit hat sie wohl vorangetrieben, als es für sie gefährlich wurde. Aber es war auch etwas Eiferndes an ihr, das vielleicht nicht unbedingt etwas Religiöses, aber zumindest etwas Moralisierendes an sich hatte. Ihre Augen glänzten, wenn sie mir immer schlimmere Geschichten aus ihrer Heimatstadt erzählte. Der erste gedruckte Text aus Passau – er entstand im Jahr 1476 – zeigte Bilder von der Zerstörung einer Synagoge. Ein Gaswerk steht genau an der Stelle, wo sich einst der Saal der jüdischen Gemeinde befand. Einer ihrer Nachbarn war Aufseher in Auschwitz gewesen. Er hatte dort Diamanten versteckt, war zurückgekehrt, um seinen Schatz auszugraben, und erschoß den Freund, der ihm dabei behilflich gewesen war, als sich herausstellte, daß dieser Jude war. Diese Geschichte wurde in *Abrahams Gold* verfilmt. Ich hatte keinen Grund, Anja Rosmus nicht zu glauben. Mit der Wahrheit nahm sie es sehr genau. Aber es gibt einen Punkt, von dem an die Entlarvung von Mythen selbst wieder Mythen hervorbringt.

Die Geschichte mit den Hakenkreuz-Brotlaiben zum Beispiel. Jedes Jahr treffen sich Mitglieder der rechtsradikalen Deutschen Volksunion in der Passauer Nibelungenhalle. Zu ihnen gesellen sich Skinheads, die verschiedensten Außenseiter der Gesellschaft und haßerfüllte alte Kriegskameraden. Sie hetzen, singen Lieder, trinken Bier und hören sich höchstwahrscheinlich all die alten Geschichten wieder an. Vielleicht werden auch NS-Souvenirs getauscht. Aber als sei das nicht schon schlimm genug, kursierten Gerüchte von Brotlaiben, die in der Form eines Hakenkreuzes gebacken auf dem Marktplatz frisch und warm feilgeboten worden seien. Die Presse hat die Geschichte aufgegriffen und sie benutzt, um das Bild von dieser unverbesserlichen Stadt Passau, in der einst Hitler lebte und Eichmann sich trauen ließ, mit einer pikanten Note zu versehen. Anja Rosmus war nicht verantwortlich für die Verbreitung dieser Geschichte, die sich als unwahr herausstellte. Aber die Geschichte ist typisch für die Art Legenden, die sich an Orten mit dunkler Vergangenheit bilden.

Frau Rosmus erzählte mir eine andere Geschichte, an deren Wahrheit wiederum keine Zweifel bestehen. Es gab außerhalb von Passau ein kleines Konzentrationslager, ein Außenlager des KZ Mauthausen. Das war eines jener Dinge, über die in Passau niemand sprach, als Anja Rosmus noch Schülerin des Gymnasiums war, an dem einst Himmlers Vater Latein unterrichtet hatte. Es hatte auch in Passau die üblichen Debatten darüber gegeben, wie man der Zeit des Kriegs gedenken sollte. 1946 wurde der Beschluß gefaßt, das Stadtzentrum zur Erinnerung an die Opfer des Nationalsozialismus umzubennenen; auch ein Denkmal war geplant. Aus beiden Projekten wurde nichts. Erst Jahre später wurde im Innstädter Friedhof ein Gedenkstein aufgestellt. Soldaten sind dort ebenso begraben wie die eigentlichen Opfer des Nationalsozialismus. Damit sei es genug, befand der Bürgermeister. Und der Standort des Lagers wäre gänzlich aus dem Gedächtnis der Öffentlichkeit verschwunden, hätte sich der Ortsverein der SPD 1983 nicht entschlossen, einen Gedenkstein zu stiften.

Es war nicht leicht, den Ort zu finden. Es gibt einen See, der durch einen Staudamm geteilt wird. Auf dem Weg dorthin kam ich an einem Schild mit der Aufschrift »AUF DIE DAUER HILFT NUR POWER« vorbei. Zu hören war nur Vogelgezwitscher und das sanfte Muhen der Kühe in ihren langgezogenen Holzställen (ehemalige Baracken?). Ein alter Mann mit einer blauen

Schirmmütze arbeitete in der Nähe des Damms. Ich fragte ihn, ob dieser Damm »damals« von den Gefangenen gebaut worden sei. »Er sagte: Ja« und fuhr mit seiner Arbeit fort. Ob er vielleicht wisse, wo der Gedenkstein sei? »Nein«, sagte er, ohne aufzuschauen. Ich war drauf und dran, meine Suche aufzugeben, als ich den hinter Büschen verborgenen Stein erspähte. Es ist ein einfacher grauer Markierungsstein. »In Gedenken an die Opfer des Außenlagers des KZ Mauthausen in Oberilzmühle, 1942–1945«, steht darauf. Unter dem Text fünf Kreuze und eine Jahreszahl: 1983. Die Buchstaben sahen aus wie Runen, die alten Schriftzeichen der Germanen – angeblich ursprünglich Zauberzeichen –, die die Nazis so liebten.

Eine geschmacklose Wahl, aber wohl von Menschen mit den besten Absichten getroffen. Auf Archaismen, gleich welcher Art, kann man überall in Deutschland stoßen. Je unsicherer, je neuer ein Regime oder eine Institution, desto eher wird an eine alte Tradition angeknüpft. Im Deutschland des 19. Jahrhunderts liebte man einen pseudomittelalterlichen Stil. Die Nazis haben solche Rückwärtsgewandtheit auf ihre Art fortgesetzt. Und sie lebt weiter in den rekonstruierten Fassaden deutscher Nachkriegsstädte. Was sind schon diese zwölf Jahre, verglichen mit dem Glanz des Heiligen Römischen Reiches Deutscher Nation, des Deutschherrenordens, des Barock oder des Rokoko?

Am Rathaus von Passau gibt es noch spätgotische Bauteile, der größte Teil des Gebäudes stammt jedoch aus dem 19. Jahrhundert. Die Wandmalereien der Innenräume sind von Ferdinand Wagner (1847–1927): Szenen aus dem Nibelungenlied. Zu den spätgotischen Teilen gehört die Außenfassade zur Donau hin. Dort hatte ich mich mit einem der Gegner von Anja Rosmus verabredet. Er hieß Gottfried Dominik und war Geschäftsführer des Fremdenverkehrsbüros neben dem Rathaus.

Dominik war Mitte Vierzig, trug einen Schnurrbart, und sein Schädel glänzte rosa durch einen etwas schütteren blonden Haarkranz hindurch; sein Janker hatte Hornknöpfe.

Dominiks Miene war nicht unfreundlich, aber grämlich, als leide er an Verdauungsstörungen. Wenn er sich aufregte, lief er rot an.

Als ich mich auf den Stuhl vor seinem Schreibtisch setzte, wies Dominik auf einen gerahmten Spruch an der Wand. Er war von einem deutschen Kardinal unterzeichnet. »Das ist das Motto meines Lebens«, sagte Dominik. Der Spruch lautet: »Glücklich sind die, die Träume träumen und bereit sind, den Preis ihrer Verwirklichung zu zahlen.« Ich nickte und fragte nach Anja Rosmus. Sein Gesicht bekam sofort seinen grämlichen Ausdruck, und er holte zu einer Erklärung aus. Es ginge um zwei Fragen, sagte er, um den guten Ruf von Passau und um die Persönlichkeit der Frau Rosmus. Passau liege in einem besonderen Teil Bayerns. Die Menschen hier seien ein wenig stolz und konservativ. Und dann sei diese Frau Rosmus gekommen und habe Passau eine Stadt der Nazis genannt, habe überall Menschen beleidigt mit ihrer »perfekten One-woman-Show«. Das habe Passau sehr geschadet. Man müsse sich darum nicht wundern, daß das Ganze viel Ärger gemacht habe.

Ja, sagte ich, das könne ich verstehen. Aber ob denn die Behauptungen von Frau Rosmus nicht wahr seien? Dominik kaute an seinem Schnurrbart und öffnete eine braune Mappe, die auf seinem Schreibtisch lag. Er zog einen Zeitungsartikel hervor, der von Rosmus und Passau handelte und in der Londoner *Sunday Times* erschienen war. Sein Gesicht rötete sich, als er mit dem Zeigefinger auf den Artikel klopfte: »Alles Lügen«, sagte Dominik, »alles Lügen!« – Ob er das ein wenig präzisieren könne? – »Die Geschichte mit den Hakenkreuz-Brotlaiben. Die hat es nie gegeben.« – Ob die Geschichte denn von Frau Rosmus stamme? – Das wisse er nicht genau, er sei aber sicher, daß sie den Artikel lanciert habe.

Da ich das Thema des Hakenkreuzbrotes erst einmal beiseite lassen wollte, fragte ich Dominik, ob er der Meinung sei, daß die Fakten, die Frau Rosmus in ihrem Buch über die Stadt Passau während der Kriegsjahre zusammengestellt habe, richtig seien. Er beruhigte sich etwas, und der geplagte Ausdruck trat wieder in sein Gesicht. Das, sagte er, könne er schwer beantworten. Denn er selber stamme nicht aus Passau. Seine Familie schon. Dann deutete er auf zwei Hochglanzfotografien, die an der Wand hingen, Aufnahmen von bayerischen Landschaften, die das Fremdenverkehrsbüro hatte machen lassen. »Sehen Sie«, sagte er, »Wahrheit ist keine Sache von Einzelheiten, sondern eine Frage der Farbe und des Tons.« Dann kam er wieder auf den Zeitungsartikel zu sprechen und sagte: »Aber das sind bewußte Fälschungen, fürchterliche Lügen, die das Bild unserer Stadt beschmutzen. Und sie genießt ihren internationalen Ruhm, das gute Mädchen gegen die schlechte Stadt.«

Vielleicht, erlaubte ich mir zu sagen, beginne das Problem damit, daß die Geschichte so lange unterdrückt worden sei. – Nein, sagte Dominik, das sei völlig falsch: »Ich wußte immer viel von der Vergangenheit. Ich habe Albert Speer kennengelernt, und ich kannte auch die Tochter von Hermann Göring. Und einmal habe ich sogar die Sekretärin Hitlers getroffen. Nein. Ich habe mich immer für die Geschichte interessiert. Ich habe die Memoiren von Speer gelesen und das Tagebuch der Anne Frank. Und meine Großmutter wurde von den Nazis zusammengeschlagen, und meine Mutter war Zeugin eines Todesmarsches. Glauben Sie mir, für uns war das alles viel schwieriger. Ich bin Jahrgang 1946. Unsere Lehrer haben uns nicht viel erzählt. Aber für die Generation von Frau Rosmus war das schon ganz anders. Da wurde nichts unterdrückt.«

Ich erzählte Dominik von meiner Fahrt zur Stätte des Außenlagers und fragte ihn, ob es nicht ein wenig spät gewesen sei, daß man dieses Orts erst 1983 offiziell gedachte. Er machte eine beschwörende Geste und lud mich ein, mit ihm um die Ecke ein gutes Bier trinken zu gehen. Unterwegs sagte er, die Lager seien eine sehr, sehr schlimme Sache gewesen, aber man erzähle auch viel Unfug über sie. Immer wieder würde behauptet, Dachau sei ein Vernichtungslager gewesen: »Völliger Quatsch! Dachau war ein Arbeitslager.«

Wir tranken unser Bier. Der Schaum blieb ihm im Schnurrbart hängen, so daß er viel älter aussah. Ich fragte ihn wieder nach dem Außenlager und dem kleinen versteckten Denkmal. Dominik zeigte allmählich Zeichen des Unwillens. »Es ist schwer«, räumte er ein, »sehr schwer sogar. Ich weiß, was Sie meinen. Aber erlauben Sie mir, meine persönliche Meinung zu sagen. Wenn man einen verkrüppelten Arm hat, will man das doch nicht unbedingt überall vorzeigen. Damals, das war ein Tiefpunkt in unserer Geschichte. Aber es waren nur zwölf Jahre in einer Geschichte von einigen tausend Jahren. Also neigen die Menschen dazu, sie zu verbergen, genau wie ein Mensch mit einem verkrüppelten Arm wohl kaum ein Hemd mit kurzen Ärmeln tragen wird.«

Ich schaute in das rosige Gesicht und auf den schaumbedeckten weißen Schnurrbart. Er war kein schlechter Mensch, nur völlig borniert. Er gehörte zu derselben Generation wie die radikalen antifaschistischen Intellektuellen der achtundsechziger Jahre. Aber während andere demonstriert oder Kontinutitäten des Faschismus aufgedeckt haben, war Gottfried Dominik, wie viele andere auch, ein braver Junge gewesen, Mitglied des örtlichen katholischen Jugendverbands, konservativ aus alter Gewohnheit. Er verurteilte seine Eltern nicht. Er redete genauso wie sie.

Wir schwätzten noch freundlich miteinander. Er fragte mich, worüber ich denn schreiben würde. Ich erzählte ihm von meinem Buch. Ach so, sagte er, er sei einmal in Japan gewesen, und zwar in Tokio. Aber es sei ihm unmöglich gewesen, sich mit den Menschen dort zu unterhalten. Sie hätten einfach nicht verstehen können, wie die Deutschen mit ihrer Geschichte umgingen. »Sie hielten unsere Ehrlichkeit, was die Vergangenheit angeht, für eine Schwäche, für einen Gesichtsverlust gegenüber unseren ehemaligen Feinden. Nein, ich habe sie gar nicht verstanden. Und dann der Kaiser, der noch an der Macht war. Nein, die haben eine völlig andere Vorstellung von Geschichte, sie gehen völlig anders damit um.«

**Hanaoka** Im Sommer 1945, kurz vor Kriegsende, war Tsuneo Yachita gerade fünf Jahre alt. Aber er kann sich immer noch an den »Hanaoka-Vorfall« erinnern. Damals wußte Yachita natürlich noch nicht, daß dieses Ereignis einmal so genannt werden würde. Er wußte auch nicht genau, was sich da am Abend des 30. Juli ereignete. Aber er erinnert sich daran, gesehen zu haben, wie eine Gruppe Männer chinesische Zwangsarbeiter, die auf ihren Knien vor dem Rathaus kauerten, umringten. Er erinnert sich an die Schreie: »Tötet die Gelben! Tötet die Gelben!« Die Gelben, hieß es damals, hätten einen Japaner getötet und aufgegessen. Yachita erinnert sich, gesehen zu haben, wie Schlagstöcke aus Bambus auf die nackten Chinesen niedersausten, bevor seine Mutter ihn schnell fortzog. Das war nichts für kleine Kinder.

Was war tatsächlich geschehen? Am Abend des 30. Juli flüchteten mehr als achthundert chinesische Zwangsarbeiter aus einer Kleinstadt in Nordostjapan in die Berge. Die örtliche Miliz, überwiegend mit Bambusspeeren und Schlagstökken bewaffnete Bauern und Ladenbesitzer, unterstützte die Polizei bei der Jagd auf die Geflohenen. Kaninchenjagd nannte sich das. Die Chinesen wurden in einen Hof der Gemeindehalle getrieben und gezwungen, sich mit nacktem Oberkörper hinzuknien, die Hände wurden ihnen auf den Rücken gebunden, und sie mußen dort drei Tage und drei Näche lang ohne Nahrung und ohne Wasser kniend verbringen. Es war gerade die heißeste Jahreszeit. Yachita hat später gehört, daß manche Chinesen versucht hätten, ihren eigenen Urin zu trinken. Ungefähr fünfzig Chinesen wurden in der Gemeindehalle zu Tode gefoltert. Manche wurden mit ihren Daumen an der Decke aufgehängt und geschlagen. Anderen wurde Wasser in die Kehle geschüttet. Danach sprangen Japaner ihnen auf die Bäuche. Lehrer forderten die Schuljungen auf, die Chinesen zu bespucken. In einem Dorf, nicht weit von dort, wo Yachita die Gefangenen gesehen hatte, haben Teenager des örtlichen Jugendverbands mehrere Chinesen mit Stöcken zu Tode geprügelt.

Die Zwangsarbeiter waren 1944 von China nach Hanaoka in der Präfektur Akita verschleppt worden. Das war nichts Ungewöhnliches. Die Kaiserliche Armee ließ sich dafür bezahlen, daß sie japanische Unternehmen mit Kriegsgefangenen und verschleppten Zivilisten versorgte, die dort als Zwangsarbeiter eingesetzt wurden. Während des Kriegs wurden ungefähr vierzigtausend Menschen nach Japan gebracht, etwa siebentausend von ihnen sind dabei ums Leben gekommen. Nicht viele, verglichen mit der Zahl der Toten unter den 7,8 Millionen Ausländern, die während des Kriegs für Deutschland Zwangsarbeit leisten mußten; aber die Brutalität, mit der man die Chinesen behandelt hat, ist schlimm genug. Über zwei Millionen Koreaner lebten in Japan, aber weil Korea offiziell Teil des Japanischen Reichs war und damit alle Koreaner als japanische Bürger galten, war ihre Lage etwas anders, wenn auch nicht unbedingt besser. Fast jeder zweite dieser Koreaner wurde während des Kriegs zur Zwangsarbeit verpflichtet und häufig auch mißhandelt. Statistisch gesehen war der Hanaoka-Vorfall nur ein kleines Vorkommnis neben vielen ähnlichen. Aber durch puren Zufall ist er der einzige, dessen Einzelheiten überliefert sind.

Die Chinesen in Hanaoka mußten für Kajima Gumi arbeiten, ein großes Bauunternehmen, das bei einer Bergwerksgesellschaft namens Dowa unter Vertrag stand. Gearbeitet wurde in einem Kupferbergwerk. Und mitten im Winter mußten die Chinesen einen Flußdamm bauen, weil der Fluß umgelenkt werden sollte. Selbst im tiefsten Winter, als Akita zugeschneit war, hatten die Chinesen nur dünne Lumpen zum Anziehen. Zu essen erhielten sie faulige Apfelschalen und pro Tag eine Schüssel wäßriger Reissuppe. Bei einem Besuch in Hanaoka befand ein Beamter des Gesundheitsministeriums, die Chinesen würden noch zu schonend behandelt. »Man muß sie wie ein nasses Handtuch auswringen, bis kein Tropfen mehr übrigbleibt«, sagte er. Von den 986 Chinesen, vorwiegend Bauern oder Kriegsgefangene, haben den Krieg nur 568 überlebt.

Bei ihrem Ausbruch am 30. Juli hatten die Chinesen den vagen Plan verfolgt, sich zu den amerikanischen und australischen Kriegsgefangenen in einem kleinen benachbarten Lager zu flüchten, sich mit ihnen zusammen zur Küste durchzuschlagen, dort einen Fischkutter zu kapern und nach Hokkaido überzusetzen, denn sie dachten, Hokkaido wäre schon befreit. Sollte der Plan mißlingen, wollten sie sich ins Meer stürzen. Tatsächlich aber kamen sie nicht weiter als bis zu den Hügeln hinter dem Arbeitslager. Ein viele Jahre nach dem Krieg in der Nähe des Lagers errichtetes Denkmal spricht von dem Ausbruch als einem Unternehmen »zur Wahrung der Würde des Menschen«. Im September 1945, noch *nach* der Kapitulation der Japaner, wurden die überlebenden Chinesen in Akita gerichtlich schuldig gesprochen, durch einen Ausbruch während der Kriegszeit die nationale Sicherheit gefährdet zu haben. Sie erhielten lebenslängliche Haftstrafen.

Die Ereignisse wären nie zum »Hanaoka-Vorfall« geworden – das heißt, sie wären in denselben undurchsichtigen Nebel gehüllt, der den größten Teil der Geschichte der Zwangsarbeit in Japan umgibt –, hätten nicht amerikanische Besatzungsbehörden Angestellte von Kajima Gumi bei der Öffnung eines Massengrabes überrascht; die Japaner wollten auf diesem Weg alle Beweise für ihre Behandlung der Chinesen verschwinden lassen. Das führte zu dem einzigen Prozeß gegen Kriegsverbrecher in Japan, bei dem sich die Anklage gegen ein privates Unternehmen richtete. Die chinesischen Gefangenen wurden aus dem Gefängnis von Akita befreit und erschienen im Prozeß gegen ihre früheren Peiniger als Zeugen. Acht Angestellte von Kajima Gumi wurden 1948 vom Alliierten-Tribunal in Yokohama verurteilt, einige von ihnen wurden gehenkt. Sie hatten keine besonders bedeutenden Positionen inne, und die zu Haftstrafen Verurteilten wurden 1956 wieder freigelassen, wie schon einige Jahre zuvor der während des Kriegs für die Zwangsarbeit verantwortliche Nobusuke Kishi. Kishi sollte später Ministerpräsident seines Landes werden. Und Kajima Gumi heißt heute Kajima Kensetsu und ist eines der größten Bauunternehmen der Welt, mit riesigen Niederlassungen in China.

Einige der Chinesen, die den Vorfall überlebt haben, blieben in Japan. Einer von ihnen beging Selbstmord, als Tschou En-Lai 1972 ein Abkommen mit der japanischen Regierung unterzeichnete, das die Japaner von ihrer Verantwortung für die Ereignisse während des Kriegs freisprach und damit auch von jeder Verpflichtung befreite, den chinesischen Opfern Entschädigung zu zahlen. Noch bis vor wenigen Jahren hat die chinesische Regierung überlebende Zwangsarbeiter mit Erfolg daran gehindert, viel Aufhebens um ihr Schicksal zu machen. Denn China war angewiesen auf günstige japanische Kredite. Und nicht nur das. Chinesen, die sich während des Kriegs in Japan aufgehalten hatten, galten im ausländerfeindlichen Klima des maoistischen China sowieso als verdächtig. Während der Kulturrevolution warf man den damaligen Arbeitssklaven vor, japanische Spione zu sein. Man kann sich kaum vorstellen, wie sie von den Roten Garden behandelt worden sein müssen.

Doch gab es wenigstens Hinweise auf die Vorfälle in Hanaoka. Die meisten allerdings lagen in amerikanischen Archiven. Viele dieser Dokumente mußten in den späten achtziger Jahren nach amerikanischem Recht der Öffentlichkeit zugänglich gemacht werden. Zur gleichen Zeit erhielten die noch lebenden Chinesen die Möglichkeit, nach Japan zu fliegen und ihre Ansprüche geltend zu machen, wenn nicht gegen die japanische Regierung, dann zumindest gegen Kajima Kensetsu. 1990 besuchte eine Gruppe von vier Überlebenden Hanaoka zum ersten Mal seit dem Krieg. Die Chinesen erkannten den Ort kaum wieder, so sehr hatte sich alles verändert. Sie mußten sich auf ihr Gedächtnis verlassen. Sie wurden in Hanaoka, das heute im Bezirk der Stadt Odate liegt, von einer kleinen Gruppe Japaner empfangen. Darunter waren zwei Männer, die trotz aller Widrigkeiten die Erinnerung an den Hanaoka-Vorfall wachgehalten hatten. Einer von ihnen ist Tsuneo Yachita.

Yachita, der als Gewerkschaftsfunktionäre arbeitet, hatte sich freigenommen, um mich durch die Stadt führen zu können. Er sprach mit dem Akzent des Nordostens, bei dem viele Silben verschluckt werden, wegen der Kälte, wie man sagt. Yachita war leger gekleidet, so wie alle japanischen Männer, die stolz darauf sind, ihre Unabhängigkeit von Gruppenzwängen zu demonstrieren; er trug ein buntes Hemd ohne Krawatte, bequeme Hosen und ein Sportsakko. Wir waren am Abend vorher in ein koreanisches Restaurant trinken gegangen, denn er wollte, daß ich ein mit ihm befreundetes koreanisches Pärchen, die Inhaber des Restaurants, kennenlernte und mir ihre Geschichten über antikoreanische Diskriminierung anhörte; sie gehörten zu den wenigen Koreanern in der Stadt. Während des Abends wies Yachita mehrmals darauf hin, daß die Japaner die Koreaner und Chinesen wie Untermenschen behandelt hatten. Er erinnerte sich an ein koreanisches Mädchen aus seiner Schule, das er und seine Mitschüler eigentlich gar nicht als Mensch angesehen hätten. Das war nach dem Krieg gewesen.

Das Areal, auf dem das Lager für die Chinesen stand, gehört der Dowa-Bergbaugesellschaft. An dem Feldweg, der zu dem steinernen Denkmal an der Stelle der ehemaligen Stätte führt, steht ein Schild: »Achtung! Zutritt verboten!« Wir ignorierten das Schild und bemerkten, wie ein Firmenwagen uns in sicherem Abstand folgte. Yachita lachte und sagte, das sei immer so. Die Landschaft war von einer trügerischen Schönheit. Den rötlichen Boden bedeckte Kieselschiefer, der die Farbe von grünlichem Schimmel hatte. Die Wasserfläche eines großen Sees war von einem orangefarbenen Film überzogen. Dowa leitet toxischen Abfall in diesen See. Warf man einen Stein hinein, dann stiegen aus der zähflüssigen Brühe schwarze Luftblasen auf. Das ehemalige Lager der Chinesen befand sich auf dem Grund dieses neuentstandenen Sees.

Von einem Hügel in der Nähe des Lagers aus zeigte mir Yachita die markanten Punkte der Gegend. Hanaoka liegt in einer breiten, flachen Ebene, umgeben von schneebedeckten Bergen, die aus der Entfernung wie Schokoladentorten mit

Sahnehäubchen aussehen. Im Lauf der Zeit haben sich nicht nur die Städte und Dörfer der Ebene verändert, sondern auch die Landschaft ist nicht mehr die von 1945. Der See war neu, die Flüsse verliefen anders, ganze Hügel waren verschwunden, um Straßen oder Neubauten Platz zu machen, während andere Hügel aus Schiefer und Schlick aufgeschüttet worden waren. Ein ehemaliger See war jetzt ein Sumpfgebiet. Das Rathaus ist verschwunden, die alte Gemeindehalle wurde in den sechziger Jahren abgerissen und durch einen häßlichen Betonbau auf der anderen Seite des Hofs ersetzt, in dem die Chinesen einst gefangengehalten wurden. Ein großer Supermarkt erhebt sich dort, wo früher die Dorfläden standen, und die Stadt Odate überwuchert die ehemaligen Reisfelder.

Aber nicht alles war verschwunden. Yachita deutete auf ein Grüppchen heruntergekommener Baracken. Dies war das Lager für die amerikanischen Kriegsgefangenen gewesen. Ich fragte ihn, ob sie auch in dem Bergwerk hatten arbeiten müssen. »Nein«, sagte er, »wir Japaner haben für die Weißen schon immer gut gesorgt.« Sein Mund verzog sich zu einem grimmigen Lächeln. Ich lächelte zurück. Und dachte an all die Geschichten, die ich über die Behandlung der englischen Kriegsgefangenen gehört hatte, die an der Birma-Eisenbahn Zwangsarbeit leisten mußten, und über die »Japsen-Lager« in Niederländisch-Ostindien. Aber im Vergleich war Yachitas Bemerkung sicher richtig.

Er zeigte mir auch die Straße, auf der die Chinesen in die Berge geflüchtet waren und an der sich noch immer dicht an dicht Holzhäuser entlangzogen. Yachita sagte, die älteren Menschen dort würden sich noch an die gedämpften Laute nackter Füße in der Nacht des Ausbruchs erinnern. Er ahmte das Geräusch nach: Pata pata, pata pata. 1945 hatten die chinesischen Arbeiter keine Schuhe mehr.

Wir besuchten den Friedhof, den zwei Denkmale aus Stein überragen: eines gedenkt der »treuen Seelen« der im Krieg gefallenen japanischen Soldaten. Das andere erinnert an das »Martyrium der chinesischen Helden«. Es wurde 1963 nach einigem Hin und Her von der Stadt Odate und den beiden Unternehmen Dowa-Bergbau und Kajima Kensetsu errichtet. 1985 erklärte der sozialistische Bürgermeister von Odate den 30. Juni zum Tag des Friedens; seither findet alljährlich eine Zeremonie am Denkmal statt. Aber es wirkte vernachlässigt. Ein verwelkter, in Plastik gehüllter Blumenstrauß lag am Boden, am Sockel des Denkmals ein Plastikbehälter mit längst verfaulten Reisbällen.

In der Nähe des Flusses, an dem Chinesen und auch Koreaner arbeiten mußten und oft an den Folgen von Prügeln, Hunger und Erschöpfung starben, stand ein weiterer, viel kleinerer Gedenkstein. Die Inschrift war kaum zu entziffern, der Stein gesprungen wie zerbrochenes Glas. Blechdosen und die Reste von Snacks, Opfergaben für die toten Seelen, lagen herum. Die Inschrift lautete: »Ein buddhistisches Denkmal für die toten Chinesen.« Die Geschichte des Denkmals ist so schmutzig wie die Geschichte, deren es gedenkt. Als man die Angestellten von Kajima dabei ertappte, wie sie die Gebeine chinesischer Arbeiter wieder ausgruben, forderte man sie auf, ein ordnungsgemäßes buddhistisches Grabmal zu ihrer Bestattung zu errichten. Die Japaner weigerten sich und begruben die Knochen statt dessen auf diesem kleinen Hügel am Fluß hinter einem buddhistischen Tempel. 1949 neu entdeckte Gebeine wurden mit den anderen Knochen zusammen verscharrt; in aller Eile wurde das steinerne Mal errichtet. Vor einiger Zeit hat die Kajima Kensetsu angeboten, ein neues, größeres Denkmal zu stiften. Aber die kleine Organisation, die für die Rechte der überlebenden Chinesen eintritt, hat das Angebot abgelehnt – bis angemessene Entschädigungen gezahlt werden und ein Museum eröffnet worden ist. »Mit der Aufstellung von Gedenksteinen sind sie recht flott«, sagte Yachita, »aber wenn es um die historische Forschung oder finanzielle Entschädigung geht, dann kommt von ihrer Seite keinerlei Unterstützung.«

Nach Odate fährt man von Tokio aus ungefähr siebeneinhalb Stunden mit dem Zug, also ungefähr so lange wie von Berlin nach Passau. Der Nordosten Japans, besonders die Provinz Akita, ist auffallend rückständig, geradezu ärmlich, verglichen mit Zentral- und Südjapan. Die Stadtzentren sind düster und ohne jeglichen Reiz: schmucklose Betonbauten und nicht sehr einladende Einkaufsstraßen mit Plastiküberdachungen, damit der Schnee im Winter die Geschäfte nicht beeinträchtigt. Um die Holzhäuser am Stadtrand wird achtlos der Müll verteilt; die Häuser sind oft besser Bruchbuden. Die einzigen Farbtupfer in Odate, abgesehen von der allgegenwärtigen Werbung, die überall in Japan dieselbe ist, sind die kleinen Lokale, in denen sich die Männer abends betrinken.

Der Nordosten ist immer arm gewesen, obwohl er die Reiskammer Japans war. Vor dem Krieg, besonders aber während der Weltwirtschaftskrise, waren die Bauern so arm, daß sie oft ihre Töchter verkaufen mußten; Mädchen aus dem Nordosten waren in japanischen und auch anderswo in südostasiatischen Bordellen stark vertreten. Während die ältesten Söhne die Höfe erbten, traten ihre Brüder oft in die Armee ein, wo das Leben zwar hart war, aber wo es wenigstens immer etwas zu essen gab. Das elende Leben im Nordosten brachte Ressentiments gegen Politiker und Geschäftsleute hervor, die man nicht ganz zu Unrecht als habgierig und korrupt betrachtete. Takiji Kobayashi, ein kommunistischer Schriftsteller, der in der Nähe von Hanaoka zur Welt gekommen und noch weiter nördlich, in Hokkaido, aufgewachsen ist, wurde 1933 von der Polizei wegen der Verbreitung gefährlichen Gedankengutes zu Tode gefoltert. Ich hatte das Gefühl, daß die linksgerichtete Einstellung von Yachita und die Identifikation seiner koreanischen Freunde mit Nordkorea (obwohl sie aus dem Süden stammten) in diese Tradition gehört. Sie waren keine doktrinären Marxisten, aber sie waren gegen Korruption, gegen Diskriminierung und Besitzgier, die sie mit »Kapitalismus« gleichsetzten. Aus demselben Grund war hier das rechtsradikale »Bauerntum« vor dem Krieg so populär.

Der kalte Norden pflegte ein Selbstbild stoischer Tugendhaftigkeit: Treue, Ehrlichkeit, harte Arbeit usw. Vor dem Bahnhof in Odate erinnert ein Denkmal an den treuen Hund Hachiko, der jeden Abend dorthin kam, um seinen Herrn vom Zug abzuholen – eine der beliebtesten Ikonen Japans. Als der Herr eines Tages vor seiner Ankunft am Bahnhof starb, weigerte sich Hachiko, sich von seinem Fleck zu rühren. Er blieb auf seinem Posten, bis er starb. Der Steinhund wird immer wieder mit Blumen bekränzt – sie sind frischer und üppiger als die Opfergaben an den Denkmalen für die chinesischen Arbeiter.

Die Dörfer und Städte im Nordosten werden in Volksliedern besungen. Sie bilden auch einen beliebten Hintergrund für die japanische Version von Heimatgeschichten, die *furusato*-Geschichten. Filmregisseure, die die Wurzeln des Japanischen darstellen wollten, haben oft im Nordosten gedreht. Akita und Aomori sind noch immer von einer mystischen Primitivität geprägt. Der Nordosten, um einen beliebten Ausdruck städtischer Intellektueller zu benutzen, »stinkt nach Morast«. Die Menschen, die dort zur Welt gekommen sind, haben sich oft danach gesehnt, von dort wegzukommen; und sie sind auch oft gegangen. Aber den Schriftstellern, Künstlern und Dichtern aus Tokio erschien dasselbe *furusato* (wortwörtlich: »altes Dorf«) im verklärenden Schleier der Nostalgie als eine vor langer Zeit verlorene morastige japanische Heimat.

Oshin, die Heldin der beliebtesten Fernsehserie Japans, ist in einem Dorf des Nordostens zur Welt gekommen. Die Serie, die nach ihrer Heldin *Oshin* heißt, wurde 1984–85 vom halbstaatlichen Fernsehsender NHK ausgestrahlt, genau zur selben Zeit wie *Heimat* in Deutschland. Es waren 297 fünfzehnminütige Folgen, die jeden Morgen ausgestrahlt (Einschaltquote: 63 %) und am Nachmittag wiederholt wurden (Einschaltquote: 20 %). Stilistisch hatte *Oshin* mit *Heimat* nichts gemein. Der deutsche Film war ein Kunstwerk mit persönlicher Handschrift; *Oshin* war ein gut zusammengestelltes

Melodram. Und obwohl *Oshin* wie *Heimat* die traditionellen bäuerlichen Tugenden idealisiert und ihren Verlust beklagt, verläßt die japanische Heldin ihr Dorf ganz zu Beginn der Serie, weil ihre Familie sie nicht mehr ernähren kann. Es geht um den Verlust der Heimat in ganz wörtlichem Sinn, wie sie während der Industrialisierung Japans viele Menschen betraf (so auch in Deutschland und den meisten der industrialisierten Länder). Aber die Vorstellung von Heimat muß nicht regional gebunden sein. In *Oshin* wird das ganze Land zu einer Art Heimat. Besonders die Kriegsjahre werden aus heimatlicher Perspektive gesehen, ähnlich wie im Film von Edgar Reitz. Sowohl der deutsche Film als auch das japanische Fernsehmelodram sind eine Art regionale Antwort auf die Geschichtsversionen, die Hollywood bietet. Das war die Geschichte, wie »wir«, die nationale Familie, sie in Erinnerung haben; das vor allem macht die Attraktivität solcher Sendungen aus.

In *Heimat* ist es die Mutter, die die Familiengeschichte zusammenhält; ähnlich verkörpert Oshin die angeblich traditionellen Werte. Sie stellt das Ideal des konservativen Japan dar: sie erduldet viel Leid, arbeitet hart, ist ehrlich, heiter und höflich, sanft, aber auch zäh; jeder kann sich auf sie verlassen. Wenn Edgar Reitz einen Film der von linker Seite kommenden Nostalgiewelle schuf, entspricht *Oshin* dem, was man die offiziell erlaubte Form der Erinnerung an die Vergangenheit nennen könnte. Oshin ist eine friedliebende Frau. Sie lehnt den Krieg ab. Aber sie kann gegen den Krieg nichts unternehmen. Ihre Pflicht, so wird öfter aus dem Off erklärt, sei es, »für die Familie zu sorgen«. Die Serie wirbt plakativ für Pazifismus und lobt zugleich die Aufrichtigkeit, mit der die meisten Japaner den Krieg unterstützt haben.

Alle japanischen Soldaten in der Folge sind gutaussehend, aufrichtig, ritterlich und anständig, sogar der Schwager Oshins, ein militanter Patriot, der sie drängt, ihren Sohn auf die Militärakademie zu schicken. Auch Ryuzo, Oshins Mann, läßt sich von der militaristischen Propaganda begeistern. Sein Opportunismus ist offensichtlich; sein Geschäft floriert, weil er die Armee beliefert. Doch seiner Frau und den Kindern gegenüber verhält er sich zunehmend autoritär, und seine Ansichten werden immer chauvinistischer. In dieser Hinsicht geht diese quasioffizielle Unterhaltungsserie härter mit ihren Figuren ins Gericht, als Reitz es mit seinen tat. Die guten Menschen von Schabbach waren weder fanatisch noch chauvinistisch; nur der böse SS-Mann wird so dargestellt. Oshins Mann ist trotzdem nicht unsympathisch. Er ist ein guter Mensch, der aufrichtig an sein Land glaubt. (Es ist offensichtlich ungleich schwieriger, einen guten und aufrichtigen Nazi darzustellen.) Als Oshin protestiert, die Versorgung der Armee sei das gleiche wie Kollaboration im Krieg, erwidert Ryuzo, daß jeder Japaner seine Pflicht tun müsse, wenn Japan in den Krieg ziehe.

Der Fall von Nanking ist Anlaß für eine Feier. In einer eindrucksvoll arrangierten Szene, in Zeitlupe gefilmt, sehen wir, wie die ganze Stadt zu einer Lampionparade auf die Straße geht. Das verlangsamte Lachen auf den Gesichtern wirkt gespenstisch, fast diabolisch. Trotz ihrer pazifistischen Ansichten ist auch Oshin fröhlich. Die weibliche Erzählstimme aus dem Off berichtet, daß Oshin »die ungeheure Kraft fühlte, die die Zukunft Japans schmiedete«. Sie habe jedoch nicht gewußt, was für eine Kraft das war. Nanking sei erobert worden, und die ganze Familie gehe nun zur Parade auf die Straße. »Auch Oshin gehörte zu den glücklichen Japanern.«

Gleich in der anschließenden Episode erfahren wir, daß Oshin keine Ahnung hat von der Grausamkeit, mit der der Krieg in Asien geführt wird. (Auch die Zuschauer bekommen nichts mit davon; der Feind wird nie gezeigt – und schon gleich gar nicht, was ihm von japanischen Soldaten angetan wurde. Oshin ist besorgt und bedrückt, als auch ihre beiden Söhne die Kriegsbegeisterung des Vaters teilen und den Wunsch äußern, für ihr Land zu sterben. (Notabene: nicht für ihren Kaiser; in dieser NHK-Version der Vergangenheit wird der Kaiser geflissentlich übergangen.) Wir sehen Oshins mütterliche Sorge, aber zugleich sollen uns auch der jugendliche Eifer ihrer

Söhne, die Aufrichtigkeit und die Reinheit ihrer Gefühle beeindrucken. Ihre schönen, offenen Gesichter leuchten vor Begeisterung, wenn die um den Eßtisch versammelte Familie den patriotischen Reden lauscht – etwa in der Art der Hollywood-Filme, die James Stewart auf der Fahrt nach Washington zeigen. Im Gegensatz zu Schabbach gibt es hier keine schwarzen Schafe, keine Entsprechung des bösen SS-Mannes.

Das ist vielleicht der entscheidende Unterschied zwischen dem deutschen Begriff von Heimat und dem japanischen *Furusato*: im japanischen Dorf gab es eben keine Nazis, sondern nur Soldaten. Es gab dort keine Deportationen und keine Konzentrationslager in der Nähe. Es gab keine Reichskristallnacht, und keine Nachbarn, die über Nacht verschwanden. Es hat bestimmt Menschen gegeben, die weder den Krieg befürworteten noch die damit verbundene schwierige Wirtschaftslage, noch die Großtuerei von Dorflehrern oder soldatischen Haudegen, aber im Grunde hat jeder sein Teil dazu beigetragen. Und der Krieg selbst, das war irgend etwas, das ganz woanders stattfand, weit entfernt von zu Hause. Es gab nur eine Ausnahme. Wer das Pech hatte, in Okinawa zu wohnen, erlebte den Krieg 1945 in all seiner Schonungslosigkeit vor der eigenen Haustür. Die Einwohner Okinawas wurden als minderwertige Japaner behandelt; die Kaiserlich-Japanische Armee mißtraute ihnen und opferte viele von ihnen im Kampf mit den Sondereinheiten der US-Marines. Ungefähr 160000 Zivilisten, mehr als ein Drittel der Einwohner, kam im Kreuzfeuer ums Leben, und Hunderte begingen Selbstmord. Diese Erfahrung hat in Okinawa ein viel stärkeres Gefühl der Bitterkeit hinterlassen als überall sonst in Japan, trotz der Bombardierung von Tokio, Hiroshima und Nagasaki.

In Hiroshima und Nagasaki gab es aber auch Lager mit Zwangsarbeitern, Lager wie in Hanaoka. Überall in Japan gab es solche Lager, und japanische Zivilisten müssen von ihnen gewußt haben. Jeden Tag sahen die guten Menschen von Hanaoka, wie die ausgemergelten Gestalten der chinesischen Zwangsarbeiter die Straße entlang zur Arbeit getrieben wurden. Und dieselben guten Menschen halfen der Polizei bei der »Kaninchenjagd«, als die Arbeiter ausgebrochen waren. Irgendwann während unserer Sauftour in Odate erzählte mir Yachita von seinem Vater, der den Krieg so sehr gehaßt hatte, daß er eine ganze Flasche Sojasoße trank, damit er bei der Musterung für untauglich erklärt wurde. Und er versuchte auch zu Hause kriegsbezogene Arbeiten zu meiden. Doch als die »Kaninchenjagd« losging, machte er mit und durchkämmte mit dem Suchtrupp die Hügel. Er tat seine Pflicht, wie alle anderen auch. Und das war der Grund, warum nach dem Krieg niemand auch nur ein Wort über das verlor, was sich ereignet hatte. Vor 1979 haben die regionalen Geschichtsschulbücher den Vorfall nicht einmal erwähnt.

Kenji Nozue war einer der Schuljungen, der angewiesen wurde, auf die Gelben zu spucken. Er hat das nie vergessen: »Wenn ich Menschen über den Vorfall befrage, huschen Erinnerungen durch meinen Kopf, und es fällt mir dann schwer zu sprechen. Ich beginne zu zittern. Mir wird bewußt, daß ich einer der Gewalttäter war.« Dennoch hat Nozue nie aufgehört, Fragen zu stellen. Dreißig Jahre lang hat er nach und nach die tatsächlichen Ereignisse in jener Nacht rekonstruiert. Seine Familie ist deswegen bedroht worden, seine Kinder konnten nachts das Haus nicht verlassen, seine Fenster wurden eingeworfen, und er erhielt meistens nach Mitternacht anonyme Anrufe mit Morddrohungen. Nach 1975, als er seine Recherchen in einem Buch veröffentlicht hatte, kam es noch schlimmer. Niemand leugnete die Tatsachen, aber man warf ihm vor, sein Volk verraten und den Ruf seiner Heimat – sein *furusato* – beschmutzt zu haben.

Ich habe Nozue zu Hause, in einer Kleinstadt nicht weit von Odate, besucht. Sie gleicht mit ihren leeren Straßen, Wellblechdächern und heruntergekommenen Häusern all den anderen kleineren Städten des Nordostens. Der Eingang zu Nozues Haus liegt in einer engen Gasse hinter einem Textilwarenladen. Innen roch alles feucht, nach altem Holz und verstopfter Kanalisation. Sein Arbeitszimmer befand sich im zweiten Stock. Wir saßen auf dem mit Tatami-Matten belegten Boden zwischen Stapeln von Büchern, Dokumenten und Zeitschriften. Nozue trug einen alten Kimono. Um seinen großen, runden Kopf stand ungekämmt sein graues Haar. Er wirkte wie ein Professor, in Wirklichkeit aber hat er nicht einmal einen Oberschul-Abschluß. Mit Gelegenheitsjobs hat er sich mühsam über Wasser gehalten. Sein ganzes Leben lang ist er arm gewesen, und jetzt schlägt er sich mit seinen Büchern über den Hanaoka-Vorfall durch – es sind mittlerweile vier. Die Bücher sind sein Lebenswerk; er will über nichts anderes schreiben.

Als ich mit Nozue sprach, dachte ich an den Mann, der ihn mir vorgestellt hatte, einen Japaner chinesischer Abstammung, um die fünfzig Jahre alt, der in einer Einzimmerwohnung in Osaka wohnte. Chu Hakkai (so sein Name, den er sich zugelegt hatte, als die japanischen Behörden ihn zwangen, einen japanischen Namen anzunehmen) ist Lkw-Fahrer auf einer Müllkippe und gibt seinen Lohn dafür aus, Informationen über die chinesischen Zwangsarbeiter zu sammeln. Wie Nozue erhält er keine Unterstützung seitens irgendeiner Institution. Man hat mir erzählt, daß sich bislang kein einziger japanischer Historiker an einer Universität für dieses Thema interessiert habe. So mußte Chu wie Nozue selbst nach China reisen, um Dokumten aufzuspüren und sich mit Überlebenden zu unterhalten.

Zuerst stieß Nozue auf schier unüberwindliche Schwierigkeiten. Es gab keinerlei Dokumente zum Hanaoka-Vorfall, so daß ihm nichts übrigblieb, als in mühsamer Kleinarbeit Augenzeugen ausfindig zu machen. Die ersten vier oder fünf Male, berichtet er, hätten ihm die Leute nur die Tür vor der Nase zugeknallt. Manche riefen die Polizei, um ihn fortjagen zu lassen. Dann, widerwillig und nachdem sie mit den Augen die ganze Straße abgesucht hätten, um sicherzustellen, daß ja keine Nachbarn zusahen, hätten sie ihn zu einer Tasse Tee ins Haus gebeten. Zunächst aber nur über unwichtige Dinge gesprochen. Erst allmählich, nach vier oder fünf weiteren Besuchen, seien langsam Fakten an die Oberfläche gekommen, seien Namen gefallen, Geschichten erzählt worden. Es war ein langwieriger Prozeß; mehr als zwanzig Jahre habe er gebraucht, um das Material für das erste Buch zu sammeln.

»Es kam nie zu Tätlichkeiten«, sagte er, »aber die Dowa-Bergbaugesellschaft hat Schlägertrupps eingestellt, die darauf achten sollten, daß ich nicht um das alte Lager herumschnüffelte. Und diese Schlägertrupps erhielten Unterstützung von der Polizei.«

Er erfuhr selbstredend keine Unterstützung seitens der Bergbaugesellschaft; auch die Gewerkschaft wollte nicht in die Sache verwickelt werden. Ich fragte ihn, ob er mit anderen, die ebenfalls der Kriegsgeschichte nachgingen, Kontakt aufgenommen habe. Ich wußte, daß es ein richtiges Netzwerk solcher Menschen gibt; einige von ihnen waren mir mit Empfehlungsschreiben behilflich gewesen. Masataka Mori, der Lehrer, kannte Chu Hakkai, der mich wiederum an den Rechtsanwalt verwies, der die chinesischen Überlebenden vertritt, der wiederum jemanden in Nagasaki kannte, usw. »Nein«, sagte Nozue, »bis vor ungefähr drei Jahren war ich auf mich allein gestellt.«

Das mag leicht übertrieben sein. Immerhin hatte es in der Stadt selbst schon Mitte der achtziger Jahre Initiativen gegeben, des Hanaoka-Vorfalls zu gedenken, und Yachita hatte ebenfalls schon recherchiert, wenn auch nicht so lange wie Nozue. Doch wenn man mit den verschiedenen Mitgliedern des Netzwerks sprach, spürte man schnell, daß die Beziehungen unter ihnen nicht immer ohne Reibungen gewesen sind; beiläufige Bemerkungen zeugten von Neid und bösen Streitereien. Das ist in Randgruppen die sich mit verbissener Hartnäckigkeit einer unpopulären Sache widmen, nicht ungewöhnlich. Erst in den späten achtziger Jahren entspannte sich die Situation, als die Chinesen und besonders die Koreaner, die nach dem Krieg nach Südkorea zurückgeschickt worden waren, leichter Erlaubnis erhielten, nach Japan zu reisen. Die Akita Broadcasting Company drehte einen Dokumentarfilm über den Hanaoka-Vorfall, der mit einem Preis ausgezeichnet und in ganz Japan ausgestrahlt wurde.

Dennoch, Nozue war ein mutiger Mensch, denn er wußte, daß sein Lebenswerk ihn zu einem Außenseiter der Gesellschaft machen würde – ein Schicksal, das nur wenige Japaner allein wegen einer gerechten Sache auf sich nehmen würden. Wiederum fragte ich mich, was die eigentliche Triebkraft in Menschen wie Yachita, Nozue und Ienaga oder auch Anja Rosmus ist. Was bewegt sie dazu, ihre einsamen Suchaktionen weiterzuverfolgen? Ich fragte Nozue und bekam die vage Antwort, er wolle die Wahrheit an die nächste Generation weitergeben können. Es war schwer, ihn zu einer genaueren Antwort zu bewegen. Aber er hatte doch über seine Schulzeit geschrieben: über den Lehrer, der von seinen Schülern verlangte, die Chinesen zu bespucken. Er war brutal, typisch für die damalige Zeit, ein Tyrann, der die Jungen dazu zwang, mit Stöcken aufeinander loszugehen, damit sie ihren Geist stählten. Und nach der Niederlage hat dieser Zuchtmeister mit seinen markigen Sprüchen – man müsse den Krieg gegen die anglo-amerikanischen Dämonen bis zum bitteren Ende führen – einfach weitergemacht, ohne auch nur im entferntesten zu erkennen zu geben, daß er etwas Falsches gesagt oder getan hatte. Dasselbe galt für alle anderen Lehrer, die den Krieg unterstützt hatten – mit Rückendeckung durch die Würdenträger des Dorfs. »Das war der Grund«, schrieb Nozue, »weswegen ich seither diesem Menschenschlag, der sich Lehrer nennt, instinktiv mit Mißtrauen begegnete.«

Ich glaube, es ist dieses tiefe Mißtrauen, diese Weigerung, in vorgeschriebenen Bahnen zu denken, diese bohrende Insistenz des Fragens, dieses Bedürfnis nach Wahrheit, was Menschen wie Nozue oder Anja Rosmus miteinander verbindet. Es gibt nicht viele solcher Menschen, weder in Japan noch anderswo. Und ich fürchte, wo sie auch leben, machen sie sich nicht sonderlich beliebt. Wenn Anja Rosmus in Deutschland weniger isoliert war als Nozue oder Yachita in Japan, dann nur deswegen, weil die Bundesrepublik eine offenere Gesellschaft war und ist. Es fanden sich immer Rechtsanwälte, Zeitungen oder Wissenschaftler, die bereit waren, sich ihrer Sache anzunehmen. Aber in Japan erfährt der im Alleingang Forschende wenig institutionelle Unterstützung.

Was die Mehrheit der Bevölkerung angeht, ist der Unterschied zwischen den beiden Ländern nicht so groß, wie man vielleicht denken wird. Wenn sie mit unangenehmen Wahrheiten konfrontiert werden, reagieren die Japaner mehr oder weniger genauso wie die Deutschen. Die meisten wenden sich ab, oder sie schlagen sich an die Brust. Man zeigte mir einen Fragebogen, der 1990 für eine kleine Ausstellung über den Hanaoka-Vorfall in Odate erstellt worden war. Die Besucher wurden gebeten, ihr Alter anzugeben, dann woher sie über den Vorfall wußten und ihre Gefühle dazu. Die Antworten sind denen sehr ähnlich, die in die Gästebücher deutscher Gedenkstätten eingetragen werden: derselbe Ausdruck »nationaler« Scham.

»Japaner sind die barbarischsten Menschen der Welt«, antwortete ein Mann um die Dreißig. »Als Japaner tut mir das ganz furchtbar leid.« Er hatte von seinen Eltern über den Vorfall gehört. Eine andere Besucherin, die über sechzig Jahre alt war, wußte davon, seit es geschehen war. Sie schrieb: »Als Einwohnerin von Hanaoka und als Japanerin schäme ich mich. Es ist vielleicht verglichen mit dem Vorfall nichtig, aber ich will, daß andere wissen, daß auch mein Vater chinesische Arbeiter eingesetzt hat und sich immer hinter den Behörden versteckte und behauptete, sie hätten die entsprechenden Befehle erteilt.« Die öffentliche Beichte, oder »Selbstkritik«, wie chinesische Kommunisten das nennen, ist also nicht nur auf die christliche Kultur beschränkt.

Yachita ist als Christ erzogen worden, aber er sagt, es sei ihm »peinlich«, das einzugestehen. Er sieht sich als weltlichen Menschen, als Sozialisten. Es gibt nicht wenig Christen in den Städten des Nordostens. Wie überall fühlten sich vor allem die Armen zu den Missionaren hingezogen. Yachitas Frau und seine Kinder sind weder Christen, noch haben sie an seiner

Arbeit über die Chinesen Anteil genommen. Seine Frau beklagte sich darüber, daß er so oft nach China fahre. Sie hätte es lieber gesehen, wenn er mit ihr in Europa Urlaub gemacht hätte. Als sie noch klein war, hat seine Tochter ihm geholfen, für die Gewerkschaft Flugblätter zu verteilen, doch als sie älter wurde, hat sie sich von den Aktivitäten ihres Vaters zunehmend distanziert. Der Sohn hat nie Interesse gezeigt. Yachita lächelte, als er mir davon erzählte.

Sozialisten mit christlichem Hintergrund bewahren oft religiös bestimmte Verhaltensweisen, auch wenn sie sich für noch so weltlich halten. Das fand ich bei Yachita nicht bestätigt. Er hat nichts religiös Eiferndes an sich, auch Nozue nicht. Warum er – Yachita – sich so sehr für die Aufklärung der Vorfälle von Hanaoka eingesetzt habe? Warum die japanische Geschichte ihn so in Bann gehalten habe? Wie schon Nozue antwortete auch Yachita zunächst nur vage auf meine Fragen. Aber viel später im Verlauf unseres Gesprächs, als ich schon dachte, meine Frage sei längst vergessen, kam er noch einmal darauf zurück. Vor Jahren, als er noch keine dreißig war, hatte er einige Jahre in Kioto verbracht und dort in einem Postamt gearbeitet. Es habe ihn schockiert, als man ihm sagte, er solle nicht aus einer bestimmten Tasse trinken, denn sie sei den *burakumin* vorbehalten, den Nachkommen ehemaliger Ausgestoßener, die die »unreinen« Arbeiten übernommen hatten, so das Schlachten von Tieren oder die Gerberei. Die soziale Diskriminierung solcher Menschen ist besonders ausgeprägt in Zentraljapan und in den südlicheren Regionen. Im Norden – vielleicht weil die Menschen das Land dort erst in jüngerer Zeit besiedelt haben – besteht dieses Problem kaum. Yachita ist nicht in Kioto geblieben, aber diese Erfahrung hat ihn geprägt: »Ich faßte den Entschluß, immer auf der Seite derer zu sein, die man ausgrenzt. Deswegen bin ich daran interessiert herauszufinden, was in Hanaoka geschah. Es geht nicht nur um die finanzielle Entschädigung der Überlebenden. Es geht um mehr. Ich will, daß die Japaner die Wahrheit eingestehen und ihren Opfern ihre Würde wieder zurückgeben.«

Yachita fuhr mit mir zur Stätte der einstigen Gemeindehalle; dort auf dem Hof hatte man den Chinesen die Hände gebunden, sie angespuckt, auf sie eingeschlagen und manche von ihnen zu Tode gefoltert. Es standen einige schöne Bäume im Hof. Der Boden war dunkel und voller Kiesel. »Diese Pinie dort«, sagte Yachita und deutete auf den Baum, der der älteste zu sein schien, »muß Zeuge der Morde gewesen sein.« Dem neuen Gemeindezentrum gegenüber standen drei auffällige Skulpturen: die Bronzebüste eines Mannes und daneben ein großer Stein, in dessen polierte Oberfläche ein Lied eingemeißelt war. Bei der Büste stand auch die Skulptur einer nackten Frau, die eine Schar Enten zum Rand der bronzenen Plattform führt. Zwischen den Bäumen versteckt – wenn man nicht gezielt danach suchte, so gut wie unsichtbar –, fand sich eine kleine Tafel, deren Inschrift die Geschichte der Ereignisse von Hanaoka erzählt.

Yachita sagte, die nackte Frau mit der Entenschar stehe genau an der Stelle der ehemaligen Gemeindehalle. Darüber wurde man nirgends aufgeklärt. Es gibt zu dieser Skulptur überhaupt keine Inschrift. Erst in einer von der Stadtverwaltung verteilten Broschüre mit dem Titel *Friedensstadt Odate* fand ich den Namen der Skulptur: *Friedensskulptur. Schwur auf die Freundschaft zwischen China und Japan*. In der Broschüre ist in Englisch und Japanisch des weiteren nachzulesen: »Der Vorstellung folgend, daß FRIEDEN das Urprinzip eines guten Lebens ist, hat sich Odate am 12. Dezember 1983 als erste Stadt in Akita zur ›Kernwaffengegnerin und Friedensstadt‹ erklärt und sich zum Ziel gesetzt, für alle ihre Einwohner ohne Ausnahme eine Stadt des Friedens zu sein.« Nicht alle haben die Friedensskulptur begrüßt, und es gefiel auch nicht allen die Anti-Kernwaffenpolitik. Beides sind Ergebnisse der Politik einer sozialistischen Stadtverwaltung.

Viel interessanter fand ich die Büste des Mannes, nicht weil sie irgendwie außergewöhnlich gewesen wäre – solche Büsten von lokalen Größen sind überall in Japan zu sehen. Aber diese Büste war besonders pompös. Wer da über den ganzen Hof hinweg lächelte, hieß Kyoichi Hatazawa; sein Blick strahlte tiefe Zufriedenheit mit seinen Leistungen aus. Seine Ämter und Titel waren unterhalb der Büste eingraviert. Er war ein wichtiger Provinzbürokrat gewesen, eine Stütze der Organisation der Sumo-Ringer und Mitglied verschiedener Olympischer Komitees, und er hatte einige der höchsten Ehrungen Japans erfahren. Der auf dem glatten Stein eingravierte Text stimmt ein Loblied auf sein glorreiches Leben an. Es gibt nur eine kleine Lücke in seiner auf dem Sockel skizzierten Lebensgeschichte: die Jahre zwischen 1941 und 1945 fehlen. Aber auch in dieser Zeit war er nicht untätig gewesen, denn da war er für alle Arbeiten in den Bergwerken von Hanaoka verantwortlich.

»Das zeigt, wieviel die Japaner wirklich über die Vergangenheit nachdenken«, sagte Yachita. »Ich habe es nicht über mich gebracht, unseren chinesischen Besuchern diese Büste zu zeigen. Ich habe mich zu sehr geschämt.« Dazu hatte er keinen Grund, aber ich konnte seine Verlegenheit verstehen. Doch für mich war die Büste von Kyoichi Hatazawa mehr als nur ein Beweis für die öffentliche Gleichgültigkeit gegenüber schmerzhaften Wahrheiten. Ich schaute in das selbstgefällig lächelnde Gesicht dieses Lokalmatadors und konnte endlich verstehen, was Menschen wie Nozue und Yachita dazu treibt, ihr Leben so zu führen, wie sie es tun.

## Die Trümmer beseitigen

Wenn *Die Blechtrommel* die berühmteste fiktive Chronik des Zweiten Weltkriegs ist, dann ist Oskar Matzerath, der Junge, der im Alter von drei Jahren nicht mehr weiterwachsen wollte, der berühmteste literarische Zeuge der NS- und Kriegszeit. Oskar Matzerath mit seiner Blechtrommel und einer Stimme, die Gläser zerspringen läßt, ist ein idealer Chronist. Er hat die magische Neugierde eines frühreifen Kindes. Sein Blick nimmt alles auf, ganz gleich ob es den Erwachsenen peinlich ist oder nicht. Und der Schlag seiner Trommel bezeugt die Schrecken, die er gesehen hat. Gleichzeitig verkörpert Oskar die Ängste und Sehnsüchte der Erwachsenen, vor allem die Sehnsucht nach Zuflucht in der dunklen, warmen Schoßwelt unter den weiten Röcken seiner Großmutter, Anna Bronski, die am Rand eines Kartoffelackers in Kaschubien hockt. Dort, unter dem »weiten Rock«, befindet sich das Kind in einer Welt, in der es noch nichts zu erinnern gibt und wo der Erwachsene alles vergessen kann, was sich je ereignet hat.

Der meisterhafte Roman von Günter Grass ist die berühmteste Darstellung der Vergangenheit aus dem Blickwinkel eines Kindes, aber er ist nicht die einzige. Da nur wenige der erwachsenen Deutschen, die das Dritte Reich erlebt hatten, über ihre Erfahrungen nachdenken wollten, sind viele Romane über jene Zeit von Männern und Frauen geschrieben worden, die damals noch Kinder gewesen waren. Auch in Deutschland gab es, wie in Japan, die meist von Veteranen verfaßten kriegsgeschichtlichen Darstellungen. Aber um etwas über den Alltag unter der NS-Diktatur zu erfahren, müssen wir uns vor allem an die manchmal magischen, manchmal verzerrten Perspektiven von Kindern halten.

Das japanische Alltagsleben zur Kriegszeit ist noch viel weniger beschrieben worden. Aber auch hier handeln einige der besten Romane über die letzten Monate des Kriegs (in denen sozusagen der Krieg nach Japan kam) von Kindern, oder sie sind aus der Perspektive des Kindes geschrieben. *Schwarzer Regen*, Masuji Ibuses Meisterwerk über Hiroshima, handelt von einem unschuldigen jungen Mädchen. Und Kenzaburo Oes früher Roman *Me-mushiri, Ko-uchi* (Die Blüten abschneiden, die Kinder erschießen) handelt von einer Gruppe Kinder, die in ein weit abgelegenes Dorf evakuiert wurden. Die Geschichte ist wie ein umgekehrter *Herr der Fliegen*: die Kinder sind die sanftmütigen unschuldigen Opfer der grausamen und barbarischen Erwachsenenwelt. Die Unschuld im Kampf mit dem Bösen – das ist es, was die meisten Bücher über Kinder im Krieg sowohl in Japan wie auch in Deutschland zum Thema haben.

Solche Romane bieten eine sentimentale und oft moralisierende Sicht auf ein statistisches Universum, auf eine Erwachsenenwelt, die von Natur aus böse ist. Und obwohl die meisten von ihnen politisch gemeint sind, erzählen diese Romane Geschichten, denen alles Politische fehlt. Da die Welt der Erwachsenen grundsätzlich böse ist, kann sie eigentlich nicht verändert werden, es sei den in der Form irgendeiner fernliegenden Utopie. Das ist im Grunde genommen nicht die Sicht eines Kindes, sondern die Sehnsucht eines Erwachsenen nach der Unschuld der Kindheit; die Sehnsucht nach den schützenden Röcken der Großmutter.

Als der Krieg verloren ist, entschließt sich Oskar, wieder zu wachsen. Seine Blechtrommel vergräbt er im Sand, doch das Wachsen will nicht recht gelingen; er entwickelt sich zu einem buckeligen Monstrum. Und obwohl er schließlich dreißig wird, entwächst er doch nie der verzauberten Welt seiner Kindheit. Ihn verfolgen die gleichen Dämonen: »Denn was mir früher im Rücken saß, [...] kommt mir nun und fortan entgegen: Schwarz war die Köchin hinter mir immer schon. Daß sie mir nun auch entgegenkommt, schwarz.«

In einer Kleinstadt im Nordosten Japans steht, zwei Meter hoch und einen Meter breit, ein steinernes Denkmal; Mitglieder eines Veteranenverbands haben es 1961 errichtet, also gerade zu Anfang des japanischen Wirtschaftswunders. Es waren keine gewöhnlichen Veteranen; alle sind während der Besatzungszeit als Kriegsverbrecher aus ihren Ämtern vertrieben worden. Auf der Vorderseite des Denkmals steht: »Zum Andenken an die Dummen.« Es ist unklar, auf wen sich diese Widmung bezieht. Auf die Offiziere? Auf die Richter der siegreichen Alliierten, die beliebig und manchmal ungerecht Säuberungen vorgenommen und Anklage erhoben haben? Oder auf die Menschheit, wegen ihrer selbstzerstörerischen Exzesse? Wahrscheinlich sind alle drei gemeint: alle Menschen sind dumm, mit Ausnahme der unschuldigen Kinder natürlich.

Zum fünfzigsten Jahrestag des Angriffs auf Pearl Harbor forderte der Bürgermeister von Honolulu US-Präsident Bush auf, japanische Regierungsbeamte zur Zeremonie einzuladen – unter der Bedingung, daß sie für den Krieg um Verzeihung bäten. Dann, so behauptete er, könne »eine neue Ära« eingeläutet werden. Die japanische Regierung lehnte ab. Statt dessen sagte Nobuo Ishihara, der stellvertretende Leiter des Büros des Ministerpräsidenten: »Für den Krieg ist die ganze Welt verantwortlich.« Auch die Vereinigten Staaten müßten sich entschuldigen. »Da der Krieg unvermeidlich war, sollten alle, die damit zu tun hatten, nachdenken. [...] Es wird Jahrzehnte oder Jahrhunderte dauern, bevor man wirklich darüber urteilen kann, wer für den Krieg verantwortlich war.«

Die Japaner hatten den Eignungstest nicht bestanden. Sie wurden nicht eingeladen. Sie waren immer noch ein gefährliches Volk. Das hatte der Vorsitzende der Vereinigung der Überlebenden von Pearl Harbor doch von Anfang an gesagt. Als er von dem Plan hörte, japanische Veteranen einzuladen, fragte er: »Glauben Sie, daß Juden Nazis zu einer Veranstaltung laden würden, bei der es um den Holocaust geht?«

Der Vergleich zwischen Pearl Harbor und dem Holocaust

ist natürlich absurd, und die alten Männer, die noch in der Kaiserlich-Japanischen Marine gedient haben, sind alles andere als Nazis. Aber es ist verständlich, daß sich die Amerikaner fragten: Kann man einem Staat vertrauen, dessen offizielle Sprecher sich hartnäckig weigern, einzugestehen, daß ihr Land für einen Krieg verantwortlich war? Die japanischen Ausflüchte hatten etwas vom Trotz eines Kindes, das mit den Füßen stampft und laut schreit, es habe doch nichts Falsches getan, alle anderen hätten das gleiche getan. Die Forderung, genauso behandelt zu werden wie die anderen, nimmt sich besonders eigenartig aus, wenn man bedenkt, daß die Japaner sich sonst in kultureller, ethnischer, politischer und historischer Hinsicht immer als absolut einmalig betrachten.

Man ist versucht, diese kindische Haltung als eine kulturelle Eigenart zu betrachten, die vielleicht nicht gerade »einmalig«, aber einfach bei den Japanern besonders stark ausgeprägt ist. Der Infantilismus der japanischen Nachkriegskultur hat etwas äußerst Aufdringliches: die allgegenwärtigen Piepsstimmen von Frauen, die sich wie junge Mädchen verhalten; die Disneyland-Architektur der japanischen Einkaufsstraßen, wo alles auf eine zuckersüße Niedlichkeit gebracht wird; das Gekreische der »Fernsehstars«, die sich wie Clowns im Kindergarten aufführen; die Heerscharen von Angestellten in blauen Anzügen, Männer, die sich in den U-Bahnen an die Griffstangen klammern und Comichefte für Jungen lesen; die rührselige Liebe zu alten Schulliedern und schnuckeligen Mama-sans.

Doch scheint Japan nicht so sehr, wie General MacArthur es einmal ausgedrückt hat, eine Nation von Zwölfjährigen zu sein, sondern eher eine Nation von Menschen, die sich danach sehnen, erst zwölf Jahre alt zu sein oder gar noch jünger; Menschen, die sich in jenes goldene Zeitalter zurückwünschen, als noch für alles gesorgt war und man weder Verantwortung übernehmen mußte noch Konformität verlangt war. So sitzen sie, die japanischen Männer, einer neben dem anderen in den Pachinko-Spielhallen und verfolgen mit glasigen Augen die

Kugeln in den Spielautomaten; Vergangenheit und Gegenwart versinken um sie, es gibt nur die fallenden kleinen Silberkugeln und im Hintergrund das Getöse des *Schlachtschiff-Marsches*.

Aber ich glaube auf keinen Fall, daß die Japaner von Natur aus ein kindisches Volk sind, sowenig wie ich glaube, daß sie ein von ihrem Wesen her gefährliches Volk sind. Es gibt keine gefährlichen Völker; es gibt nur gefährliche Situationen, und die werden nicht von den Gesetzen der Natur oder der Geschichte heraufbeschworen, auch nicht von bestimmten Nationalcharakteren, sondern von politischen Verhältnissen. Sicherlich haben kulturelle und historische Umstände Einfluß auf politische Verhältnisse, aber sie bedingen diese nicht allein. Wäre in der Disneywelt des Nachkriegsjapan mehr Raum für das Politische gewesen, dann würde einiges klarer. Denn darin hatte General MacArthur recht: 1945 steckte das japanische Volk, was seine politischen Erfahrungen anging, noch in den Kinderschuhen. Bis dahin war ihnen unbedingte Unterwerfung unter einen Staat abverlangt worden, der von autoritären Bürokraten und Militärs geführt wurde; Unterwerfung auch unter einen religiösen Kult, dessen Hoherpriester, offiziell zumindest, zugleich oberster Befehlshaber der Streitkräfte war und Kaiser des Japanischen Reichs.

Das hat sich inzwischen geändert, aber nicht tiefgreifend genug. Da man sie als ein gefährliches Volk einstufte, ermunterte man die Japaner dazu, aus der bösen Welt zu fliehen und sich unter den Röcken der Vereinigten Staaten zu verstecken. Das war die Politik, die damals MacArthur verfolgte. Tatsächlich hat man Japan eine etwas gelockertere Version des Versailler Vertrags aufgezwungen: Verlust der Souveränität, aber ohne ökonomisch-finanzielle Auflagen. Japan wurde ermutigt, ein reiches Land zu werden, aber man nahm diesem gefährlichen Volk lieber die Möglichkeit, wieder Krieg zu führen. Der Staat wurde weitgehend von derselben Bürokratie verwaltet wie schon im japanischen Kaiserreich, und das Wahlsystem wurde von vornherein so manipuliert, daß die korrupte konservative Liberal-Demokratische Partei mehr als vierzig Jahre lang an der Macht bleiben konnte. Diese Konstellation gefiel den Amerikanern, den japanischen Bürokraten, den Politikern der LDP und den großen Industriekonzernen, denn sie sorgte dafür, daß Japan ein zuverlässiger und treuer Verbündeter im Kampf gegen den Kommunismus blieb. Aber sie trug dazu bei, daß sich keine öffentliche Streitkultur entfalten konnte, und hinderte Japan daran, politisch mündig zu werden. Hinsichtlich der Geschichte des Zweiten Weltkriegs blieb die öffentliche Diskussion auf dem Stand der späten vierziger Jahre stecken, als der kalte Krieg ausbrach: Bürokraten und konservative Politiker begründeten ihren Führungsanspruch weiterhin damit, daß sie die Vergangenheit rechtfertigten oder zumindest ignorierten, während die kleine, überwiegend linke Opposition die Wiedergeburt des Militarismus und das Böse im Menschen anprangerte.

Es gibt viele, die der Meinung sind, die Japaner seien unverbesserlich, dazu verurteilt, für immer gefährlich, unergründlich und isoliert zu bleiben. Es gibt sogar Japaner, die davon überzeugt sind. Sakaguchi Ango schrieb kurz nach dem Krieg, die Japaner hätten sich, »als man sie mit ihrer Geschichte konfrontierte, verhalten wie Kinder, die ihrem Schicksal ausgeliefert sind«. Als Menschen könnten sie sich nur dann weiterentwickeln, wenn sie auf die Stufe der primären menschlichen Triebe zurückfallen würden, wo es keine falsche Bescheidenheit, keine Sitten, Traditionen und Ideale gebe. Eine Zeitlang sei ihnen das tatsächlich gelungen, aber die Menschen seien nicht stark genug, um solche Freiheit lange aushalten zu können. Statt dessen entwickelten sie rasch ein neues System von Sitten, Traditionen und Idealen, die sie nur einengten. Dieses neue System würden sie zwangsläufig auf den Ruinen der älteren errichten: »Die Menschen können nicht leben [...], ohne einen Samurai-Kodex zu entwickeln oder einen Kaiser anzubeten.«

Wenn Ango recht hätte und die Japaner tatsächlich unverbesserlich sein sollten, dann wäre es tatsächlich wünschenswert, daß die Möglichkeiten der Japaner, militärisch Macht auszuüben, für alle Zeiten von einer pazifistischen Verfassung und einer fremden Macht eingeschränkt würden. Wenn sie aber doch verbesserlich sind, dann muß man den Status quo so lange aufrechterhalten, bis eine Änderung in ihrer Grundhaltung auszumachen ist, bis sie sich ihrer Vergangenheit mit mehr Ehrlichkeit stellen, sich bei ihren ehemaligen Feinden ernsthaft entschuldigen, usw. Aber vielleicht hieße das, das Pferd vom Schwanz her aufzäumen. Ohne politische Verantwortung – gerade in der Frage von Krieg und Frieden – kann Japan zu seiner Vergangenheit keine reife Haltung entwickeln. Also müßten zuerst politische Änderungen durchgeführt werden; die Änderung der Grundhaltung wird darauf schon folgen. Mit einer Verfassungsänderung allein ist es nicht getan; ein Regierungswechsel ist zumindest ebenso wichtig. Denn nur eine neue Regierung kann mit der Nachkriegsordnung brechen, deren Wurzeln noch bis ins Regime der Kriegszeit zurückreichen. Willy Brandt fiel im Warschauer Ghetto auf die Knie – aber erst nachdem in der Bundesrepublik eine funktionierende Demokratie etabliert worden war, und nicht vorher. Japan dagegen, abgeschirmt gegen die böse Welt, hat sich in einen Oskar Matzerath verwandelt: opportunistisch, zurückgeblieben und von Dämonen geplagt, die es sich vom Leibe zu halten versucht, indem es sie im Sand vergräbt wie Oskar einst seine Trommel.

Als Kim Young Sam, der erste demokratisch gewählte bürgerliche Präsident Südkoreas, von japanischen Journalisten gefragt wurde, was die japanische Regierung seiner Meinung nach unternehmen sollte, um die ehemaligen Zwangsprostituierten der Kaiserlich-Japanischen Armee zu entschädigen, antwortete er: »Es geht uns nicht ums Geld. Wir wollen, daß sie die Wahrheit klar aussprechen. Erst dann wird das Problem gelöst sein.«

Kaum ein Jahr später, im Sommer 1993, war es endlich soweit: das Monopol der Liberal-Demokratischen Partei wurde von einer Koalition von jungen Konservativen, die aus der

LDP ausgetreten waren, einigen Sozialisten und Mitgliedern einer buddhistischen Partei gebrochen. Der neue Ministerpräsident hieß Morihiro Hosokawa, ein Enkel des Prinzen Fumimaro Konoe, der zur Zeit des Nankingmassakers und bei Abschluß des Dreimächtepakts von 1940 selbst Ministerpräsident war. Konoe beging 1945 Selbstmord, nachdem gegen ihn als Kriegsverbrecher der Kategorie A Anklage erhoben worden war. Eine von Hosokawas ersten Amtshandlungen als neuer Regierungschef war es, öffentlich zu erklären, daß die militärischen Aktionen Japans während der dreißiger und vierziger Jahre einem »aggressiven Krieg und einem ungerechten Krieg« gleichgekommen seien. Das war nur ein Anfang, aber immerhin – die Zeichen standen gut. Und mit einem neuen Hoffnungsschimmer dachte ich an meinen letzten Blick auf die alte Orthodoxie, die achtundvierzig Jahre lang geherrscht hatte. Dieser Blick war mir ausgerechnet im Disneyland von Tokio vergönnt.

Es befindet sich in einem öden Vorstadtgebiet zwischen Tokio und dem Flughafen Narita. Es ist fast eine Kopie des kalifornischen Disneyland, mit einer einzigen Ausnahme: eine der Attraktionen gibt es nur in Tokio. Sie nennt sich »Meet the World« und wird von Matsushita Electric gesponsert, einem der erfolgreichsten Unternehmen im Nachkriegsjapan. »Meet the World« findet unter einer großen weißen Kuppel statt, in der ein Drehkino untergebracht ist, das leicht nach Plastik riecht. Ausgestellt ist ein grober historischer Abriß der Beziehungen Japans zur übrigen Welt. Die Geschichte wird zwei Kindern (die in Wirklichkeit Roboter sind) von einem freundlichen Reiher mit einer lustig schwatzenden weiblichen Stimme erzählt. Was hier als »Geschichte« präsentiert wurde, erwies sich als sehr selektiv; so wird der Einfluß der chinesischen Kultur zwar erwähnt, aber dabei wird betont, daß Japan erst etwas Einmaliges, Eigenes daraus gemacht habe. Korea, das viel näher liegende Nachbarland, wird gar nicht genannt.

Aber das Interessanteste, das, worauf ich am gespanntesten war, war die Zeit zwischen 1895 und 1945, als Japan dem

Rest der Welt mit einer Reihe expansionistischer Kriege begegnete. Die Darstellung dieser Ära begann kurz nach der Ankunft der »Schwarzen Schiffe« des Commodore Perry, die 1853 tatsächlich wie ein böses Gespenst vor der Küste Japans auftauchten. Das Bild der Schiffe verschwand von der Leinwand, und es tauchte eine Kanone auf, gefolgt von Explosionsdonner, dann wurde es plötzlich dunkel. »Ooh«, sagten die Kinder-Roboter, »es ist ja soooo dunkel!« – »Ja«, sagte der geschwätzige Reiher, und: »Jetzt wenden wir uns der Zukunft zu.« Das war der Auftakt zum großen Finale: In schneller Folge wurden Dias von freundlichen Japanern gezeigt, die dankbaren Ausländern (Malaysiern, Indern, Chinesen usw., auch Amerikanern) verschiedene hochtechnisierte Geräte erklärten. Unterlegt war das mit einem immer lauter werdenden Lied, dessen Refrain endlos wiederholt wurde: »Wir begegnen der Welt mit Liebe, ach, wir begegnen der Welt mit Liebe, ach, wir begegnen ...«

Schließlich, als nur noch die Musik zu hören war, gingen die Lichter im Kinosaal an. Ich schaute mich um: meine Tochter und ich waren die einzigen Zuschauer.

Eine der schönsten Metaphern für die Geschichte stammt von Walter Benjamin: seine Beschreibung des *Angelus Novus*, einem Bild von Paul Klee. Benjamin sieht ihn als den Engel der Geschichte; er hat ein menschliches Antlitz, aber die Flügel und Füße eines Vogels: »Er hat das Antlitz der Vergangenheit zugewendet. Wo eine Kette von Begebenheiten vor *uns* erscheint, da sieht *er* eine einzige Katastrophe, die unablässig Trümmer auf Trümmer häuft und sie ihm vor die Füße schleudert. Er möchte wohl verweilen, die Toten wecken und das Zerschlagene zusammenfügen. Aber ein Sturm weht vom Paradiese her, der sich in seinen Flügeln verfangen hat und so stark ist, daß der Engel sie nicht mehr schließen kann. Dieser Sturm treibt ihn unaufhaltsam in die Zukunft, der er den Rücken kehrt, während der Trümmerhaufen vor ihm zum Himmel wächst. Das, was wir den Fortschritt nennen, ist *dieser* Sturm.«

Durch die Idee des Fortschritts – und durch britische Bomben – verwandelte sich Dresden in eine Stadt der Trümmer und der Ungeheuerlichkeiten. Als ich durch die häßlichen Straßen der Stadtmitte ging und die wenigen Überreste der alten Stadt erblickte, wie die Scherben eines schönen alten Krugs, überkam mich genau jenes irrationale Schuldgefühl, gegen das ich mich im Hinblick auf Auschwitz und Hiroshima gewandt habe. Dieses Gefühl hatte wenig mit den jeweiligen Zahlen der Todesopfer (ungefähr 30000 in Dresden) zu tun, denn Massentötungen sind immer etwas Furchtbares, ganz gleich in welcher Zahl. (Christopher Isherwood sagte einst zu jemandem, der darauf hinwies, daß mehr Juden als Homosexuelle ermordet worden seien: »Was sind Sie denn im wirklichen Leben?«) Und das Gefühl schmerzlichen Bedauerns war keineswegs besonders edel. Denn was einen an der Bombardierung Dresdens so mitnimmt, ist die Tatsache, daß sie die in Jahrhunderten gewachsene Schönheit in einer Nacht zerstört hat. Dresden war wie Prag oder Venedig eines der architektonischen Wunder der Welt gewesen. Seine Zerstörung war eine perverse Tat, als würde man einen Rokokostuhl mit der Axt zerschlagen oder ein Bild von Michelangelo mit einem Messer zerschlitzen oder eine unersetzliche Bibliothek in Brand stecken. Diese Bombardierung war um so perverser, als es keinen zwingenden strategischen Grund dafür gab. Was nicht heißen soll, daß die Bombardierung von häßlichen Slumvierteln menschlich weniger abscheulich ist als die Zerstörung des barocken Stadtkerns von Dresden. Nur hat man, wenn man in diesem neuen leeren Loch steht, wo einst das Herz der Stadt schlug, ständig vor Augen, was da verlorenging.

Nach dem Krieg hätte man Teile der Altstadt retten können. Von einigen der herrschaftlichen Stadthäuser und Kirchen blieb genug stehen, daß man die Gebäude hätte restaurieren können, wie es in Nürnberg oder München geschah. Aber Walter Ulbricht, der erste Generalsekretär der SED, hatte beschlossen, daß die Vergangenheit ausgelöscht werden sollte.

»Dresden, schöner den je« war sein Motto, und zum zweiten Mal fiel die Stadt einem perversen Akt zum Opfer: die Kunsthistoriker sollten die endgültige Zerstörung Dresdens planen, und Parteifunktionäre übernahmen die Aufgabe, die scheußliche Stadt zu entwerfen, die zur Vorzeigestadt des Sozialismus werden sollte. Die Sophienkirche gegenüber dem Zwinger aus dem 18. Jahrhundert war die schönste gotische Kirche Dresdens. Sie wurde abgerissen, und an ihrer Stelle entstand ein niedriger Betonbau, in dem eine Arbeiterkantine eingerichtet wurde. Das war Ulbrichts Vision des Fortschritts.

Aber nicht alle Trümmer wurden beseitigt. Der Zwinger wurde in den sechziger Jahren restauriert, dann noch ein, zwei andere Ruinen, und die Reste der Frauenkirche aus dem 18. Jahrhundert wurden so belassen, wie sie waren, weil weder Ulbricht noch sonst jemand sich vorstellen konnte, was an ihrer Stelle entstehen sollte. Deswegen wurde der traurige Haufen Steine zu einem Mahnmal »zum Gedenken an viele tausend Tote«, und – der offiziellen Tafel zufolge – zum »Ansporn für die Lebenden in ihrem Kampf gegen die Barbarei des Imperialismus und für den Frieden und das Glück der Menschheit«.

Ich fragte Matthias Griebel, den neuen Kustoden des Stadtmuseums, was eigentlich mit imperialistischer Barbarei gemeint sei. Griebel antwortete: »Damit war jeder imperialistische Krieg gemeint: Israel im Sinai, die Vereinigten Staaten in Vietnam; alles, außer den sozialistischen Kriegen.«

Griebel, der mit seinem kahlgeschorenen Kopf und üppigem Schnurrbart aussah wie ein großer deutscher Adler, war Mitglied einer kleinen Gruppe von Menschen, die mit Vorträgen und informellen Ausstellungen die Erinnerung an das alte Dresden wachhalten wollten. Zunächst war die sozialistische Regierung dagegen: die »feudalistische« Vergangenheit Dresdens gehöre auf die Müllhalde der Geschichte. Erst in den achtziger Jahren, als das kommunistische Dogma die breiten Massen kaum noch ansprach, versuchte das Regime seine Glaubwürdigkeit zu stützen, in dem es historische Legitimität für sich in Anspruch nahm: von Thomas Münzer, dem Anführer der Bauernkriege, bis zu Friedrich, dem großen Preußenkönig. Selbst Karl May, dieser Romantiker des späten 19. Jahrhunderts, dessen Romane über Old Shatterhand, den deutschen Helden im Wilden Westen, Hitler ebenso verschlang wie Einstein, wurde als »einer von uns« reklamiert. Sein Haus, die »Villa Shatterhand« am Elbufer ein paar Kilometer norwestlich von Dresden, wurde der Öffentlichkeit zugänglich gemacht.

Einige Kilometer elbaufwärts, also auf der anderen Seite der Stadt, liegt Pirna: eine verfallene, aber pittoreske Kleinstadt mit schönen Villen aus dem 19. Jahrhundert, dazwischen Relikte spätgotischer Architektur. Dorthin fuhr ich, als ich nach einer historischen Stätte suchte, die kein Reiseführer über Dresden und Umgebung erwähnt. In Pirna gab es ein altes Krankenhaus, einst eine Heilanstalt für Geisteskranke. Ich wußte, daß sie noch stand, denn ich hatte Fotos davon gesehen; außerdem hatte Griebel es mir bestätigt. Diese Irrenanstalt war kein ganz unbedeutender Ort, denn dort hatten Ärzte die ersten Versuche mit Zyklon B an lebenden Menschen durchgeführt – an ihren Patienten. Mehr als zehntausend Menschen sind in der Euthanasie-Anstalt Sonnenstein gestorben.

Es war nicht leicht, die Anstalt zu finden. Eine alte Frau schickte mich freundlich einen Hügel hinauf, aber dann verlief ich mich. »Was soll das damals gewesen sein?« – Die Anstalt für Euthanasie. »Wann war das?« – In der Hitlerzeit. – »Es tut mir leid, davon habe ich noch nie etwas gehört.«

Aber schließlich fand ich die Stätte doch noch: einige Bauten der Jahrhundertwende in einem schönen Parkgelände, nahe der Burg Sonnenstein. Ich betrat eine gelbgestrichene Villa; am Eingang war ein Schild: »Sauna für kranke und ältere Bürger«. Eine junge Frau fragte mich, was ich suchte. Ich sagte es ihr. Sie zuckte zusammen und sagte: »Nein. Hier war das nicht. Hier gibt es nur pflegebedürftige Menschen. Was Sie suchen, ist dort drüben, das andere Gebäude, in dem früher eine Turbinenfabrik war.«

Um das Gebäude »dort drüben« zog sich ein rostiger Drahtzaun. Es wirkte so düster, daß es gut die Anstalt für Euthanasie hätte gewesen sein können. Dort fand ich auch eine Tafel zum Gedenken an Albert Barthel, »unseren Parteigenossen«, der 1942 von den Nationalsozialisten ermordet worden war.

Aber auch dieses Gebäude war nicht das richtige. Drinnen saßen einige junge Leute beim Mittagessen, Diakone, die geistig behinderte Kinder pflegten. »Die ehemalige Euthanasie-Anstalt? Nein. Die befand sich, Gott sei Dank, nicht hier. Nein, das war im Gebäude nebenan.«

Ich schaute in die Kellerräume des Nachbargebäudes, eine ziemlich elegante Villa im französischen Stil. Keinerlei Hinweistafel. Gras wucherte vor der verriegelten Tür. Ich hörte die Vögel in den rauschenden Bäumen singen und dachte an den Haufen von Teddybären, die ich im Haus der Diakone in der Vorhalle gesehen hatte.

Die Architektur, sagte Herr Griebel, sei der steingewordene Ausdruck der Zeit. Im Fall Dresdens erinnern die Steine ihre Bürger an Zeiten, die sie gerne vergessen würden. Das Dritte Reich ist heute nur mehr ein gespenstischer Alptraum, aber die Dikatur von Ulbricht bis Honecker ist noch in jeder schnell hochgezogenen Betonsiedlung und in jeder Arbeiterkantine sichtbar. Man kann den Menschen aus ihrer Nostalgie, ihrer tiefen Sehnsucht nach dem alten Dresden der Paläste und der Kirchen keinen Vorwurf machen. Wie Griebel sagte: »Wir leben im Torso einer Stadt, die wir liebend gerne restaurieren würden.«

Ich besuchte zum letzten Mal die Ruinen der Frauenkirche, um die Inschrift der Gedenktafel abzuschreiben. Aber sie war verschwunden. Statt dessen fand ich einen Zaun um die Trümmer. Dahinter gab ein Mann in blauer Uniform Arbeitern Anweisungen. Ich kletterte über den Zaun, um mehr sehen zu können. Der Mensch in Uniform, ein kleiner, gedrungener Mann, entdeckte mich und eilte mit großen Schritten herbei, das Gesicht vor Zorn gerötet, und schrie stark sächselnd, daß ich dort nichts zu suchen hätte: Es sei streng verboten! Wie typisch deutsch, dachte ich, und all die Vorurteile, die ich als Kind eingeimpft bekommen hatte, kamen wieder in mir hoch. Aber ich kletterte gehorsam zurück und kehrte dem Mann, der immer noch vor Zorn kochte, den Rücken. Ich warf einen letzten Blick auf die Arbeiter, die Stein auf Stein häuften. In ein oder zwei Jahren würde die Frauenkirche sich dort wieder erheben, im alten Glanz restauriert, als wäre nichts geschehen.

Nach dem Krieg tun sich Oskar Matzerath und sein Freund Klepp zusammen, um einen Jazzband zu gründen. Ihre Tournee durch Westdeutschland bringt sie nach Düsseldorf, genauer, in die Rheinauen zwischen Düsseldorf und Kaiserswerth; dort am Flußufer spielen sie Ragtime. Man schreibt das Jahr 1949, ein Jahr nach der Währungsreform, dem Geburtsjahr der Deutschen Mark. Sie bekommen das Angebot, im »Zwiebelkeller«, einem teuren, »extravaganten« Nachtlokal, zu spielen. Das Lokal gibt sich nach außen altdeutsch, das Fenster zur Straße hat Butzenscheiben, das Emailleschild hängt an einem gußeisernen Galgen. Wenn sich das Lokal gefüllt hat, beginnt die Hauptattraktion des Abends: die Gäste erhalten ein kleines Hackbrett, ein Küchenmesser und eine Zwiebel. Und was soll die Zwiebel? »Schaffte, was die Welt und das Leid dieser Welt nicht schafften: die runde menschliche Träne. Da wurde geweint. Da wurde endlich wieder einmal geweint. Anständig geweint, hemmungslos geweint, frei weg geweint.«

Der Zwiebelkeller bietet eine zwar teure, aber natürlich nur vorübergehende Linderung der »Unfähigkeit zu trauern«, der moralischen und geistigen Erstarrung, in die das deutsche Volk nach dem Krieg verfiel. Viele nachdenkliche Deutsche, denen ich begegnet bin, finden den Ausdruck »Unfähigkeit zu trauern« irritierend. Worüber soll man trauern, um wen? Man trauert um Verstorbene, die einem nahestanden. Aber, so argumentieren meine liberalen deutschen Freunde, wie kann man um die Opfer trauern, die man selbst ermordet hat? Nachdenken, ja; um Verzeihung bitten, gewiß; entschädigen, selbstverständlich; aber doch nicht trauern. Also wird in liberalen, reflektierenden Kreisen (von denen man erwartet, daß sie neugierige Ausländer freudig begrüßen) nach wie vor viel nachgedacht und viel um Verzeihung gebeten. Aber das Trauern um die toten Deutschen (die Soldaten, die Zivilisten, die von den Bomben der Alliierten getötet wurden oder von rachsüchtigen polnischen, tschechischen oder slowakischen Nachbarn, die sie auch aus ihrer Heimat vertrieben), das war eine peinliche Angelegenheit, die man weitgehend den rechten Nationalisten überließ und nostalgisch gestimmten Überlebenden, die sich immer noch nach der verlorenen Heimat sehnen.

Auf Marktplätzen und in Kirchhöfen im westlichen Teil Deutschlands stehen viele Denkmale für die Gefallenen des Ersten Weltkriegs. An die Opfer des Zweiten Weltkriegs wird man hier viel weniger erinnert, wenn man von den stickigen Bierkellern in der Provinz absieht, in denen Ausländer nicht sonderlich willkommen sind. Tatsächlich scheint es im Osten mehr Denkmale an den Zweiten Weltkrieg zu geben, vielleicht weil in der DDR die Schuldfrage nie gestellt wurde.

Helmut Kohl hat das auf ungeschickte und taktlose Art auszugleichen versucht, indem er Ronald Reagan zum Friedhof in Bitburg schleppte. Man verurteilte das zu Recht. Aber als ich durch Deutschland reiste, hatte ich oft das Gefühl, daß zuviel Selbstbeschuldigung in Selbstdemütigung umschlagen kann. Trauer hat immerhin eine Funktion. Der rituelle Ausdruck von Trauer und Verlust stärkt das eigene Gefühl für Kontinuität und Gemeinschaft. Aber gerade das berührte nachdenkliche liberale Deutsche unangenehm: die nationale Gemeinschaft war schon einmal in mörderischen Rassismus ausgeartet, und die kulturelle Kontinuität ist eine äußerst heikle Angelegenheit in einem Land, dessen Geschichte mit Blut befleckt war.

Während meines einjährigen Aufenthaltes in Berlin, 1991

bis 1992 – konnte ich eine interessante generationsbedingte Verschiebung im deutschen Philosemitismus verfolgen. Schuldgefühle konnten wenigstens teilweise erklären, warum Deutsche, die den Kreieg noch miterlebt hatten, ihre Zimmerwände mit jüdischen Kalendern schmückten. Aber warum saßen jene jungen deutschen Nichtjuden in den neuen »jüdischen« Cafés, die plötzlich um die alte Ostberliner Synagoge herum entstanden waren? Warum gingen manche der jungen Deutschen so weit, daß sie die jüdischen Familiennamen ihrer Großväter oder Großonkel annahmen? War es nicht seltsam, daß fast jeder jüdische Schriftsteller aus Mitteleuropa mit literarischen Preisen überschüttet wurde? Restliche oder tradierte Schuldgefühle mögen dazu beigetragen haben, aber ich glaube eher, daß es sich hier um ein anderes Phänomen handelt, nämlich um die Nostalgie für eine Kultur, die in Deutschland untergegangen ist; um den Versuch, sich mit einer Vergangenheit zu identifizieren, die ausgelöscht worden ist: kurz, um eine Geste des Trauerns.

Marlene Dietrich war keine Jüdin, aber sie gehörte der zerstörten Welt des jüdischen Berlin an. Die Trauernden, die nach der bescheidenen Begräbnisfeier in Berlin zu ihrem Grab zogen, waren fast alle unter vierzig. Das glich die kleinliche Weigerung der städtischen Behörden aus, der Schauspielerin mit einer offiziellen Trauerfeier zu gedenken. Es gibt manche Deutsche, die Marlene Dietrich nie verziehen haben, daß sie in der Zeit, als die deutschen Städte bombardiert wurden, eine amerikanische Uniform trug. Sie repräsentierte ein anderes Deutschland, mit dem sich die jüngeren Trauergäste identifizieren wollten.

Der angebliche Mangel an Identität, an Gemeinschaftsgefühl, war der Grund für allerhand Seelenforschung in der alten Bundesrepublik; das Problem allerdings war, daß es gar keine Seele mehr zu geben schien. Deswegen betrachtete so mancher Romantiker, sowohl unter den Linken wie unter den Rechten, den östlichen Teil Deutschlands als Quelle der deutschen Identität. Dabei sind es in meinen Augen gerade die

Vorbehalte gegen historische Mythenbildungen und gegen eine nationale Romantik, die Deutschland geistig so anregend gemacht haben. Mir gefällt die Idee eines »Verfassungspatriotismus«. Vielleicht reicht sie alleine nicht aus. Vielleicht braucht es mehr, um ein einst gefährliches Land zu ändern. Aber mir fiel es schwer, die Sorgen des Dramatikers Arthur Miller zu teilen, die er in der Zeit der Vereinigung geäußert hat; es fehle den Deutschen, so schrieb er im *Guardian*, »an starken inneren Bindungen an die Bundesrepublik«, dieser Staat erfülle sie »anscheinend nicht gerade mit erhabenen Gefühlen, nicht einmal diejenigen, die die Bundesrepublik als einen Triumph des deutschen bürgerlichen Bewußtseins betrachten, das aus den Trümmern des Kriegs erstanden ist«. Ich denke, die Deutschen haben während der letzten hundert Jahre schon genügend erhabene Gefühle durchlebt. Miller befürchtete, die Deutschen würden in einer Krise ihre Demokratie nicht wirklich verteidigen, weil sie entstanden sei, »ohne daß bei ihrer Geburt ein Tropfen Blut vergossen wurde«, und weil sie eine von außen herangetragene Erfindung gewesen sei.

Es wird immer wieder Deutsche geben (und ihre Gesinnungsgenossen anderswo), die sich wünschen (mit den Worten eines längst vergessenen NS-Ideologen), aus den Trümmern Steine der deutschen Mythologie zu retten, um sie, gesäubert und poliert, als Bausteine eines neuen deutschen Heiligtums zu verwenden und aus den Resten der eingestürzten Mauern eine neue deutsche Weltanschauung aufzubauen. Ich glaube, es hat schon genügend deutsche Heiligtümer gegeben. Man sollte die Trümmer lieber Trümmer sein lassen.

Günter Grass war nicht der einzige, dem die deutsche Vereinigung Sorgen bereitete. Was den liberal Gesinnten Anlaß zu ihren Befürchtungen gab, war nicht die fehlende Seele, sondern genau das Gegenteil. Die Vereinigung, so warnten viele, würde den deutschen Nationalismus wiederaufleben lassen; ohne die Schranken der deutschen Teilung würde das deutsche Volk wieder die Massen in Bewegung setzen. Dafür gab es jedoch keine unmittelbaren Anzeichen. Die Nacht der Vereinigung erlebte ich in Frankfurt am Main: hier und da sah man eine Feuerwerksrakete in den kalten Himmel aufsteigen, aber da war nichts von nationalistischem Jubel. Kabarettisten in einem Szenelokal machten einige müde Witze über die heilige D-Mark und die Bananenrepublik. Die meisten Menschen blieben zu Hause vor dem Fernseher sitzen. Es war eine Nacht wie jede andere. Ein Jahr zuvor hatte ich viel mehr allgemeinen Jubel erlebt – als die deutschen Fußballer Weltmeister geworden waren.

Dann kamen die Neonazis, die kahlgeschorenen Jugendlichen, die »Sieg Heil!« schrien und die alten Kriegsflaggen schwenkten. Sie waren fies, brutal und mörderisch. 1992 gab es 4587 Angriffe auf Ausländer. Siebzehn Menschen wurden getötet. Im Jahr zuvor hatten in Großbritannien nach offiziellen Angaben 7780 rassistische Überfälle stattgefunden; aber die Hakenkreuze, Kampfaufrufe, das Sieg-Heil-Geschrei auf deutschen Straßen führten zwangsläufig zu Vergleichen mit der deutschen Vergangenheit. Ein Hauch von Schadenfreude war zu spüren in den europäischen Presseberichten über die Verbrechen rassistischer deutscher Jugendlicher. Die Welt war wieder aufgeteilt in »wir« und »die«.

Ich blieb einen Tag in Halle, einer heruntergekommenen Stadt, um dort einen Aufmarsch der Neonazis zu verfolgen. Man schrieb den 9. November, den Jahrestag der »Reichskristallnacht« und zugleich des Falls der Mauer. Die Einwohner von Halle waren völlig verstört. Die Polizei hatte fast alle größeren Straßen abgeriegelt. Ein alter Mann schrie den Bürgermeister an, das sei doch alles genau wie zur Hitlerzeit. Der Besitzer eines Cafés, der mich einließ, sperrte hinter mir die Tür wieder zu und zeigte mir stolz seine Pistole. Und schließlich kamen sie, die Neonazis, die jungen Männer mit den rasierten Köpfen, die jungen Frauen mit weißen Söckchen und langen blonden Zöpfen, wie BDM-Mädchen. Die Versammlungsredner waren ein schwammiger Mensch, der wienerisch sprach, und der englische Historiker David Irving. Die alten Straßenbahnen aus der Vorkriegszeit quietschten ihre rostigen Gleise entlang. Dicke Männer in Unterhemden lehnten sich aus den Fenstern, und die Luft war gefüllt mit den früheren Strophen des *Deutschlandliedes* (Von der Maas bis an die Memel, usw.). Das ganze war sehr unerfreulich und hatte etwas völlig Wahnwitziges: gewalttätige Kinder zogen in der Kluft ihrer Großeltern herum, die Geschichte wiederholte sich als Farce.

Aber es war kein bloßes Theater. Das Verhalten der Extremisten, die ein Jahr später Asylantenheime niederbrannten und Leute umbrachten, während die Polizei untätig zuschaute, zeigte, daß Deutsche noch immer zu barbarischem Verhalten fähig waren. Es war grauenvoll, mit anzusehen, wie schreiende deutsche Jugendliche mit ihren Stiefeln wehrlosen Ausländern ins Gesicht traten, während die Nachbarn jubelten und hämisch lachten. Aber ähnliche oder noch schlimmere Ereignisse in ganz Europa (und auch in anderen Kontinenten) zeigen, daß weder Nationalität noch Rasse, noch Kultur hinreichende Erklärungen für barbarische Taten liefern. Die Menschen sind überall gefährlich, sobald Führernaturen unkontrollierte Macht gewinnen und ihre Gefolgschaft Unterlegene schikanieren darf. Ungezügelte Macht führt zur Barbarei; das gilt für einzelne Menschen ebenso wie für den Mob. Auschwitz und Nanking, bei allen Unterschieden in Ausmaß und Form der Barbarei, werden das immer bezeugen. Doch die Situation in Japan und in der Bundesrepublik heute ist eine andere. Die menschliche Natur hat sich nicht verändert, dafür aber die Politik. In beiden Ländern kann man alle Übeltäter abwählen. Diejenigen, die das geflissentlich übersehen und statt dessen nach den nationalen Kainsmalen suchen, haben aus der Vergangenheit nichts gelernt.

Der erfolgreichste deutsche Film des Jahres 1993 war *Stalingrad* von Joseph Vilsmaier – zweieinhalb Stunden rekonstruierten Grauens auf deutscher Seite. Über 150000 Deutsche sind damals in der Schlacht gestorben, die ein Verbrechen war, das Hitler sowohl am russischen Volk und als auch am deutschen Volk verübt hat. Der Film handelt vom Leiden der

Deutschen, nicht von den Greueltaten gegen Juden und Slawen. Man sieht, wie deutsche Soldaten an Hunger, Kälte und an ihren Schußverletzungen sterben. Man kann die hohen Besucherzahlen – es kamen vor allem jugendliche Deutsche – verschieden interpretieren. Es könnte sich zum einen um historisches Interesse handeln. Zum andern könnte es eine Trotzreaktion gewesen sein, nach dem Motto: Nun haben wir aber genug über Auschwitz gehört, jetzt wollen wir mal um unsere eigenen Leute trauern. Auch das ist möglich. Aber es könnte schließlich auch sein, daß eine neue Generation von Deutschen gelernt hat, ohne Schuldgefühle nachzudenken. Das mag eine Minderheit sein. Aber ich denke, es ist eine größere Minderheit als die kahlköpfigen Schlägertypen, die überhaupt nicht nachdenken können.

1992 zeigte das Münchener Filmmuseum einen Film, den man kaum ohne Ekelgefühl ansehen kann. Es handelte sich um *Jud Süß*, 1940 als antisemitische Propaganda unter Goebbels gedreht. Ferdinand Marian spielt den bösen Juden, der im Württemberg des 18. Jahrhunderts durch seine Machenschaften die Gemeinschaft fast zerstört. Am Ende des Films werden die Juden wie Ratten aus der Stadt vertrieben. Nach den Vorführungen fanden öffentliche Diskussionen statt. An einer nahmen zwei Rechtsradikale teil. Sie versuchten zu bestreiten, daß es je einen Holocaust gegeben hat. »Solche Auftritte sind nicht zu verhindern«, sagte der Germanistikprofessor, der die Diskussion leitete, »es gehört zur Demokratie, daß wir trotzdem solche Filme vorführen.«

Ich sah *Jud Süß* im gleichen Jahr noch einmal, in einer Vorführung für Studenten der Berliner Filmakademie. Auch hier gab es anschließend eine Diskussion. Die Studenten, die meisten aus dem westlichen, nur wenige aus dem östlichen Teil Deutschlands, waren höchstens Mitte Zwanzig. Sie trugen die internationale Uniform aus Jeans, Anoraks und Flanellhemden. Der Professor war Mitte Vierzig, ein Alt-Achtundsechziger, und hieß Karsten Witte. Er leitete die Diskussion ein, indem er die Studenten aufforderte, sich auf die Ästhetik des

Films, nicht auf den Inhalt zu konzentrieren. Die Propaganda zu beschreiben, sagte er, wäre schlicht banal: »Wir wissen alle, um ›was‹ es geht, also sprechen wir über das ›wie‹.« Ich dachte an meine Kommilitonen an der Filmschule in Tokio, mehr als fünfzehn Jahre zuvor. Wie viele von ihnen haben wohl gewußt, um ›was‹ es im japanischen Krieg in Asien ging? Und wie viele ihrer Professoren hätten es sich einfallen lassen, ihnen das ›wie‹ vorzuführen, indem sie alte Propagandafilme gezeigt hätten?

Witte sprach kurz über den Einsatz von Musik in diesem Film: darüber, wie ein Bach-Choral während des Vorspanns allmählich in ein vom Kantor gesungenes hebräisches Gebet übergeht. Einer der Studenten, vielleicht um die Zwanzig, hob die Hand und sagte, ihm wäre in der visuellen Darstellung ein ähnlicher Trick aufgefallen: das Wappen Württembergs habe sich in einen hebräischen Buchstaben aufgelöst. Ein anderer Student sagte, während der Schlußszene mit der öffentlichen Hinrichtung des bösen Juden habe es geschneit. Er versuchte die damit verbundene Botschaft zu umschreiben: »Der Schnee säubert Deutschland, reinigt das Land. Und aus dem Winter wird dann Frühling, die Jahreszeit der Erneuerung.« Jemand anderes sprach davon, daß während des ganzen Films Pracht und Reichtum des Württembergischen Hofes gezeigt wurde: wunderschöne Gemälde in herrschaftlichen Räumen, riesige Schlösser, und so weiter, während der Reichtum der Juden versteckt war in Geheimschränken in engen feuchten Zimmern. »Das soll zeigen, daß der Reichtum Deutschlands die Frucht einer langen und glorreichen Tradition war, von Geschichte und Kultur, während der Reichtum der Juden aus nichts als schnödem Geld bestand.«

Karsten Witte, der mit seiner hellen Haut, den roten Lippen und dem kurzen blonden Haar fast wie der nordische Idealtyp der NS-Kunst aussah, war mit seinen Studenten offensichtlich zufrieden. Sie hatten den Film gründlich analysiert und keinen der Kunstgriffe übersehen. Die groteskesten Beispiele rassistischer Propaganda hatten leises Gelächter provoziert, aber alle hatten sehr konzentriert zugeschaut. Ich hörte mir ihre Kommentare an: sie waren pointiert, reflektiert und kritisch, ohne dabei moralistisch zu wirken; die Studenten hatten Selbstvertrauen, ohne aggressiv aufzutreten, und vor allem waren sie nicht durch Schuldgefühle gehemmt. Und ich mußte daran denken, was mir Makoto Oda, der japanische Schriftsteller und Friedensaktivist, gesagt hatte. Ich sei vom Standpunkt der Opfer aus erzogen, er dagegen vom Standpunkt des Aggressors. Während ich in dem kleinen Vorführraum in Berlin saß, nur fünf Minuten von dem Gebäude entfernt, von dem aus Goebbels seine Radioreden ausstrahlen ließ, erkannte ich mit großer Erleichterung, daß wir alle diesen verabscheuungswürdigen Film mit den gleichen Augen gesehen hatten.

# Dank

So viele Menschen habe mir geholfen, mich angeregt und mich beim Nachdenken, bei den Recherchen und bei der Niederschrift des Buches ermutigt, daß mir der Raum fehlt, ihnen allen hier zu danken. Einige Persönlichkeiten und Institutionen sind für mich aber so entscheidend wichtig gewesen, daß ich ihnen namentlich besonderen Dank aussprechen muß.

Ohne einen neun Monate währenden Forschungsaufenthalt am Wissenschaftskolleg zu Berlin hätte ich die Deutschland betreffenden Partien des Buches nicht fertigstellen können. Ich schulde seinem Rektor, Wolf Lepenies, Jürgen Kocka, Frau Bottomley und ihren hervorragenden Bibliothekaren besonderen Dank.

Dafür, daß sie mir für meine Recherchen in Deutschland die Richtung wiesen und für deren Einhaltung sorgten, danke ich Ludger Kühnhardt, Frank Schirrmacher, Karsten Witte, Bernhard Gattner, Amos Elon und Darryl Pinkney.

In Japan wurde mir immer wieder auf das freundlichste und wirkungsvollste geholfen von Kitamura Fumio, Yano Junichi und Koizumi Kazuko vom Foreign Press Center. Andere Führer und Mentoren waren Hayashi Kanako und der Stab des Japan Film Library Council, Niimi Takeshi, Mori Masataka, Chu Pa-chieh, Oyama Hiroshi, Oyama Yuko, Nishisato Fuyuko und Minami Toru. Am wichtigsten aber, wenn man denn Hilfe überhaupt bemessen kann, ist für mich die Gastlichkeit und Freundschaft von Richard Nations und Koh Siew-eng gewesen.

Schließlich bin ich zu tiefem Dank verpflichtet Fritz Stern und William Wetherall, die mit Klugheit und Gelehrsamkeit das Manuskript unzählige Male geprüft haben. Es versteht sich von selbst, daß eventuelle Fehler, die der Aufmerksamkeit von Fritz Stern, William Wetherall und meiner hervorragenden Lektoren Jonathan Galassi bei Farrar, Straus, Giroux und Neil Belton bei Jonathan Cape entgangen sein mögen, ganz und gar in meiner Verantwortlichkeit liegen.

# Anmerkungen

## Krieg gegen den Westen

S. 29 *Interview mit Amos Oz* Frankfurter Allgemeine Zeitung, 14. Februar 1991.

S. 31 *Kein Krieg für Öl* Wolf Biermann, *Die Zeit*, Februar 1991.

S. 33 *Kernpunkt des Pietismus* Gordon Craig, *The Germans* (New York 1984), S. 87.

S. 37 *Saddam mit Hitler* H. M. Enzensberger, *Der Spiegel*, Februar 1991.

S. 49 *einzigartige Verschmelzung* Albrecht Fürst von Urach, *Das Geheimnis Japanischer Kraft* (Berlin 1944).

S. 50 *Neue Weltordnung* Tetsuo Nakamura, *Asahi Shimbun*, 22. Februar 1991.

S. 51 *antiwestlicher Nationalismus* Fusao Hayashi, *Daitowa Senso Koteiron* (Tokio 1964), S. 22.

S. 53 *Golfkrieg offiziell beendet* Kenichi Matsumoto, *Tokyo Shimbun*, 8. April 1991.

S. 60 *Definition des Abendlandes* Aurel Kolnai, *The War Against the West* (London 1938), S. 24.

## Trümmerromantik

S. 66 *Ruin der Stadt* Stephen Spender, *European Witness* (New York 1946), S. 15.

S. 67 *Sprache zu reinigen* Victor Klemperer, *LTI* (Halle 1957).

S. 68 *frische Wunden gerührt* Takaaki Yoshimoto, *Seiji Shiso* (Tokio 1956), S. 72.

S. 70 *sie sinnlos machen* Ernst von Salomon, *Der Fragenbogen* (Hamburg 1951), S. 648.

S. 71 *Schicksal ergaben* Ango Sakaguchi, *Darakuron* (Tokio 1946), S. 95.

S. 73 *Lebenswille noch eins* Wolfdietrich Schnurre, in: *Vaterland*

*Muttersprache: Deutsche Schriftsteller und ihr Staat von 1945 bis heute* (Berlin 1979).

S. 74 *Markenartikel präsentiert* Heinrich Böll, *Hierzulande* (1960), S. 367, 373.

S. 75 *Ehepaar Mitscherlich* Alexander und Margarete Mitscherlich, *Die Unfähigkeit zu trauern* (München 1967).

S. 82 *Stellungen einnehmen* Helmut Wohltat an Ministerialdirigent Dr. Reinhard, 30. Juni 1951, Bundeswirtschaftsministerium.

S. 86 *Amerikanischer Seetang* Akiyuki Nosaka, *American Hijiki*, in *Contemporary Japanese Literature* (New York 1977).

S. 88 *gierig nach Unterhaltung* *Nagisa Oshima, Taikenteki Sengo Eizoron* (Tokio 1975), S. 72.

## Auschwitz

S. 90 *uns in den Knochen* Christian Meier, *Vierzig Jahre nach Auschwitz: Deutsche Geschichtserinnerung heute* (München 1987), S. 75, 63.

S. 93 *Nationalsozialismus sein mußte* George Steiner, *Language and Silence: Essays 1958–1966* (London 1967), S. 137.

S. 93 *Evangelien zu zitieren* Stephen Spender, *European Witness*, S. 7.

S. 95 *unserer Mythen* Hans Jürgen Syberberg, *Hitler – ein Film aus Deutschland* (Reinbek b. Hamburg 1978), S. 9.

S. 96 *besuchte Auschwitz 1964* Diese Besuche wurden auch von Amos Elon in *Journey Through Darkness* geschildert (London 1967).

S. 106 *geistiger Arbeit* Zitiert nach A. Söllner, *Peter Weiss und die Deutschen* (Wiesbaden 1988), S. 184.

S. 107 *Hochhuth damals verteidigten* Marcel Reich-Ranicki, *Die Zeit*, 6. März 1964.

S. 111 *unkündbar* Albrecht Goes, *Das Brandopfer* (Frankfurt a. M. 1954). Vorwort von 1965.

S. 111 *für seinen Roman dienten* Wolfgang Koeppen, *Jacob Littner's Aufzeichnungen aus einem Erdloch* (Frankfurt a. M. 1992).

S. 113 *erschüttert wurden* Anton Kaes, *From Hitler to Heimat: The Return of History as Film* (Cambridge 1989), S. 31.

S. 114 *aus den Händen gerissen* Ebd. S. 184.

S. 114 *letzte Stadium der Aufklärung* Heiner Müller, Interview in *Transatlantik* (Berlin), Juli 1990.

S. 116 *Deutsche zu sein* *Holocaust-Briefe an den WDR*, hg. Heiner Lichtenstein und Michael Schmid Ospach (Wuppertal 1982).

S. 116 *Ich kann es nicht* Martin Walser, *Über Deutschland reden* (Frankfurt a. M. 1989), S. 25.

## Hiroshima

S. 124 *ein Ort der Ruinen* Masami Uno, *Doru ga Kami ni Naru Hi* (Tokio 1987), S. 234.

S. 125 *abstrusesten Bücher* Akira Koochi, *Hiroshima no Sora ni Hiraite Rakkasa* (Tokio 1985).

S. 127 *Identität der Japaner* *Die Tageszeitung*, 18. Januar 1991.

S. 127 *Nie wieder Hiroshima* Hirano Kyoko, *Mr. Smith Goes to Tokyo: Japanese Cinema Under the American Occupation 1945–1952* (Washington, D. C. 1992), S. 62.

S. 128 *Kompendium der japanischen Literatur* *Nihonno Genbaku Bungakiu* (Tokio 1983).

S. 128 *Filmen wie Hiroshima* Donald Richie und Joseph L. Anderson, *The Japanese Film* (New York 1960), S. 219.

S. 129 *Ende der Welt passiert* *From Hiroshima: Three Witnesses*, hg. Richard Minnear (Princeton 1990).

S. 129 *quasireligiösen Elemente* Makoto Oda, *The Bomb* (Tokio 1990).

S. 130 *Vision des Weltuntergangs* *From Hiroshima: Three Witnesses*, S. 102.

S. 134 *wieder einmal Abscheu* *Asahi Shimbun*, 20. Juli 1992.

S. 134 *Uniformität der Meinungen* Alan Booth, *Asahi Evening News*, 20. Juli 1992.

S. 135 *Schwarzer Regen* Masuji Ibuse, *Black Rain* (Tokio 1969), S. 283.

## Nanking

S. 145 *Videofilm und Broschüren* Das Video trägt den Titel *Katararenakatta Senso*. Das kleine Buch heißt .. *So Shite, Mina Senso ni Itta.*

S. 146 *Kultur der Schande* Ruth Benedict, *The Chrysanthemum and the Sword: Patterns of Japanese Culture* (London 1967). Zuerst veröffentlicht 1946.

S. 148 *flapsige Schlagzeile* *Tokyo Nichinichi Shimbun*, 30. Februar 1937.

S. 149 *den Kopf ab* Zitiert in: Katsuichi Honda, *Nankin e no Michi* (Tokio 1989).

S. 149 *Eine Reise nach China* Katsuichi Honda, *Chugoku no Tabi* (Tokio 1981).

S. 150 *gegen Honda gerichtete Buch* Masaaki Tanaka, *Nankin Gyakusatsu no Kyoko* (Tokio 1984).

S. 151 *Der Historiker Saburo Jenaga* Saburo Ienaga, *The Pacific War, 1931–1945* (New York 1978), S. 187.

S. 152 *Heiner Müller* In: *Transatlantik* (Berlin), Juli 1990.

S. 166 *Töten eines Karpfens* Tatsuzo Ishikawa, *Ikiteiru Heitai*, zitiert in: Donald Keene, *Dawn to the West* (New York 1984), S. 913.

## Wie man der Geschichte den Prozeß macht

S. 179 *Kriegsverbrecherprozesse* Hellmut Becker, *Quantität und Qualität: Grundfragen der Bildungspolitik* (Freiburg 1968), S. 74.

S. 181 *Robert H. Jackson* Kranzbuhler, 14 DePaul L. R. 333, 1965.

S. 182 *Überwindung des Bösen rücken* Eric Reger, in: *Vaterland Muttersprache* S. 35.

S. 182 *geschichtlicher Augenblick* *Süddeutsche Zeitung*, zitiert in: Klaus R. Scherpe, *Erzwungener Alltag*, in: *Nachkriegsliteratur in Westdeutschland 1945–49* (Berlin 1982).

S. 184 *Städte in Süd-Vietnam* Christian Geissler, in: *Vaterland Muttersprache*, S. 219.

S. 187 *sympathischen deutschen Familie* Stephen Spender, *European Witness*, S. 221.

S. 188 *das Volk verurteilt* Karl Jaspers, *Die Schuldfrage: Für Völkermord gibt es keine Verjährung.*

S. 189 *Die Ermittlung* Peter Weiss, *Die Ermittlung* (Frankfurt a. M. 1965).

S. 191 *unsere Distanz* Martin Walser, *Unser Auschwitz* (Berlin, Kursbuch, 1965).

S. 197 *die Vergangenheit durch* Joachim Gauck, *Die Stasi-Akten* (Hamburg 1992).

S. 201 *tragische Ereignisse* Michiko Hasegawa, *Chuo Koron*, April 1983, zitiert in: *Japan Echo*, vol. XI, 1984.

S. 201 *Standardgeschichtsbuch* *Nihonshi* (Tokio 1985).

S. 202 *Westdeutsche Schulbücher* z. B. *Grundkurs Deutsche Geschichte* (Frankfurt a. M. 1988).

S. 203 *Einheit 731* *A Bruise-Terror of the 731 Corps*, Prod. Yoshinaga Haruko, Tokio Broadcasting System.

S. 203 *erste Buch seiner Trilogie* Seiichi Morimura, *Akuma no Hoshoku* (Tokio 1982).

S. 204 *Verbrecher erkannt worden wären* Kunihiko Hata, *Shokun!*, August 1989.

S. 206 *Kinoshita* Junji Kinoshita, *Between God and Man: A Judgement on War Crimes (Kami to Hito no Aida)* (Tokio 1979).

S. 206 *Buch über das Tribunal* *War Criminal: The Life and Death of Hirota Koki (Rakujitsu Moyu)* (Tokio 1977).

S. 206 *Opferlamm schlachtete* Takaaki Yoshimoto, *Bungakusha to Senso Sekinin ni tsuite*, in: *Seiji Shiso, Zenshu 3* (Tokio 1986).

S. 207 *eingegangen wären* Zitiert in: Arnold C. Brackman, *The Other Nuremberg: The Untold Story of the Tokyo War Crime Trials* (London 1989), S. 231.

S. 208 *angerichtet hatte* Takeshi Ishida, *Heiwa, Jinken, Fukushi no Seijigaku* (Tokio 1990).

S. 211 *des Volkes gelegt hatte* Brackman, *The Other Nuremberg*, S. 441.

S. 211 *Patriotismus begangen hat* Brief des Außenministers vom 8. Januar 1953 an die Zentrale Rechtschutzstelle des Justizministeriums, II 16338/52.

S. 212 *tatsächlich inszeniert* Meiron und Susan Harries, *Soldiers of the Sun* (New York 1991), S. 464. Becker, *Quantität und Qualität*, S. 68.

S. 213 *System der Unverantwortlichkeiten* Masao Maruyama, *Thought and Behavior in Modern Japanese Politics* , (Oxford 1963).

S. 215 *Gelbe umlegen müssen* Saburo Ienaga, *The Pacific War 1931–1945*, S. 107.

S. 216 *ihre Kaisertreue* *The Other Nuremberg*, S. 276.

S. 216 *über uns hegen* Margarete und Alexander Mitscherlich, *Die Unfähigkeit zu trauern*, S. 23.

S. 219 *teilnehmen mußte* Aristides Lazarus, Brief an *The Far Eastern Economic Review*, 6. Juli 1989.

S. 219 *bestätigte der General* *The Other Nuremberg*, S. 395.

S. 220 *Kritiker der Institution des Kaisers* Hirano Kyoko, *Mr. Smith Goes to Tokyo*, S. 143.

## Widerstand im Schulbuch

S. 221 *japanischen Schuljungen um 1945* Nosaka Akiyuki, *American Hijiki*, in: *Contemporary Japanese Literature*, S. 370.

S. 223 *Faschisten zu verteidigen* *Geschichte: Lehrbuch für Klasse 9* (Berlin/Ost 1989).

S. 229 *typisches Geschichtslehrbuch* *Grundkurs Geschichte 2: 1918 bis zur Gegenwart* (Frankfurt a. M. 1987), verfaßt von Rudolf Berg und Rolf Selbmann.

S. 230 *Verfassungspatriotismus* Jürgen Habermas, *Apologetische Tendenzen*, in: *Eine Art Schadensabwicklung* (Frankfurt a. M. 1987).

S. 239 *und zu wahren* Masami Yamazumi zitierte Aritomo Ymagata in: *The Japan Quarterly*, 1981.

S. 240 *System aufgenommen* *Japan Quarterly* 1981.

S. 241 *verwickelt werden* *Truth in Textbooks: Freedom in Education and Peace for Children*, veröffentlicht von der National League for Support of the School Textbook Screening Suit.

S. 241 *Ienaga erklärte* Saburo Ienaga, *The Pacific War 1931–1945*, S. 96.

S. 241 *Lehrbuch für die Oberstufe* *Nihonshi*, Yamakawade, 1984.

S. 246 *Takanori Irie* Takanori Irie, *Amerika ga Tsukutta Sengo Shinwa*, in: *Chuo Koron*, August 1982.

S. 249 *Volk zu fördern* Kinju Morikawa, *Kyokasho to Saibon* (Tokio 1990), S. 13.

## Mahnmale, Museen und Gedenkstätten

S. 256 *Endlagerung gefunden ist* Jürgen Habermas, *Keine Normalisierung*, in: *Eine Art Schadensabwicklung*, a. a. O.

S. 274 *mit den Toten leben* Jun Eto, *Yasukuni Ronshu* (Tokio 1986).

S. 292 *unserer verlorenen Geschichte* Michael Stürmer, *Frankfurter Allgemeine Zeitung*, 25. April 1986.

S. 293 *wir als Deutsche* Helmut Kohl, Rede vor dem Bundestag, 27. Februar 1985.

S. 293 *errichten lassen* Freimut Duve, in: *Deutsches Historisches Museum: Ideen – Kontroversen – Perspektiven*, hg. Christoph Stölzl (Frankfurt, Berlin 1988).

## Ein normales Land

S. 306 *ohne Beispiel in der Geschichte* Primo Levi, Nachwort zur englischen Ausgabe *If This Is a Man / The Truce* (London 1979), S. 395.

S. 309 *Motive der Jäger* Theo Sommer, *Die Zeit*, 18. November 1988.

S. 311 *Lungendurchschuß* Das Attentat auf Motoshima wird geschildert von Norma Field, *In the Realm of a Dying Emperor: A Portrait of Japan at Century's End* (New York 1991) S. 270.

S. 313 *Disziplinarkomitee der LDP* *Asahi Evening News*, 16. Dezember 1988.

S. 314 *Ruth-Benedict-Schema* Ruth Benedict, *The Chrysanthemum and the Sword*, S. 156.

S. 315 *Verantwortung übernehmen* *Nagasaki Shicho e no 7300tsu no Tegami: Tenno no Senso Sekinin* (Tokio 1989).

S. 318 *was sie tun* Shusaku Endo, *The Sea and Poison*, (Rutland, Vt. 1973), S. 157.

S. 319 *Jun Eto* Jun Eto und Shintaro Ishihara, *Bungei Shunju*, Februar 1989.

S. 319 *geschaffen haben* Hideaki Kase, *Pureiboi*, Januar 1989.

S. 321 *vom japanischen Volk selbst* *Asahi Shimbun*, 28. Februar 1989.

S. 324 *für das japanische Volk* Zitiert in: Nagisa Oshima, *Taikenteki: Sengo Eizoron* (Tokio 1975), S. 275.

## Zwei normale Städte

S. 331 *absolut normale Jahre* *Tausend ganz normale Jahre: Ein Fotoalbum des gewöhnlichen Faschismus von Otto Weber* (Nördlingen: Die Andere Bibliothek, 1987).

S. 354 *Recherchen in einem Buch* Kenji Nozue, *Hanaoka Jiken no Hitotachi* (Tokio 1975); von ihm stammen noch zwei weitere Bücher über den »Hanaoka-Vorfall« *Kikinaki Hanaoka Jiken* (1983) und *Shogen: Hanaoka Jiken* (1986).

S. 357 *mit Mißtrauen begegnete* Kenji Nozue, *Watashitachi no Showashi* (Tokio 1989), S. 66.

## Die Trümmer beseitigen

S. 363 *entgegenkommt, schwarz* Günter Grass, *Die Blechtrommel*, (Darmstadt 1959), S. 580.

S. 367 *Schicksal ausgeliefert sind* Sakaguchi Ango, *Darakuron* (Tokio 1946), S. 90, 98.

S. 370 *ist dieser Sturm* Walter Benjamin, *Illuminationen*, (Frankfurt a. M. 1961), S. 70.

S. 375 *frei weg geweint* Günter Grass, *Die Blechtrommel*, a. a. O., S. 517.

S. 378 *Blut vergossen wurde* Arthur Miller, *The Guardian*, 29. Mai 1990.

# Namenregister